열네 분 달라이 라마의
삶과 가르침

신비한 환생의 유산
위대한 지도자

라마 글렌 멀린(Glenn Mullin) 지음
석혜능 감수
김영로 · 조원희 옮김

민족사

THE FOURTEEN DALAI LAMAS
A Sacred Legacy of Reincarnation

Copyright 2001 Glenn H. Mullin
CLEAR LIGHT PUBLICATIONS
823 Don Diego
Santa Fe, New Mexico 87501
web site: www.clearlightbooks.com

ALL RIGHTS RESERVED. No part of this book may be reproduced or transmitted in any form or by any means, electronic or mechanical, including photocopying and recording, or by any information storage or retrieval system, without permission in writing from the publisher.

First Edition

저의 두 주요 금강승 스승이신
캽제 링 도르제창과
캽제 띠장 도르제창의 추모에 이 책을 바칩니다.

THE DALAI LAMA

MESSAGE

In the past, due mostly to its geographical isolation, Tibet had little contact with the rest of the world, much like Korea in certain periods of her history. This led to serious misunderstandings about Tibet, her people, religion and culture, because accurate information about them was not easily available.

In recent years, there has been a widespread growth of interest in Tibet. Consequently, a remarkable number of books have been published concerning her history, culture and ways of thinking that have been translated into Korean. Through them the wider Korean reading public have acquired a greater understanding and sympathy for the Tibetan people and their rich cultural and religious heritage, which like Korea has been strongly influenced by Buddhism.

I am happy to know that Glenn H. Mullin's account of the life and work of the fourteen Dalai Lamas will shortly be published in a Korean translation. In collecting together these materials about the activities and teachings of the Dalai Lamas, who have played a crucial role in Tibetan history in recent centuries, the book sheds light on many aspects of Tibetan spiritual life.

May 31, 2012

한국 독자들을 위한
14대 달라이 라마의 메시지

　과거에, 주로 지리적인 고립으로 인해, 티베트는 세계의 여타 지역과 거의 접촉이 없었습니다. 이것은 한국이 그 역사의 일정한 시기에 그랬던 것과 매우 비슷합니다. 이로 말미암아 티베트와 티베트인들, 그들의 종교와 문화에 관한 심각한 오해가 있었는데, 그것은 이들에 대한 정확한 정보를 쉽게 얻을 수 없었기 때문이었습니다.
　최근에는, 티베트에 대한 관심이 광범위하게 증가했습니다. 그 결과, 티베트의 역사와 문화, 사고방식에 대한 책들이 놀라울 만큼 많이 발행되었고, 한국어로도 번역되었습니다. 이를 통해 더욱 많은 한국의 독자들이 티베트인과 그들의 풍부한 문화와 종교의 유산에 대해 더 큰 이해와 공감을 얻었는데, 이는 한국처럼 불교에 강한 영향을 받았기 때문입니다.
　저는 열네 분 달라이 라마들의 삶과 가르침에 관한 라마 글렌 멀린의 책이 곧 한국어로 출간되는 것을 기쁘게 생각합니다. 최근 몇 세기 동안 티베트의 역사에 결정적인 역할을 해 온 달라이 라마들의 활동과 가르침에 관한 자료를 모아서 만든 이 책은 티베트의 수행적인 삶의 여러 가지 면에 빛을 던져줍니다.

2012년 5월 31일

달라이 라마 성하의 서문

최근에 티베트와 티베트의 풍부하며 오래된 문화에 대한 꾸준히 증가하는 인식이 계승되는 달라이 라마 제도에 대한 관심을 촉발시켰습니다. 이것은 분명히 티베트와 티베트인들, 그리고 달라이 라마들 사이에 역사적으로 존재해온 밀접한 관계의 결과입니다.

7세기의 티베트는 군사적으로 강력한 국가였으며, 영향력을 널리 행사하던 한 통치자 아래 통일된 국가였습니다. 쏭첸 감뽀(Songtsen Gampo) 왕은 티베트인들의 인생관을 완전히 바꾸어 놓은 세 분의 불심(佛心) 깊은 왕들 중 첫 번째입니다. 그들은 인도에서 불교를 들여와, 정복의 초점을 주변 민족들과 영토로부터 마음과 가슴의 작용으로 바꿔 놓았습니다. 뒤따른 몇 세기 동안 티베트에 불교적인 삶의 방식과 불교의 다채로운 예술과 문헌이 꾸준히 흡수됨에 따라 티베트는 정치적으로 분열되었습니다.

티베트 불교는 발생지인 인도에서 불교가 사라질 때에 성숙기를 맞았습니다. 달라이 라마들은 티베트인들의 평화로운 방식의 삶에 통치력과 지도력이 필요할 뿐만 아니라, 불교 자체가 보호를 필요로 할 때에 출현한 것입니다.

저는 최초 네 분의 달라이 라마들의 활동들을, 초기의 신심이 깊은 왕의 영향 아래, 처음으로 티베트를 통합할 강력한 지도력을 제공하기 위해 각자 위대한 5대 달라이 라마의 능력에 기여한 것으로 볼 수 있다고 믿습니다. 그리하여 5대 달라이 라마는 티베트를 다시 한 번 위대하게 만들었고, 독특한 종교적이며 세속적인 형태의 정부를 출범시켰습니다. 그 이후, 5대 달라이 라마가 세운 간덴 포당(Ganden Podrang) 정부는 티베트인들의 삶 속에 중요 통합적인 요인이 되어 왔으며, 이것은 또한 제 고국의 역사에서 가장 어려운 이 시기에 제게 부여된 책임이기도 합니다.

1대 달라이 라마 겐뒨 둡빠(Gendun Drubpa)는 쫑카빠(Tsongkhapa)의 직계 제자였으며 이후의 모든 달라이 라마들 역시 쫑카빠가 세운 겔룩빠(Gelukpa) 교리에 충실한 분들이었습니다. 예를 들어, 주목할 만한 점은 깨달음에 이르는 단계들(Lam Rim)의 표준적인 여덟 종류의 판본 중에서 세 종류는 쫑카빠가 집필하였고, 두 종류는 달라이 라마들이 작성했습니다. 『정제된 금의 핵심(Essence of Refined Gold)』은 3대 달라이 라마가, 『문수보살의 구전(The Transmission of Manjushri)』은 5대 달라이 라마가, 그리고 나머지 세 종류는 달라이 라마들의 직계 스승들이 작성했습니다. 그러나 달라이 라마들 중에서 겔룩빠만을 따르는 분들은 거의 없었고, 쫑카빠가 세우신 통합적인 본보기를 따랐습니다. 그는 한 가지 전통의 라마들과 공부한 것이 아니라, 당대의 가장 위대한 스승들과 함께 공부했습니다.

여러 달라이 라마들, 특히 5대 달라이 라마와 13대 달라이 라마처럼 영향력이 강했던 통치자들은 빠드마 쌈바와(Padma Sambhava, 구루 린포체)와 주목할 만한 깊은 관계를 가졌습니다. 이는 교리 문제라기보다는 빠드마 쌈바와가 띠쏭 데첸(Trisong Deutsen) 왕에게 티베트 국가의 번영을 위해 했던 특별한 약속과 더 관련이 있다고 생각됩니다.

티베트에는 방대한 문헌이 있는데, 이중 다수는 산스끄리뜨 경전을 티베트어로 번역한 것들과 나중에 나온 논서들입니다. 그러나 더 인기 있는 것은 소수의 티베트 고유의 저술들입니다. 이들 중 대부분은 위대한 스승들과 수행자들의 삶에 대한 이야기입니다. 나머지 것들은 개별 라마들 자신의 경험을 토대로 하여, 간결하지만 함축적인 조언을 담고 있는 저작으로 수량은 별로 많지 않습니다.

  이 책에서 독자들은 달라이 라마와 관련된 이런 종류의 글들을 발견하게 될 것입니다. 여기에는 저 자신을 포함하여 각 달라이 라마의 삶에 대한 이야기, 역대 달라이 라마가 남긴 글들, 가르침의 본보기들이 담겨져 있습니다. 이 책에서, 저자는 티베트의 종교적·정치적인 삶에 대한 과거 달라이 라마들의 공헌을 조명하고, 또 일반 티베트인들이 소중히 여기는 종류의 글이 어떤 것인지 보여줍니다.

  글렌 멀린(Glenn Mullin)이 다람살라에 와서 달라이 라마들의 저술에 관심을 보인 것이 거의 30년이 되었습니다. 저는 관심을 지속적으로 추구해 온 그의 집요함에 감탄합니다. 그리고 때로는 그가 제가 아는 것 이상을 알아낸 것이 아닌지 궁금한 생각이 듭니다. 많은 사람들이 글렌 멀린의 책을 보면 티베트에 관한 것들을 쉽게 이해할 수 있다고 제게 말했습니다. 저는, 모든 달라이 라마들의 삶에 대해 처음으로 다루고, 또한 그들의 저술 일부를 담고 있는 이 책을 환영합니다. 독자들이 이 책을 통해 내면의 평화를 향한 자신의 탐구에 영감을 얻기를 기원합니다. 그리고 이 책이 역대 달라이 라마가 티베트 역사에서 담당해 온 역할과 티베트 불교라는 유익한 수행 전통의 생생한 전승과 실천에 있어서 얼마나 중요한 것인지에 대한 이해를 돕기 바랍니다.

    뗀진 갸초(Tenzin Gyatso), 14대 달라이 라마

감사의 말

이 책은 필자가 여러 해 동안 티베트의 수행 문화와 함께 한 경험의 산물입니다. 이것은 젊은 시절에 두서없이 책을 읽고 공부하는 것으로 시작되었습니다. 저는 1972년에 인도의 히말라야 지역을 찾아갔다가 거기에 남아서 12년 동안 본격적으로 불교 공부를 하게 되었습니다.

처음에는 티베트 문헌정보 도서관에서, 다음에는 티베트 변증학 강원에서. 이 기간 중에 저는 다양한 티베트 불교 학파의 약 서른다섯 분의 스승들로부터 가르침과 관정과 구전을 받는 영광과 특전을 얻었습니다.

이분들 중 가장 중요한 분은 달라이 라마 성하의 두 주요 스승이신 캽제 링 도르제창(Kyabjey Ling Dorjechang)과 캽제 띠장 도르제창(Kyabjey Trijang Dorjechang)입니다. 이 두 스승님들은 인간 정신의 모든 숭고한 자질들은 물론 티베트 문화와 불교에서 좋은 것은 다 체득하신, 제 삶에서 할아버지처럼 자상한 분들이었습니다. 이분들은 1980년대 초에 세상을 떠나시고 결코 채워질 수 없는 공백을 남기셨습니다. 그래서 이 책을 이분들에 대한 기억에 바칩니다.

지난 20년에 걸쳐 저는 여러 달라이 라마들의 삶과 가르침에 대한 책을 열두 권 정도 썼습니다. 이들의 대부분은 뉴욕 이타카(Ithaca)에 있는 스노우 라이언(Snow Lion) 출판사에서 발행되었습니다. 스노우 라이언사(社)에 있는 오랜 친구이자 편집자인 제프 콕스와 시드니 피번 두 분에게 감사드립니다. 이분들은 이 출판사에서 출판된 여러 책에서 일부 자료를 인용할 수 있도록 허락해 주었습니다.

  오늘날과 같은 말법시대에 한 개인이 이런 성격과 범위의 책을 쓰면서 자기도 모르는 많은 잘못을 남기지 않는다는 것은 거의 불가능합니다. 이 책에는 수천 명의 등장인물이 나오며, 수 세기에 걸쳐 이어집니다. 저는 최선을 다해 주제에 머물려고 했지만 가끔 벗어났을 수 있습니다. 그래서 저의 실수를 너그러이 보아주실 부처님들, 보살님들, 다까(daka)와 다끼니(dakini)들과 호법신중들에게 미리 감사를 드리고 싶습니다. 저에게 바람이 있다면 제가 잘못 쓴 부분들을 보상하고도 남을 만큼 바르게 쓴 부분들이 많았으면 하는 것입니다.

글렌 멀린(Glenn Mullin)

머리말

성자들의 삶을 설명하는 어려움

평범한 사람들이 진실을 경험하는 방식을 설명하기 위해 부처님께서는 코끼리와 마주친 한 무리의 장님들의 비유를 이용하셨다. 장님들은 코끼리를 볼 수 없어서 그들은 각자 무엇이든 가까이에 있는 것을 만진다. 한 사람은 꼬리를 만지고서 그것이 뱀이라고 생각하며, 다른 사람은 다리를 만지고 그것이 나무라고 생각한다. 세 번째 사람은 배를 만지고 그것이 집이라고 생각한다.

이 이미지는 우리들 자신의 고충과 들어맞는다. 우리는 자신 있게 '사실(facts)', '진실(truth)', '실재(reality)'와 같은 용어들을 사용한다. 그러나 결국 이들은 단지 말에 지나지 않으며, 어떤 주어진 대상〔外境〕에 대한 우리의 경험은 우리들의 인간 됨됨이(personal makeup)〔內心〕에 의해 좌우된다.

이것이 가장 분명하게 나타나는 것이 역사에 대한 서술에서다. 삶은 너무나 풍부하고, 세세하고, 다양하여 평범한 개인의 생활 중 하루 동안에 일어난 일들조차 완전하게 묘사할 수 없다. 말은 매우 불충분하다. 그러나 우리는 인간의 수천 년 동안의 경험을 마치 손바닥에 놓인 평평한 물체인 것처럼 말하려고 한다. 결국, 실제로 우리가 하는 이야기는 단지 우리들 자신의 관심과 중요하게 여기는 것과 관점의 요약일 뿐이다.

이 문제는 신비한 성취자(mystic)의 삶을 다룰 때에 더욱 더 커진다. 이것은 데모 뜰꾸 직메 갸초(Demo Tulku Jigmey Gyatso)가 쓴 9대 달라이 라마의 전기(傳記)의 한 구절에 가장 잘 드러나 있는 것 같다. 9대 달라이 라마는 아홉 살이라는 어린 나이에 세상을 떠났는데 그의 전기 작가는 이렇게 썼다. "이 위대한 보살의 행위는 바다처럼 방대하여, 저의 잉크로는 몇 방울만 포착할 수 있을 뿐입니다." 그러면서 그는 수백 페이지 분량의 전기를 써내려갔다.

마찬가지로, 열네 분의 달라이 라마들과 그들 전생자들의 행위의 특징은 모든 신비한 성취자들의 다차원적인 성격이다. 따라서 앞으로 이 책에서 읽게 될 그들에 관한 얘기는 단지 아주 작은 창을 통해 슬쩍 보는 것들에 지나지 않는다.

신비한 성취자, 요기, 성인(聖人), 보살들의 평범하지 않은〔합일적인〕세계를 평범하게〔이원적으로〕다루는 것이 하나의 문제다. 또 하나의 문제는 티베트와 티베트 문헌과 관련된 독특한 상황이다.

티베트의 전기(傳記)에서 보이는 긍정적인 사고

필자는 글의 서두를 부처님의 장님의 비유 즉, 코끼리를 만지고 그 대상을 오인하는 장님들에 관한 이야기로 시작했다. 불교의 태도는 우리가 바깥세상을 경험하는 방식이 자신의 호불호, 편견, 선입견에 의해 매우 강력하게 형성되기 때문에 남들을 비판하는 것은 피하는 것이 바람직하다는 것이다.

이러한 정서는 11세기 까담빠의 한 스승이 격언으로 표현하였다. "남들을 비판하지 마라. 비판하려는 마음이 들면, 그대 자신을 비판하라. 남들에 대해 이야기할 때, 좋은 것만 말하라. 부정적인 말을 해야 한다면, 그대 자신에 대해 말하라."

티베트 전기 문학의 특징인 강한 긍정적인 사고에 기여한 두 번째 요인은 청정한 인식(pure perception)에 대한 딴뜨라(밀교)의 가르침이다. 모든 딴뜨라 수행자들은 감각에 의해 드러나는 세계를 대락(大樂)과 공성의 초(超)이원적 지혜의 나타남으로 여기도록 훈련 받는다. 7대 달라이 라마는 이를 게송으로 표현했다.

> 항상 청정한 견해(pure view)를 갖고
> 남들을 만다라의 본존(수행의 대상 붓다)들의 화현으로 보게.
> 모든 일어나는 것들을 부처님들의 일로 보고
> 모든 소리를 딴뜨라의 음악(만뜨라)과 노래로 들으며,
> 모든 생각을 [공성의] 지혜와 결합된 대락(大樂)으로 여기게.
> 이것이 딴뜨라 수행자의 삶의 정수네.

다시 말해, 딴뜨라 수행의 핵심은 강렬한 긍정적인 사고에 대한 헌신이다. 밀교 수행에서 강조되는 것은 관습적인 부정적 태도를 의식적으로 피하는 것을 훈련하며, 세상과 세상의 존재들을 만다라[부처님들의 세계]와 거기에 거주하는 부처님들로 보는 것을 길들이는 것이다.

필자는 열네 분의 달라이 라마들을 다루는 동안 이러한 긍정주의 전통을 존중하며 서양식 비판적 접근방법을 피하려고 했다.

글렌 멀린(Glenn Mullin)

차 례

달라이 라마 성하의 서문 _ 6
감사의 말 _ 9
머리말 _ 11
역대 달라이 라마 재위 연표 _ 22

서장 | 1대 달라이 라마의 전생들 ··· 23
- 관세음보살과 그의 화현

1. 관세음보살이 교화한 땅 티베트 • 25
티베트인들의 조상은 관세음보살의 화현 / 25
달라이 라마, 관세음보살의 화현 / 26

2. 뚤꾸(tulku) • 27
뚤꾸의 이론적 배경 / 29
달라이 라마의 환생 계보의 목적 / 31

3. 티베트의 역사와 관세음보살의 화현들 • 33
티베트 역사의 개관 / 33

4. 아띠샤와 돔 뙨빠, 1대 달라이 라마 • 36
달라이 라마의 전생 계보와 『돔 뙨빠의 전생 이야기』 / 36
아띠샤의 생애 / 36

5. 서른여섯 번의 인도에서의 환생 • 42

『돔 뙨빠의 환생 이야기』 / 42

『자따까』 / 42

'탁월한 자'의 전생 / 44

왕자 '여래의 선물'로서 돔 뙨빠의 전생 / 46

6. 열 분의 티베트 왕들로서의 라마 돔 뙨빠의 환생들 • 50

아띠샤의 예언 / 50

환생 계보의 다양한 모습 / 67

7. 첫째 달라이 라마의 열다섯 분의 이전 환생자들 • 68

라마 돔 뙨빠를 시작으로 하는 열다섯 분의 이전 환생자들 / 68

라마 돔 뙨빠 / 68

뀐가 닝뽀 / 69

싸꺄 뀐가 닝뽀 / 70

싸꺄 팍빠 / 72

닝마빠 환생자들 / 74

제1장 | 1대 달라이 라마 겐뒨 둡빠 ⋯ 75
– 모든 것은 이렇게 시작되었다

1. 신비한 성취자(mystic) • 77

2. 낮은 데로 내려오신 높은 성인(聖人) • 78

3. 출가, 수학, 수계 • 80

4. 쫑카빠와 그의 제자들 밑에서 • 83

5. 홍법 활동 • 86

6. 죽음 • 90

7. 1대 달라이 라마의 저술 • 92

 '깨달음의 조언의 염주' / 92

 '반야라고 이름하는 근본중송에 대한 주석': 일련의 보주 / 94

제2장 | 2대 달라이 라마 겐뒨 갸초   … 99
- 유산의 확립

1. 유년기의 예언과 수행 • 101

2. 수학, 모친의 죽음 • 107

3. 위대한 스승들의 신비한 활동 방식 • 109

4. 두 가지 중요한 예언의 실현 • 116

5. 죽음 • 121

6. 2대 달라이 라마의 저술 • 125

 '공성·명상·행위·성과를 개시하는 시' / 125

 '두 가지 보리심에 대한 명상' / 127

 '밀교수행도의 노래' / 133

제3장 | 3대 달라이 라마 쏘남 갸초 ··· 137
    – '바다'로부터 '바다 같은'으로

1. 2대 달라이 라마의 환생과 빠드마 쌈바와의 예언 • 139
2. 탄생, 출가, 수행 • 140
3. 전법여행 • 149
4. 마지막 가르침과 죽음 • 153
5. 3대 달라이 라마의 저술 • 157
    『정제된 금의 핵심』 중에서 '보살의 람림' / 157

제4장 | 4대 달라이 라마 욘뗀 갸초 ··· 167
    – 칭기즈칸의 후예

1. 몽골과 티베트 • 169
2. 탄생, 선정 테스트, 공인, 즉위, 명명(命名) • 170
3. 4대 달라이 라마가 받은 교육의 특징 • 175
4. 티베트로 오는 여행 • 177
5. 달라이 라마와 빤첸 라마 • 179
6. '위대한 샤먼 욘뗀 갸초' • 182
7. 죽음 • 186

제5장 | 5대 달라이 라마 아왕 롭상 갸초 ··· 187
　　　－ 현대 티베트의 탄생

1. '위대한 5대' • 189
2. 탄생, 즉위, 수학, 시대 배경 • 190
3. 티베트의 정신적 · 세속적 지도자 • 196
4. 은퇴와 죽음 • 204
5. 5대 달라이 라마의 저술 • 205
　　'깨달음의 단계에 대한 노래' / 206

제6장 | 6대 달라이 라마 짱양 갸초 ··· 219
　　　－ 티베트의 영원한 연인

1. 신비한 성(性) 요가 수행자 • 221
2. 5대 달라이 라마의 숨겨진 죽음과 그의 환생자 찾기 • 223
3. 6대 달라이 라마의 탄생, 수색, 발견, 공인 • 228
4. 즉위까지의 날들 • 234
5. 자유로운 생활과 사랑의 노래 • 242
6. 섭정의 죽음과 6대 달라이 라마의 폐위 • 245
7. 6대 달라이 라마의 죽음을 둘러싼 세 가지 설 • 251
8. 딴뜨라 성(性) 요가 • 258

9. 신비한 6대 달라이 라마의 계획 • 262

제7장 | 7대 달라이 라마 깰상 갸초 ··· 265
– 라마와 황제

1. 두 분의 6대 달라이 라마 • 267

2. 7대 달라이 라마의 탄생, 하상 칸의 박해를 피해서 • 270

3. 7대 달라이 라마의 정식 즉위 • 280

   '쫑카빠에 귀의하는 노래 – 간덴 사원에서' / 288

4. 7대 달라이 라마의 스승에 대한 헌신 • 292

5. 죽음 • 295

6. 7대 달라이 라마의 저술 • 296

제8장 | 8대 달라이 라마 잠뻴 갸초 ··· 299
– 소박함으로 되돌아가기

1. '달라이 라마의 일곱 번 환생' 예언 • 301

2. 섭정제도의 설치 • 306

3. 탄생, 수색, 선정, 즉위, 수계 • 307

4. 티베트의 불안정한 시대와 8대 달라이 라마의 사업 • 312

5. 8대 달라이 라마의 은은한 위대함과 힘 • 314
6. 8대 달라이 라마의 저술 • 316
　'명상 수행 기도문' / 316

제9장 | 9대로부터 12대까지　　　　　　　　… 321
　　－ 조용한 세월

1. 네 분 달라이 라마의 이른 죽음의 원인 • 323
2. 9대 달라이 라마 – 걜와 룽똑 갸초 • 328
3. 10대 달라이 라마 – 걜와 출팀 갸초 • 336
4. 제11대 달라이 라마 – 걜와 케둡 갸초 • 343
5. 제12대 달라이 라마 – 걜와 틴레 갸초 • 348
　12대 달라이 라마의 죽음에 대한 빠드마 쌈바와의 예언 / 352

제10장 | 13대 달라이 라마 툽뗀 갸초　　　… 355
　　－ 승려, 신비한 성취자, 정치가

1. 가장 도전적인 삶 • 357
2. 탄생, 수색, 시험, 즉위, 수학 • 361
3. 수행과 친정의 시작 • 373

4. 티베트와 영국과 러시아 • 378

5. 티베트 사회의 구조 개혁 • 387

6. 죽음 • 398

7. 13대 달라이 라마의 저술 • 400

   '실천 수행을 강화하는 노래' / 400

   '가슴에 담아야 할 생각들' / 402

제11장 | 14대 달라이 라마 뗀진 갸초 ··· 405
– 망명자에서 세계 평화의 상징으로

1. 최초로 공개되는 5대 레땡 뚤꾸에 대한 진실 • 407

2. 14대 달라이 라마의 탄생, 수색, 발견, 라싸로의 여행 • 410

3. 즉위 • 418

4. 사악한 음모 • 424

5. 인도로 탈출 • 434

6. 인도에서 14대 달라이 라마의 활동 • 439

   국제연합에서의 연설 / 446

옮긴이의 말 / 김영로 _ 449

헌사 / 석혜능 _ 450

역대 달라이 라마 재위 연표

1대 달라이 라마 / 걜와 겐뒨 둡빠	1391~1474/5
2대 달라이 라마 / 걜와 겐뒨 갸초	1475~1542
3대 달라이 라마 / 걜와 쐬남 갸초	1543~1588
4대 달라이 라마 / 걜와 왼땐 갸초	1589~1617
5대 달라이 라마 / 걜와 악왕 롭상 갸초	1617~1682
6대 달라이 라마 / 걜와 짱양 갸초	1683~1706
7대 달라이 라마 / 걜와 깰상 갸초	1708~1757
8대 달라이 라마 / 걜와 잠뻴 갸초	1758~1804
9대 달라이 라마 / 걜와 룽똑 갸초	1805/6~1815
10대 달라이 라마 / 걜와 췰팀 갸초	1816~1837
11대 달라이 라마 / 걜와 케둡 갸초	1838~1855/6
12대 달라이 라마 / 걜와 틴레 갸초	1856~1875
13대 달라이 라마 / 걜와 툽땐 갸초	1876~1933
14대 달라이 라마 / 걜와 땐진 갸초	1935/7/6~

서장

1대 달라이 라마의 전생들
- 관세음보살과 그의 화현

◀ 관세음보살(18세기의 탕카)
　Newark 박물관(The Newark Museum)/Newark/New Jersey州

1. 관세음보살이 교화한 땅 티베트

티베트인들의 조상은 관세음보살의 화현

제8대 달라이 라마의 스승이었던 까첸 예셰 걜첸(Kachen Yeshey Gyaltsen)은 티베트인들의 근원에 대한 신화를 낭만적으로 서술한다.

관세음보살이 자신의 정토의 거처로부터 티베트를 내려다보았다. 서쪽 티베트 지역 아리(Ngari)에서 사슴, 영양, 산양들로 가득 찬 아름다운 산들을 보았고, 이곳의 남동쪽인 짱(Tsang)에서는 사슴과 원숭이로 가득 찬 바위 언덕과 초원을 보았으며, 동쪽인 캄(Kham)과 암도(Amdo)에서는 다양한 종류의 영장류로 가득한 풀이 많은 평지와 빽빽한 숲을 보았다.

그러나 중생들이 평화롭게 살지 않고 아름다운 곳을 지옥 같은 고통이 만연한 곳으로 만드는 것을 보고, 1000분의 화현들을 보내 다양한 동물로 태어나게 하고, 이들에게 평화와 조화로운 생활방식을 가르쳐 그 땅을 천상의 동산으로 바뀌게 하였다.

외부의 조건이 이렇게 무르익자, 그는 원숭이로 태어났다. 그 생애 동안에, 그는 여성 보살 따라(Tara)의 화현인 설녀(雪女)를 만나 부부가 되어 그렇게 첫 번째 인간을 탄생시켰다.

이 이야기에 따르면 원숭이와 설녀의 자손이 최초 여섯 티베트 부족의 조상이 되었다. 이 조상들은 시간이 지남에 따라 고대 티베트의 주요 18개 부족으로 발전했다. 이 원숭이는 자비의 보살인 관세음의 화현이었으며 설녀는 깨달음 활동(佛行)의 보살인 따라(Tara)의 화현이었다. 이들의 교합이 일어난 티베트 산은 티베트인들에게 지금까지 성지순례의 장소이다.

결혼한 원숭이와 14대 달라이 라마 사이에는 아주 긴 시간이 흘렀다. 이 두 인물 사이에는 어떤 연관이 있을까? 이에 대한 답을 찾을 수 있는 곳은 티베트인들의 조상들의 삶과 현재 티베트 망명정부의 정신적·세속적 지도자의 삶 사이에 가로 놓인 수 세기에 걸쳐 티베트에서 형성된 불자들의 태도와 티베트 문화와의 독특한 융합에서일 것이다.

달라이 라마, 관세음보살의 화현

1939년, 서구사회가 또 하나의 세계전쟁을 준비하고 있을 때, 티베트의 대다수의 수행 지도자들이 라싸의 북동쪽에 있는 레떵(Reteng) 사원에 모였다. 이 사원에서 세계 대전은 수백만 마일 밖에 떨어져 있는 것 같았다. 티베트인들은 이때 전쟁과는 전혀 다른 것에 관심을 갖고 있었다. 네 살짜리 소년이 제14대 달라이 라마의 자리에 오르기 위해 티베트 동쪽 암도(Amdo)에서 이제 막 도착하려는 중이었기 때문이다.

그러나 제1대 달라이 라마조차 실제로는 1대가 아니었다. 티베트 전통에 따르면, 라싸의 뽀딸라(Potala) 궁전으로 옮겨가기를 기다리고 있는 지금 이 아이에게조차 60번이 넘는 전생이 있었다고 한다. 티베트 역사에서 달라이 라마들의 삶·목적·역할에 대한 이야기는 불교 신앙과 티베트의 문화와 전통에 깊은 뿌리를 갖고 있다.

2. 뚤꾸(tulku)

현 달라이 라마가 즉위할 때 티베트에는 약 3천 명의 환생한 스승들이 있었다. 이들 각각의 경우에 그 전통은 매우 비슷했다. 한 스승이 사망한 뒤에, 점(占)을 쳐서 환생자를 찾아 공식적으로 인정하는 것이 유용할지 않을지 결정한다. 만약 점이 긍정적으로 판명되면 그 아이를 찾는 업무를 맡을 위원회가 만들어지게 된다. 이 전통은 대승불교 기본 교리에서 차용한 용어인 뚤꾸(tulku, 화현한 환생자(emanated incarnation))로 알려졌다.

불교에서 환생은 자명한 진리로 여겨진다. 모든 불교 종파가 이것을 어떤 형태로든 받아들인다. 이들의 생각은 우리가 일정한 수준의 정신적인 성취에 도달하기 전에는 육도(六道) 중에 하나인 지옥·아귀·축생·인간·아수라·천상계로 떨어질 수 있다는 것이다. 이 여섯 가지 세계는 영구적이지 않으며 사람들은 업(業)과 무지의 바람(風)에 의해 이들 세계로 들어가게 된다. 사람들은 자기를 그곳으로 던진 힘이 소멸될 때까지 그곳에 남는다. 그러고는 계속해서 다른 환생으로 나아간다. 낮은 영역일수록 많은 고통을, 높은 영역일수록 많은 행복을 누린다.

그러나 자아의 본성(無我)에 대한 오해(無智)에 바탕을 둔 몸-마음 복합체(五蘊)를 가짐으로써, 불만족이 모든 곳에 만연한다(行苦)는 점에서 모든 곳이 동일하게 불만족스럽다. 그래서 이 여섯 개 영역의 모든 중생들은 미혹(무지)의 수레바퀴에 갇혀 고통을 받는다.

지혜가 늘어 무지의 힘을 초월함에 따라, 윤회의 수레바퀴에 대한 지배력이 점점 증대된다. 결국 사람들은 업력(業力)에 의해서가 아니라 자신의 의도적인 발원과 오로지 세상에 이익을 주겠다는 이타적인 관심에 의해 환생을 선택할 수 있는 힘을 성취한다. 이런 존재가 아르야(arya, 聖人) 보살인데, 이들의 특징은 준비된 이들의 수행을 안내하기 위해 자기 의지에 따라 세상에 태어날 수 있는 능력을 갖고 있다는 점이다.

상좌부(소승)에서 환생에 관한 가르침은 원인과 결과라는 맥락에서 제시된다. 우리가 하는 모든 행동은 마음의 흐름에 흔적을 남기고, 이 흔적은 우리들의 윤회에 추진력으로 작용한다. 몸과 말과 마음의 선한 행위는 이생과 내생에 행복을 낳고, 불선한 행위는 그 반대를 낳는다. 여기에서 강조되는 것은 자기 책임과 몸과 말, 마음의 모든 행위에 대한 통제력을 얻어 개인적인 해탈과 열반을 얻는 것이다.

부처님께서는 환생에 대한 가르침을 대승에서는 다소 다르게 설하셨다. 여기에서는 보편적인 책임과 모든 중생들의 이익에 역점을 두었다. 개인적인 해탈은 보살, 혹은 '깨달음 영웅'의 보편적인 선(善)으로 가는 디딤돌로만 제시되었을 뿐이었다. 원인과 결과라는 기본 법칙은 같지만 강조되는 것은 영웅적인 보살의 능력의 증장이었다. 환생에 대한 가르침이 암시하는 것은 우리가 한 생 한 생 힘이 성장해서 결국은 모든 중생들에게 이익이 되는 위대한 깨달음을 성취한다는 것이다. 부처님께서 말씀하신 스물두 단계의 정신적인 발전의 특징은 범부로부터 보편적인 영웅(붓다) 상태로의 변화다.

금강승은 환생과 보살의 보편적 자비의 교리에서 한 걸음 더 나아갔다. 환생과 보살의 보리심에 관한 가르침이 옳다면, 죽음의 순간, 세상에 가장 크게 이득이 되는 존재로 다시 태어나도록 조정할 수 있을 것이다. 다시 말해, 이것이 암시하는 것은 '의도된 환생'이다.

그러나 인도인들은 의도된 환생이 사회적 제도로서 성취할 수 있는 정신적 기술을 개발하지 못했다. 이는 불교가 눈 덮인 산들로 이루어진 땅 티베트로 들어와 중앙아시아의 위대한 히말라야의 신비한 성취자들과 융합하기 전까지는 일어나지 않았다. 이 두 흐름이 뚤꾸라는 공식적으로 인정된 환생 라마의 제도를 함께 만들어냈다.

뚤꾸의 이론적 배경

소승·대승·금강승 불교에서는 모두 깨달음 영웅·보살에 대해 이야기한다. 소승불교에서 보살이라는 용어는 현겁(現劫)의 1000분의 부처님들 중 한 분을 가리키는 말로 쓰인다. 석가모니 부처님은 그들 중의 한 분으로 간주되는데, 그의 전생은 『자따까(Jataka, 본생경)』에 나온다. 소승불교의 전통에서는 이 천 분의 부처님을 제외하고 다른 수행자들은 보살 혹은 붓다가 될 수 없으며, 온전하고 완벽한 깨달음도 얻을 수 없다. 대신 아라한(내면의 적을 물리친 자)이 될 수 있으며, 모든 고통을 넘은 상태, 열반을 얻는다. 그래서 그들의 도(道)와 성취는 성불로 향하는 수행자보다 못하다.

그러나 대승의 가르침에서는 모든 중생들이 언젠가 보살이 되고, 붓다가 된다. 따라서 대승은 수많은 보살들을 이야기한다. 대승불자들은 예수, 노자와 세계의 위대한 정신적 스승들 중 다수가 보살들의 화현이라고 말할 것이다. 대자(大慈)와 대비(大悲)의 정신에 의해 움직이고 이 열정을 이루기 위해 높은 정신적 상태를 성취한 모든 존재는 위대한 보살에 속한다.

서양의 대중적인 저술에서 보살이라는 용어는 모든 중생들이 윤회계로부터 해탈을 얻을 때까지 자신의 깨달음을 연기하기로 서약한 사람으로 흔히 정의된다.

중국 불자들이 그들의 철학에 이러한 개념을 도입했지만, 이것은 인도나 티베트 전통에서는 사실이 아니다. 대신, 인도와 티베트의 전통적인 대승 수행자들은 다른 중생들에게 이익을 주기 위해 깨달음을 목표로 추구한다.

대승경전에서 붓다의 이러한 두 면[하화중생과 상구보리]은 삼신(三身)설, 즉 진리의 몸인 법신, 지복의 몸인 보신, 화현한 몸인 화신의 교리를 통해 도입되었다. 이들 중 첫 번째는 형체가 없는 부처님의 지혜의 양상이고, 두 번째와 세 번째는 형체를 갖추어, 정신적인 성숙의 수준이 높거나 평범한 중생들과 소통하기 위한 것이다. 이 개념은 성 삼위 일체(the Holy Trinity)라는 기독교 교리와 크게 다르지 않다.

한 사람이 깨달음을 성취하여 붓다가 되면 – 이것은 모든 인간이 인종이나 나이·성별에 상관없이 성취할 수 있는 잠재력을 갖고 있다 – 그의 마음은 무한의 영역으로 일시적으로 사라진다. 그와 동시에 그는 유한한 것들의 세계에서도 사라진다. 인도인들은 존재의 이 영역을 법신 혹은 '실재(진리) 몸'이라고 불렀다. 이 차원에서 그를 알아볼 수 있는 것은 다른 완전히 깨달은 분들뿐이다.

이 깨달은 분은 세상에 이익을 주기 위해 두 가지 형태로 나타나는데, 보신은 아르야(聖人)들만 알아볼 수 있으며, 화신은 일반인들도 알아볼 수 있다. 고대 인도의 불자들에게 화신은 깨달은 존재의 색(色, 몸) 화현을 가리키는 것이었다.

그러나 티베트인들이 삼신의 교리, 특히 화신이라는 개념으로부터 뙬꾸라는 용어를 차용했지만, 그들은 일반적으로 뙬꾸로 인정된 라마들을 실제 화신으로 생각하지 않는다. 왜냐하면 화신은 용어가 정의하는 대로 완전히 깨달은 분이기 때문이다. 따라서 이 용어의 사용은 다소 존칭적인 것이다.

달라이 라마의 환생 법맥의 목적

대승불교에 의하면, 달라이 라마라고 불리는 이 환생 법맥의 목적은 무엇일까? 해답은 일반적으로 인간의 문명을 고양시키고 특별히 중생들을 깨달음으로 인도하는 데 보살의 역할에 대한 대승의 구상(vision)에 놓여있다. 위대한 아르야 보살은 이 일에서 특히 중요한 역할을 맡고 있다.

대승 경전은 우리들의 세계에서 활동 중인 많은 아르야 보살에 대해 언급한다. 이들 중 여덟 분은 현 시대에 특히 중요하다. '부처님의 여덟 아들'로 알려진 이 분들이 하는 역할은 서양 문명의 대천사들(great archangels)과 약간 비슷하여, 필요에 따라 다양한 시기와 장소에 나타나서 개별적인 사람들에게 이익을 주고 심지어 구제하고, 인간 문명의 진화에 결정적인 일을 수행한다.

딴뜨라 수행에는 자기 자신을 이들 보살들 중 한 분으로 관상(觀想, visualize)하고 해당하는 만뜨라를 염송하는 전통이 있다. 이런 종류의 전형적인 수행은 이런 서언을 염송하는 것으로 시작된다.

"모든 중생들의 이익을 위해 나 자신이 완전하고 완벽한 깨달음을 성취해야 한다. 이 목적을 위해 나는 지금 나 자신을 관세음과 일치시키는 명상과 그의 진언을 염송한다."

다음에는 몸과 마음, 에고(ego)에 관한 범부의 인식을 빛나는, 무형의 허공으로 녹여버리고, 우리들 자신을 일으켜 세운다. 우리의 몸을 관세음의 몸으로, 우리의 마음을 자비와 지혜의 결합으로, 모든 소리를 관세음의 진언으로, 우리들 자신을 관세음으로 관상한다. 그런 다음 우리의 심장으로부터 빛을 발산하여 보살행을 성취하고, 진언 "옴 마니 반메 훔(om mani padme hum)"을 염송한다.

우리는 위대한 여덟 분의 보살을 포함한 다양한 보살들을 티베트의 방대한 문헌(이들 중 다수는 산스끄리뜨로부터 번역된 것임)에서 볼 수 있지만 티베트인들은 자비의 보살인 관세음과의 특별한 인연을 발전시켰다. 나중에 이 책에서 보게 되듯이, 티베트인들은 관세음 유산이라는 관점에서 그들의 역사를 다시 쓰기까지 했다. 이것은 매력적인 개념이고, 상당한 정도에 이르기까지 티베트 불교의 모든 다양한 종파와 분파에 영향을 끼쳐서, 이런 식으로 티베트의 민족적 성격을 위한 터전을 마련했다. 초기의 달라이 라마들이 신화로 관세음보살과 연관되어 있었다는 사실은 달라이 라마의 지위가 1642년부터 세속의 일을 맡게 되는 것을 촉진하는 아마 가장 중요한 요인이었을 것이다.

3. 티베트의 역사와 관세음보살의 화현들

티베트 역사의 개관

불교는 티베트에서 네 가지 중요한 단계를 거쳐 발전했다. 이들 중 첫 번째는 쏭첸 감뽀 왕의 통치 시기인 7세기 중반에, 불교가 국가 종교로 채택되기 전의 비공식적 시기였다. 이 기간의 기록들은 대략적인 것에 불과하다. 왜냐하면 쏭첸 감뽀의 통치기에 새로운 문자가 채택되었고, 쏭첸 감뽀의 왕실 혈통에 대한 이야기들을 제외하고 많은 것이 새로운 문자로 옮겨지지 않았기 때문이다. 쏭첸 감뽀 왕은 가장 신성한 라싸의 조캉(Jokhang) 사원을 포함하여 티베트 최초의 불교 사찰과 불전(佛殿)들을 세웠다.

두 번째 불교 시기는 쏭첸 감뽀로부터 11세기 중반 부흥기까지의 기간이다. 이 400년 동안에 출현한 불교 종파들은 쏭첸 감뽀의 통치 하에서 개발된 문자를 사용하여 인도 불교의 많은 경론을 번역했다. 이들 종파들은 대체적으로 역사에서 닝마(Nyingma) 혹은 '구파'로 알려졌다. 사원생활이 도입되었으나 아주 작은 규모여서, 불교 도입 이전의 티베트의 무속적 전통에서 그랬듯이 불교 지식의 법맥은 주로 가족 전통으로서 아버지로부터 아들로 유지되고 전달되었다. 물론 가족 이외의 제자들도 거의 정신적 입양이라는 의미에서 받아들여져서 그들은 더 커다란 법맥의 일부가 되었다.

11세기 중반의 부흥기에는 인도 불교의 철저한 검토와 불교 전파의 세 번째 단계가 펼쳐지게 되었다. 새로 개선된 언어와 용어에 따라 인도 경전의 다수가 다시 번역되거나 수정되었다. 여기에 사찰에서의 수행이 크게 도약하여 수행풍토가 완전히 바뀌었다. 불교 지식과 교육이 가정사로 취급되지 않고, 새로운 불교로 인해 남녀 출가자들을 위한 사찰과 암자들이 어디에서나 생기게 되었다. 이 움직임으로부터 출현한 모든 불교 종파들은 역사상 싸르마(Sarma) 또는 '신파'로 알려져 있다. 여기에 약 열두 가지 종파가 발생했는데, 그 중에서 세 가지가 중요 종파로 받들어져 오랫동안 생존해 왔는데, 싸꺄(Saky) 혹은 '회색 땅 법맥,' 까규(Kargyu) 혹은 '구전 가르침 법맥,' 까담(Kadam) 혹은 '최상의 가르침 법맥'이다.

　그 뒤 15세기 초에 동쪽 티베트 암도에서 쫑카빠 대사(1357년~1417년)라는 위대한 스승이 나타났다. 그의 주요 제자 중 한 분이 겐뒨 둡빠(Gendun Drubpa)라는 이름의 승려였는데, 그는 사후에 1대 달라이 라마로 알려지게 되었다.

　쫑카빠 대사의 업적에서 시작된 종파는 겔룩(Geluk) 또는 '건전한 방도'로 알려져 있다. 짧은 세대 안에 겔룩빠는 다른 모든 종파들을 합친 것보다도 더 커졌다. 티베트뿐만 아니라 중앙아시아의 많은 곳에서 이 종파의 주도적인 정신적 세력이 오늘날에도 계속되고 있는데. 달라이 라마와 빤첸(Panchen) 라마의 환생자들이 이 종파의 가장 위대한 영웅들이다.
　달라이 라마 환생자들의 관점에서 보면, 11세기 중반에 형성된 까담파는, 쫑카빠 대사의 출현과 겔룩파 이전에, 모든 티베트의 정신적 움직임 중에서 가장 중요한 것이었다. 이것은 1대 달라이 라마가 살아있을 때 일반 사람들에게는 초기 까담빠 라마인 돔 뙨빠(Drom Tonpa)의 환생자로 여겨졌기 때문이다. 1대 달라이 라마와 라마 돔과의 연관은 비공식적이었고, 그는 공식적으로 즉위하지도 않았다. 하지만 두 분이 연관이 있다는 점이 사람들의 마음속에 심어져 지대한 영향을 끼쳤다.

이 두 분의 연관이 그토록 중요했던 이유들 중의 하나는 인도에서 성취자로 라마 돔의 서른여섯 분의 이전의 환생자들을 열거하는 일반적인 전통이 있었기 때문이다. 이 전통에 의하면 라마 돔의 이전의 환생자들 중의 열 분은 초기 티베트의 왕이라고 한다. 1대 달라이 라마가 라마 돔의 환생자로 여기게 되자, 이들 마흔여섯 분의 환생자들은 자동적으로 그에게 귀속되었다.

4. 아띠샤와 돔 뙨빠, 1대 달라이 라마

달라이 라마의 전생 계보와 '돔 뙨빠의 전생 이야기'

라마 돔 뙨빠의 서른여섯 분의 인도에서의 이전 환생자들은 모두 나중에 1대 달라이 라마에게 귀속되었는데, 이는 최초 인도의 성자 아띠샤(Atisha), 라마 돔 뙨빠, 그리고 그들의 젊은 제자 옥 렉빼 셰랍(Ngok Lekpai Sherab) 사이의 대화에서 유래되었다. 이들은 『라마 돔 뙨빠의 이전 환생자들』로 알려진 글에 기록되었다.

아띠샤의 생애

아띠샤에게 티베트 방문을 처음 요청한 것은 서쪽 티베트의 통치자 예셰외(Yeshey Od) 왕과 아리(Ngari) 지역의 왕이었던 장춥외(Jangchub Od)였다. 이들이 그를 초청한 것은 그들이 자기 지역의 일부 사원에서 행해지는 관행들을 몹시 못마땅하게 여겼기 때문이었다. 이들 관행에는 성 행위, 남녀 출가자들의 음주, 동물 희생이 포함되었던 것으로 보인다.

아띠샤는 인도 벵갈에서 태어났으며, 10대 때에 딴뜨라 수행에 강한 흥미를 갖게 되었다. 어느 날 비끄라마뿌라에서 벌거벗은 여인[이런 분은 이원적인 분별을 넘어 합일의 깨달음을 성취한 후에 수행자들을 돕는 다끼니(dakini)입니다. -역자)과 마주쳤는데, 그녀는 말린 인간 해골들로 된 목걸이를 걸치고 있었다. 한 순간 그녀는 발작적으로 웃더니 다음에는 눈물을 걷잡을 수 없이 흘렸다. 그는 그녀에게 딴뜨라 관정을 요청했다. 그러자 그녀가 말했다. "네가 진정으로 밀교의 가르침을 구한다면 벵갈의 정글로 들어가야 한다." 그리하여 그는 그녀를 따라 정글로 들어갔다. 그는 그녀와 성(性)요가(합일수행)를 통해 큰 깨달음을 성취했다. 또한 그의 삶의 초기에 그는 딴뜨라 수행에 능숙한 아와두띠빠(Avadhutipa)와 함께 수행했다.

그가 20대 중반일 때 따라(Tara) 보살이 그에게 나타나 예언했다. "만일 그대가 승려가 되면 그대의 삶은 중생들에게 훨씬 더 유익하게 될 것이다." 또 그는 석가모니 부처님과 그의 제자들과 함께 앉아 있는 꿈도 꿨다. 부처님께서 그를 바라보시며 물으셨다. "왜 나의 이 제자는 승려가 되지 않았나?" 이리하여 스물아홉 살에 아띠샤는 비구계를 받고 정식으로 날란다(Nalanda)와 중앙 인도의 여러 사원에서 고전적인 대승불교 경전을 공부하여, 마침내 비끄라마실라(Vikramashila)의 주지가 되었다.

그러나 아띠샤 시대에는 가장 위대한 스승들의 대부분이 인도네시아인들이었다. 그래서 그는 길고 위험한 항해를 통해 인도네시아에 갔다. 거기서 12년 동안 머물면서 인도네시아의 스승 다르마끼르띠(Dharmakirti)와 공부했는데, 이 분은 티베트에서는 쎌링빠(Serlingpa, '황금섬의 그이')로 알려져 있다. 후일 티베트에서 아띠샤가 말한 바에 의하면, 그는 자기가 가르침을 받은 전체 마흔 다섯 분의 스승들 중에서 쎌링빠를 자신의 가장 소중한 핵심 스승으로 생각했다고 한다.

한편 티베트에서는 아리(Ngari)의 왕이 위대한 승려 한 분을 티베트로 초대해 티베트의 불교 전통을 정화하고 쇄신하겠다고 결심했다. 이것을 마음에 두고 그는 수많은 티베트인들이 인도로 가서 승려가 되어 세 큰 사원인 날란다, 비끄라마실라, 오단따뿌리(Odantapuri)에서 공부할 수 있도록 지원했는데. 깨달음의 전통을 되살릴 수 있는 가장 적합한 사람으로 아띠샤가 그에게 추천되었다. 그는 아띠샤가 티베트에 올 수 있도록 초청장과 공양물을 인도로 보내기 시작했다.

예셰외 왕이 처음 몇 번 아띠샤를 초청했을 때, 그는 인도에서 가장 중요한 승려로 여겨졌기 때문에 인도 장로들이 거절하였다. 그런데도 왕은 자신의 뜻을 굽히지 않고, 거절할 수 없는 공양물을 보내기로 결심했다. 그러나 왕이 밖에서 금을 모으던 중에, 골록(Goloks) 부족에게 납치되어 몸값 때문에 붙잡혀 있었는데, 석방의 대가는 그의 몸무게만큼의 금이었다. 그의 조카 장춥외가 그의 석방 임무를 맡아 상당한 양의 금을 모아, 골록 족에게 가져갔으나, 불행하게도 무게를 달아보니 왕의 머리 무게만큼 모자랐다.

장춥외는 삼촌을 만나, 몸값을 위해 금을 더 모아야 한다고 말했다. 예셰외 왕이 그에게 간청했다. "아니다, 그러지 마라. 나는 앞으로 10년도 못 살 늙은이다. 대신, 그 금을 인도로 보내 그 사원에 바치고, 아띠샤가 티베트로 와서 몇 년간 가르칠 수 있도록 허락해 달라고 요청해라. 아띠샤에게 알려라, 나는 여러 해 동안 그를 티베트로 모셔오기 위해 노력했지만 이생에는 그를 만날 수 없을 것 같다고. 그에게 내 운명에 대해 얘기하고, 내게 축복을 내려달라고 부탁해라. 그리고 장로들에게 알려라, 그들에게 내가 올리는 공양물은 내 몸무게에 해당하는 금과 함께 나의 목숨 자체라고." 장춥외는 삼촌의 지시를 따랐는데, 예셰외 왕은 얼마 안 가서 세상을 떠났다.

이때 아띠샤는 인도에서 부처님이 깨달은 장소, 바즈라싸나(지금의 보드가야)에서 성지순례 중이었다. 아띠샤가 아미타불 기도처에 있을 때, 관세음보살상이 그를 향하더니 다음과 같은 예언을 했다. "북쪽에 있는 나라에 나의 화현이 있다. 그와 너의 주 수행 대상인 따라(Tara) 보살이 중생들을 위해 이미 그곳에서 일하고 있다. 많은 사람들이 거기서 너의 가르침을 기다리고 있으니, 세상의 이익을 위해 너는 거기 가서 일해야 한다."

이 일이 있은 지 얼마 되지 않아 아띠샤는 따라 보살에 관한 꿈을 꿨는데, 보살은 그에게 근처에 있는 불단에 가보라고 했다. 그가 따라 보살의 조언에 따라 불단에 가서 덥수룩한 머리를 한 늙은 여인을 만났다. 그가 그녀에게 티베트에 오라는 초대에 대해 어떻게 해야 하는지 물었더니, 늙은 여인이 답했다. "그대는 반드시 가야 한다. 그대는 티베트에서 그대의 일을 성공으로 이끌어 줄 재가불자를 만나게 될 것이다." 이렇게 그는 그와 그의 수제자가 될 사람, 라마 돔 뙨빠와의 만남이 여러 번에 걸쳐 예언받았다.

바즈라싸나에서 그는 또 한 분의 신비한 여인을 만났는데, 그녀가 그에게 말했다. "만일 그대가 티베트로 가면 그대의 사명은 크게 성공하겠지만 그대의 수명은 줄어들 것이다. 만일 그대가 가지 않으면 92세까지 살고, 가면 73세를 넘게 살지 못할 것이다." 아띠샤는 혼자 생각했다. "나의 일이 남들에게 이익이 된다면 내 삶에서 20년은 희생할 만한 가치가 있다."

장춥외로부터 초대장과 공양물이 도착하자, 인도의 장로들은 아띠샤가 사원을 떠나 3년간 티베트에서 가르치는 것을 허락했다. 그는 1042년에 서쪽 티베트에 도착하여, 똘링(Toling)에서 처음으로, 다음에는 망율(Mangyul)의 뿌랑걀(Purang Gyal)에서 가르쳤는데, 여기서 그는 라마 돔 뙨빠를 만났다. 이 분이 아띠샤의 일을 실현시키고 미래의 여러 생에 달라이 라마들이 될 제자였다.

아띠샤는 얄룽(Yarlung)과 삼예(Samyey)를 향해 가면서 가르침을 폈다. 갸뻡에 있을 때, 옥 렉빼 셰랍이 그를 만나 라싸로 초대했다. 그리하여 이들 셋은 예빠 하리 닌뽀에서 몇 년 뒤에 함께 안거하게 되는데, 여기서 영감을 얻어 아띠샤가 『라마 돔 뙨빠의 전생들』이라는 전기를 설했으며, 처음으로 한 집단으로 모이게 되었다.

아띠샤는 수많은 사찰과 사원을 인도와 티베트, 네팔에 세웠다. 이들 중에서 아띠샤의 지도 아래, 라마 돔 뙨빠에 의해 세워진 레땡 사원은 가장 중요한 것으로 여겨진다. 우리가 이후의 장(章)에서 보게 되듯이, 모든 달라이 라마의 환생자들은 이곳을 성지순례와 수행의 장소로 만들었다. 또한, 달라이 라마들의 개인 스승들과 섭정들 중의 다수가 이 레땡 사원에서 선출되었으며, 이는 오늘날까지 계속되어 온다. 현 14대 달라이 라마를 찾는 작업은 레땡 사원의 수석 라마가 관장했다.

결국, 아띠샤는 그의 3년 계약을 이행한 뒤에도 인도로 돌아가지 않았다. 티베트인들이 그가 남아 있기를 간청했고, 인도에 있는 그의 사원에 많은 공양물을 보내 장로들의 허락과 축복을 부탁했다. 그의 핵심적인 가르침을 글로 기록하여 인도로 보낸다는 조건으로 허락이 떨어졌다. 이리하여 아시아의 가장 위대한 고전 중의 하나가 될 『깨달음으로 가는 길을 위한 등불(菩提道燈論)』이 탄생했다.

이 저서와 그의 주석서는 장춥외 왕의 요청에 의한 것이기도 하다. 그는 아띠샤에게 부처님의 가르침의 요점들을 티베트인들의 마음에 가장 적절한 방식으로 요약해 달라고 부탁했다. 수 세기에 걸쳐 이 짧은 저술에 대한 수백 개의 주석서가 나왔으며, 오늘날까지도 이것은 라마들에게 좋아하는 논서로 남아 있다. 아띠샤는 현교와 딴뜨라 전통 양쪽에 대해 많은 텍스트들을 썼지만, 그의 『깨달음으로 가는 길을 위한 등불』이 가장 인기 있는 저서로 남아 있다. 이와 더불어, 아띠샤는 라마 돔 뙨빠와 그의 다른 제자들과 함께 불교 전통의 올바른 이해에 가장 도움이 된다고 생각되는 산스끄리뜨 문헌들의 재역경을 주관했다.

1055년(1057년이라는 설도 있음)에 네땅에서 가르침을 펴고 있을 때, 아띠샤는 병을 얻었다. 그는 세상을 떠날 시간이 마침내 왔다고 선언하고 마지막 지시를 했다. "나는 라마 돔 뙨빠를 나의 후계자로 남긴다. 나에게 보여준 것과 같은 존경을 그에게 보여주어라. 쓸데없는 활동에 마음을 빼앗기지 마라. 나의 가피는 너희들과 함께 있을 것이고, 우리는 도솔천 정토에서 다시 만날 것이다." 이렇게 그는 세상을 떠났다.

라마 돔 뙨빠는 아띠샤의 후계자가 되어 아띠샤의 법맥을 정리해서 우리들에게 전해 주었다. 특히 라마 돔 뙨빠는 스승의 가르침을 잇고 전수하기 위한 토대로 까담 종파를 세우고, 아띠샤의 소망을 이루는 데 자신의 여생을 바쳤다.

5. 서른여섯 번의 인도에서의 환생

『돔 뙨빠의 환생 이야기』

아띠샤와 라마 돔 뙨빠의 수행의 가르침을 담고 있는 주요 저술 중의 하나는 『파최 부최(아버지 다르마, 아들 다르마)』라는 이름의 책이다. 이 책은 『까담빠 스승들의 책(Book of the Kadampa Masters)』으로도 알려져 있다. 다양한 종류의 글들과 많은 이야기들의 선집인데, 12세기 초에 편찬된 것으로 추정된다.

이 책의 '라마 돔 뙨빠의 이전 환생들'이라는 장(章)에서 아띠샤는 라마 돔 뙨빠를 '관세음보살의 화현'이라 부르며 인도의 다양한 지역에서 서른여섯 번의 라마 돔의 환생자들을 이야기한다. 1대 달라이 라마는 라마 돔의 환생자로 여겨지기 때문에, 36번의 환생 모두가 그와 그 이후의 달라이 라마 환생자들에게 귀속하게 되었다.

『자따까』

라마 돔 뙨빠의 서른여섯 번의 환생에 대한 아띠샤의 이야기는 인도 자따까의 전통적인 문학 스타일로 서술되어 있다. 불교에 친숙한 독자들은 『붓다-자따까(부처님의 탄생 이야기들)』를 알고 있을 것이다. 『붓다-자따까(Buddha-jataka)』는 어떻게 부처님이 전생에서 다양한 존재들로 태어나서,

각 생마다 깨달음에 한 걸음 더 다가가서 세상의 선(善)의 세력들을 강화했는지에 관한 수백 편의 이야기 모음집이다. 아마도 가장 잘 알려진 것은 『자따까말라(Jatakamala)』이다. 이것은 서른네 가지의 부처님 전생 이야기 모음인데, 인도의 시인 아르야수라(Aryasura)가 2세기나 3세기 어느 때에 편찬한 것이다. 아르야수라의 『자따까말라』는 아띠샤가 그의 티베트의 제자들에게 추천했던 여섯 개의 중요한 인도의 저술 중 하나이다.

아띠샤가 라마 돔 뙨빠의 출생 이야기들을 해 준 것은 그와 라마 돔 뙨빠가 닥 예르빠의 동굴들에서 살면서 3년간 안거 수행하던 동안이었다. 이 동굴들은 지금까지도 인기 있는 성지순례 장소로 남아 있다. 아띠샤는 이 이야기들을 옥 렉뻬 셰랍에게 해 주었는데, 이 분은 티베트 역사에서 사랑을 많이 받는 인물이다. 아마 옥렉뻬 셰랍이 이 이야기들을 최초로 글로 써놓은 것 같다.

각 이야기는 옥 렉뻬 셰랍이 시작하는 즐거운 대화로 시작된다. 옥 렉뻬 셰랍이 경전의 한 게송을 인용하고 어떻게 전생에 라마 돔 뙨빠가 그것의 의미를 체득했는지 이야기 해 달라고 청한다. 라마 돔 뙨빠는 겸손해서 거절하고, 대신 더 뜻있는 문제에 대해 얘기하자고 제의한다. 그러자 옥 렉뻬 셰랍은 아띠샤에게 그 요청을 들어달라고 청한다. 아띠샤는 언제나 주저하지만, 결국은 그렇게 하는데, 그 전에 말한다. 돔 뙨빠가 관세음의 화현이므로, 옥 렉뻬 셰랍이 그에게 그가 이야기를 하기 전에 먼저 금가루로 만다라 공양을 올려야 한다고 말했다. 이렇게 아띠샤가 옥 렉뻬 셰랍에게 설한 이야기들은 라마 돔 뙨빠의 전생들에 대한 전기적인 연대기로 서술된다기보다 핵심적인 가르침을 설명하기 위한 배경으로 서술된다. 두 번째 이야기는 다음과 같다.

아띠샤와 라마 돔 뙨빠가 예르빠 하리 닝뽀에서 거주할 때, 그들의 제자 옥 렉뻬 셰랍이 이들을 방문하러 왔다. 저녁, 대화 중에 옥 렉뻬 셰랍이 돔 뙨빠에게 말했다. "당신은 아띠샤 스승님과 지금까지 3년 동안 함께 거주해 왔습니다. 두 분은 모두 많은 비전의 교리들을 가르쳐 왔습니다. 이 가르침 중에 다음과 같은 규범을 말씀하셨습니다. '많은 세속 활동들로 인해 산만해지지 말라. 대신, 수행에 노력하는 것을 소중히 여겨라.' 청컨대, 당신의 전생 중의 하나에서 어떻게 이것을 체득하셨는지 이야기해 주십시오."

'탁월한 자'의 전생

다음에 나오는 이야기는 '탁월한 자'라는 이름을 가진 소년에 관해서인데, 수행에 대한 대단한 능력을 갖고 있는 그가 어떻게 세속적인 산만을 피하는 데에 성공했는지 얘기해준다.

수행자의 자질을 타고난 이 일곱 살 아이가 자기들을 떠날까봐 걱정되어, 그의 부모는 그가 재가자의 삶을 살도록 설득하려 했다. 소년이 답했다.

"출가하지 않은 사람의 삶은 집중을 방해하는 것들로 가득합니다. 지혜를 가진 사람이라면 누가 그 길을 택하겠습니까? 만일 저 자신을 세속적인 삶의 진창에 빠지게 허용한다면 저는 저 자신을 두 분의 아들이라고 부를 가치가 없을 것입니다. 또한, 세속적인 삶의 방식을 따르면 저는 정신적인 깨달음에서 발전할 수 없으며 남들에게 정신적 이익을 줄 수도 없게 될 것입니다."

그의 부모가 그에게 말했다. "보살의 길을 따르는 데에 두 가지 방법이 있는데, 하나는 재가자로서 다른 하나는 출가자로서의 길이 있다. 이 마을에는 가문과 학식이 좋은 분들이 많고, 많은 믿음의 대상들과 많은 공경의 터전들이 있다. 우리 주민들은 내적으로 우수한 품성을 가진 분들을 존경하고, 우리들의 문화는 청정하고 영예롭다. 그러므로 너는 여기에 머무르며, 너 자신을 삼보에 귀의하고 우리들의 전통에 따라 공부해야 한다."

탁월한 자는 그들의 간청을 받아들이지 않았으나, 집 가까이에서 구루를 찾는 데에 동의했다. 오래지 않아, 그가 즐겁게 아이들 무리에게 다르마를 가르치고 있을 때, 신비한 백조 무리에게로 그의 관심이 쏠렸다. 백조들은 탁월한 자를 마주보기 위해 몸을 돌렸다. 그들은 듣기 좋은 소리를 내며 그에게로 헤엄쳐 오기 시작했다.

탁월한 자는 백조가 내는 소리를 자세히 듣고, 그 소리의 유형 속에서 말을 파악할 수 있다는 것을 알게 되었다. 그들은 이렇게 말하는 것 같았다. "이 마을은 너의 마음집중에 큰 장애물이고 너의 수행의 발전을 방해할 것이다. 그러지 말고 빨리 다르마 수행에 종사해야 한다."
"어떻게 저의 스승님을 찾을 수 있을까요? 어디로 가서 수행한단 말인가요?"라고 그가 물었다.
"남쪽으로 500유순을 가야 한다. 거기서 너는 은자의 산의 한 동굴에 살고 있는, 두려움 없는 지혜를 성취한 스승을 발견하게 될 것이다. 그에게 가르침을 청하고 조금도 주저하지 말라. 고귀한 성품의 아들이여, 그의 지도 아래 한 곳에 집중하는 수행에 들어가라. 그는 여러 과거 생에서 너의 수행의 스승이었다. 그는 이제 너를 받아들여 가르치고, 앞으로 줄곧 너를 계속해서 보살펴줄 것이다. 젊은이여, 주저하지 말라. 지금 그에게 가라."

탁월한 자가 이 일을 부모에게 얘기하자, 부모는 그가 스승을 찾을 수 있도록 도왔다. 탁월한 자는 스승과 함께 머물면서 수행하여 깨달음을 성취했다. 이 이야기의 끝에서 아띠샤는 다음과 같이 종결짓는다.

구루, 두려움 없는 지혜는 나의 이전의 환생자들 중의 하나다. 탁월한 자는 이제 라마 돔 뙨빠로 환생했다. 그의 아버지 잘 태어난 자는 나의 제자 꾸뙨이 되었다. 너, 옥 렉빼 셰랍은 탁월한 자의 어머니, 미녀의 환생자이다.

왕자 '여래의 선물'로서 돔 뙨빠의 전생

다음의 이야기는 그가 어떻게 '여래의 선물'이라는 이름의 왕이었던 전생에 호전적인 왕과 화해를 통해 모국에 이익을 주었는지를 보여 준다.

바라나시의 통치자, '행운의 왕'은 대신들과 상의하기는 했지만 국가의 방위를 강화하는 데는 관심이 없었다. 대신들 가운데 한 사람이 말했다. "그런데 만일 나쁜 군대가 저희들에게 쳐들어오면, 저희들은 어떻게 합니까?" 왕이 대답했다. "나의 장남이 자비의 보살, 아르야 관세음의 화현이다. 두려워 마라. 그가 왕국을 보호해 줄 것이다."

이때 장남 왕자는 왕궁의 위층 테라스에 있는 방에서 자애[慈]와 연민[悲]에 관한 명상(수행)을 하고 있었다. 각료들이 그에게 가서 여러 번 절하고, 그들의 머리를 그의 발에 대고, 합장하고 기도했다. 왕자가 그들에게 말했다. "저는 어린아이에 불과하고 전혀 위대한 점을 갖고 있지 않습니다. 저의 아버지 고귀한 왕의 대신들이시여, 여러분이 제게서 보는 위대함은 여러분 자신의 청정한 견해의 반영일 뿐입니다."

대신들이 말했다. "오, 왕자님, 왕자님의 말씀은 듣기 좋습니다. 저희는 목숨이 붙어 있는 한 왕자님을 따를 것입니다. 저희들은, 왕자님의 아버님께서 저희들에게 충고해 주신 대로 삼보에 헌신하고, 선(善)과 평화와 화합의 길에 매진할 것입니다."

바라나시 사람들은 모두 두 왕자를 무척 사랑하여 말했다. "두 왕자님이 태어나신 이후 줄곧 만사가 순조롭게 진행되어 왔습니다. 때 이른 서리나 우박, 폭풍이 농작물을 망친 적이 없었습니다. 아무도 번개나 지진으로 해를 입지 않았습니다. 전에는 흑마술사들이 여기에 와서 마법을 부려 중생들의 심장과 피를 가져가기도 했으나, 두 왕자님이 태어나신 이후에는 이런 일도 일어나지 않았습니다. 왕의 대신들까지도 더 상냥해지고 자제력이 많아졌으며, 왕자님들의 인격을 본받기 시작했습니다."

이 왕국의 주민들은 이런 식으로 왕자들을 아낌없이 칭찬했다.

그때 바라나시 북쪽에 검은 크리쉬나라는 이름을 가진 사악한 왕이 있었는데, 그는 바라나시의 그 선한 왕을 질투했다. 어느 날 한 거지 여인이 이 사악한 왕에게 가서 자선을 베풀어달라고 했다.

왕이 그녀에게 물었다. "그대는 어디서 왔는가?"

"바라나시에서 왔습니다." 그녀가 대답했다.

"바라나시의 왕은 성군으로 알려져 있다." 검은 크리쉬나가 말했다. "왜 그대는 그의 왕국을 떠나 나의 왕국에 들어와 구걸을 하는가? 그와 내가 적이라는 것을 그대는 모르는가?"

"사실, 바라나시의 왕은 대단히 선하고 후한 분이라, 우리가 부탁하는 것을 모두 들어줍니다." 거지 여인이 말했다. "그러나 저는 두 분 사이에 적대감이 있다는 것을 몰랐습니다. 저는 그 왕과 그의 왕자들, 대신들, 백성들이 전하에 대해서 부정적인 말을 하는 것을 들어본 적이 없습니다."

검은 크리쉬나가 물었다. "그래, 그렇다면, 그들이 나에 대해서 어떤 말을 하는 것을 들었는가?"

늙은 거지가 그에게 말했다. "어느 날, 도시 중심에 있을 때 장남 왕자를 만났습니다. 그는 그 지역의 거지들에게 음식을 나눠주고 있었습니다. 저도 그 중의 하나였습니다. 우리가 음식을 다 먹고 난 후, 왕자가 우리들에게 다음과 같이 충고했습니다. '바라나시 북쪽에는 검은 크리쉬나라는 이름의 왕이 있습니다. 그는 부유하고 용감하고 후하며 결코 어느 누구도 가난하게 내버려두지 않습니다. 만약 여러분이 그를 찾아가면 그는 여러분들의 모든 소원을 들어줄 것입니다.' 왕자는 이런 식으로 전하에 대해 아주 좋게 말했습니다."

검은 크리쉬나는 의심이 들어, 그 거지에게 기꺼이 맹세할 수 있는지 물었다. 그녀가 큰 소리로 말했다. "물론 저는 맹세할 것입니다. 만약 제가 한 말이 사실이 아니라면, 필요한 모든 것을 제공해 주는 바라나시를 떠나 왜 여기까지 왔겠습니까?"

검은 크리쉬나 왕은 혼자 생각했다. '그 왕자는 자신의 좋은 자질에 대해서는 말하지 않고 다른 이들을 비난하지도 않는다. 아마 그의 가족에 대한 나의 태도와 가혹한 말들이 부당했는지 모른다. 그들의 궁궐로 가서 사과해야겠다.'

이 생각을 마음에 품고, 검은 크리쉬나 왕은 5천명의 기병을 거느리고 바라나시로 향했다. 바라나시의 대신들은 큰 무리의 무장한 기병들이 그들의 도시로 접근하는 것을 보자, 극도로 불안해져서 왕에게 달려갔다. "전하, 검은 크리쉬나 왕이 이끄는 5천 기병의 군대가 우리 도시로 다가오고 있습니다. 그들이 우리를 공격하려고 하는 것이 확실합니다."

왕이 대답했다. "무장하지 말고 가서 그들을 맞이하라. 나는 열린 마음을 가졌고, 내 아들들은 보살이다. 따라서 어떤 위험도 없다. 그렇지만 먼저 장남 왕자에게 가서 알려라."

검은 크리쉬나 왕이 도시 성문 밖에 있다는 말을 듣자, 장남 왕자는 수천 명의 어린 소년과 소녀들을 보내 환영의 노래를 부르도록 했다. 이들은 기분 좋은 색깔의 옷을 입고 매우 아름다운 노래를 부르고 춤을 췄다. 왕자 자신이 그 행렬을 이끌었으며, 대신들 중 다수뿐만 아니라 5백 명의 곡예사들을 데리고 갔다.

검은 크리쉬나 왕은 생각했다. "이 같은 환영을 받고나서도 자만심을 보이는 것은 옳지 않을 것이다." 그는 왕자를 맞이하기 위해 말에서 내려왔다. 둘은 긴 시간 동안 얘기를 나누었으며, 검은 크리쉬나 왕은 왕자에게 환영하는 선물로 5천 단위의 금을 주었다. 왕자는 검은 크리쉬나 왕을 궁전 안으로 초대하여, 그들은 위풍당당하게 행진하듯 안으로 걸어 들어갔다.

물론, 검은 크리쉬나 왕과 '행운의 왕'의 나라 사이에는 평화가 확립되었다.

이 이야기는 왕자 '여래의 선물'이 왕의 자리를 동생에게 기꺼이 양보하고, 물러나 숲속 어느 성자(聖者)의 발 아래에서 명상하는 것으로 끝이난다. 이야기의 끝에서 아띠샤는 여래의 선물 왕자가 라마 돔 뙨빠의 이전 환생이고, 옥 렉뻬 세랍은 그의 동생이며, 자기는 숲속의 성자였다고 밝힌다. 그리고 아띠샤는 이와 같은 자따까 이야기는 단순한 재미나 공경의 대상이 되어서는 안 되며, 우리의 인격과 마음을 훈련하고 개발하는 데에 대한 길잡이로 받아들여야 한다고 지적한다.

6. 열 분의 티베트 왕들로서의 라마 돔 뙨빠의 환생들

아띠샤의 예언

라마 돔 뙨빠의 인도 환생자들에 대한 아띠샤의 서른여섯 가지의 이야기는, 라마 돔 뙨빠가 티베트의 왕으로 열 번 환생하게 될 때, 그 이후의 환생자들이 무엇을 성취할 수 있을 것인가에 대한 예언들을 또한 보여 주었다. 여기서 예언들은 이야기들에 나오는 등장인물의 입을 통해 전달된다. 따라서 공공장소에서 신통력을 보여 주는 것을 피하라는 아띠샤의 '승려의 계율'에 모순되지 않을 것이다.

예를 들어, 아띠샤가 옥 렉뻬 셰랍에게 전한 서른여섯 가지의 출생 이야기 중에 가장 긴 분량을 차지하는 『라뜨나 다스(Ratna Das) 왕자의 자따까』에서, 라뜨나 다스가 어떻게 오디야나(Oddiyana)에 도착해 구루 비말라(Vimala)를 만나는지 알 수 있다. 구루 비말라는 이 왕자를 그가 함께 수행하도록 지시 받은 다양한 다끼니(dakini)*들에게 소개한다. 구루 비말라와 다끼니 구히야즈냐나(Guhyajñana)는 둘 다 왕자의 미래 환생자들에 대해 여러 가지를 예언한다. 이들 중 하나로 다끼니 구히야즈냐나의 예언은 다음과 같다.

* 다까(남성)와 다끼니(여성)는 수행자들을 도와주시고 보호해 주시는 깨달은 분들입니다. -역자

미래에 그대는 티베트에서 여러 왕으로 환생하여
깨달음 전통의 여러 길들을 소개할 것입니다.
그대는 그 외진 땅에 문명을 가져올 것이며,
그 때에 저는 중국에서 공주로 태어날 것입니다.
그리고 그대는 왕비가 되어달라고 저를 부를 것입니다.
비록 실제로 저는 따라 보살이라 속세의 환영 너머에 있지만,
그대의 왕비 역할을 할 것입니다, 남들에게 이익을 주기 위해…
저, 구히야즈냐나,
비밀의 지혜를 갖춘 신비의 여인(다끼니)이
이제 이 지혜의 노래를 그대에게 부르오니
이것을 잘 들으시오, 왕자여.

같은 책 다른 곳에서 구루 비말라가 설명하는 바에 의하면, 미래에 그는 구루 빠드마 쌈바와(Padma Sambhava)로 다시 태어나 왕자 라뜨나 다스의 환생자의 도움을 받게 될 것이다.

이생과 저의 미래 생들에서
저는 자비로운 보살핌으로 티베트를 지켜 볼 것입니다.
(그대는) 티베트의 왕으로서 저를 그 땅으로 초대하고
그리고 저는 눈의 나라(티베트)의, 보호자 없는 사람들을 위해
마음 수행의 본보기가 될 것입니다.

대부분의 주석서들은 이 두 가지 예언이 수백 년 후에 실현되었다고 설명한다. 첫 번째 예언은 관세음보살이 6세기 후반에 쏭첸 감뽀 왕으로 태어나 네팔과 중국에서 불자인 공주들을 받아들여 네 번째와 다섯 번째 부

인으로 삼았을 때 실현되었고, 두 번째 예언(위의 둘째 게송)은 그가 티쏭 데첸 왕으로 태어나서 구루 빠드마 쌈바와를 라싸로 초대했을 때 실현되었다.

(1) 냐띠 첸뽀 왕과 얄룽 왕조의 탄생(약 기원전 4세기)

냐띠 첸뽀(Nyatri Tsanpo) 왕은 일반적으로 티베트에서 첫 번째로 기록된 군주와 얄룽 왕조(Yarlung Dynasty)의 시조로 여겨진다.

전설에 의하면, 냐띠 첸뽀 왕은, 티베트어로 막갸빠(Maggyapa)로 알려진, 릿차비(Licchavi)라는 인도 샤꺄(Shakya) 왕의 후손이었다. 따라서 냐띠 첸뽀는 출생이 인도인이었다. 그의 어릴 적 이야기는 모세(Moses)와 약간 비슷하다. 물갈퀴가 붙은 손가락과 발가락, 아래에서 위로 깜빡이는 청록색 눈, 소라 고동 모양의 치아와 같은 많은 특이한 증표가 몸에 있었다. 그의 아버지는 이 아이가 나쁜 징조일 것을 두려워하여, 상자에 넣어 갠지스 강에 던져버렸다. 그 상자는 밑으로 떠내려가다 마침내 한 농부에게 발견돼 아이는 구조되었다.

아이는 성장하여 자신에게 무슨 일이 있었는지 알게 되자 비탄과 두려움에 사로잡혀 히말라야로 달아나, 마침내 얄룽 계곡에 도착했다. 얄룽 사람들은 그의 섬세하고 잘 생긴 외모에 깊이 감동받아, 그가 어디에서 왔는지 물었다. 그들의 말을 몰라, 그가 손을 들어 하늘을 가리키자, 그들은 그것을 하늘에서 내려온 표시로 받아들였다. 그들은 그를 들어 올려 어깨에 메고 마을로 데려가 그를 왕으로 만들었다.

냐띠 첸뽀라는 이름은 문자 그대로 '어깨 왕좌로 옮긴 왕'이라는 의미이며, 이는 티베트인들과 그의 첫 번째 만남에서 유래한다. 그는 얄룽 왕조의 서른세 군주의 계보에서 첫째였다. 서른세 번째이자 마지막은 7세기 중반 공식적으로 불교를 받아들이고 자신의 거처를 얄룽에서 라싸로 옮긴 쏭첸 감뽀이다.

　사람들의 일치하는 견해에 의하면, 냐띠 첸뽀 왕은 인도 출신으로 북중앙 인도, 비하르 바라나시(Bihar-Benares) 지역의 여러 왕국과 연관이 있었다. 그는 중앙 티베트 부족을 통합하고, 현재 티베트의 가장 오래된 건물이라고 여겨지는, 얄룽 계곡의 머리에 위치한, 후대 왕들의 저택 역할을 한 얌부 라강 궁(Yambu Lagang Palace)을 건설했다. 이 놀라운 건축물은 나중에 티베트의 독특한 건축양식의 전형이 되었는데, 무거운 돌을 대담한 선으로 잘라 건설했으며, 산꼭대기에 서 있어 아래로는 계곡과 강, 위로는 하늘을 조망하며, 산으로 둘러싸여 힘과 균형이라는 풍수의 이상을 실현한다.

　7세기와 8세기의 티베트 역사가들은 냐띠 첸뽀 왕을 자비의 보살 관세음의 화현이라고 말했다. 아띠샤의 제자 라마 돔 뙨빠가 관세음의 화현으로 여겨졌기 때문에 라마 돔의 전생을 냐띠 첸뽀로 보는 것은 자연스러운 것이었다. 1대 달라이 라마는 라마 돔 뙨빠의 환생자로서 자동적으로 그 유산을 물려받았다.

(2) 하 토또리 왕과 티베트 초기 왕들의 불교에 대한 관심(약 5세기)

　그 다음으로 중요한 관세음의 국왕 환생과 라마 돔 뙨빠(그리고 달라이 라마들)의 이전 환생이 얄룽 왕조의 스물여덟 번째 통치자 하 토또리(Lha Totori)이다. 이때에 처음으로 티베트의 왕가가 불교에 관심을 갖게 되었다. 이 설명은 '신비한 구원자들'의 전설을 생각나게 한다.

　이 전설에 따르면, 하 토또리 왕이 열여섯 살일 때 여러 불교 경전들과 신성한 물건들로 가득 찬 상자가 하늘에서 얌부 라강(Yambu Lagang) 궁전의 안뜰에 떨어졌다. 그날 밤, 왕이 꿈을 꿨는데, 하늘로부터 소리가 울려 퍼졌다. "5세대 후에 이들 물품들의 중요성이 알려지게 될 것이다."

대부분의 전통적인 티베트 역사학자들은 당시 티베트에는 문자의 전통이 없었으므로 그 경전의 실제 내용은 알려지지 않았다고 주장한다. 알려진 것은 그 경전 중 두 가지가 『대승장엄보왕경(Karanda-vyuha-sutra)』과 『여의보다라니(Chittamani-dharani)』였는데, 둘 다 관세음보살과 관련이 있다. 왕은 경전의 내용을 읽을 수 없었지만 경전의 소중함을 알아서, 상자에 들어 있는 다른 물건들과 함께 경배의 대상에 알맞은 장소에 두었다. 이들의 가피로 그는 120세까지 살며 평화롭고 영화로운 치세를 누렸다. 이로 인해 '신비한 구원자들'이라는 대중적인 이름이 탄생했다.

하 토또리의 연대는 정확하지 않다. 추측의 범위는 서기 331년에서 441년이다. 괴 로짜와(Gos Lotsawa, 1392~1481)는 『푸른 연대기』에서 '천상에서 내려온 상자'의 신화는 실제로 일어난 일의 시적인 각색이라고 평한다. 그는 자기가 생각하는 실제 이야기를 제시하기 위해 낼빠 빤디따(Nelpa Pandita)의 글을 인용한다.

> 낼빠 빤디따가 말했다. "뵌교도들(Bonpos)은 하늘을 경외하기 때문에, 이 책들이 하늘에서 떨어졌다고 한다." 뵌교 전통 밖에서는 이 책들은 현자 붓다락시따(Buddharakshita)와 그의 통역사 리테쎄(Li-the-se)에 의해 티베트로 들어왔다고 한다. 티베트 왕이 읽을 수가 없어서, 현자와 통역사는 네팔로 돌아갔다. 이것이 나는 진실인 것 같다.

(3) 쏭첸 감뽀 왕(7세기 중반)

예언된 대로, 다섯 세대 후에 하 토또리 왕의 상자에 담긴 물건들의 의미를 깊이 이해하게 된다. 이것은 7세기 중반에 쏭첸 감뽀 왕이 불교를 티베트의 국교로 받아들이고 산스끄리뜨 불교 문헌의 번역에 적합한 티베트 문자와 문법을 만들기 위해 학자들을 인도로 보낸 때였다. 그는 또 108

개의 불교 기념물들의 건축과 수많은 경전 번역을 후원했다.

티베트인들은 쏭첸 감뽀 왕을 불교 수행에 거의 전적으로 헌신한 사람으로 얘기한다. 그는 수도를 얄룽 계곡에서 라싸로 옮겼는데, 이곳은 그 후 현재까지도 티베트인들에게는 삶의 중심지로 남아 있다. 오늘날 라싸의 성지 방문에 포함되는 수십 개의 장소는 그가 때로는 혼자서, 때로는 왕비 한 명 혹은 여러 명과 함께 명상하고 안거했던 곳이다. 예를 들어, 라싸의 북쪽 산 파봉카에서 우리는 홀로 서 있는 두 개의 탑을 볼 수 있다. 쏭첸 감뽀의 시대에 이 두 탑은 밧줄 다리로 연결되어 있었다. 그래서 낮 동안 쏭첸 감뽀 왕은 북쪽 탑에서 명상하고, 저녁에는 걸어서 넘어와 남쪽 탑에서 아내들과 함께 지낼 수 있었다. 마찬가지로, 라싸의 동쪽, 착뽀리 산 아래 동굴들은 그가 명상하던 자리로 성지가 되었다. 뽀딸라 궁전의 지하에 있는 여러 개의 동굴 기도처도 그의 수행으로 성지가 되었다.

티베트인들은 그의 불교에 대한 관심의 근원을 조금 다르게 설명한다. 젊은 시절에 쏭첸 감뽀 왕이 자신의 제국의 다른 지역 출신의 세 여자와 결혼한 것은 다른 분파의 사람들과 혈연관계를 확립하기 위해서였다. 그러고 나서 그는 몇몇 외국 아내들도 맞이하여 티베트의 국제적인 지위를 높일 작정이었다. 그는 먼저 네팔의 왕 아무슈와르만의 딸인 띠춘(Tritsun) 공주에게 청혼해서 승낙을 받았으며, 몇 년 후에 중국 황제 태종(당태종)의 딸, 문성공주(Wencheng Kongjo)에게 청혼하여 결혼 허락을 받았다. 이 두 여성은 모두 불자였으며, 전설에 의하면 쏭첸 감뽀 왕을 불교로 개종하도록 이끈 것은 이들의 영향이었다고 한다.

네팔과 중국의 두 공주가 많은 불상을 가져와서, 쏭첸 감뽀 왕은 이들을 보관하기 위해 각각 사원 하나를 지었다. 네팔의 공주를 위해서는 네팔을 향하고 있으며, 남서쪽을 향한 문을 갖고 있는 티베트의 가장 오래되고 성스러운 조캉(Jokhang) 사원을 세웠다. 나중에 그는 중국의 공주를 위해 라모체(Ramochey) 사원을 건설했는데, 이 절의 출입문들은 동쪽으로 중국을 향한다. (아이러니컬하게도, 중국 공산당이 1950년대 티베트 침입과 자기들의 행위를 정당화하기 위해 티베트 역사를 다시 쓰려는 시도 후에, 그들은 중국의 문성 공주를 위해 지어진 라모체 사원을 파괴하고 네팔의 공주를 위해 지어진 조캉 사원을 보존했다. 어찌 된 일인지 그들은 이 둘의 역사를 반대로 알고 있었다. 이로써 그들이 '증명하려고' 희망한 것은 서기 641년 쏭첸 감뽀와 문성 공주와의 결혼이 뜻하는 것은 본래 티베트가 중국의 통치하에 있었고, 그들의 침입은 오래된 권리의 행사일 뿐이라는 것이었다. 불자였던 두 왕비와 함께 앉아 있는 쏭첸 감뽀 왕의 그림에는 수정이 가해져서, 네팔의 공주는 중국의 공주보다 약간 낮은 자리에 위치하게 되었다.)

초기 티베트의 이야기에는 네팔의 공주에게 중국의 공주보다 더 높은 지위가 주어졌다고 하는데, 부분적으로는 그녀가 라싸에 먼저 도착하여 더 오래 머물렀고, 또 인도로 가는 길에 있어서 그 후 수 세기에 걸쳐서 네팔이 티베트 불교 발전에 중요한 역할을 했기 때문이다. 더욱이 네팔의 건축가들, 화가들, 장인들은 당시에 아시아 최고로 여겨졌고, 또 쏭첸 감뽀 왕이 불교로 개종한 후 폭발적인 건축 활동으로 수백 명의 네팔 예술가들이 티베트로 들어왔다. 네팔과 중국의 왕비를 위해 지은 두 개의 큰 사원에 더하여, 그는 붉은 산 궁전(천 년 후에 5대 달라이 라마가 뽀딸라 궁전을 세우게 되는 곳)과 예언가들에 의해 풍수 지리적으로 선택된 여러 장소에 108개의 작은 사원과 기념물들을 지어달라고 의뢰했다. 이들 108개의 사원과 기념물들은 티베트의 토속신들을 조복하여 불교를 받아들이는 준비를 할 수 있게 하였다.

그의 가장 중요한 업적들 가운데 하나는 산스끄리뜨어로 된 불교 경전을 번역하는 데 적합한 문자와 문법을 개발하라는 지시와 함께 학자들을 인도로 보낸 것이었다. 이 대표단의 수장이 각료 퇸미 쌈보따(Tonmi Sambhota)였다. 그는 이 목적을 위해 카슈미르어식의 산스끄리뜨어로 쓰인 문자를 선택하여, 자음을 50개에서 30개로 줄이고 모음을 16개에서 5개로 줄여서 새로운 문자를 개발했다. 이 문자와 이를 위해 만들어진 문법은 지난 여러 세기에 걸쳐 몇 가지 사소한 것만 고쳐진 후 현재까지 남아 있다. 이것은 티베트, 라다크, 부탄, 그리고 중앙아시아의 티베트 민족 영향권 세계에서 중앙아시아의 지식 계층의 주요한 문자 기반으로서 여전히 사용되고 있다.

달라이 라마들의 이전의 환생은 티베트인들에게는 동화처럼 서술되고, 그의 모든 행위는 성스러운 무대에서 펼쳐지는 신비한 연극처럼 설명된다. 왜냐하면 그는 단순한 왕이 아니라 티베트의 국가를 통일하기 위해, 석가모니 부처님의 깨달음의 전통을 그의 백성에게 소개하기 위해 관세음보살이 화현한 분이었기 때문이다. 『아르야 관세음의 이전 화현들의 이야기들』 중 하나는 그의 삶을 신비적으로 들려준다.

고대의 예언에 따라서 태양과 같은 일체지의 친구(석가모니 부처님)께서 열반하시고 1500년 후에, 그는 잠빠 미규르 링에서 왕 남리 쏭첸과 왕비 체뿐 사띠마의 아들로 태어났다. 이것은 여성 야생돼지 해였다. 태어나면서부터 그의 머리 위 후광에는 그가 관세음의 화현임을 보여주는 아미타 부처님의 존상이 있어, 그는 '두 개의 머리를 가진 왕자'로 알려졌다. 그는 열세 살에 두려움 없는 자리에 올랐고 전륜성왕과 맞먹는 존재가 되었다.
그때에 이런 생각이 그의 마음속에서 일어났다. '내가 힘을 받아서 티베트 백성들에게 진정한 이익이 되면 좋겠다.' 보현보살이 그에게 나타나서 그의 보병의 물로 그를 씻어 주었다. 다음에는 아미타 부처님이 나타나서 그의 머리 정수리를 만지고, 그에게 힘을 부여했다. 이렇게 해서 그는 비범한 행위들을 할 수 있는 능력으로 충만하게 되었다.

이 책은 이런 비범한 행동들 – 라싸로 이전한 것, 붉은 산에 궁전을 지은 것, 퇸미 쌈보따를 인도로 보낸 것 – 에 대해 이야기해 주고, 덧붙여 얘기한다.

그는 또 퇸미 삼보따에게 의뢰해서 수많은 불교 경전들, 특히 관세음보살과 관련 있는 현교와 밀교 경전을 산스끄리뜨어로부터 티베트어로 번역하는 일을 맡게 했다.
이런 방식으로 그는 백성들을 통합하고, 읽기와 쓰기를 도입했으며, 불교 지식의 기반을 확립하고, 열 가지 선업(善業)이라는 성스러운(여래의) 다르마와 열여섯 가지 규칙을 갖고 있는 인간의 다르마에 기반을 둔 법규를 만들어냈다.
더욱이, 예언에 맞게, 왕은 두 눈썹 사이로부터 신비한 화현을 내보냈는데, 이것은 성스러운 장인 아까르마띠 쉬리(Akarmati Shri)로 나타나서 11면 관세음보살상, 또 와띠(Wati)라고 알려진 전단(栴檀)나무 관세음보살상과 수많은 다른 성물들을 힘들이지 않고 만들어냈다.
출세간적인 인식(합일 성취자들의 인식방법)으로, 그는 오른쪽 눈에서 전륜성왕의 화현을 내보내서 네팔로부터 조모 띠춘 공주를 불러 왔다.

이 이야기는 쏭첸 감뽀 왕이 네팔과 중국의 공주에게 결혼 승낙을 받고, 두 공주를 위해 사원을 지었으며, 티베트 전역에 108개의 사원들을 지어 그가 직접 봉헌했다는 데 대한 얘기다.

그는 인도로부터 불교 스승 아차르야(Acharya, 아사리) 꾸빠라(Kupara)와 브라만 샤까라(Shakara), 네팔로부터 아차르야 실라만주(Shilamanju), 중국으로부터 선불교 승려들을 초대하여 그들에게 다르마를 가르치게 하였고, 현교와 밀교 경전들을 티베트어로 번역하게 하였으며, 승려들의 수계의 기반을 마련하도록 후원했다.

왕 자신도 외적으로는 이 모든 일의 감독자 역할을 했지만, 자기 자신이 공적으로 가르치지는 않았다. 그러나 비밀리에 그는 많은 밀교의 가르침들을 받아들일 수 있을 만큼 충분히 성숙한 사람들에게 전했다. 그의 지도 아래 신비한 성취를 이룬 100명 이상의 요기들이 나왔다. 그는 예르빠에 있는 것과 같은 수행을 위한 암자를 많이 세웠으며, 82세까지 살았다. 그러고는 철 개 해(650년 혹은 710년)에 빛으로 녹아서 관세음보살의 가슴 속으로 사라졌다. 보통 사람들의 눈에는 뺀율에 있는 샐모 강(Zalmo Gang)에서 그가 죽은 것처럼 보였다.

쏭첸 감뽀 왕이 도입한 법규인 열 가지 선업의 성스러운(여래의) 다르마와 열여섯 가지 규칙을 가진 인간의 다르마는 이들과 연관된 흥미로운 이야기가 있다. 전자가 가리키는 것은 표준적인 10가지 불교의 선업(십선업)이며 그 반대되는 것들(십불선업)을 피하는 것인데, 그것들은 살생·도둑질·옳지 않은 성행위·거짓말·이간질하는 말·험한 말·잡담·남들의 소유물을 탐내는 것·남들에 대해 악의를 갖는 것·닫힌 마음상태이다. 열여섯 가지 규칙을 가진 인간의 다르마는 다음과 같다.

(1)살생하지 않는 것, 훔치지 않는 것, 남들의 아내를 취하지 않는 것. (2)삼보(三寶)귀의의 지침에 따라 사는 것. (3)부모와 연장자에게 존경을 표하는 것. (4)비폭력을 실천하고 적개심 없이 사는 것. (5)진정한 우정을 보이는 것. (6)이웃에게 도움이 되는 것을 행하는 것. (7)말할 때 정직하

고 솔직한 것. (8)배운 사람과 현명한 사람을 주목하는 것. (9)지나치지 않게 소유하며, 먹고 마시는 것. (10)가혹하고 폭력적 말을 피하는 것. (11)빚을 제때에 갚는 것. (12)재정적 문제에서 솔직하고 남들을 속이지 않는 것. (13)남들을 시기하지 않는 것. (14)잔인하고 파괴적인 사람들과 어울리지 않는 것. (15)사려 깊게, 삼가면서, 유익하게 말하는 것. (16)남들에 대해 험담하지 않고, 요청이 없으면 남들에게 간섭하지 않는 것이다.

이들 법규가 어떻게 하나하나 시행되었는지 분명하지 않으나, 쏭첸 감뽀 왕은 분명히 이것을 시행하기 위해 주의를 기울였을 것이다. 예를 들면, 네팔의 스승 실라만주가 라싸에 도착했을 때 그의 후원자인 왕이 매일 습관적으로 수십 명씩 참수한다는 이야기를 듣고 충격을 받았다는 이야기가 있다. 그가 왕에게 가서 분명하게 말했다. "송구합니다, 전하. 하지만 전하께서 이런 식으로 행동하시면 저는 전하께 다르마를 가르쳐 드릴 수 없습니다. 이는 무의미한 일이 될 것입니다"라고 말하니, 왕이 웃으며 말했다.

오, 존귀한 분이시여, 여기서 일어나고 있는 일을 설명하겠소. 내가 백성들을 길들이고 그들을 깨달음의 길로 이끌기 위해서 이 야만인의 땅에 환생하기로 결정했을 때, 이것이 쉬운 일이 아닐 것을 알고 있었소. 나 자신이 다른 중생들을 해칠 수 없으므로, 여기 나의 화현과 동시에 1만 명의 나 자신의 형상들을 화현시켰소. 그런데 그들 각자 나의 법을 어긴 후 처벌 받는 모습을 통해 백성들에게 하나의 본보기를 보여주려는 목적이 있었소. 내가 통치하는 동안 참수한 만 명의 사람들은 나의 화현들이었소. 그들이 각자 죽을 때 그 고통을 경험하는 것은 오직 나 자신이었소.

그러고서 그는 그 네팔 스님에게 두건을 들어 올려 자신의 후광에 있는 아미타 부처님의 모습을 보여 주고 목에 있는 만 개의 상흔들도 보여 주었는데, 이것들은 하나하나 그의 화현들이 참수될 때마다 신비하게 나타났다고 한다.

(4) 띠쏭 데첸 왕(8세기 중반)

띠쏭 데첸(Trisong Deutsen) 왕의 아버지인 띠데 축덴 왕은 쏭첸 감뽀 왕이 시작한 불교 사업을 발전시키기 위해 상당한 노력을 했다. 그리고 띠쏭 데첸이 왕위에 올랐을 때, 그는 아버지의 발자취를 따랐다. 사실, 티베트 불교가 갖게 될 특징을 확립한 사람은 바로 그였다. 그러나 그가 통치하던 초기 몇 년 동안 그의 수행 활동은 궁중의 사정으로 제한을 받았다. 티베트 자료에 의하면, 그의 각료들이 두 진영으로 분열되었는데, 한 쪽은 불교 이전의 무속 사제들로 대표되고, 다른 한 쪽은 불교 분파로 대표되었다고 한다. 훨씬 막강했던 무속 사제들은 각료인 마샹(Mazhang)이 이끌었고, 불교 분파는 쎌낭(Selnang)이 이끌었다. 마샹이 사망하기 전까지 띠쏭 데첸 왕은 자신의 뜻대로 행동할 수 있는 권력을 얻을 수 없었다.

2대 달라이 라마의 전기 작가인 양빠 최제(Yangpa Chojey)에 의하면, "그는 부정적인 장애들을 진압하고 깨달음 전통을 확립하여 구루 빠드마 쌈바와와 함께 해야 할 일이 쉽게 이뤄지도록 하기 위해서 띠쏭 데첸 왕으로 태어났다."

띠쏭 데첸을 구루 린포체(Guru Rinpoche)라고도 불리는 빠드마 쌈바와에게 소개한 것은 아사리 샨따락시따(Shantarakshita)와의 관계를 통해서였다. 그 시대에 가장 저명한 불교 학자이자 날란다 사원의 전 주지였던 이 스승에게 띠쏭 데첸의 관심을 끌게 한 것은 네팔 여행 중에 샨따락시따를 만난 각료 셀낭이었다. 샨따락시따는 티베트에 와서 널리 가르침을 폈다. 게다가, 그는 티베트의 첫 번째 사원을 건립하려고 시도했다.

그러나 불교 이전의 뵌뽀 무속인들이 그의 활동에 분노하여 주술적인 힘을 이용해 그의 일을 방해했다. 티베트인들은 이 사건들의 경과를 이런 식으로 보았다. 샨따락시따가 도착한 후 곧, 빨간 산 궁전은 번개를 맞았고 빵땅에 있는 궁전은 홍수로 파괴되었다. 사람들과 가축들은 여러 가지 질병에 걸려 고통 받았고, 나쁜 징조가 도처에 나타났다. 띠쏭 데첸 왕은 백성들이 드러내는 공포에 대해 의논했는데, 샨따락시따가 그에게 말했다. "티베트의 영들이 화가 나 있습니다. 제가 네팔로 가서 위대한 딴뜨라 성취자 구루 빠드마 쌈바와라는 이름의 스승을 만나 보겠습니다. 제가 그에게 우리를 도와달라고 부탁하겠습니다. 오, 왕이시여! 초대장을 준비해 주십시오." 샨따락시따는 네팔로 가서 빠드마 쌈바와를 만나 왕의 요청을 전달했다.

빠드마 쌈바와에 대한 티베트의 이야기들은 정말 우화 같다. 그는 일반적인 방법으로 태어나지 않고, 인도 북서쪽의 오디야나(Oddiyana) 지역에서 연꽃 위에 신비하게 태어났다(蓮化生). 그는 신과 악마, 인간에 대해 다 같이 완전한 초자연적인 지배력을 갖고 있었다. 그는 승려가 아니었으며, 자신의 바쁜 일정 안에 수용할 수 있을 만큼 많은 여성들을 유혹했던 것 같다. 어느 전기에 의하면, "그가 가는 곳마다 여성들과 교합한 것은 높은 성취자들을 이 땅으로 데려와[탄생시켜] 어두운 세상을 밝혀주기 위해서였다." 그는 음주, 여성들과 동침, 딴뜨라의 노래들, 그리고 신통력으로 유명했다. 그의 인도인 명비 중의 한 분은 샨따락시따의 누이동생 만다라와(Mandarava)였다.

위대한 구루 빠드마 쌈바와가 처음 티베트에 도착했을 때 왕은 어떤 절차를 따라야 할지 몰랐다. 다시 말해, 그는 빠드마 쌈바와가 자신에게 절을 해야 하는지 자신이 그에게 절을 해야 하는지 결정할 수 없었다. 구루 빠드마 쌈바와는 쉽게 이를 해결했다. 그는 한 손을 들어 올려 불을 내뿜어 왕을 불꽃으로 완전히 에워쌌다. 이 둘은 순식간에 스승과 제자의 관계가 되고, 띠쏭 데첸 왕은 빠드마 쌈바와의 가장 열렬한 추종자 중의 하나가 되었다. 그는 심지어 빠드마 쌈바와에게 자신이 총애하는 왕비, 예셰 초걀을 연인으로 주기까지 했다. (그녀는 그 결과 위대한 성자가 되었으며, 이 시기의 티베트 역사에서 오늘날 가장 존경받는 인물 중의 한 분이다.)

빠드마 쌈바와는 뵌뽀(Bonpo)의 영들을 하나씩 조복하는 긴 악령 추방 작업에 착수했다. 전해 내려오는 얘기에 의하면, 그는 가장 사악한 것들은 딴뜨라의 의식을 통해 추방했지만, 그들 중 대부분은 길들여서 다르마를 보호하는 성스러운 임무를 맡게 했다. 이렇게 해서 뵌뽀 신앙의 핵심이 불교의 수행에 통합되었다.

이 일이 끝나자, 구루 빠드마 쌈바와는 왕에게 조언하여 네팔에 있는 산따락시따의 귀환을 요청하게 했다. 그 다음 이들 셋은 티베트의 첫 번째 사원 삼예의 건설작업에 착수했는데, 이것이 완공된 것은 서기 787년과 791년 사이였다. 이 건물의 구조는 인도에 있는 오단따뿌리 사원의 디자인에 기초하였고, 모양은 만다라와 같았다. 왕이 몸소 티베트의 가장 영리한 젊은 남자들 중에서 일곱을 뽑아 이 사원에 거주하게 했다. 산따락시따는 꼭 필요한 숫자의 승려들을 인도에서 불러들여 수계식을 행했다.

다음에는, 이들 셋이 역경팀을 만들고 모든 중요한 산스끄리뜨 문헌을 체계적으로 티베트어로 옮기는 작업에 착수했다. 이것을 주관한 것은 빠드마 쌈바와의 25명의 제자들이었다. 수십 명의 승려들을 인도와 네팔, 카슈미르에서 데려와 이 일을 맡게 했다. 인도에서 온 사람들 중에는 위말라미뜨라(Vimalamitra), 샨띠가르바(Shantigarbha), 다르마끼르띠 2세(Dharmakirti the Second)가 포함되어 있었다.

티베트를 떠나기 전에 빠드마 쌈바와는 티베트 전역을 여행하면서, 자신의 현장 출현과 딴뜨라 의식을 통해서 호수·강·산·동굴을 성화(聖化)시키고 힘을 불어넣었다. 띠쏭 데첸 왕도 이 여행의 많은 부분을 빠드마 쌈바와와 함께했으며, 그로부터 비전의 가르침들을 받았다.

띠쏭 데첸 왕이 나서서 백성들을 위해 전국에 열두 개의 명상 센터를 세웠는데, 가장 유명한 세 곳은 침뿌, 예르빠, 뺄 추워리였다. 그는 백성들에게 본보기가 되려고 많은 시간을 명상 수련에 보냈다.

띠쏭 데첸의 생애에서 두 번째로 중요한 사건은 향후 여러 세기에 걸쳐 티베트 불교의 방향에 영향을 끼친 인도와 중국의 승려들 사이의 삼예의 대논쟁이었다.

이들 둘 사이의 갈등의 정확한 원인은 분명하지 않다. 티베트에 전해내려 오는 이야기에 의하면 대부분 중국의 선(禪)과 인도의 대승·금강승의 철학적인 차이에 기인한다. 일반적인 설명에 의하면, 중국의 선승들이 가르치고 있던 명상의 한 형식이 "마음속에서 전혀 아무것도 하지 않기"라는 것이었다. 다시 말해, 이것은 생각을 억제하는 하나의 형식이다. 중국 선승의 대표 마하연 화상은 이것을 이렇게 표현했다. "흰 구름과 검은 구름은 둘 다 해를 가린다. 전혀 아무 생각도 하지 않는 사람은 윤회로부터 해탈을 성취한다." 그리고, 이것이 사회적으로 암시하는 것은 선한 행위와 악한 행위는 똑같이 무의미하다. 왜냐하면 둘 다 궁극적으로는 존재하지 않고 세속적으로는 왜곡된 것이기 때문이라는 것이다.

하지만 라싸에서의 백여 년을 포함하여, 몇 세기 동안 중앙아시아의 다양한 장소에서 이 두 종파가 공존했었다는 점에서 갈등의 원인이 철학적인 차이에서 비롯된 것이라는 주장은 설득력이 없다. 그것보다는 당시 티베트와 중국 사이에 만연해 있던 정치적 상황과 관련이 있다는 설이 더 설득력이 있을 것이다.

쏭첸 감뽀 왕의 시대에 중국의 왕비를 위해 지은 라모체 사원을 관리하기 위해서 중국의 스님들이 처음으로 티베트에 왔다. 티베트 후대의 왕들 대부분은 중국 황실과 열린 관계를 유지하기 위해 중국 황제의 가계로부터 적어도 한 명의 중국인 부인을 자신의 집안으로 들였기 때문에, 십중팔구 몇몇 스님들은 그때부터 거기에 남아 있었을 것이다.

띠쏭 데첸 왕이 역경(譯經)을 위해 티베트로 불러들인 인도, 네팔, 카슈미르 승려들의 숫자가 크게 증가하여 곧 중국 스님들의 숫자를 크게 앞섰다. 중국 스님들은 아마도 띠쏭 데첸 왕이 그들에게 보여주는 더 높은 존경에 분노하고, 나쁜 감정이 싹트게 되었을 것이다. 게다가, 샨따락시따는 윤리의 전통적인 기초와 지적 탐구를 크게 강조했고, 구루 빠드마 쌈바와는 여기에 덧붙여 수행에서 딴뜨라 의식을 광범위하게 이용했다. 묵언좌선이 주요 수행이었던 중국 승려들에게는 이 중 많은 부분이 낯설었으므로 그들은 이 고충에 대한 염려를 표명했다. 나머지는 역사다. 적어도, 이것이 이 사건에 대한 필자의 해석이다.

양쪽이 논쟁을 해서, 패한 쪽이 티베트를 영원히 떠나기로 합의하였다. 샨따락시따의 수제자인 까말라실라(Kamalashila)를 대승·금강승을 대표하기 위해 인도로부터 불러들였다. 당대의 유력한 논리학자였던 까말라실라와 대적한 마하연 화상은 상대가 되지 못했다. 이 논쟁은 791~792년 쌈예 사원에서 있었는데, 쉽게 예측할 수 있듯이 중국 측이 패하여 중국 승려들은 티베트에서 쫓겨났다.

　이 사건이 중요한 이유는 이것이 그 이후 티베트 불교가 전적으로 산스끄리뜨 자료들을 의지하여 방향을 잡게 만들었기 때문이다. 중국 자료의 번역작업들은 중단되고, 그때부터 계속해서 티베트는 근본적으로 인도의 문화적 위성국이 되었다.

　되돌아보면, 이것은 다행한 일이었을 것이다. 왜냐하면 인도에서 불교는 서쪽에서 온 이슬람의 침입으로 파괴되고, 오늘날 대승과 금강승 불교의 고전적인 인도의 전통들은 티베트 불교의 문자(文字)와 구전(口傳)의 전통 속에 가장 광범위하게 보존되어 있기 때문이다. 반면에 중국 불교는 티베트에서 추방을 당했어도 피해를 입지 않고, 조국인 중국에서 번성했으며 후에 한국, 일본, 베트남으로 퍼져나갔다.

(5) 띠 렐빠첸 왕(9세기 초)

　티베트 왕으로서 라마 돔 뙨빠의 10번째이자 마지막 환생자는 띠 렐빠첸(Tri Ralpalchen) 왕이었다. 대부분의 서양 학자들은 그의 통치 시기를 서기 817년에서 836년으로 추정한다. 그는 띠쏭 데첸의 손자였으며, 초기 라싸에서 마지막 위대한 불자 왕이었다.

　띠 렐빠첸의 삼촌 무녤 첸뽀는 띠쏭 데첸 왕의 뒤를 이어 왕좌에 올랐는데, 별나게도 세 차례나 사회주의적 정부 형태의 확립을 시도했다. 그는 세 차례에 걸쳐 모든 부와 재산을 몰수하여 국민들에게 똑같이 분배하였으나, 매번 이것들은 다시 원래의 소유자들에게 돌아갔다. 결국 그는 업(業)의 법칙으로 인해 사람들의 사정을 평등하게 만들 수 없다는 결론을 내렸다. 그럼에도 불구하고, 그가 네 번째 시도를 고려하고 있을 때 짜증이 난 어떤 귀족이 그를 암살했다. 왕좌는 그의 동생에게, 그 다음에는 또 하나의 달라이 라마의 이전 환생자인 띠 렐빠첸에게 넘겨졌다.

수행 분야에서, 사람들이 띠 렐빠첸을 기억하면서 많이 존경하는 까닭은 그의 조직적인 후원으로 그 이전 두 세기에 걸쳐 티베트어로 번역된 모든 불교문헌들을 완전히 개정했기 때문이다. 이들 중 다수의 문헌들은 코탄과 중국, 카슈미르 번역본과 같은 이차적인 자료였지, 본래의 산스끄리뜨 자료가 아니었다. 그 결과, 일부는 정확한 번역이었으나, 다른 것들은 그렇지 않았다. 게다가, 그들은 다양한 학문 기간 중에 만들어져서 용어와 문법 사용에서 광범위한 차이를 보였다. 그는 그것들을 산스끄리뜨 원본과 대조하고, 엄격한 지침을 따라 용어와 문법을 사용하여, 모든 번역을 다시 하도록 지시했다.

이 사업을 위해 특별한 산스끄리뜨-티베트어 전문용어사전이 만들어졌고, 모두 이것을 따르도록 했다. 그 결과, 오늘날 티베트 대장경에 들어 있는 거의 모든 4,500개의 문헌들 - 깐규르(Kangyur, 티베트어로 번역된 부처님의 말씀들)과 땐규르(Tengyur, 티베트어로 번역된 후대의 인도 스승들의 논서들) - 에 대한 번역의 공은 띠 렐빠첸 왕의 지시로 일한 학자들에게 돌아간다.

환생 계보의 다양한 모습

위의 다섯 왕 중에서 네 분 - 하 토또리, 쏭첸 감뽀, 띠쏭 데첸, 띠 렐빠첸 - 은 또한 각각 보현, 관세음, 문수, 금강수의 화현으로 묘사된다. 티베트의 사유방식으로는 이들 모두가 관세음의 화현들이라는 것이 모순이 아니다. 한 분이 한 번의 주어진 삶에서 얼마든지 무수한 보살들의 가피를 지닐 수 있기 때문이다. 까첸 예세 걜첸(Kachen Yeshey Gyaltsen)이 말하듯이, "보살들의 방식은 범부의 마음의 상상의 한계를 초월한다."

7. 첫째 달라이 라마의 열다섯 분의 이전 환생자들

라마 돔 뙨빠를 시작으로 하는 열다섯 분의 이전 환생자들

두 번째로 중요한 문헌 자료는 『아르야 관세음의 이전 화현들의 이야기들』인데, 이것은 18세기 문헌에 근거한, 더 현대적으로 묘사된 달라이 라마의 이야기다. 이 책은 달라이 라마의 전생들에 관한 이야기를 아띠샤가 이야기한 서른여섯 가지 인도의 자따까의 단축된 형태로 시작해서, 초기 티베트 왕들로서 열 분의 환생자들에 대한 이야기로 이어진다. 그 뒤에 라마 돔 뙨빠로 시작하여 티베트와 네팔의 학승들과 요기들로서 열다섯 환생자들에 대한 짧은 이야기가 나온다.

라마 돔 뙨빠

라마 돔 뙨빠가 티베트의 종교사적 관점에서 볼 때 모든 초기의 환생자들 중에서 가장 중요한 것은 라마 돔 뙨빠의 업적이 까담빠의 출현을 이끌어, 이것이 티베트 불교의 모든 다른 종파에 영향을 주었으며 중앙아시아의 지배적 종교 세력이 되었기 때문이다. 이것은 오늘날까지도 그렇게 유지되어 왔다.

티베트에서의 라마 돔 뙨빠의 등장과 업적은 『문수 근본 딴뜨라』에서 붓다가 예언하였다고 한다.

(나의 가르침이 존속하는) 최후의 500년 주기 끝에
나의 깨달음 전통에 큰 이익을 가져올 한 재가불자가
북쪽의 눈의 나라에 출현할 것이다.
그는 '뿔(角)'이라고 불리는 장소에 사원을 지을 것이다.

위 게송의 마지막 행은 분명히 레땡(Reteng) 사원을 가리킨다. 이것은 라마 돔 뙨빠가 1057년(불 새 해)에 세웠으며, 아띠샤가 티베트에 가져온 법맥들을 보존하고 전수하는 기관으로 쓰였다. 이것의 이름은 문자 그대로 '뿔 모양의 산들로 둘러싸인'이라는 뜻이다. 이 사원은 옛 까담빠의 중심지가 되고, 15세기 초에 쫑카빠 대사와 그의 제자들이 간덴(Ganden), 데뿡(Drepung), 쎄라(Sera) 사원을 세우기 전까지 중앙아시아의 가장 중요한 사원의 하나로 큰 역할을 했다.

꾄가 닝뽀

열다섯 분의 환생자들의 목록 중에 특히 중요한 여섯 분이 있다. 이들 중 둘은 싸꺄빠의 라마들을, 넷은 닝마빠의 라마들을 가리킨다. 목록에 오른 두 명의 싸꺄 라마는 싸꺄 꾄가 닝뽀(Sakya Kunga Nyingpo)와 싸꺄 팍빠(Sakya Pakpa)인데, 이들 둘 다 싸꺄 사원의 설립과 이 종파의 형성초기부터 큰 관련이 있다.

싸꺄라는 이름은 '회색 땅'이라는 뜻이고 티베트 남서쪽에 있는 어떤 산을 가리킨다. 1073년에 이 산에 세워진 사원에는 싸꺄 괸빠(Sakya Gonpa, 회색 땅 산 사원)라는 이름이 붙여졌다. 이곳에서 성장한 종파는 그 결과 이 사원에서 그 이름을 따왔다. 전설에 따르면, 아띠샤가 인도에서 아리(Ngari)로 여행할 때 이 지역을 지나갔다고 한다. 이 산을 보고 아띠샤는 깊은 삼매에 들어가 관세음보살이 위대한 깨달음의 행위를 여기서 할 것이라고 예언했다. 그는 또 문수보살의 일곱 분의 화현들이 이 사찰의 활동을 주관하게 될 거라고 예언했다. 아띠샤가 언급했던 관세음의 화현들은 위에서 언급한, 싸꺄 꿘가 닝뽀와 싸꺄 곽빠이다.

싸꺄 꿘가 닝뽀

싸꺄 꿘가 닝뽀는 1092년에 퀸(Khon) 가문의 꾠촉 걜뽀의 아들로 태어났다. 싸꺄 사원을 최초로 세운 것은 꾠촉 걜뽀였다. 비록 그 자신은 라마 돔 뙨빠처럼, 출가한 스님은 아니었지만. 그의 아들 꿘가 닝뽀는 많은 다른 티베트 스승들과 함께 공부했고, 어린아이였을 때 높은 깨달음을 성취했다.

12세에 꿘가 닝뽀는 6개월 동안 혼자 명상을 했다. 이 은둔수행 끝에 영상을 통해 신비한 차원에서 문수보살과 직접 소통했다. 그는 문수보살로부터 '네 가지 집착으로부터 마음을 떼어놓기'로 알려진 게송을 포함하여, 많은 비전의 가르침들을 전수받았다.

> 그대가 만약 이생에 집착하면,
> > 그대는 수행자가 아니네.
> 그대가 윤회세계의 즐거움에 집착하면,
> > 그대는 자유의 마음〔출리심〕이 없네.
> 그대가 자기이익에 관심 있으면,
> > 그대는 보살도의 정신〔보리심〕이 없네.
> 그리고 그대가 자아의 존재에 집착하면,

그대는 [공성(空性)을 이해하는] 견해가 없네.

나중에 싸꺄 뀐가 닝뽀는 열한 명의 중요한 제자들을 위해 이 게송에 대한 열한 권의 주석서를 썼다. 여기에서 그가 설명한 것은 어떻게 이 네 줄이 깨달음으로 이끄는 완전한 길을 가리키느냐는 것이다. 첫 줄은 죽음과 무상에 대한 수행의 필요성을 소개하고, 둘째 줄은 네 가지의 숭고한 진리(사성제), 업(業)과 재탄생의 성격, 귀의, 자유에 이르는 여덟 갈래의 길(팔정도) 등에 대한 명상수행의 필요성을 암시하며, 셋째 줄은 자애, 연민, 보살의 자질들에 대한 명상의 필요성을 지적하고, 넷째 줄은 위대한 공성(空性)에 대한 명상을 요구한다.

이 계보의 가르침은 오늘날 싸꺄빠에서 가장 인기 있는 학습 주제로 남아 있다. 이 시가 너무도 단순하게 보일지 모르나, 이에 대한 몇몇 긴 주석서들은 길이가 수백 페이지에 이르며, 소승·대승·금강승 전통에서 발견되는 모든 기본적 수행들을 다루고 있다. 람데(Lamdrey, 道果)라는 딴뜨라 교리와 함께, 이것은 싸꺄빠의 두 개의 중심 기둥을 이루게 되었다.

싸꺄 뀐가 닝뽀가 서른두 살일 때, 그의 구루 샹뙨(Zhangton)이 충고했다. "만약 네가 명상 수행에 헌신하면 이 한 생에 (깨달음의) 위대한 인증 [마하무드라]을 얻게 될 것이다. 만약 (그 후에) 네가 가르치는 데에 헌신한다면 너는 많은 제자들을 깨달음으로 인도하게 될 것이다. 18년이라는 기간 동안 너는 내가 전수한 것들의 이름조차 언급해서는 안 된다. 그 기간 후에 너는 무엇을 시작하든 성취할 것이다." 그래서 다음 18년 동안 싸꺄 뀐가 닝뽀는 대부분의 시간을 홀로 명상으로 보내고, 구루의 예언을 실현했다. 깨달음을 성취했을 뿐만 아니라 천안통, 공중부양, 동시에 많은 다른 장소에 출현하는 능력과 같은 다수의 일반적인 신통을 보여 주었다.

구루가 지시한 묵언의 기간을 채운 후에 그는 그의 삶의 남은 16년을 제자들에게 가르침을 전수하는 데 바쳤다. 세 명의 제자들이 완전한 깨달음을 얻었고, 다른 여덟 명은 높은 성인의 경지를 성취했으며, 수천 명의 제자들이 더 깨달음의 길에 오르게 되었다.

싸꺄 팍빠

달라이 라마의 이전 환생자들이었던 두 분의 초기 싸꺄빠 라마 가운데 두 번째는, 대중적으로는 초걀 팍빠(Chogyal Pakpa)로 알려진 싸꺄 팍빠이다. 정치적인 관점에서 그는 중세 기간의 모든 이전의 달라이 라마 환생자들 중에서 가장 중요한 인물이었다. 왜냐하면 바로 그가 후원자/성직자의 관계를 고안했는데, 이것이 몽골과 티베트와의 관계의 특징이 되고, 그 후에 만주가, 다음에는 중국도 이것을 채택하게 되기 때문이다.

싸꺄 팍빠는 1235년에 싸꺄 뀐가 닝뽀의 증손자로 태어났는데, 태어날 때부터 높은 환생자임을 알려주는 모든 증표를 보여 주었다. 그는 여덟 살에 부처님이 가르치신 가장 높고 가장 은밀한 교리들 중의 하나인 헤바즈라 딴뜨라(Hevajra Tantra)에 대해 수천 명의 스님들에게 대중 설법을 했으며, 이어서 가장 미묘하고 이해하기 어려운 불교의 주제 가운데 하나인 깔라차끄라 딴뜨라에 대한 관정과 가르침을 주었다. 이때 그에게 '싸꺄 문중에서 아르야'라는 뜻의 '싸꺄 팍빠'라는 이름이 주어졌다. 그는 삶의 초기 몇 년을 공부와 명상에 바치고, 그러고는 그 시대의 가장 위대한 성인 중의 한 사람으로 널리 알려졌다.

싸꺄 팍빠 시대에 이르면 티베트는 초기 티베트 역사를 특징지었던 전쟁을 포기한 지 오래였고, 대신에 수행과 철학적인 추구에 종사했다. 여러 세기 동안 티베트의 스승이었던 남쪽의 불교 국가 인도는 터키의 이슬람

교도들의 침입으로 무너졌으며, 동쪽의 중국 불교는 무관심과 침체에 빠졌다. 아시아의 지평선에서 떠오르는 별은 몽골이었다.

몽골은 1162년에 태어난 칭기즈칸이 다스릴 때 주요 강대국으로 세계 무대에 등장했다. 칭기즈칸이 마흔네 번째 생일에 이르렀을 때 그는 열여덟 개의 모든 몽골 부족을 자기 지배하에 두었다. 그래서 그는 자기 자신을 몽골의 황제로 선포할 수 있었다. 그러고 나서 그는 중국 북쪽의 타르타르(Tartar) 왕국들을 정복하고, 그의 관심을 중국 자체로 돌렸다.

그의 손자 쿠빌라이 칸(Kublai Khan 1215~1294)이 즉위했을 때, 몽골의 영토는 황해로부터 폴란드 국경까지 다다르고, 북쪽은 시베리아로부터 남쪽으로 인도 평원에 이르렀다.

쿠빌라이 칸은 티베트 불교를 채택하고 싸꺄 팍빠를 그의 스승으로 삼았으며, 그는 남은 생애 동안 신심 깊은 티베트 불자로 남았다.

쿠빌라이 칸은 티베트에게 정치적 독립을 주었다. 싸꺄 팍빠를 티베트 왕으로 임명하고 '초걜(법왕)'이라는 칭호를 부여했다. 이것이 그때부터 티베트의 독립과 국제적 안전을 보장하게 될 티베트와 몽골 황제간의 후원자/성직자 관계의 시작이었다. 뒤따르는 모든 몽골 황제들은 이를 존중했다. 만주의 타르타르가 1700년대 초에 중국을 점령했을 때 그들 역시 이를 채택했다. 그리하여 청 왕조가 1911년에 몰락하기 전까지 이것은 티베트 동쪽 초강대국들과 관계의 기둥이었다. 청 왕조의 몰락 후에 티베트인들은 중국 황제와 이와 같은 특별한 관계를 끊었는데, 1913년에 모든 중국인들을 티베트에서 추방한 것이 정점이었다. 그러나 싸꺄 팍빠가 시작한 티베트와 중국 사이의 관계는 우호관계의 청사진 역할을 하였다. 이것은 700년 이상 동안 원·명·청 왕조에 걸쳐 지속되며, 티베트 라마들은 중국 궁중의 스승과 교육자 역할을 하고, 그 대가로 그들은 국제정치무대에서 티베트의 정치적 안전을 보장받았다.

닝마빠 환생자들

앞에서 언급했듯이, 라마 돔 뙨빠는 네팔과 티베트의 요기와 성자로서 열다섯 번 이전에 환생했었다. 이들 중 네 차례는 닝마빠 라마들로 이들의 환생은 티베트의 역사에 특히 중요하다. 이들은 요기 냥 니마 외세르(Nyang Nyima Odzer), 구루 최왕(Guru Chowang), 빼마 왕걜(Pema Wangyal), 초걜 왕뽀 데(Chogyal Wangpo Dey)이다. 이들 네 분은 각각 관세음의 몸, 말, 마음, 깨달음의 화현들로 알려져 있다. 이들은 일반적으로 싸꺄 팍빠와 한 집단으로 다루어지는데, 이 분(싸꺄 팍빠)은 관세음의 신비한 활동의 화현으로 간주된다.

제1장

1대 달라이 라마 겐뒨 둡빠
– 모든 것은 이렇게 시작되었다

◀ 1대 달라이 라마 겐뒨 둡빠(Gendun Drubpa)
'인류의 구원자들'(Sven Hedin재단, 스웨덴국립민족학박물관, Stockholm, Sweden)

1. 신비한 성취자(mystic)

1대 달라이 라마가 57세에 세운 따시룬뽀(Tashi Lhunpo) 사원은 빠르게 중앙아시아에서 가장 중요한 수행 시설들 중의 하나가 되었다. 이것은 1960년대 중반에 소위 중국의 문화혁명에 의해 부분적으로 파괴되었지만, 1대 달라이 라마의 생애 동안에 존재했던 부분들은 대체로 오늘날까지 그대로 남아 있다. 따시룬뽀 사원에 있는 중앙 강당에 서있으면, 이 사원을 세운 이 위대한 성자이자 신비한 성취자의 현존을 거의 느낄 수 있다.

1대 달라이 라마는 사원의 위치로 '조장(鳥葬)' 장소를 택했다. 티베트를 방문한 사람이면 누구나 알듯이, 조장은 시체를 처리하기 위해 선택하는 전통적인 방법이다. 티베트인들은 경작 가능한 땅을 매장으로 낭비하고 싶지 않았고, 또한 화장(火葬)으로 나무를 낭비하는 것도 원치 않았다. 대신에 그들은 시체를 작은 조각으로 잘라서 독수리들에게 먹이는 것으로 처분했는데, 이 방법은 효율적일 뿐만 아니라 정신적으로도 유익했다. 죽은 사람의 마지막 행동은 보시의 행위, 버린 몸을 다른 생명체들에게 음식이라는 선물로 주는 것이었다.

1대 달라이 라마는 그 당시 남서쪽 티베트 짱의 수도였던 시가쩨(Shigatsey)라는 마을 밖, 따시(Tashi) 산기슭 조장 터 옆에 작은 안거처를 만들었다. 석가모니 부처님 시대 이래로 불교 전통은 수행자들이 묘지와 시체 버리는 곳에서 수행하도록 장려해 왔는데 이것은 몸을 받은 존재(중생)의 성격인 무상(無常)을 파악하게 하기 위해서다.

2. 낮은 데로 내려오신 높은 성인(聖人)

　1대 달라이 라마는 낮은 집안에서 태어났다. 그의 부모는 소작농이었는데, 어려운 때를 만나 토지를 잃고 축산을 생계의 원천으로 삼았다. 다시 말해, 그들은 양과 염소를 몇 마리 길렀는데, 이 목초지로부터 저 목초지로 옮겨 다님에 따라 텐트나 임시 가옥에 살면서 목초지 사용 대가를 지역민들에게 우유와 양털·버터로 지불했다. 그의 아버지 괸뽀 도르제와 어머니 조모 남카끼에게 이미 두 아이가 있을 때 그가 잉태되었다. 그러다가, 철 양 해(서기 1391년) 어느 날 밤에 조모 남카끼가 아이를 낳았다. 같은 날 밤 야영지가 산적들의 습격을 받아, 그의 부모는 어쩔 수 없이 살기 위해 달아났다. 아이의 어머니는 이들에게 잡혀 강간을 당하고 죽음을 당할까 두려워, 태어난 아이를 모포에 싸서 바위 뒤에 숨기고 어둠속으로 사라졌다. 다음날 아침에 돌아왔을 때 그녀는 놀라운 광경을 보았다. 아이는 아무 탈 없이 누워 있었고, 커다란 검은 까마귀 한 마리가 아이 위에 서서, 아이를 잡아먹으려고 모여든 까마귀와 독수리 떼로부터 아이를 보호하고 있었다.

　이렇게 이 땅에서 가장 존경 받는 학자이며 성자들 중 한 분이 되고 마침내 1대 달라이 라마로 인정받게 될 아이의 삶이 시작됐다. 라마들이 나중에 조모 남카끼에게 알려준 바에 의하면, 큰 검은 까마귀는 자비의 보살인 관세음의 분노(위맹)존 형태인 마하깔라(Mahakala)의 화현이며, 그의 일생 동안 중요한 수호존 역할을 해 주었다.

아이는 키가 크고 발이 빨라서 '키 큰 사슴'이라는 별명을 얻었는데, 그는 가족의 양떼와 염소 무리를 보살피는 것을 즐거워하는 것 같았다. 그러나 오래 가지 않아 수행에 대한 그의 성향(習氣)이 나타났다. 그는 다섯 살에 기도문과 만뜨라(mantra)를 주위의 돌과 바위에 새기면서 시간을 보내기 시작했다. '마니(mani) 돌 만들기'로 알려져 있는 이런 새기는 수행은 티베트 어른들 사이에서는 흔히 볼 수 있지만, 그렇게 어린 아이의 경우에는 매우 특이한 일이었다.

이에 대한 질문을 받았을 때, 그는 설명했다. 그가 이런 걸 수행으로 새기는 것은 "나의 부모님을 이롭게 하기 위해서입니다." "너희 부모님은 아직 살아계시잖니?"라고 다시 되물으면 그는 대답했다. "제가 이 기도문들을 새기는 것은 모든 중생들에게 이익을 주려는 희망에서입니다. 그들 한 분 한 분이 어떤 과거 생에서 저의 부모였으니까요." 그가 새겼던 돌들 중 여러 개가 아직도 티베트의 나르땅(Nartang) 사원에 보존되어 있다고 한다.

3. 출가, 수학, 수계

아이가 겨우 일곱 살일 때 그의 아버지가 세상을 떠났다. 그를 부양하기가 힘들어 어머니는 그가 그 지역의 사원에 들어갈 수 있으면 그에게 좋을 거라고 생각했다. 세상을 떠난 남편의 동생이 나르땅 사원의 승려였는데, 그의 후견인이 되는 데 동의했기 때문에 나르땅 사원을 선택했던 것이다.

그의 어린 시절 교육을 위해 나르땅 사원에 들어간 것은 여러 가지 이유로 상서로웠다. 첫째 이곳에는 중앙아시아에서 가장 큰 도서관 중 하나가 있었다. 그래서 먼 곳으로부터 유명한 라마와 철학자들이 희귀하고 성스러운 경전을 복사하기 위해 자주 방문했다. 그리하여 이 아이는 훌륭한 교육을 받을 수 있었을 뿐만 아니라, 여러가지 다른 수행의 조류와 사상을 받아들일 수 있었다.

나르땅 사원의 두 번째 좋은 점은 이곳이 티베트 불교의 종파 중 까담빠에 속하며, 사실상 짱(Tsang) 지역에서 가장 중요한 까담빠 사원이라는 점이었다. 까담빠의 근원은 1042년에 티베트로 와서 약 15년 뒤에 죽을 때까지 나르땅 사원에서 가르친 인도의 스승 아띠샤로 거슬러 올라간다. 1대 달라이 라마의 시대에 이르면 아띠샤의 법맥은 중앙아시아 전역에 퍼지고 티베트 불교의 모든 다른 종파로 흡수되었다. 이것은 1대 달라이 라마가 나르땅 사원에서 받은 기본 교육이 모든 티베트 불교 종파에 공통된 것이었음을 뜻한다. 그가 후일에 나르땅 사원을 떠나 여행하면서 다른 법맥들을 찾을 때 이러한 사실이 매우 값진 것으로 드러났다. 그는 나르땅 사원 출신이기 때문에 어딜 가나 명예와 존경으로 환영 받았다.

한편 나르땅 사원의 스승들에게 분명해진 것은 이 어린 염소 목동이 매우 재능 있는 학생이라는 점이었다. 곧바로 그에게 공부와 수행을 위한 온갖 편의가 제공되었다. 위대한 주지 둡빠 셰랍(Drubpa Sherab)이 개인적으로 그에게 관심을 갖고 그의 발전을 면밀히 살폈다. 주지 자신이 이 아이에게 모든 세 가지 수준의 계(소승 해탈계, 대승 보살계, 금강승 서언계)를 주고, 또한 많은 중요한 딴뜨라 관정과 구전 가르침도 주었다.

15세에 이 어린 학자(달라이 라마)는 사미가 되고 나중에 역사에 알려지게 될 겐뒨 둡빠(Gendun Drubpa)라는 이름을 받았다. 나르땅에서 그의 공부는 이제 예외적으로 잘 진척되고 있었으며 경전이라고 알려진 부처님의 일반적인 가르침과 인도와 티베트의 위대한 불교 스승들에 의한 논서들도 포함했다. 게다가, 그는 점진적으로 딴뜨라로 알려진 비전(秘傳)의 불교 법맥(가르침)들로 인도되었다. 그는 이들 과목 모두를 공부하고, 암기하며, 분석하고 토의하며, 이들의 가장 미묘한 철학적인 점을 파고들었다. 이들 수행 과목에 덧붙여, 그는 문법과 문학을 공부하고 또 인도의 고전 언어, 산스끄리뜨어도 배웠다. 이 시기 내내 어린 겐뒨 둡빠는 하루에 수 차례 명상했으며 주기적으로, 그리고 해마다 명상 안거를 했다.

그의 주요 전기 작가들 중의 한 분인 뀐가 갤첸(Kunga Gyaltsen)에 의하면, 승려 교육의 한 요소인 공식적인 토론에서 그의 온화함과 명료함이 분명하게 드러났다고 한다.

토론하는 동안 그는 항상 입가에 부드러운 미소를 띠고 평온했다. 그는 목소리를 높이거나 불쾌하게 말하지 않고, 토론 상대를 혼란시키기 위한 얄팍한 수단도 사용하려 하지 않았으며, 대신에 섬세한 논리적 질문에 의지하여 발언된 말의 다양한 의미에 관해 파고들어, 분석을 통해 자신에 대한 반론에서 오류들을 즉시 찾아냈다. 이런 방식으로 그는 토론에서 그의 상대를 쉽게 그리고 침착하게 물리쳤다.

이 어린 달라이 라마에게 깊은 영향을 끼친 가르침 하나는 로종(lojong)이라는 마음수련법이었는데, 이것은 아띠샤가 가르친 것으로 나르땅 사원에서 특히 강조했던 것이다. 아띠샤가 이들 가르침을 모은 방법은 그의 지식의 원천의 폭넓음과 특별함을 보여준다. 아띠샤는 11세기에 인도에서 얻을 수 있는 많은 법맥들을 받았을 뿐만 아니라, 그는 인도네시아로 가서 거기서 12년 동안 스승 다르마끼르띠(Dharmakirti) 밑에서 공부했다. 다르마끼르띠는 부처님의 모든 가르침들을 융합시켜 핵심적인 구전 법맥을 만들었는데, 이것이 로종으로 알려져 있다. 이 법맥이 강조하는 것은 자애(慈)와 연민(悲)에 관한 수행, 그리고 특히 자기를 중시하는 것을 남들을 중시하는 것으로 바꾸기 위한 수행이다.

4. 쫑카빠와 그의 제자들 밑에서

겐뒨 둡빠가 스물다섯 살이 된 1415년에, 그는 자신의 삶의 방향에 가장 큰 영향을 주게 될 스승을 만났다. 바로 쫑카빠(Tsongkhapa) 대사였다. 그는 깨달음을 위한 가르침의 핵심을 찾기 위해, 젊은 나이에 동부 티베트에 있는 자기 고향 암도를 떠나 티베트의 모든 중요한 사원을 순례한 뛰어난 스승이었다. 그는 티베트 불교의 모든 종파를 대표하는 마흔 다섯 분의 스승 밑에서 공부했다. 모든 가르침을 모은 후에, 쫑카빠는 올카(Olkha) 산으로 물러나 매일 향나무 열매만 한 움큼 먹으면서 명상 수행하여 깨달음을 성취했다. 이제 그가 가는 곳마다 수백 명의 제자들이 그를 따랐다.

오늘날 쫑카빠는 모든 그 후의 달라이 라마들이 출가 비구계와 기본적인 수행 교육을 받는 종파인 겔룩빠의 창시자로 간주된다. 그러나 십중팔구 그는 자기 자신을 어떤 분파나 학파의 창시자로 여기지 않고, 단지 부처님의 참된 가르침들에 다시 활기를 불어넣는 사람으로 생각했을 것이다. 1409년에 그는 자신이 모은 법맥들을 보전하기 위해 간덴 사원을 건립했다. 그의 다면적인 접근법이 젊은 1대 달라이 라마의 마음에 들어서 그는 즉시 쫑카빠를 자신의 근본 스승으로 삼았다. 나중에, 겐뒨 둡빠 자신이 고향으로 돌아와 따시룬뽀 사원을 세울 때, 그는 교육 제도를 간덴 사원의 것을 바탕으로 만들었다.

쫑카빠는 1419년에 세상을 떠나므로, 겐뒨 둡빠는 4년 동안만 그와 함께 하게 되었다. 그러나 그것은 그에게 가장 중요한 시간이었다. 왜냐하면 쫑카빠에게는 수백 명의 위대한 제자가 있었지만, 겐뒨 둡빠는 그의 다섯 명의 주요 계승자 가운데 한 명으로 열거되기 때문이다. 다른 네 계승자는 겐뒨 둡빠보다 나이가 훨씬 많아서, 사실상 이들 넷 모두 그의 스승이 되어 그들이 쫑카빠로부터 받은 많은 법맥들을 그에게 전달했으며 또한 명상에 대해서도 지도해 주었다.

1대 달라이 라마 때부터 티베트의 모든 가족은 적어도 아이들 중 한 명은 출가수행자가 되기를 원했다. 의심할 여지없이 이러한 수행에 대한 열망은 이 분야에서 1대 달라이 라마의 저술에 적지 않게 영향을 받았다.

쫑카빠처럼, 겐뒨 둡빠는 많은 다른 종파 출신의 스승들과 공부하며 그들 모두로부터 지식과 통찰력을 얻었다. 그러나 아띠샤와 쫑카빠의 가르침들은, 전자는 법맥의 스승으로, 후자는 개인적인 근본스승으로, 그의 개인적인 수행생활에 가장 결정적이며 지속적인 영향을 끼쳤다.

쫑카빠의 딴뜨라 수제자는 제 셰랍 셍게(Jey Sherab Sengey)라는 승려였다. 이분은 쫑카빠가 세상을 떠난 후 1대 달라이 라마의 주 스승이 되었다. 쫑카빠는 연로해지자 제자들이 모인 자리에서 "여기 누가 나의 딴뜨라 법맥을 계승할 책임을 맡겠는가?"라고 물었다고 한다. 좌중에 침묵이 흘렀다. 어떤 이는 이 생각만으로도 기절을 했다. 오직 제 셰랍 셍게만이 반응했다. 그는 자기가 받아들이겠다는 표시로 자리에서 조용히 일어나 세 번 절을 올렸다. 쫑카빠는 그의 절을 받고 자신의 모든 딴뜨라 가르침을 그에게 맡겼다. 나중에, 제 셰랍 셍게는 이들 법맥을 보존하기 위해 규메(Gyumey) 딴뜨라 사원을 지었다.

1대 달라이 라마의 수행이 완전히 꽃을 피운 것은 제 세랍 셍게의 지도 밑에서였다. 그들은 수많은 명상 안거를 함께 했으며, 그로부터 겐뒨 둡빠는 딴뜨라 교육에서 마지막 마무리 지도를 받았다. 함께 공부했던 수십 명의 스승들 중에서 누가 그에게 가장 중요했느냐는 질문을 받자, 그는 이렇게 대답했다, "저의 교육 초기에 저에게 가장 큰 이로움을 준 스승은 나르땅 사원의 주지, 켄첸 둡빠 셰랍이었습니다. 제 교육의 중반에 이르러 저에게 가장 큰 이로움을 준 스승은 쫑카빠 대사였습니다. 그리고 제 교육의 마지막 단계에서 가장 큰 이로움을 준 스승은 제 세랍 셍게입니다."

겐뒨 둡빠에게 중요했던 또 한 분 스승은 조낭빠(Jonangpa) 종파에 속하며 티베트 역사에서 최고의 다작가로, 논란이 많았던 라마 보동 촉레 남걜(Bodong Chokley Namgyal)이었다. 전설에 의하면, 이 스승은 네 개의 글을 한 번에 받아쓰게 했다고 한다. 그는 사원 밖에서 탑돌이를 하면서 네 방향에 제자를 한 명씩 앉혀 놓고, 걸어서 각각의 제자를 지나갈 때마다 각기 다른 책의 한 줄을 받아 적게 하는 방식이었다. 이런 방식으로 그는 2천 권 이상의 책을 지었는데, 책이 너무 많아서 사실 아무도 그의 책을 출판할 수가 없었다. 겐뒨 둡빠는 그의 여섯 주요 제자들 중 하나로 간주된다.

보동의 가르침들을 전수받던 어느 시기에 겐뒨 둡빠가 여러 가지 절박한 질문을 했다. 이 물음에 너무도 깊은 감동을 받아 연로한 스승(보동)이 그에게 탐쩨 켄빠(Tamchey Khyenpa, '일체지자')라는 이름을 붙여 주었다. 이 이름이 달라붙어 그의 여생 동안 그를 따라다녔다. 이것이 모든 그의 전기(傳記)에서 그를 가리키는 이름으로 사용되었다. 더욱이, 이것은 그가 세상을 떠난 후에도 계속되어 모든 후임 달라이 라마 환생자들에게 적용되기에 이른다.

5. 홍법 활동

겐뒨 둡빠는 틀림없이 비범한 스승이었을 것이다. 그의 전기 작가인 뀐가 걜첸(Kunga Gyaltsen)은 그가 주는 인상을 다음과 같이 기술했다.

> 그가 가르칠 때마다 그의 얼굴은 빛나고 맑았다. 그의 목소리는 풍부하고 섬세했으며, 청중들 모두에게 잘, 그리고 분명하게 전달되었다. 그의 말은 부드러우나 그 의미가 생생하여 가장 이해하기 어려운 점도 쉽게 이해될 수 있게 만들었다. 이미지와 실례를 아주 능숙하게 사용하여 그는 자기가 가르치는 것을 들으러 오는 사람들의 바로 가슴까지 도달하여 그들을 끌어들여 자기들이 받는 전통(가르침)의 풍부함을 느끼게 만들었다.

해가 지남에 따라 점점 더 많은 제자와 후원자들이 짱(Tsang)에 사원을 하나 세워서 그의 법맥들을 보존하고 전달해 달라고 겐뒨 둡빠에게 요청했다. 처음에 그가 주저했던 것은 그가 겸허한 사람이고 떠돌아다니며 가르치는 생활방식의 단순함을 좋아하기 때문이었다. 그러나 어느 날 그가 삼매에 들었는데, 티베트의 신탁 호수의 여존 빨덴 하모(Palden Lhamo)가 갑자기 그에게 나타나 말했다. "그대는 저기에 사원을 세워야 한다." 그녀는 이 말을 하면서 시가쩨의 서쪽을 가리켰다. 만일 그가 사원을 세우면 사원의 활동과 제자들이 둘 다 커질 거라고 그녀는 약속했다. 나중에, 빨덴 하모가 세 차례 다른 때에 그에게 나타나서 그를 정확한 장소로 안내해 주었다.

마침내, 1447년에 겐뒨 둡빠는 그 책임을 받아들여 사원을 짓기로 했다. 그는 명상과 기도에 들어갔으며, 그 일을 위해 필요한 물자와 장인들을 모으는 일에 착수했다. 신비한 다끼니들이 건설을 이끌었다. 겐뒨 둡빠가 근처 하얀 텐트 안에서 잠을 자는 동안에 건물들이 세워지고 있었다. 어느 날 하늘로부터 '따시룬뽀'라는 소리가 들렸다. 그는 생각했다. '이것이 틀림없이 내가 그 사원에 붙여야 할 이름일 거야.' 그는 이것이 그 새 사원의 이름이 사방에 알려지게 되리라는 징표로 받아들였다.

그의 전기 작가 뀐가 갤첸은 이 사원을 이렇게 묘사한다. "경이로운 창조물로 중앙 법당은 여섯 개 기둥 크기이다. 이것의 오른쪽으로 그는 열두 기둥의 미륵전을 지었고, 왼쪽으로는 네 기둥의 따라(Tara)전을 지었다." 당시에는 기둥의 수로 건물의 크기를 나타내는 것이 관행이었다. 불당 외에 강당, 마당, 부엌, 개인용 불당, 그리고 그의 거주공간이 있었다. 그는 꿈속에서 어느 사원으로부터 겐뒨 둡빠는 열한 개의 승리의 깃발이 휘날리는 것을 보았다. 그 꿈을 꾼 뒤에, 자신의 거처를 갤첸 랍랑(Gyaltsen Labrang, '승리 깃발의 집')이라고 이름 지었다. 그는 이 꿈이 '따시룬뽀 스승들의 모든 일이 앞으로 열한 세대 동안 잘 되리라는 것을 보여주는 것'이라고 말했다. 나중에 우리가 13대 달라이 라마의 삶과 시대에 관한 장(章)에서 보게 되듯이, 이 예언은 실현된다.

겐뒨 둡빠 자신이 숙달된 예술가이자 장인이었다. 그가 따시룬뽀를 위해 만든 불상들은 그의 미적 감각과 능력을 보여 준다. 이들 중에는 높이가 스무 뼘인 구리와 금으로 된 불상뿐만 아니라 보석으로 만든 미륵상과 순금으로 만든 관세음상도 있었다. 이 외에 벽화, 얕은 양각의 조각품, 나무 조각품, 채색된 탱화들이 있었다. 여성 붓다 따라(Tara)에게 바쳐진 작은 불당에는 한 불상은 순금으로 만들었고, 그 밖의 불상들은 소박한 재료로 만들어진 것들이었다. 나무로 된 3차원의 따라 만다라가 있는 자신의 개인 불당을 위해, 그는 금으로 된 따라와 자신의 수호존 마하깔라 상을 만들었다.

미륵불상의 제작에는 예기치 않은 상서로운 징표들이 동반됐다. 현겁에 무수한 분들이 깨달음을 성취하여 붓다가 되겠지만, 이들 중에서 1000분만 보편적인 스승이 된다고 한다. 2,500년 전에 살았던 석가모니 부처님은 이들 중에서 네 번째였다. 미륵불은 다섯 번째가 될 것이다. 불자들은 기독교도들이 그리스도가 두 번째 오는 것을 기다리는 것과 마찬가지로 그가 출현하기를 기다린다. 미륵불상을 봉헌한 날 밤, 겐된 둡빠의 꿈에 미륵불이 한 줄기 광선을 뿜어내어 지구의 표면을 덮고 지구에 사는 사람들을 위로 들어올렸다. 그는 이에 대해 시-기도문을 지었다. 미륵(Maitreya, 마이뜨레야)이라는 이름은 문자 그대로 '자애'를 뜻하는데, 대부분의 티베트인들은 이 시를 외워서 알고 있다.

> 자애의 부처님, 마이뜨레야 불상을
> 만드는 데 기여하는 분들이
> 마이뜨레야 자신 앞에서
> 대승의 다르마를 체험하게 하소서.
>
> 산 뒤에서 솟아오르는 태양처럼,
> 자애의 부처님께서 금강좌에 나타나실 때,
> 지혜의 연꽃 열리고,

중생들이 몰려가 진리의 꿀 마시게 하소서.

그때에 자애의 부처님께서
자비로운 손 내미시어
그들이 빨리 광명〔깨달음〕 얻으리라는
수행자들의 깨달음 예언하소서.

행복의 근원인 수행의 법맥들과 보살님들이
방해 없이 잘 번영케 하시고,
지식의 보유자들이 장수하게 하시며,
깨달음의 가르침들이 평화와 기쁨 세상에 가져오게 하소서.

자애의 부처님, 마이뜨레야에 대한 수행을 통해,
중생들이 사랑의 찬란한 빛 얻어
악의 그림자 쫓아 버리고
깨달음 향해 나아가게 하소서.

6. 죽음

겐된 둡빠의 죽음은, 그의 삶처럼, 그 자체가 하나의 가르침이었다. 그는 나이 84세에, 쫑카빠 대사가 티베트의 신년 초에 도입한 대기원제를 집전한 뒤에, 7일 동안 안거에 들어갔다가, 전법 순회를 떠났다. 그는 지팡이만을 갖고 제자들이 그의 여행 가방을 운반했다. 여름철에 이르러 그의 기력이 쇠약해져, 이동하는 데 가마가 필요할 정도에 이르렀다.

허나 그는 이동을 계속하다가, 나르땅 사원에 들러 그가 어린 시절에 승려 교육을 받은 곳을 둘러봤는데, 이것은 참으로 감동적인 귀향이었다. 여기서 이 연로한 스승은 주 사찰에서 공양을 올리고, 그의 나르땅 사원의 제자들과 마지막이 될 만남을 가졌다.

그의 전기 작가 뀐가 걜첸은 다음과 같이 기술한다.

그는 84세가 되는 나무 말 해 열두 번째 달 여덟 번째 날[1475년 늦은 1월의 반달 혹은 2월 초] 새벽에 네 가지 공(空) 속으로 녹아들어, 정광명(淨光明)의 깨달음을 나타내 보이고, 법신(法身)의 지혜 상태에 머무는 외적인 표적들을 나타냈다…

그의 몸은 노인의 몸으로부터 청년의 몸으로 바뀌기 시작하더니 너무도 강렬하게 빛나서 그것을 바라볼 수 있는 사람들은 거의 없을 정도였다. 무수한 기적들이 그 다음 며칠에 걸쳐 인근에서 일어났다. 그는 그 후 여러 날 동안 명상 상태에 머물렀는데, 그의 심장은 더 이상 뛰지 않고,

호흡도 없었으며, 그의 몸은 무지개와 거대한 빛의 파동을 나타내 보여주었다.

그렇게 그가 부처님의 경지를 성취한 것이 분명해졌다.

7. 1대 달라이 라마의 저술

'깨달음의 조언의 염주'

1대 달라이 라마는 까담빠의 창시자 아띠샤의 로종의 가르침들을 요약한 밀교적인 글을 썼다. 겐뒨 둡빠는 승려 교육을 받았던 초년을 나르땅 사원에서 보냈는데, 이 사원은 중요한 까담빠 사원이고, 그의 일생 동안 아띠샤로부터 내려오는 법맥들은 그의 정신적인 성장에 결정적이었다.

앞에서 언급했듯이, 그는 또 로종 수행 전통에 대해 두 개의 큰 논서를 썼다. 이 법맥의 기원은 인도네시아의 불교에 있었다. 나중에 겐뒨 둡빠가 광범위한 지역으로 여행한 것은 널리 흩어져 있는 아띠샤가 전해 준 다양한 법맥들을 모으기 위해서였다. 특히, 그의 스승 중의 한 분인 라마 하 쏘남 훈둡(Lha Sonam Lhundrub)의 지도하에, 그는 이 전통을 집중적으로 공부하고 실천해서 특별한 깨달음을 얻었다.

한 가지 흥미로운 점은 로종 법맥의 근원이 쎌링빠(Serlingpa)인데, 문자 그대로 '황금 섬들의 그이'를 뜻하며, 그의 달리 알려진 이름은 슈와르나드위빠(Suwarnadvipa, 현대 인도네시아)의 고대 왕국의 다르마끼르띠(Dharmakirti)이다. 당시의 인도네시아는 대승불교의 중심지 중의 하나가 되었는데, 이를 증명해 주는 것이 오늘날까지도 남아 있는 보로부두르(Borobudur) 같은 다수의 불교 기념물들이다.

아띠샤는 그의 스승들 중 여럿으로부터 이 법맥에 대해 듣고 그것을 받기 위해 인도네시아로 떠났다. 그는 배로 위험한 13개월간의 여행 끝에 인도네시아에 도착하여 다르마끼르띠를 만나 깊은 인상을 받고, 인도네시아에서 이 스승의 지도를 받으며 12년간 머물렀다. 그리고 그는 인도로 돌아오고 나중에는 티베트로 와서 그의 인도네시아 스승의 법맥을 널리 가르쳤다. 그리하여 로종 가르침은 티베트 불교의 근본적인 전통과 중앙아시아의 기본적인 정서와 태도의 구현으로서 중요할 뿐만 아니라 인도네시아(아마 보로부두르) 불교의 얼마 안 되는 유산들 중의 하나로서도 중요하다.

오, 지성을 갖추고
이 가르침(다르마)에 관심 있는 친구들이여,
나의 가슴 깊은 곳으로부터 내가 제시하는
몇 마디 조언 잘 들어보게.

우리가 윤회 속을 끝없이 헤매도,
영원한 평화 있는 공간은 거의 없네.
우리들 내부에 지니고 있는 악업 때문이네.
이제 찾게, 불멸의 감로수,
세속적인 진리와 궁극적인 진리의 지혜를.

몸은 소박하고 평화롭게 유지하고,
말은 불쾌하게도 현혹시키게도 하지 말며,
마음은 수행에 유익한 법계체성지의 길에 몰입하여
마치 물고기가 바다에서 헤엄치듯

욕망과 집착의 갈고리에서 벗어나게….
끝없는 물질적인 추구는 잊어버리고
오는 것은 무엇이든지 받아들이는 것을 배우게….

마치 새롭게 주조한 청동 동상이 금으로 보이는 것처럼
기만적인 방법들을 이용하지 말고
자기 자신과 남들의 정신적 성장을 격려하는
가슴 설레게 따뜻한 생각(사랑)에 머물게.

지금은 다섯 가지 퇴폐한 조건들(五濁)이
대부분의 해탈의 길 방해할 수 있네.
스승님 아띠샤로부터 내려오는 구전 전통은
쉽게 이들을 (깨달음의)원인(수단)으로 전환하여
행운의 수행자들에게 발전을 가져오네.
자격 있는 법맥을 가진 스승님 만나
악업에 빠져 있는 세상의 조건들을 이용하는 방법들을
이타적인 상태의 지식의 원인들로 이용하게.

'반야라고 이름하는 근본중송에 대한 주석'

특히, 이 장은 공관(空觀)이라는 불교 교리에 대단히 중요한 의구심을 다룰 것이다.

① 만약 모든 것들이 궁극적인 본성이 공(空)이고 실재 존재가 없는 것이라면, 어떻게 어떤 것이 어떤 의미를 갖는가?

② 왜 그렇다면 부처님은 굳이 네 가지 고귀한 진리(사성제) 즉 고통, 그

것의 원인 · 해탈 · 해탈에 이르는 길과 같은 주제들을 설하셨는가?

③ 만약 우리가 모든 것들은 발견할 수 있는(진실한) 존재가 없다고 말한다면, 우리는 삼보 즉, 부처님 · 다르마 · 승단에 정신적 귀의를 한다는 바로 그 목적을 훼손시키는 것이 아닌가?

④ 어떤 사람이 불자라고 규정되는 것은 이 귀의 때문이니, 따라서 공(空)의 불교 철학이 불교 자체의 바로 이 기반을 파괴하는 것이 아닌가?

⑤ 더욱이 세속적 · 일상적 존재의 기반이 공의 교리에 의해 파괴되는 것이 아닌가? 간단히 말해, 공의 교리는 상식이라는 세속적 경험뿐만 아니라 부처님의 본질적 가르침도 훼손하는 것 같아 보인다.

나가르주나(Nagarjuna)는 이들 쟁점들을 알고 있었고, 공의 철학에 반대하여 사용된 모든 주장들이 공의 철학을 지지하는 데도 마찬가지로 쉽게 이용될 수 있다고 말하는 것으로 이들 문제에 답했다. 오로지 사물에 자성이 없기 때문에 사성제가 타당하고, 삼보가 강력하며, 세속적 진실의 기능이 가능한 것이다. 만약 사물에 자성(自性)이 있다면 모든 것은 시간 속에 얼어붙을 것이다. 그들은 다른 것들과 상호작용할 수 없거나 원인과 결과로서 작용하지 못할 것이다.

나가르주나의 입장은 실재(reality)의 성격은 마음에 의해 만들어진다는 것이다. 책상은 단지 하나의 이름이고 우리가 한 더미의 모여진 것에 붙인 이름표이다. 목재나, 광택제 등에는 '책상이라는 존재'가 없다. 마찬가지로, 꽃은 그것을 만들어준 흙이나 습기, 햇빛, 또는 공기가 아니다. 이들 네 가지 요소의 어떤 것 속에도 '꽃이라는 존재' 구실을 할 수 있는 것은 아무 것도 없으며, 또한 우리가 그 네 요소를 치워버리면 꽃이라는 존재도 남지 않는다. 어떤 것이 실재하지 않는다는 것은 그것의 궁극적인 존재가 그것의 나타나 보이는 성격(존재)과 전혀 다르다는 뜻이다. 마찬가지로, 몸-마음이라는 복합체(오온)에는 진실로 존재하는 '나'라고 할 수 있는 것이 아무것도 없으며, 이 몸-마음 복합체를 치워버리면 우리들에게 이들과 별개의 '나'는 남지 않는다.

공의 교리는 비이원성(不二)의 교리이다. 그러나 나가르주나가 지적했듯이(적어도 1대 달라이 라마가 그를 나타내는 바로는), 이것은 불교가 더움과 추움, 행복과 슬픔, 즐거움과 괴로움, 긴 것과 짧은 것, 이것과 저것 등이 있다는 것을 부정한다는 것을 뜻하지는 않는다. 오히려 그것은 모든 것의 상대성을 강조한다. 더운 것은 그렇게 덥지 않은 어떤 것과 비교할 때만 가능할 뿐이다. 이것은 우리가 손가락을 끓는 물에 넣었을 때 데지 않는다는 것을 의미하는 것은 아니다. 그와 반대로, 모든 것들의 상대성 때문에, 그리고 고유한 고정적인 본성이 없기 때문에, 손가락은 끓는 물에 의해 화상을 입는다. 마찬가지로, 모든 것은 다른 것과의 관계 속에서만 존재하고, 최종적으로는 이름과 이름표일 뿐이다.

- 고유한 존재를 주장하는 이들은 '진실한 존재가 없는(실재하지 않는)' 것을 전적으로 존재하지 않음을 의미하는 것으로 해석한다. 이는 자신들의 입장과 모순된다. 왜냐하면 그들은 공의 교리를 주장하는 목적, 공의 본성, 또한 공의 본질적인 의미도 이해하지 못하기 때문이다.
- 공의 교리는 실재에 대한 집착(實執)을 제거하기 위해 제시되었다.
- 공의 목적은 왜곡된 지각을 제거하는 것이고, 그것의 핵심적 의미는 단순히 '고유한 존재가 없다'는 것이다.
- 실재(진리)의 두 가지 차원의 교리는 한 가지 목적을 갖는다. 만일 세속적인 진리에 의존하지 않으면, 우리는 궁극적인 진리를 이해할 수 있는 그릇이 될 수 없고, 궁극적인 진리를 인식할 때까지, 열반(해탈)은 성취할 수 없다.

- 만일 그대가 만물(모든 것)이 고유하게(독립적으로) 존재한다고 주장하면, 거기에서 따라나오는 결론은 모든 것에는 원인[因]도 조건[緣]도 없다고 그대는 생각한다는 것이다. 왜냐하면 만일 모든 것이 고유하게 존재한다고 그대가 주장하면, 그러면 (그것으로부터 나오는) 그 견해가 그 (원인도 조건도 없다는) 결론으로 이끌기 때문이다. 같은 이유로 (그렇게 되면), 그대는 또한 원인과 결과, 행위자와 행위, 생성과 소멸, 성취의 기능을 부정하는 것이다.
- 모든 것은 공을 자신들의 궁극적인 본성으로 갖지 않는 것이 아니다. 왜냐하면 다른 것에 의존해서 일어나지(연기하지) 않는 것은 존재하는 것이 아니기 때문이다. 그 이유는 연기하는 곳에서는 어디서나 공이 있고, 공이 있는 곳에서는 어디서나 연기가 있기 때문이다. 이것이 극단적인 견해들[常見과 斷見]로부터 벗어난 중도의 견해[中觀]를 지닌 분들의 철학적인 태도다.
- 고유한(독립적인) 존재를 주장하는 분들은 따라서 생성과 소멸 등을 부정하는 것이다. 왜냐하면 그들의 주장으로는 이들 현상 중 아무것도 공(空)에 머무르지 않기 때문이다. 그 결과, 따라서 그들은 또한 사성제도 부정하는 것이다. 왜냐하면 만일 진전 등이 없다면 어떻게 괴로움[苦]과 나머지 성제가 존재할 수 있겠는가? 무상(無常)과 괴로움 자체에 대한 가르침들도 실재하지(고유하게 존재하지) 않는다.

만일 괴로움[苦]이 고유하게 존재한다면, 그것은 참된 근원[集]을 가질 수 없을 것이다. 왜냐하면 만일 그것의 본성이 고유한 자격(존재)을 갖는다면, 그것은 변하거나 진전할 수 없을 것이다. 또한, 괴로움의 소멸[滅]도 존재할 수 없을 것이다. 왜냐하면 그대는 괴로움의 존재가 고유하다고 주장하니까. 고유하게 존재하는 것은 변할 수 없는데, 어떻게 고유하게 존재하는 괴로움을 없앨 수 있겠는가? 그것의 본성은 불변일 것이다. 그러므로 공의 교리를 부정함으로써 그대는 괴로움의 소멸이라는 성스러운 진리에 대한 가르침을 부정하는 것이다.

마찬가지로, 괴로움의 소멸로 인도하는 참된 길(道)에 대한 명상(수행)도 아무 소용없을 것이다. 왜냐하면 그 길에 대한 자신의 경험이, 고유하게 존재할 테니까, 진전할 수 없을 것이다. 그러므로 그 길은 고유하게 존재하는 것이 될 수 없다. 왜냐하면 그것은 명상(수행)에 의해 길러지는 대상이기 때문이다.

진실한(고유한) 존재를 주장하는 사람은 세상 사람들의 세속적인 견해와도 어긋난다. 왜냐하면 그는 인과관계의 공성을 부정하기 때문이다. 그렇게 함으로써 그는 이렇게 주장하는 셈이다. 즉 특정한 행위는 아무 결과도 가져오지 않을 것이고, 노력하지 않아도 행동의 결실이 일어나며, (어떤 행동의) 행위자가 행동에 의존할 필요가 없다고. 중생들은 태어나지도 죽지도 않을 것이다. 그들은 고정되어 있고 진전하지 않을 것이다. 그들의 삶에서 사건들이 제멋대로(다시 말해, 그들 자신의 행위와 관계없이) 일어날 것이다. 왜냐하면 그들의 존재가, 고유하므로(독립적으로 존재하므로), 원인이나 조건에 의존할 필요가 없을 것이다. 성취되지 않은 것은 성취될 수 없을 테고 괴로움의 수준들은 물론 업과 번뇌 또한 초월할 수 없을 것이다. 만일 그들의 고유한 본성이 공하지 않다면.

제2장

2대 달라이 라마 겐뒨 갸초
- 유산의 확립

◀ 2대 달라이 라마 겐된 갸초(Gendun Gyatso)
Courtesy of the Rubin Museum of Art

1. 유년기의 예언과 수행

전설에 따르면, 1대 달라이 라마는 죽은 후에 뚜시따 정토(도솔천)로 이주하여 미륵불과 아띠샤, 쫑카빠 대사가 있는 곳으로 갔다고 한다. 그가 이 스승들에게 세상 사람들의 깨달음을 위해 일하려면 어디로 가야 하는지에 대해 조언을 구했다. 쫑카빠가 꽃 두 송이를 공중으로 던졌다. 하나는 남서쪽 티베트, 짱 지역, 따낙 도르제덴(Tanak Dorjeden)이라 불리는 욜까르(Yolkar)의 한 암자 위에 떨어지고, 다른 하나는 중국에 떨어졌다. 어떤 이들은 이것이 동시에 그가 이들 지역 각각에 한 분씩 환생했음을 의미한다고 말한다. 여기서 우리들에게 관심 있는 것은 따낙 도르제덴에서의 환생자인데, 이 아이가 2대 달라이 라마로 인정받게 되기 때문이다.

2대 달라이 라마의 아버지는 뀐가 걜첸으로 8세기 중반에 동쪽 티베트 캄(Kham)에서 중앙 티베트로 이주했던 유목민 부족의 후손이었다. 그때에 그들은 라싸의 띠쏭 데첸 왕으로부터 티베트의 첫 번째 불교 사원인 쌈예의 건설에 참여해 달라는 요청을 받았다. 주의 깊은 독자라면 알겠지만, 이 왕은 미래에 달라이 라마들이 될 사람의 이전의 환생자로 앞에서 언급한 적이 있다. 따라서 뀐가 걜첸에게 태어난 그 아이는 약 800년 전에 그들의 조상들을 중앙 티베트로 불러들인 그 왕의 환생자였다.

이 가족이 구루 린뽀체로 대중들에게 알려진 위대한 인도 스승 빠드마쌈바와와 함께 직접 일했다는 사실 자체가 그 지역에서 특별한 명성을 그들에게 주었을 것이다. 시간은 이 저명한 스승에게 이롭게 작용해서, 2대 달라이 라마의 시대에 이르러 그는 누구나 다 아는 신화가 되었다. 온갖 상상할 수 있는 기적적인 능력들이 그에게 있는 것으로 여겨졌던 것이다. 이 가족은 빠드마 쌈바와가 호법신 빼하르(Pehar)를 불러내서 쌈예의 수호존으로 맹세하도록 할 때 딴뜨라 의식에도 참여했었다. 결국 빼하르는 달라이 라마 환생자들의 개인적인 수호존이 되기 때문에, 이는 특히 의미 있는 연관이라 할 수 있다. 이 신은 또한 5대 달라이 라마가 1642년 티베트의 정신적 · 세속적 지도자 자리를 맡은 후에 신탁을 받아 국가의 중대사를 조언하는 네충(Nechung)이 되었다.

그의 어머니는 유명한 13세기 요기니 도왜 상모(Drowai Zangmo)의 환생자로 인정받았다. 그녀는 1대 달라이 라마로부터 가르침과 관정을 받았고 그를 근본스승으로 모셨다. 2대 달라이 라마는 그의 자서전에서 어머니에 대해 갖고 있던 큰 애정을 드러낸다. 그는 이렇게 쓴다.

> 나의 아버지가 나이 마흔다섯에 전생에 걜와 괴짱(Gyalwa Gotsang)의 직계 제자 요기니(Yogini) 카도마 도왜 상모(Khadroma Drowai Zangmo)로 인정받은 여성 환생자 요기니 뀐가 뻴모(Kunga Palmo)와 결혼했다.
> 그녀는 특히 명상에 능통했고 1대 달라이 라마로부터 많은 심오한 구전 가르침을 직접 받았다.
> 이런 성취를 이룬 헌신적인 수행자의 자궁에 내가 들어간 것이 얼마나 행운인가!

여기서 그의 어머니를 여성 환생자로 언급한 것이 흥미롭다. 이는 15세기 티베트에서 여성이 맡았던 중요한 수행의 역할과 그들이 누렸던 명성을 보여 준다.

아이를 임신하기 직전에 그의 아버지가 될 사람이 꿈 요가의 수행을 위해 안거에 들어갔다. 어느 날 밤 그는 한 어린 남자아이가 자기에게 와서 말하는 꿈을 꿨다. "제 탐체 켄빠 겐뒨 둡빠(Jey Tamchey Khyenpa Gendun Drubpa, 일체지자 1대 달라이 라마)께서 곧 욜까르(Yolkar)에 오실 것입니다. 그를 잘 맞이하셔야 합니다."

어머니의 꿈속에서는 1대 달라이 라마가 그녀에게 와서 그녀의 자궁을 만지면서 말했다. "곧 아들 하나가 그대에게서 태어날 것이다. 그대는 그를 쌍계 뻴(Sangyey Pel, '깨달음 증장')이라고 불러야 한다. 왜냐하면 이것이 시방 삼세의 부처님들이 그를 아는 이름이기 때문이다."

이 아이는 불 원숭이 해(1475) 늦게, 승리의 달 세 번째 날에 태어났다. 하늘은 맑고 먼지와 엷은 안개도 없었다. 태양이 빛나고, 구름은 없었지만 그 집 위로 무지개가 나타났다. 그 지역 전체가 기이한 빛과 광채로 생기가 넘쳤다.

자궁에서 나오자마자 이 아이는 맑은 눈으로 방을 둘러보면서 거기에 있는 사람 한 분 한 분에게 인사를 했다고 한다. 그는 미소 지으며, 빛나는 얼굴을 따시룬뽀 사원 방향으로 돌리고 아주 작은 두 손을 합장 기도하고, 1대 달라이 라마의 수행 본존이던 불모(佛母) 아르야 따라의 만뜨라('옴 따레 뚜따레 뚜레 스와하')를 염송했다. 그의 부모는 꿈에서 받은 지시대로 그에게 '쌍계 뻴'이라는 이름을 주었다.

아이는 세 살이 되자 따시룬뽀 사원에 가고 싶다고 말하기 시작했다. 자기 가까이 오는 새와 원숭이들에게 그는 소리쳤다. "나를 따시룬뽀 집으로 데려가려고 온 거니?" 종종 그는 신비스러운 시로 말했는데, 그의 어머니가 이를 기록했다. 그런 시 중 하나는 그가 두 살 때에 노래한 것인데, 다음과 같다.

이 아이는 이 작은 집에 남아 있을 수 없네.

곧 그는 따시룬뽀로 가야 하네,
그곳이 그에게 더 어울리는 장소이기 때문이네.

아버지가 그에게 물었다.
"그럼 너는 누구냐? 네 이름은 뭐냐?"
아이가 노래로 답했다.

나의 이름은 겐뒨 둡빠, 승단의 큰 희망.
불모(佛母) 따라(Tara)가 내 죽음 목격했네,
겐뒨 둡빠의 저명한 제자,
따시룬뽀의 움제 쌍출와 스님이
나를 집으로 데려가려고 곧 올 것이네.

따라는 내게 도르제덴에서 환생하라고 조언했네.
그리고 수호존 마하깔라가 나를 여기까지 바래다 주었네.
그러나 이제 너무 많은 시간이 흘러, 나는 가야 하네.
나의 사원 따시룬뽀, 내가 가야 할 집으로….

어느 날 그의 가족이 쇼몰룽에 있는 사찰을 방문하고 있었는데 이 아이가 또 무아지경에 들어갔다. 거기에서 빠져 나오자, 그가 부모에게 말했다. "아시다시피, 저는 진짜로 쌍계 뺄이 아닙니다. 저의 실제 이름은 라마 돔 뙨빠입니다. 제가 하늘을 바라보면, 항상 관세음과 그의 오른쪽에 따라(Tara), 그의 왼쪽에는 싸라스와스띠(Sarasvasti, 변재천)가 보입니다. 이 분들은 저에게 계속해서 말씀하시고 저에게 여러 가지 예언을 하십니다." 우리가 앞에서 보았듯이, 라마 돔 뙨빠는 11세기 아띠샤의 제자였으며 1

대 달라이 라마의 이전의 환생자였다.

그의 아버지가 놀리며 물었다. "만약 그것이 사실이라면, 그렇다면 말이야, 내가 얼마나 오래 살겠니?" "72세에 돌아가실 것입니다." 아이가 대답했다.

전기(傳記)에 의하면, 이 예언이 사실이 되었다고 한다. 뀐가 걜첸은 그 뒤 여러 해 동안 살면서 불법을 가르치다가, 결국 72세에 사망했다.

어린 시절부터 2대 달라이 라마는 끊임없이, 자연발생적으로 신비스러운 노래와 시를 지었다. 그의 초기 노래가 현재 전부 남아 있지는 않지만, 이 가운데 몇 편은 전문이 인용되고 있다. 예를 들어, 두 살이었을 때 그는 어느 날 신비스런 춤을 공연하는 시늉을 했다. 그 중간에 부모에게로 향해 이렇게 노래했다.

이 삶은 우리가 하는 게임과 같네.
인식의 대상(外境)들은 꿈속의 장난감 같은데,
이걸 진실로 받아들이면
혼란에 빠지네.

현명한 사람들은 업에 대한 알아차림 속에 살며
자신들의 행동의 흰 돌(선업)과 검은 돌(악업) 점검하네.
그들은 검은 것은 피하고 흰 걸 모아
자신들의 행복과 자유(해탈), 즐거움의 기반 짓네.

아버지는 이 아이가 완벽한 행동의 모범이라고 주장했다. 하지만 어머니는 이에 항상 동의한 것은 아니어서 그는 어린 시절 여러 차례 어머니에게서 징계를 받은 것 같다. 어떤 시에서 그는, 부모가 그의 행동에 대해 자신을 벌한 것을 꾸짖고 나서 달라이 라마 환생자들에 관해 예언한다.

> 중생들은 자신들의 업의 성향〔習氣〕으로 미혹하여
> 깨달은 이들을 깔보며 욕하네.
> 그리하여 그들은 윤회의 악도로 떨어지네.
> 그들은 겉보기에는 선의로 나를 꾸짖지만
> 그것은 자신들에게 나쁜 구업만 지을 뿐이네….
>
> 비록 그(1대 달라이 라마)가
> 이 세상을 다르마의 최상의 감로수로 완전히 넘치게 했더라도
> 그는 자기 계획의 전부를 실현하지는 못했네.
> 그래서 일곱 번 환생하여 와서
> 이 세상 중생들을 위해 일한 뒤에
> 청정한 진리의 영역〔法界〕으로 통합되네.
> 그의 밑에서 수행하는 행운아들은
> 반드시 뚜시따 정토(도솔천)에 다시 태어날 것이네….

2. 수학, 모친의 죽음

1대 달라이 라마의 수제자 중 한 명인 최조르 뺄상은 스승이 돌아온 꿈을 꿨다. 그는 곧 따낙 도르제덴으로 떠나 그 세 살 된 아이를 직접 만났다. 그는 깊이 감명 받아, 이 아이에 대해 관계당국자들에게 이야기했다.

그러나 장로들은 그가 아직 너무 어려 사원에 들어올 수 없다고 생각하고, 그의 아버지 밑에서 몇 년 동안 남아서 교육받으라고 권유했다. 그는 여덟 살이 되어서야 비로소 따시룬뽀에서 전통적인 차 공양을 올리고 입문 계를 받았다. 그는 아직 거기에 거처를 잡지 않았으나, 이것은 공식적으로 그를 인정한다는 것을 상징했다. 따시룬뽀에 도착하자 그는 탐체 켄빠 겐뒨 둡빠(즉, 1대 달라이 라마)의 환생자로 임명되었고 예비 사미계를 받음으로써 새로운 삶을 시작했다. 이 수계는 따시룬뽀 주지, 빤첸 룽링 갸초가 집전하는 웅장한 의식 속에 행해졌다. 그의 자서전은 이렇게 기록한다.

> 이 의식에서 내 긴 머리카락은 잘려지고, 나는 다르마의 승리의 깃발인 승복을 입었다.

이 예비 사미승에게 새로운 이름, 겐뒨 갸초 뺄상뽀(Gendun Gyatso Palzangpo, '지고하게 길상한 승가 바다' 또는 '지고하게 길상한 깨달음 서원자들의 (도를 성취시켜주는) 바다')가 주어졌다. 바로 이 이름이 그와 일생 동안 함께 하게 되고, 후일에 대부분의 그의 저술에 그가 서명하게 되는 이름이다. 이로부터 몇 달 후에 그는 사미계를 받았다.

그가 열세 살일 때 한 심부름꾼이 도착하여 그의 어머니가 위중하다고 알려 주었다. 그는 그녀와 함께 있으려고 욜까르에 있는 따낙 도르제덴으로 달려갔다.

전통에 따라, 그의 가족은 그녀의 시신을 여러 조각으로 잘라 그녀를 대신해 마지막 보시의 행위로 새들에게 먹였다. 두개골에서 살을 벗겨내자, 그것은 순수한 진주 빛이었으며, 그 내부에는 딴뜨라의 수행본존 헤루까 차끄라쌈봐라(Heruka Chakrasamvara)가 또렷이 새겨져 있었다. 어린 2대 달라이 라마는 무상(無常)과 위대한 요기니였던 그의 어머니를 상기시켜 주는 징표로 이 두개골을 지니고 다녔다. 몇 년 후에 그가 신탁 호수 근처에 최코르 걜 사원을 지을 때 유물로 그곳에 안치하여 그것이 계속해서 미래 세대들에게 정신적인 영감의 원천이 되도록 했다.

그 해 말 그는 자신에게 강한 영향을 주게 될 강력한 꿈 영상을 경험했다. 어린 발가벗은 소녀가 지혜의 칼·경전·거울을 들고 꿈속에서 그에게로 다가왔다. 겐뒨 갸초는 그 거울을 들여다보고 영상 위에 영상 속으로 떨어졌다. 이때 그는 자기 생의 일과 관련된 수백 개의 예언을 받았다. 깨어나서 그는 수많은 신비한 노래와 찬가를 쓰고, 그때부터 줄곧 시·찬가·기도문들을 거의 매일 짓기 시작했다.

3. 위대한 스승들의 신비한 활동 방식

그 동안 따시룬뽀에는 폭풍이 일기 시작했다. 이 사원에서 그를 축출하기 위한 무대가 준비되고 있었다. 그의 전기에서 양빠 초제(Yangpa Chojey)는 어떻게 그리고 왜 이것이 일어났는지에 대해 외부적·내부적·은밀한, 세 가지 전혀 다른 설명을 제시한다.

외부적 해석은 단지 주지 사무실의 관리자들이 겐뒨 갸초에게 쏟아지고 있는 존경과 명예가 커지는 것을 질투하게 되었다는 것이다. 그들이 두려워한 것은 이 환생한 어린 라마가 곧 주지를 대신하여 따시룬뽀의 수장 역할을 하게 될 수 있다는 것, 그로 인해 자신들의 지위가 강등되고 자신들의 특권들 중에 일부를 빼앗기게 되리라는 것이었다.

내적인 해석은 네닝 사원이 이 지역의 악의적인 영 지배자의 근처에 위치하고 있는데, 겐뒨 갸초가 어쩌다가 이 영의 분노를 사서 방해를 받게 되었다는 것이다. 이 후에 일어난 사건들이 그 결과였다.

은밀한 해석은 이 연속적인 사건들 전체가 이 사원의 주지인 빤첸 예셰 체모에 의해 의식적으로 연출된 신비한 드라마로, 어린 달라이 라마를 따시룬뽀에서의 편안한 삶에서 나오게 하여 그가 더 위대한 일을 하도록 돕기 위해서라는 것이다. 이에 대해 양빠 초제가 설명한다.

우리는 이들 사건들이, 어쩌면 이런 부정적인 에너지가 네닝 걜뽀 영의 저주로 일어나서, 주지실 특정 관리들의 질투 때문에 발생한 것으로 볼 수 있다. 그러나 이것은 실제 이야기가 아니다. 사실 이들 사건은 모두 신비한 드라마의 일부였다. 실제로 일어난 것은 이 어린 환생자가 중앙과 동부 티베트의 백성들을 위해 해야 할 위대한 임무를 갖고 있었는데, 그가 따시룬뽀에 남아 있는 한 임무 수행을 할 수 없다는 것이다.

빤첸 예셰 쩨모가 이를 알아서, 우리의 스승(달라이 라마)에게 분노(위맹)의 모습을 보여준 것은 그가 그 임무를 수행하도록 밀기 위해서였다. 이것은 나의 구루 제쭌 최끼 걜첸이 내게 말해준 것에 분명히 나타난다. 그는 이 모든 사건들이 일어나기 몇 달 전 빤첸이 네닝 사원에 거주할 때, 그가 거기에 있는 특정 장로들에게 말했다.

"나는 이 아이가 의심할 여지 없이 우리 구루 제 탐체 켄빠, 일체지자 겐된 둡빠의 환생자라는 것을 꿈속에서 분명하게 보았습니다. 곧 그는 자기가 맡게 될 더 높은 일을 하기 위해 중앙 티베트로 가야 합니다."

따라서 분명한 것은 위대한 스승들은 중생들의 이익을 위해 신비스런 방식으로 그리고 세속적인 지성으로는 이해할 수 없는 수준에서 활동한다는 것이다.

그렇게 해서 호랑이 해(1494)의 두 번째 달에 2대 달라이 라마는 중앙 티베트를 향해 따시룬뽀를 떠났다.

그날 밤 라싸에서는, 데뿡 로셀링 사원의 라마인 잠양 렉빼 최조르가 하나의 태양 덩어리가 서쪽에서 솟아올라 그의 방을 채우고, 거기서부터 모든 어둠이 사라질 때까지 티베트 전역을 가득 채우는 꿈을 꿨다. 다음 날 아침에 그가 말했다. "나의 가장 위대한 제자가 곧 내게 올 것이다."

공부가 이제 완전히 끝나자, 그는 자신의 마음을 돌려 명상 수행을 하기 위해 중앙 티베트의 주요 성지로 순례여행을 가려고 했다. 그와 그의 스승 잠양 렉빼 최조르는 먼저 레뗑 사원으로 순례여행을 하기로 결정했다. 그들이 도착하기 전날 밤에 레땡 사원의 라마인 꽉빠 뀐가 갤첸은 한 어린 소녀가 나타나서 다음과 같이 말하는 꿈을 꿨다. "내일 라마 돔 뙨빠가 방문할 것입니다." 이것은 달라이 라마 법맥으로 11세기 레땡 사원의 창건자 라마 돔 뙨빠의 환생이 계속되는 것을 가리키는 것이었다.

이 라마(꽉빠 뀐가 갤첸)가 자른 꽃나무가지 200개를 화병에 꽂고 기도했다. "만약 이 분이 진짜 라마 돔 뙨빠의 환생자라면, 그가 여기에서 순례하는 동안 이 꽃이 피기를 기원합니다." 다음날 겐뒨 갸초가 도착했다. 먼저 그는 주 사찰에서 참배하고 나서 그 지역 스님들과 사람들에게 짧은 가르침을 주었다. 그 꽃은 그가 법문할 때 피기 시작하여, 그 법문이 끝날 때에는 모두 만개하여, 그가 레땡 사원에 머무는 동안 계속 그렇게 활짝 핀 상태로 남아 있었다.

전기(傳記)는 빤첸이 그의 스승의 환생자에 대해 얼마나 큰 인상을 받았는지 언급하고, 겐뒨 갸초가 주는 인상에 대해 웅변적인 글로 서술한다.

(스승은) 결가부좌로 앉아 있었다. 그의 오른 발은 약간 뻗고, 제 탐체 켄빠(1대 달라이 라마)가 어디서나 가르칠 때마다 그랬듯이 그의 옷은 그의 몸 주위로 흘렀다. 마치 구름이 수정 산 주위로 흐르듯이.

그는 수백 명의 청중들에게 가르쳤는데, 그의 몸은 하늘의 별들 가운데 보름달처럼 빛났다. 아직도 무척 어렸지만, 자신의 법문을 듣기 위해 모인 많은 성인들 앞에서 그는 두려움이 없었다. 마치 비천한 동물들 가운데 사자처럼, 그의 풍채는 마치 우주의 중심에 있는 수미산처럼 지극한 힘과 안정을 발산했다. 그의 미소는 부드럽고 빛나 즉시 자기 앞에 앉은 사람들의 마음을 누그러뜨리고 그들이 가진 어떠한 의심도 걷어냈다.

그리고 그의 목소리! 아, 얼마나 아름다운 음악인가! 강하고, 풍부하고, 활기차고, 완전히 듣기 좋았다. 가까이 있든 멀리 있든 방안에 있는 모든 이들에게 또렷이 들렸다. 그는 말할 때 목소리를 천상의 악기처럼 사용했다. 그곳에 있던 모든 이들의 몸의 털이 기쁨과 기대로 떨리게 만들었다.

흙 양 해(1498) 봄에 겐뒨 갸초는 올카 산의 성지로 순례를 떠났다. 쫑카빠 대사가 거기에서 여러 해 동안 명상해서, 겐뒨 갸초는 이 위대한 구루로부터 축복받은 장소에서 수행하기를 원했다. 게다가, 그는 올카의 외데 궁얄의 동굴에 살고 있는 훌륭하고 아주 기이한 요기, 케둡 노르상 갸초(Kedrub Norzang Gyatso)에 대한 이야기를 들었었다. 이 위대한 요기는 1대 달라이 라마의 직계 제자로 올카에서 홀로 명상하며 14년 이상을 보냈는데, 여기서 그는 완전한 깨달음을 성취했다고 한다. 겐뒨 갸초는 그를 만날 작정이었다.

이 젊은 승려(겐뒨 갸초)가 도착하기 전날 밤, 이 연로한 요기는 자신의 위대한 구루의 환생자가 그에게 곧 온다는 것을 알려주는 수많은 꿈을 꿨다. 그들이 만났을 때, 이 요기는 자신의 동굴에서 나와 절을 했다. 젊은 겐뒨 갸초는 그 요기의 어깨에 손을 얹고 절하는 것을 만류하며 말했다. "저의 이전 생애에서는 제가 당신의 구루였습니다. 이제 당신이 저의 구루 역할을 할 차례입니다." 그러고 나서 그는 그 요기에게 절하고 자기를 제자로 받아달라고 부탁했다. 특히, 그는 이 연로한 요기에게 깔라차끄라 요가들의 딴뜨라의 방편들로 안내해 달라고 부탁했다. 요기가 동의해서, 그들은 그 다음 몇 달 동안 올카의 성지를 여행하며 함께 명상 수행을 했다.

그때 그는 케둡 노르상 갸초 밑에서 수행하는 동안 일어났던 명상 체험에 대해 훌륭한 노래를 지었다.

여기 난 린첸 강(Rinchen Gang) 한 암자에 앉아 있네.
이곳은 명상이 저절로 결과를 성취하는
외데 궁얄 산자락 다르마 도량,
까일라쉬(Kailash) 산에 필적하는 장엄한 산이네.

나의 스승 케둡 노르상 갸초에 대한 생각 일어나고
나는 그의 헤아릴 수 없는 은혜 회상하네.
홍수 같은 감정 내 안으로부터 용솟음치고
내 몸의 털이 모두 기쁨으로 떨리네.

당신은 제가 볼 수 있도록
도와주셨습니다. 큰 내면의 적,
모든 것이 실재한다고 보는 아집(我執)과
그것의 끝없는 해로운 영향들을.
또한 그것을 어떻게 없애는지도 제게 보여 주셨습니다.
그래서 인식의 영역 속에 드러난 모든 것이
애쓰지 않아도 공(空)의 도(道) 안에서 일어납니다.

허나 당신은 제가 단견(斷見)에 빠지게 내버려두지 않으시고
제게 지적해 주셨습니다. 모든 것은 단지 이름표를 통해
나타나지만 그럼에도 불구하고 인과법칙에 따라
계속해서 세속적으로 기능하는 것이 사실이라는 것을.
그리하여, 당신은 '있다(常見)'와 '없다(斷見)'라는
양극단에 집착하는 무서운 절벽들에서 저를 벗어나게 하셨습니다.

오, 가장 친절하신 근본 스승님, 바로 당신께서
제게 가르쳐 주셨습니다.
모든 심오한 현교와 밀교 경전의
핵심적인 의미들을 끌어내는 방법을.
그리고 지혜의 전통에서 잘 수련된 마음의
내적 힘을 제가 찾도록 도와주셨습니다.

당신이 제게 보여주신 큰 은혜를 떠올리면,
저는 당신이 완전히 성취한 붓다임을 쉽게 알 수 있어
헌신하는 마음속에서 당신을 부르오니
저를 영원히 당신의 생각 가운데 머물게 하시고
세간과 출세간의 정신적 능력들을 부여해 주소서.

물 야생돼지 해(1503)에, 겐뒨 갸초는 자신의 출생지로 순례를 가서 그의 아버지 최제 뀐가 걜첸과 함께 시간을 좀 보내고 싶은 강한 충동을 느꼈다. 그래서 그는 짱으로 떠났는데, 가는 길에 여러 사원에서 가르쳤다. 그는 욜까르에 있는 따낙 도르제덴에서 아버지를 만나 어렸을 때 그로부터 받은 가계의 모든 법맥들을 다시 점검했다. 이 두 사람은 집안의 사찰에서 함께 명상하며 밤늦게까지 긴 대화를 나누었다. 겐뒨 갸초는 또한 지역 주민들에게 많은 법문과 관정을 주었다.

새해 직전에 메신저가 와서 그의 아버지가 위독하다는 것을 알려 주었다. 그는 급히 따낙 도르제덴으로 달려갔으나 도착했을 때 이미 아버지는 세상을 떠난 뒤였다. 그의 자서전은 아버지의 죽음에 뒤따라 나타난 많은 상서로운 징표들에 대해 매우 자세히 다루고 있는데, 이것은 그의 높은 깨달음의 성취를 보여준다. 심장박동과 호흡이 멈춘 후에도 뀐가 걜첸은 15

일 동안 '빛 속에 흡수'된 상태로 남아 있었다. 그의 몸은 일반적인 사후의 부패 징후가 나타나지 않았다. 이런 식으로 그의 높은 깨달음이 드러났다.

겐뒨 갸초 자신이 다비식을 집전하고 나중에 유골을 안치할 정교한 황금 탑의 조성을 의뢰했다. 그가 겨우 세 살 때에 아버지에게 예언했던 대로, 그의 아버지는 72세에 세상을 떠났다.

4. 두 가지 중요한 예언의 실현

　자신의 많은 여행에서 겐뒨 갸쵸는 신비한 호수와 그 부근에 그가 지을 사원에 대한 꿈과 영상들을 반복해서 경험했다. 하모 라초 호수 근처에 최코르 걜 사원을 짓는 그의 일과 호수에 힘을 부여하는 일은 빠드마 쌈바와와 아띠샤를 포함한 과거의 많은 위대한 성취자들이 예언하였다고 한다.
　이 신성한 호수와 2대 달라이 라마와의 연관은 『까담빠 스승들의 책』에 예언되어 있었다.

　　이 호수 주위는 빛나는 꽃들의 그물로 장엄되어 있네.
　　그것은 신비스런 숫자 13을 통해 알 수 있네.
　　지금도 아미타 부처님이 거기에 거주하시네.
　　승리한 자가 거기에 자신의 거처를 만들 것이네.
　　그리고 세상에 이익을 주기 위해 비밀스런 활동들을 할 것이네.
　　이는 머지않아 일어날 것이네.

　여기에서 꽃들(티베트어로 메똑)은 메똑땅(Metoktang)을 가리키는데, 겐뒨 갸초가 최코르 걜 사원을 지으려는 장소 근처에 있다. '승리한 자'는 티베트어로 걜와(Gyalwa)인데, 달라이 라마의 별칭이다.
　다른 글에서 구루 빠드마 쌈바와는 이 지역에 힘을 불어넣을 사람(겐뒨 갸초)에 대해 예언했다.

이 성지로 향하는 문을 열 때가 오면
관세음의 화현께서 나타나시리니
그는 금강살타(Vajrasattva)의 축복을 지닌 젊은이,
그를 보거나, 듣거나, 기억하면 신심 일어나리.

나무 쥐 해(1504)의 여름에 겐뒨 갸초는 가르치기 위하여 닥뽀(Dvakpo) 사원에 갔다. 그때 지역 족장 여러 명이 와서 그에게 명상할 수 있는 암자와 여름 거처를 걜(Gyal) 지역에 지어달라고 재촉했다. 그때는 암자와 거처를 지을 수 없었으나, 그는 그 지역과의 업(業)의 인연을 확고하게 만들기 위해 정화(淨化) 의식을 실행했다.

실제 건축은 5년 후인 나무 뱀 해(1509)에 시작되었다. 먼저 작은 거처 하나를 세우고 그런 다음 천천히 사원을 형성하는 기본 건물들을 더해나갔다. 겐뒨 갸초가 그의 자서전에 얘기하듯이, 이 사원의 건축에서 그의 역할은 수동적인 것이었다. 그는 이렇게 썼다.

> 사원이 저절로 솟아나는 것 같았다. 돌, 나무와 진흙 같은 건축 자재들이 정말 마술처럼 나타났고… 그것은 마치 우리 인간들이 낮 동안 조금 지어놓고 밤에 자러 간 뒤에, 선한 영들이 조용히 들어와 밤새 일하는 것 같았다. 나타나는 상서로운 징표들은 놀라웠다. 날마다 하늘에서 꽃이 떨어지고, 무지개가 우리 위에 떠 있었다. 상서로운 꿈을 꾸느라 우리는 밤에 거의 잠을 잘 수 없었다. 온 여름이 그렇게 지나갔다.

철 양 해(1511) 여름에 300명의 깨달음을 성취한 라마들이 걜에 모여 그와 함께 열흘 동안 철야 기도를 했다. 얼마 지나지 않아 그는 하모 라초 호수에 관한 꿈을 꾸고 영상적인 경험의 원천으로서 이 호수의 신비한 잠

재력에 대한 얘기를 들었다. 그의 꿈에 한 여인이 나타나 그에게 말했다.

> 부정적인 시대에는 파도 같은 고통과
> 진리의 길〔깨달음의 길〕에 많은 장애들이 있소.
> 이 호수가 주는 영상들이 안내를 해 줄 것이오.
> 이것은 예언적인 영상을 보여주는 힘이 있기 때문이오.

그 후 몇 주에 걸쳐, 겐된 갸초는 이 호수와 호수의 힘을 밝힐 자신의 임무에 관한 꿈을 반복해서 꾸었다. 이들 꿈 중 몇몇은 호법신장 뺄덴 하모와 관련이 있었다. 이 신장은 딴뜨라의 분노존으로 그의 전임자 겐된 둡빠가 자주 달래주어, 2대가 어린 시절부터 의지해 왔다. 이제 그는 이 호수가 그의 강력한 정신적 힘의 주요한 원천들 중 하나라는 것을 알았다.

최코르 걜 사원이 건축되는 동안에, 운석 금속으로 만들어진 칼이 발굴되었다. 티베트인들이 남착(namchak)이라 부르는 운석 금속은 중앙 아시아인들에게는 신성한 물질이다. 그래서 이 칼의 발견은 센세이션을 불러 일으켰다. 정화 의식 중에 라마들 집단이 그 신탁 호숫가로 갔다. 여기서 그들은 광범위하게 신들을 불러 힘을 부여하는 의식을 행하고 그 칼을 호수의 물속으로 던졌다. 칼이 바닥에 가라앉자, 범상치 않은 일이 일어났다. 겐된 갸초는 자서전에서 이 경험에 대해 얘기한다.

> 호수에 도착했을 때, 심한 우박을 동반한 폭풍이 내는 것 같은, 하늘에서 엄청나게 요란한 소리가 났다. 나는 이 신성한 장소의 문을 열기 위해 의식을 집전하는 10여 명의 스승들과 같이 갔었다. 우리는 호수의 수호신들에게 공양을 바치는 의식을 행했다. 그러고는 호숫가로 가서 호법신장 뺄덴 하모를 불러내는 의식을 행하고, 그의 형상을 물속으로

던졌다.

갑자기 눈앞에서 호수의 색이 변하기 시작하더니 모두 무지개의 색이 되었다. 만다라 모양과 같은 수많은 상이 그 속에 나타나기 시작했다. 그 다음 호수는 하늘처럼 투명해지고 그 투명함으로부터 기하학적 문양과 같은 무수한 상이 나타났다. 온갖 유형의 극적인 장면이 나타났다. 마지막으로 호수는 거품이 일며 끓어오르더니 우윳빛으로 변하는 것 같았다. 그것은 한 방울도 단순한 물로 보이지 않았다. 이 기간 내내 그 안에 보이는 것들은 우리들 모두가 동시에 보았다.

그때부터 줄곧, 수백 명에 수백 명의 사람들이 영상을 얻기 위해 이 호수를 방문해 왔다. 이 신비한 힘의 장소는 청정한 마음과 신념을 지닌 분들에게 끊임없이 이러한 경험들을 불러일으키는 것 같다.

그리하여 겐뒨 갸초는 그의 삶에 관한 두 가지 중요한 예언을 실현했는데, 이는 최코르 걀 사원의 건축과 하모 라초 호수에 힘을 부여하는 것이었다. 이 호수는 지난 여러 세기에 걸쳐 중앙 아시아인들에 의해 계속해서 이용되어 왔는데, 이들 중 대부분은 자신들의 삶의 신비를 푸는 데 도움을 줄 영상을 얻기 위해 적어도 일생에 한 번은 이 호수를 방문하고 싶어 한다.

이 호수는 환생한 라마들, 특히 달라이 라마들의 발견에 중요한 역할을 하게 됐다. 라마의 환생자를 찾을 때 이 신탁 호수로부터 찾아내는 징표들이 가장 설득력 있고 권위 있는 것에 속하는 것으로 간주된다. 하모 라초 호수가 영상을 유발하는 힘은 2대 달라이 라마 겐뒨 갸초가 티베트인들에게 준 가장 지속적인 선물들 가운데 하나가 되었다.

겐뒨 갸초의 생애 내내 그가 일차적으로 속했던 겔룩빠 종파는 여러 오래된 종파, 특히 까르마 까규로부터 상당한 탄압을 받았다. 특히, 쫑카빠 대사에 의해 창설된 대기원제는 빼앗겼고, 겔룩빠 스님들은 라싸 지역에서는 거기에 참여하는 것조차 금지되었다.

티베트인들은 이 축제를 만든 것을 쫑카빠의 생애에서 가장 위대한 네 가지 업적 가운데 하나로 생각했으므로, 그는 이것을 겔룩빠의 축제로 만들었기 때문에, 겐뒨 갸초는 대기원제를 되찾아야 할 책임을 느꼈다. 데뽕 사원의 주지 일을 맡은 후에 그의 첫 번째 활동 중의 하나는 라싸의 공마(Gongma, '황제')를 방문해 이 문제를 그와 논의하는 것이었다. 공마는 그 점을 인정해서, 그 다음 해부터 그 축제는 계속 겔룩빠에게 되돌려 주었다. 그래서 그때부터 이 축제는 겔룩빠에 의해 오늘날까지 개최되어 왔다.

대기원제는 비범한 정신적 변화의 상징으로 여겨졌고 또 여겨지고 있다. 이것은 세계에서 깨달음 전통이 작용하고 있음을 나타내고, 축제에서 만들어진 좋은 에너지가 티베트뿐만 아니라 지구의 차원에서 세계 평화와 번영을 유지하는 주요 요소가 되고 있다. 이런 점에서 티베트인들은, 뉴멕시코의 호피(Hopi) 원주민들처럼, 자신들을 인간 공동체를 위해 공덕을 만들고 평화를 유지하는 사람들로 여긴다. 그들의 수행의 의례들은 전통적인 무대에서 행해지지만, 전 세계의 행복에 공헌하는 것으로 보는 것이다. 그래서 종파적 · 정치적 이유로 이 축제에 손대는 것은 정말 몹시 심각한 것으로 간주되고 있다.

5. 죽음

그는 봄에 데뽕에 머무르며 인도 고전 논서들에 대해 많은 법문을 해주고 그 자신이 쓴 것을 모두 읽어 주었다. 어떤 특정한 법문을 시작할 때 그가 말했다. "그대들 내 제자들은 자세히 들어라. 이것이 내가 이렇게 광대한 가르침을 줄 수 있는 마지막이 될 수 있기 때문이다." 그가 전에 이런 식으로 그들에게 말한 적이 없었기 때문에 그들은 우려했다. 그가 가르치는 동안, 여러 번 땅이 진동하고, 산의 바람은 우는 것처럼 소리를 냈으며, 일식이 일어났다. 많은 고승들이 밤에 반복해서 악몽을 꿨다.

라마 대표단이 따시룬뽀로부터 라싸로 달려와 그에게 이 세상에 계속 남아서 가르쳐 달라고 간청했다. 공까르의 왕비 부띠 걜모가 했던 것과 같이, 간덴빠 왕 쏘남 걜뽀와 그의 왕비 역시 같은 요청을 하러 왔다. 이런 식으로 제자들이 사방에서 몰려와 그의 안녕에 대한 근심을 나타냈다.

그를 둘러싼 이런 야단법석이 없었다면 이 스승은 그 해 여름에 세상을 떠났을 것이다. 정신적인 열성으로, 제자들은 스승이 자신들과 함께 1년 더 살게 되는 공덕을 얻었다.

여름 동안에 겐뒨 갸초는 많은 제자들이 있는 지역으로 광범위한 설법 여행을 했다. 가을에는, 다른 사원에서 설법하던 중에, 꿈을 꿨는데, 자신의 스승 케둡 노르상 갸초가 그에게 나타나 말했다. "너는 걜을 대단히 잘 지었다, 정말 대단히 잘 지었다." 그는 이것을 자신의 스승이 그의 평생의 일을 완성한 것으로 여긴다는 징표로 받아들였다. 그럼에도 불구하고, 그는 계속해서 가르치며, 다시 올카로 가고, 다음에는 라싸 계곡으로 가서, 거기서 쌈예 사원에 들렀다가 마지막에는 데뽕에 도착했다. 그해 초에 그는 여느 때처럼 대기원제를 집전하며, 오전에는 수많은 대중들에게 설법하고, 오후에는 염불 수행을 이끌었다.

그 다음날 사자(使者)가 꺄르몰룽 궁전으로 와달라고 요청하는 왕비 쌍계 뺄좀마의 편지를 갖고 도착했다. 그의 수행원들은 그가 많은 새해 의식들과 대기원제 활동으로 다소 지친 것 같아서 그 여행을 연기해 달라고 요청했다.

그는 이를 들으려 하지 않았다. "나는 병이 없다"고 그가 말했다. "왕비 쌍계 뺄좀과 같은 다르마의 후원자는 없다. 그녀와의 만남은 대단히 중요하다. 나는 당장 가고 싶다. 왜냐하면 나중에 그렇게 할 힘이 나에게 있을지 알 수 없기 때문이다."

그가 그들에게 말하지 않았던 것은 그의 미래의 환생자인 꺄르몰룽이 주요 중심지인 똘룽 지역에서 태어나도록 그가 계획했다는 것과 그가 그곳에서 여러 가지 의식을 행하여 상서로운 분위기를 만들고, 또한 있을 수 있는 장애들도 제거하고 싶다는 것이었다.

그 그룹이 똘룽 계곡을 지날 때, 그들은 께르와라 불리는 오래된 탑 근처에 갔다. 여기서 스승의 말이 발을 헛디뎌 다리를 다쳐서 그들은 새로운 말을 부르는 동안 잠시 멈춰야 했다. 그가 자신의 수행원 쑨랍빠에게 말했다. "이것을 주목해라."

전통적인 이야기는 이런 말로 끝을 맺는다. "그리하여 관세음보살께서 승복을 입은 범부로 나타나시어, 자신의 다음 생을 위한 길을 닦으시고 자신의 환생자를 찾는 데 도움이 될 명백한 표시를 남기셨습니다."

두 번째 달의 열여덟 번째 날, 그는 주요 제자들을 불러 모아 그들에게 기도와 명상을 위한 불단을 준비하라고 하면서 그들에게 말했다. "오늘나는 영상을 보았다. 조오 아띠샤(Jowo Atisha)와 그의 제자들, 쫑카빠 대사와 제자들, 그리고 무수한 부처님들과 보살님들이 하늘에 나타나셨다. 다음에 그들은 녹아서 나의 세 곳(정수리 차크라, 목 차크라, 심장 차크라)으로 들어오셨다. 많은 젊은 남성과 여성 딴뜨라 본존들이 나타나시어 내게 같이 가자고 하셨다. 내가 갈 때 슬퍼하지 마라. 나는 미래 생에서 너희들을 보살필 것이다."

셋째 달 셋째 날에 그가 다시 주요 제자들을 불러놓고 말했다. "우리가 함께 명상하는 것은 상서로운 일이 될 것이다." 그들은 모두 앉아서 함께 명상했다. 이것은 중단 없이 다음 4일 동안 계속되었다. 스승은 이 기간 동안 전혀 주무시지 않았다. 쑨랍빠는 겐뒨 갸초가 너무 무리하는 것이 걱정이 되어 그에게 휴식을 취하라고 간청했다. "왜 내가 잠을 자야 하느냐?"라고 하면서 그가 외쳤다. "잠 대신 나는 내 마음을 모든 것의 궁극적인 본성인 마하무드라(mahamudra)에 몰입시킨다. 나는 더 이상 일반적인 명상이 필요하지 않다. 잠도 없고, 꿈도 없고, 병도 없다. 나는 그런 관습들로부터 벗어났다."

네 번째 날 끝에 하늘은 무지개로 덮이고 하늘에서 꽃비가 내렸다. 스승이 그의 명상에서 나와 위를 보며 말했다.

> 일반적으로, 헤어짐은 모임의 마지막 결과이다. 특히, 조오 아띠샤와 쫑카빠 대사뿐만 아니라, 3세의 부처님들도 무수한 신비한 방식으로 세상을 위해 계속해서 일하신다.
> 나의 이 늙은 몸은 지금 생에서 내가 가르쳐야 할 이들을 위한 일을 끝냈다. 그러므로 나는 이제 이 몸을 버릴 것이다. 그러나 나는 그대들은 버리지 않을 것이다. 곧 젊은 환생자가 와서 내 자리를 차지하고 내 일을 계속할 것이다. …

이렇게 말하고 나서 그는 반금강좌로 앉았다. 오른발은 약간 내뻗고, 두 손은 명상 자세로 무릎에 두며, 눈은 명상 응시에 들어갔다. 이것은 셋째 달 여섯째 날이었다. 저녁에 땅거미가 질 때 그는 금강 염송(vajra recitation)이라 알려진 딴뜨라 명상을 시작하여, 천천히 섬세한 에너지를 회수하여 심장으로 보냈다. 이것은 밤새도록 계속되었다.

그 다음날 새벽에 그는 몸의 바람 에너지 흡수를 끝내고 숨과 심장박동을 정지 상태로 가져왔다. 그러고 나서 그의 색온(色蘊)을 녹여 법계(法界)의 맑은 빛(정광명) 속으로 들어가게 했다….

그가 대뽕 사원에 지은 거처, 간덴 뽀당은 오늘날까지 온전하게 남아 있다. 그러나 그 안에 있던 성스러운 불상들 중 다수는 1960년대에 중국 공산당과 그들의 '문화 혁명'에 의해 파괴되었으며, 불행하게도 그의 가장 위대한 창작인 신탁 호수 근처 최코르 걜 사원은 문화 혁명기에 그 기반까지 완전히 파괴되었다. 그의 직접적인 감독 하에 제작되어 사원에 보관되어 있던 값을 매길 수 없는 방대한 예술 소장품들도 모두 파괴되거나 도둑맞았다.

6. 2대 달라이 라마의 저술

'공성 · 명상 · 행위 · 성과를 개시하는 시'

  겐뒨 갸초는 '견해(view)', '행위(activity)', '명상(meditation)'으로 알려진 주제들에 대해 시를 썼다. 이 시는 수행의 문제에 대한 그의 직접적이며 근본적인 접근법을 보여준다. 견해는 모든 사물이 공(空)이라는 진리, 가장 높은 본질인 위대한 텅 빈 본성을 가리키고, 행위는 우리가 세계를 경험하는 방식을 가리키며, 명상(수행)은 수행 방편들과 생각들을 우리의 일상적 삶과 통합하는 요가(수행)를 가리킨다.

  견해는 사물이 실제로 있는 대로,
  존재의 가장 깊은 양상[공성]을 이해하는 것으로
  혼침과 동요(도거)를 여읜 명상의 경험이네.
  행위 속에서 그것(견해)은 지혜를 방편과 완전하게 결합하여
  저절로 붓다의 세 가지 완전한 몸이라는 결과 낳네.

  [見] 견해의 대상[즉, 공성]에 대해 말하자면,
  이것은 조건들에 의해 인위적으로 만들어진 것이 아니고,
  본질에 있어서 이것은 변하지 않는 것이네.
  본래 이것은 청정하고, 선과 악의 개념 너머 있네.

이것은 모든 것에 스며드는, 모든 것의 궁극적인 성품이며
그리고 그 핵심의 핵심이니
이를 이해하면, 혼란(미혹)의 경계 넘어가네.

우리가 보는 이 세상은
이원적인 분별의 붓에서 태어난 하나의 그림,
그리고 그 내부나 그 위에 진실로 존재하는 건 아무 것도 없네.
윤회와 열반 속 모든 것들은 단지 마음의 이름표와 투영이네.
이를 알면 진리를 알고, 이를 보면 가장 진실하게 보는 것이네.

모든 것의 끝없는 다양성과 동일한 맛(일미=동일성),
이 둘의 성품들을 명백하게 이해하여
이 이해를 산들의 왕(수미산)처럼 확고하게 만들게.
이것이 백 가지 삼매의 문 여는 열쇠네.

〔修〕 확고하게 머무르며 움직임이 없는 명상적인 집중과
정확하게 추론하여 모든 것의 근원적인 성품에
도달하는 통찰력, 이 둘을 결합하면 두 가지 장애
〔번뇌장과 소지장〕의 씨앗들은 영원히 버려지네.
이와 같이 하는 자는 위대한 명상가로 알려져 있네.

〔行〕 본질적으로, 맨 처음부터
윤회와 열반 사이에는 아무 차이도 찾을 수 없네.
그런데도 선행과 악행은 상응하는 결과를 변함없이 낳네.
행위에서 위대한 길(대승)은 이 이해의 바탕에서

육바라밀의 수행이네.

〔맺음〕 공(空)과 드러난 것(現)의 분리할 수 없음(現空無別)은
견해의 기반이네.
수행해야 할 길(道)은 선(福德)과 지혜의
이중적인 모음(자량)이네.

그 결과는 붓다의 두 몸(색신과 법신)의 자연발생적인 탄생이네.
이것이 견해, 명상, 행위와 성과이며
깨달은 이(붓다)들에게 가장 기쁜 것이라네.

'두 가지 보리심에 대한 명상'

세속적인 보리심에 대해 명상하는 법

세속적인 보리심 – 모든 중생들에게 이익을 줄 가장 좋은 방편으로 자신이 성불하려는 열망 – 에 대한 명상은 자애(慈)와 연민(悲)에 대한 명상으로 시작한다. 이것은 세속적인 보리심을 일으키기 위해 〔아띠샤/쫑카빠 전통에서〕 사용하는 주요 방법인 '주기와 받기'로 알려진 수행의 기본을 형성한다.

당신의 명상 방석에 편안한 자세로 앉아 금생의 당신의 어머니가 당신 앞에 앉아 있는 것을 관상하라. 그녀가 당신을 자궁에 10개월 동안 어떻게 지니고 있었는지, 당신을 위해 얼마나 많은 고통과 불편을 경험했는지를 사유하라. 당신이 실제로 태어날 때, 그녀의 고통은 몸이 바스러져 죽음에 이르는 것과 같이 강렬한 것이었다. 그런데도 그녀는 그것이 얼마나 크든 상관없이, 당신을 위해 이 모든 고통을 겪는 것을 개의하지 않았다.

그리고 당신이 마침내 자궁으로부터 나와, 피와 점액으로 둘러싸여, 벌거벗고 스스로를 도울 능력이 없는 벌레처럼 보여도, 그녀는 당신을 팔에 사랑스럽게 안고, 온기를 주기 위해 당신을 그녀의 부드러운 살에 닿게 했고, 자신의 가슴에서 나온 젖을 줬으며, 당신을 위해 먹을 걸 준비했고, 당신의 코에서 나온 콧물과 몸에서 나온 배설물을 닦아 주었으며, 웃는 표정으로 당신을 바라보았고, 밤에는 당신을 위해 자신의 안락과 수면을 희생했다.

당신이 다른 어떤 것보다 더 당신의 어머니에게 감사할 때까지, 당신의 가슴이 사랑으로 그녀에게 열릴 때까지, 그리고 당신의 어머니에 대한 생각만으로 마음에 기쁨이 생길 때까지, 이런 식으로 명상하라.

그런 다음 사유해 보라. 그대의 어머니에게 태어남·늙음·병듦·죽음의 고통이 그녀의 몸과 마음에 지운 고통의 부담이 어떠했고, 그녀가 죽으면 그녀는 헤매다가 어쩔 수 없이 내생으로 들어가고, 어쩌면 삼악도(지옥이나 아귀, 축생계)로 가게 될 수 있다는 것을 사유해 보라.

만일 당신이 이 방식으로 충분히 오래 그리고 충분히 집중하여 명상하면 당신의 어머니를 향한 자비심이 자연스럽게 일어날 것이다. 자신의 유일한 아이가 불구덩이에서 고문 받고 있는 것을 목격하는 부모들이 느끼는 만큼이나 큰 자비심이 일어날 것이다.

그대는 그런 다음 이렇게 생각해야 한다. '만일 내가 나 자신의 어머니를 위해 유익한 것을 만들고 해로운 것을 제거하는 책임을 받아들이지 않으면, 누가 이를 받아들일 것인가? 만일 내가 무엇인가 하지 않는다면 누가 할 것인가?'

정확히 무엇이 그녀에게 해가 되는가? 고통과 악행이다. 더욱이 고통은 그녀를 해치는 직접적인 원인이다. 반면 악행은 간접적인 원인이다. '그러므로 내가 그녀에게서 꼭 떼어 놓아야만 하는 것이 이것들이다'라고 생각하라.

　이렇게 사유하고, 숨을 들이 마실 때, 당신의 숨과 함께 그녀의 모든 현재 고통과 만족스럽지 않은 조건들뿐만 아니라, 그녀의 모든 미래의 고통의 원인들인 악업과 번뇌도 들이 마시는 것을 관상(觀想)하라. 이것들이 그녀의 몸과 마음에서 벗겨져서 검은 구름의 형태로 당신의 심장 속으로 당신의 호흡에 의해 끌려 들어온다. 그렇게 해서 그녀가 고통과 그 원인들로부터 해방된다는 확신을 일으켜라.

　마찬가지로, 정확하게 무엇이 그녀에게 이익을 주는가? 행복과 선업이다. 행복은 즉각적으로 그녀에게 이익이 되는 반면 선함은 간접적으로 그렇게 한다. '그러므로 내가 그녀에게 드려야 하는 것이 이것들이다'라고 생각하라.

　이렇게 명상하고, 숨을 내쉴 때, 당신의 숨과 함께 행복과 선함의 하얀 구름을 내쉬는 것을 관상하라. 이것들은 그녀의 가슴으로 들어가 놀랄 만큼 많은 행복·덕(德)·선(善)으로 그녀를 가득 채우고 그녀가 성불을 향해 전진하도록 만든다.

　그런 다음, 당신의 어머니를 명상의 대상으로 삼아 위에서 한 것과 마찬가지로, 모든 친구들과 친척들이, 여러 전생에서 되풀이하여 당신의 어머니가 되어, 당신의 현재 어머니가 당신에게 보여준 것과 똑같은 친절을 어떻게 당신에게 보여줬는지를 살펴보라. 전생에서 그들은 그 생의 당신의 어머니로, 어머니가 줄 수 있는 모든 친절을 당신에게 보여줬다. 이 점에서 그들은 이생의 어머니와 똑같이 당신의 사랑과 감사를 모든 방법으로 받을 만하다. 그분들 중에 어떤 분을 단지 보기만 해도 당신의 가슴이 기쁨과 감사로 채워질 때까지, 그들이 얼마나 친절한 어머니들이었는지를 생각하고 또 생각하라.

　그리고 고통에 빠져 있기에, 그들에게 진정한 행복이 얼마나 없는지 생각해 보라. 그들의 측은한 상태를 견딜 수 없어, 자비심이 일어날 때까지 이 방식으로 계속해서 명상하라.

사랑과 자비가 모두 발생되었을 때, 앞에서 설명한 '주기와 받기'라 불리는 명상 방법을 이용하라.

이것이 성취되면 당신 앞에 세 사람, 즉 당신이 좋아하는 사람과 싫어하는 사람, 좋아하지도 싫어하지도 않는 사람을 관상하라. 비록 그들의 기억들이 계속된 죽음, 중음 상태(죽음과 재탄생의 사이)와 재탄생의 경험에 의해 흐려졌을지라도, 실제로 이들 각자는 무수한 전생에 당신의 어머니였다. 그 때 이들 각자는 이생의 당신 어머니가 한 것과 똑같은 친절을 보여주며, 당신에게 무한한 방식으로 이익을 주었고 당신의 안녕에 대한 모든 위협으로부터 당신을 보호해 주었다. 앞에서 했던 것처럼 이들에 대해 사랑과 자비를 일으켜라. 그런 다음 그들을 '주기와 받기'에서 명상의 대상으로 이용하라.

다음에는 육도(六道)의 모든 중생들이 어떻게 잇따른 생애에 반복해서 당신의 어머니가 되어 왔는지에 대해 명상하라. 이들을 향해 사랑과 연민을 일으키고 '주기와 받기' 수행을 이용하라. 들숨을 통해 그들의 모든 고통을 가져 와라. 즉, 뜨거운 지옥의 열기, 추운 지옥의 냉기, 아귀들의 굶주림, 동물 세계의 무자비한 잔인성 등과 인간의 출생·병듦·늙음 등의 고통들, 반신들(아수라)의 폭력, 더 낮은 신들의 죽음과 윤회의 고통, 그리고 더 높은 신들의 감지하기 힘든 편재하는 고통(行苦). 그러고 나서 날숨을 통해, 이들을 행복하게 만들 수 있는 모든 것을 이들에게 주는 명상을 하라. 즉, 뜨거운 지옥에는 시원한 산들바람을, 차가운 지옥에는 온기를, 아귀들에게는 음식 등을 주는 명상을 하라.

마지막으로, 적들 또는 당신에게 해를 끼친 사람들을 관상하라. 무지와 반복되는 출생·죽음·환생의 영향으로 가려져, 이들은 그들이 여러 번 당신의 어머니였다는 것과 당신이 그들의 어머니였다는 것을 인식하지 못하고 업력과 마음의 장애에 압도되어, 눈이 멀어 이생에서 어쩔 수 없이 당신에게 해를 끼친다는 것을 사유하라.

그러나 만약 이번 생의 당신의 친절한 어머니가 갑자기 미쳐서, 당신을 말로 학대하고, 몸으로 공격해도, 당신이 완전히 정신이 나가지 않고서는, 자비 이외에 다른 어떤 식으로 대응하지 않을 것이다. 같은 방식으로, 이생에서 당신을 해치고 학대하는 사람들에게 유일하게 바르게 대응하는 방법은 자비이다.

자애와 연민이 생길 때까지 이같이 명상하라. 그런 다음 '주기와 받기'에 관한 명상으로 그들의 성냄·슬픔·왜곡된 마음과 불행의 직간접 원인들을 가져오고, 평화와 기쁨의 원인들을 그들에게 주라.

간단히 말해, 여러 부처님들과 자신의 스승을 제외하고는, 십지보살과 성문·아라한·독각들조차 왜곡되고 제한된 지각의 섬세한 얼룩과 같은 허물을 갖고 있어 앞으로 버려야 하므로, 모든 존재들에 대해 '주기와 받기'를 수행해야 한다. 그러나 부처님들에 대해 '주기와 받기'를 관상하는 것은 소용이 없다. 왜냐하면 그들은 자신들의 모든 허물을 버렸기 때문에 그들은 제거해야 할 허물이나 얻어야 할 자질들을 갖고 있지 않기 때문이다. 자신의 스승의 경우에는 제자가 본인 스승의 허물을 인정하는 것은 옳지 않기 때문에 스승을 '주기와 받기' 명상의 대상으로 삼는 것은 적절하지 않다. 스승 중에 한 분이 실제로 허물을 갖고 있다고 해도, 제자는 이 허물을 제거하는 관상을 해서는 안 된다. 부처님들과 스승들에게는 자신의 선과 기쁨을 올리는 것만이 가능하다.

명상의 이 시점에서 이제 당신 자신에게 물어야 한다.

질문: "그러나, 내가 실제로 모든 중생들에게 필요한 것을 충족시켜 줄

능력을 갖고 있는가?"

대답: 범부는 이 능력을 갖고 있지 않을 뿐만 아니라, 십지보살조차도 그러하다.

질문: 그렇다면 누가 갖고 있는가?

대답: 오로지 전적으로 완전하게 깨달은 존재 부처님뿐이다.

모든 중생들에게 이익을 주기 위한 최고의 방편으로 완전한 부처님의 경지를 성취하려는 열망을 진정으로 경험할 때까지 이를 깊게 사유하라.

궁극적인 보리심에 대한 명상

때때로 '나'라는 생각은 갑자기 대단한 기세로 일어난다. 만약 이들 순간에, 이것이 어떻게 나타나는지 자세히 살펴보면 드러난 '나'는 몸과 마음의 덩어리(오온) 속에 고유하게 존재하는 것으로 보이지만, 사실 이것은 단순히 마음이 부여한 것이므로, 그것이 존재하는 것처럼 보이는 대로 결코 실제로 존재하지 않는다.

이것은 지평선 위의 어떤 언덕 정상에 뻗어 나온 바위나 나무의 경우와 흡사하다. 멀리서 보면 이것은 사람으로 잘못 인식될 수도 있지만 그 바위나 나무속에 인간의 존재라는 것은 단지 환상일 뿐이다. 더 깊이 조사해 보면, 그 뻗어 나온 존재의 어떤 개별 조각에서도, 부분들이 모인 덩어리에서도, 그리고 이것의 다른 어떤 면에서도 인간이라는 존재는 발견할 수 없다. 그 돌출부 안에 어떤 것도 '인간 존재'라는 이름의 타당한 기반이라고 말할 수 없다. 마찬가지로, 몸과 마음 안에 어딘가 존재하는 것처럼 보이는 이 견고한 '나'는 단순히 이름을 부여하여 생긴 것이다. 몸과 마음을 '나'라는 개념으로 나타낼 수 없듯이, 그 돌출한 바위를 '인간'이라는 단어로 나타낼 수 없다.

이 '나'는 몸과 마음의 어떤 개별 조각 내 어디엔가 위치할 수도 없고 하나의 덩어리로 몸과 마음 내에서 발견되는 것도 아니며, 이들 이외에 '나'라는 이름에 의해 지칭되는 대상의 실질적인 기반으로 여겨질 만한 어떠한 장소도 없다.

'나'가 보이는 방식으로 존재하지 않는다는 것이 분명해질 때까지 이런 식으로 명상하라.

마찬가지로, 순환적 존재(윤회) 안과 그리고 그 너머(열반)의 모든 현상들은 단순히 '이것'과 '저것'이라는 이름을 붙인(이들의 이름붙이기의 기반에 우리들의 마음이 붙인) 것일 뿐이다. 이런 존재 방식을 제외하고 이들 현상들은 아무런 확립된(증명된) 존재도 갖고 있지 않다.

이러한 공(空)의 개념에 대해 장시간 명상하라. 명상 후에는 자기 자신·윤회·열반 등과 같은 개념에 대한 인식이 환영(幻影)과 같고 꿈과 같다는 인식을 유지하라. 비록 이들이 마음에 나타나기는 하지만 그들은 고유한 존재가 없다.

모든 것의 이러한 비고유한 본성 때문에, 창조적인 것(선업)과 파괴적인 활동(악업)들이 행복과 슬픔이라는 상응하는 업의 결과를 낳는 것이 가능하다. 이런 이해를 얻은 사람들은 성인(聖人)이 되어, 공성과 상호의존적 발생(緣起)이라는 불가분의 성격의 지식 속에 머문다.

'밀교수행도의 노래'

　　스승은 모든 딴뜨라의 능력의 원천이니
　　수행자가 그를 부처님으로 보면
　　모든 깨달음을 자신의 손바닥 안에 잡고 있는 것이네.
　　그러니 최대한 열렬하게 그대 자신을 스승님께 헌신하게.

생각과 행동 모두에서.

비할 데 없는 금강승(Vajrayana)으로 들어가는 문은
네 가지 딴뜨라 관정[보병 · 비밀 · 반야지 · 제4관정]뿐이네.
그래서 중요한 것은 이들을 완전히 받고
그리하여 부처님의 네 몸[四身: 법신, 보신, 화신, 자성신]의
씨앗을 심는 것이네.

수행자는 모든 것을 인식하는 세속적인 방식에 대한
집착[實執]하는 버릇을 버리고
세상에 대한 시야에 나타나는 모든 것을 만다라로,
거기 존재들을 딴뜨라의 부처님들로 보는 법을 배워야 하네.
이것이 생기차제의 수행으로
사신(四身)의 기반을 정화하고 정제하는 것이네.

다음에는 금강신(金剛身)의 다섯 지점[차크라]들을 자극하고
좌우 맥관에서 흐르는 바람 에너지를
중앙에 있는 신비스러운 채널인 두띠(dhuti)로 보내어
마음의 명료한 빛(정광명)을 보고
대락(大樂)과 더불어 생기는 지혜[樂空不二의 지혜]가
일어나게 하네.
이들 원만차제(구경차제)에 대한 수행을 소중히 여기게.

해탈로 가는 마지막 도(道)의 실체는
공성에 대한 완전한 견해를 기르는 것이고,

깨달음의 큰 길(대승)로 들어가는 문은
보리심, 깨달음의 서원이며,
성불을 위한 가장 높은 방법은
두 심오한 딴뜨라 단계(생기차제와 원만차제)에 대한 수행이네.
수행의 이들 세 가지 면을 불가분으로 여기게.

제3장

3대 달라이 라마 쏘남 갸초
– '바다'로부터 '바다 같은'으로

◀ 3대 달라이 라마 쏘남 갸초(Sonam Gyatso)
　미국 자연사 박물관(American Museum of Natural History)/ 뉴욕

1. 2대 달라이 라마의 환생과 빠드마 쌈바와의 예언

전설에 의하면, 2대 달라이 라마는 세상을 떠난 후, 미륵 부처님, 쫑카빠, 구루 빠드마 쌈바와가 계신 곳으로 가서 자신의 미래 환생들에 대해 그리고 이 세상에서의 활동에 대해 의논했다. 2대 달라이 라마는 다시 태어나지 않으려고 했다. 중앙아시아를 괴롭히고 있는 갈등과 혼란이 무척 슬펐기 때문이다. 불교는 석가모니 부처님께서 태어나신 땅 인도에서 거의 사라졌고, 이슬람 군대는 인도의 스승들을 길러낸 사원·도서관·유서 깊은 대학들을 파괴했다. 티베트는 북쪽으로는 호전적인 몽골인들에게 그리고 동쪽으로는 팽창주의자 중국인들에게 시달렸다. 내적으로 티베트의 옹졸한 왕들이 권력을 위해 서로 다투고, 스님들 중 다수는 자신의 사원이나 종파에게 최대한 이익을 가져오기 위해 이 경쟁을 이용했다. 2대 달라이 라마는 이러한 사태에 낙심했다.

이때 빠드마 쌈바와가 그에게 나타나 환생하라고 했다. 빠드마 쌈바와는 만약 달라이 라마가 그의 법맥을 계속 유지하는 책임을 받아들이면, 100년 후에 티베트에 대한 정신적·세속적 지배권이 그에게 주어지리라 예언했다. 그러면 그때에 그는 티베트에서 그렇게 많은 문제를 일으키고 있는 종파와 지역 간의 충돌을 끝낼 능력을 갖게 될 것이다. 빠드마 쌈바와의 끈질긴 설득이 성공하여 달라이 라마는 이를 받아들였다. 그리고 정확히 100년 후인 1642년에 5대 달라이 라마가 새롭게 통일된 티베트 국가의 정신적·세속적 지도자로 임명되었을 때 이 예언은 실현되었다.

2. 탄생, 출가, 수행

우리가 앞 장(章)에서 보았듯이, 2대 달라이 라마는 가르치고, 안거하기 위해 똘룽(Tolung) 계곡을 자주 방문했다. 이 계곡의 많은 장소들은 라마 돔 뙨빠를 포함하여, 고대 까담빠 스승들에 의해 성화(聖化)되었다. 게다가, 과거 여러 세대에 걸쳐 명성을 얻었으며 이 지역에 기반을 두고 있는 네우동(Neudong) 가문의 왕비는 그의 중요한 제자이자 후원자였다. 티베트 중앙·남부·남서부의 상대적으로 지위가 낮은 왕들 중 대부분이 그에게 충성했기 때문에, 이 시기에 네우동 왕은 티베트 문헌에서는 일반적으로 '황제'라 불린다.

2대 달라이 라마는 세상을 떠나기 직전에 똘룽 계곡의 사람들을 마지막으로 가르치기 위해 네우동 가족을 방문했다. 걜로 돌아오는 길에 그는 캉싸르 공(Khangsar Gong)에서 가르쳐 달라는 초대를 받았지만, 나중에 기력이 회복될 때 다시 오겠다고 약속했었다.

2대 달라이 라마의 사망 후 1년이 되기 전에 높은 환생자라는 온갖 징표를 보이는 한 아이가 캉싸르 공에서 태어났다. 이 아이는 마치 하얀 눈부시게 빛나는 수정 보석 같이, 양수 포에 싸인 채 자궁에서 나왔다고 한다. 그 포는 해가 뜰 때에 하얀 연꽃처럼 열리고 수정처럼 더러움이 없고 깨끗한 작은 몸을 드러냈으며, 셀 수 없이 많은 완벽의 징표와 표상으로 장식되었다. 바로 이 아이가 결국 3대 달라이 라마로 인정받고 즉위하게 된다.

3대 달라이 라마가 태어난 집안은, 2대 달라이 라마의 집안과 같이, 구파의 수행 법맥을 유지하고 있었다. 이 가계는 띠쏭 데첸 왕의 시대로 거슬러 올라간다. 이 왕은 인도에서 스승 빠드마 쌈바와를 8세기 중반에 티베트로 초대해 쌈예 사원의 건축을 의뢰했고, 산스끄리뜨어로 된 불교 문헌들을 티베트어로 번역하는 주요 활동을 후원했었다.

띠쏭 데첸의 후원 아래 108명의 대역경사들의 위원회가 육성되고 티베트는 불교 예술과 학문의 지식에 주요한 진전을 이루었다. 이 위원회의 주된 역경사는 마 린첸 촉(Ma Rinchen Chok)이라는 이름의 요기였다. 이 유명한 역경사의 혈통에서는 세대마다 여러 위대한 학자들과 성취를 이룬 요기들이 배출되었다. 3대 달라이 라마의 아버지는 이 독특한 유산의 일부였고, 마 린첸 촉의 후손이라고 한다. 가족 전통에 따라, 그는 외적인 세속의 학문에 대한 교육을 잘 받았으며, 명상과 딴뜨라 수행의 내적인 기술에도 높은 성취를 이루었다.

3대 달라이 라마의 어머니는 위대한 닝마빠 스승인 왕축 린뽀체 꾼상의 딸이었다. 그녀 또한 명상 수행에 높은 교육을 받았고, 불교 경전에도 정통했다. 임신한 동안 그의 어머니는 자궁에 있는 아이가 특별한 존재라는 것을 보여주는 많은 꿈을 꾸었고, 그를 다치지 않게 하기 위해 그녀 자신을 잘 보살피라는 조언을 받았다. 가족은 전에도 여러 아이를 낳았지만, 이들 모두 갑자기 죽었다. 그래서 이 사내아이가 태어나자 그들은 그에게 상서로운 이름, 라누 씨초 빨상뽀(Ranu Sicho Palzangpo, '세속의 위험들을 극복한 길상한 젖먹이 아이')라고 지어 주었다.

아이가 두 살이 되었을 때 한 위대한 라마가 이 지역을 방문했다. 아이의 아버지는 많은 동료 마을 사람들과 함께 아이를 데리고 라마를 친견하러 갔다. 이 일행이 라마의 방에 도착했을 때 아버지가 아이에게 물었다. "네가 절을 하고 라마에게 전통적인 까다 공양을 할 거니, 아니면 내가 너 대신 그렇게 할까?" 아이가 대답했다. "제가 그렇게 하고 싶어요." 그러나 그는 절을 하지 않고 까다 공양을 했다. 아이를 테스트하기 위해, 이 라마는 그에게 손으로 가피를 주려 했다. 하지만, 아이는 뒤로 물러나 그를 똑바로 쳐다보았다. 라마가 말했다. "그렇다면 대신에 네가 나에게 손으로 가피를 줘야 해." 그리고 그는 자신의 머리를 앞으로 기울였다. 아이는 그에게 다가가서 그의 머리에 자신의 작은 두 손을 댔다. 라마는 아이의 두 눈을 깊게 들여다보고 그가 위대한 스승의 환생자가 틀림없다고 말했다.

그때 2대 달라이 라마의 주 수행원이자 관리자였던 쑨랍 갸초가 걜 사원에서, 스승의 은상(銀像)을 만드는 일과 영탑 위의 황금 꼭대기를 완성하는 일을 감독하고 있었다. 이 스님은 여덟 살에 2대 달라이 라마의 피보호자가 되었고 그때부터 수십 년 후에 스승이 돌아가실 때까지 그와 함께 있었다.

쑨랍 갸초가 성년에 이르렀을 때 그는 2대의 주 보좌관과 관리자가 되어, 스승이 어딜 가든지 동행하였고, 그의 모든 가르침과 관정에 참여했으며, 최코르 걜에서 한 것과 같은 엄청난 건축 프로젝트의 재정 관리에서부터 건강과 일상사에 이르기까지, 그의 삶의 모든 면을 관리했다. 2대 달라이 라마가 그의 일에서 큰 성공을 거둔 것은 많은 부분 쑨랍 갸초의 특별한 재능 덕분이었다. 2대 달라이 라마가 돌아간 후, 걜 사원의 완성, 환생자의 최종적인 확인·즉위·교육을 포함하여, 그의 모든 책무들이 쑨랍 갸초의 두 어깨에 놓여졌다.

모든 위대한 라마들은 훌륭한 관리원이 필요하다. 많은 위대한 라마들이 실력 없는 관리원들 때문에 일상적인 세계에서는 성공하지 못한다.

쑨랍 갸초에 대한 2대 달라이 라마의 애정과 고마움은 그가 여러 번 그에게 썼던 세 개의 다른 수행을 위한 시에도 반영되어 있다. 이들 중의 하나는, 스승이 안거에 들어갈 때 쑨랍 갸초의 요청에 의해 지어졌는데, 이 수행원은 다음과 같이 묘사된다.

소중한 쏜랍 갸초, 깊은 헌신의 그대여.
서원과 강한 업연(業緣)의 힘에 의해
그댄 아주 어릴 적부터 나와 함께 하며,
가능한 한 모든 방식으로 내게 헌신했고,
그대를 보살피는 건 내게 기쁨이었네.

라마를 위한 관리자의 역할은 쉽지 않아,
대부분의 사람들은 빠르게 빗나가네.
어떤 이는, 하루하루 이어지는 친숙함 때문에
자신의 태도가 부정적으로 되네.
다른 이들은 자신들의 지위를 이용하고
동료 수행자들에게 나쁘게 처신하네.
반면에 또 다른 사람들은 참된 존경심이 부족하여
무관심과 무능력의 재물이 되네.
이런 식으로 그들은 공덕의 터전을
악업을 쌓는 또 하나의 방식으로 만들 뿐이고
그리하여 그들 자신의 내적 평화의 기반을 파괴하네.

그러나 그대 쏜랍 갸초에게는 이들 허물 아무것도 없고,
언제나 청정한 인식과 방편 유지하네.
그대의 수행의 확신은 단지 말 속에 있지 않고,
그대의 태도는 모든 이기적 생각 너머에 있네.
그대는 나의 수행의 조언을 결코 무시하지 않고,
그대는 나의 마음을 방해하지 않으려 온갖 노력 다하네.

쐰랍 갸초는 고위 환생자라는 징표를 보여주는 한 아이가 캉싸르 공에서 태어났다는 소식을 듣고 몹시 흥분했다. 그는 스승이 매우 연로했을 때, 똘룽으로 가는 마지막 여행에서 캉싸르 공을 방문해 가르쳐달라는 요청을 받았던 것을 기억했다. 그때 스승은 거절하면서 말했다. "몸 상태가 좋지 않아서 이번에는 올 수 없네. 그러나 나는 이 지역에 있는 모든 이들을 보게 되어 매우 기쁘고, 머지않은 미래에 다시 오려는 확고한 소망을 갖고 있네." 그는 이런 식으로 방문 초청을 분명히 받아들였었다. 또한 그때 그의 말이 비틀거려 그는 말을 바꿔 타야 했다. 이것도 이제 강한 징표인 것 같았다. 왜냐하면 말을 바꾸는 것은 아마 여기에서 그가 몸을 바꾸는 것을 상징하기 때문이다.

쐰랍 갸초는 불 용 해의 여덟 번째 달의 여덟 번째 날에 걀을 떠나 똘룽으로 갈 준비를 했다. 그러나 아침 일찍 그와 수행원들이 막 떠나려 하는데, 네충의 신탁이 저절로 무아지경에 빠져 말했다. "오, 친구, 쐰랍 갸초여, 서두르지 말게. 태양을 뜨게 하기 위해 촛불을 켤 필요는 없네. 모든 상서로운 조건들이 갖춰질 때까지 잠시 느긋이 쉬게. 그런 다음 그 아이에게 가서 시험을 하게. 그때에 내가 자네와 동행하고 그 시험의 증인이 될 것이네. 만약 그때에 내 흰 까다(kata)가 첫 번째로 바쳐지면, 그것은 진실로 상서로울 것이며, 모든 것이 잘 될 것이네. 나는 그 까다를 (물질적으로) 드러냄이 없이 비밀스럽게 공양 올릴 것이네. 겉으로는, 내 친구여, 그대가 이 공양을 올릴 수 있네." 이렇게 말하고 나서, 사제는 하얀 까다를 보여줬다. 그래서 이 일행은 그때 떠나지 않고 신호를 기다리기로 했다.

쐰랍 갸초는 네충의 신탁을 통한 조언과 이 아이에 대한 자신들의 관심을 비밀로 하라고 모든 이들에게 부탁했지만, 오래지 않아 많은 사람들이 2대 달라이 라마의 환생자가 똘룽에 태어났다는 것을 아는 것 같았다. 쐰랍 갸초는 이들 사건들의 소문이 종국에는 그 가족에게 도달하게 될 것을 알았다. 그래서 그는 가서 그 아이를 볼 수 있도록 허락해 달라고 요청하는 편지를 그 가족에게 보냈다.

아이의 아버지가 답장을 보냈다. "소중한 수행원이시여, 요즘 누구나 와서 우리 아들을 살펴보고 있습니다. 당신이 오지 말아야 할 이유가 있겠습니까? 제가 당신을 분명히 초대합니다."

그때 아이는 부모가 이 문제를 상의하는 것을 엿듣게 되었다. 그는 기뻐서 펄쩍 뛰며 말했다. "오로지 한 명의 소중한 수행원이 있을 뿐이지, 다른 분은 없어. 제발 그를 초대하여 당장 여기에 오게 하세요." 이렇게 아이는 쏜랍 갸초와의 친밀함을 드러냈다.

일행이 캉싸르 공에 있는 아이가 머무는 집에 도착했을 때, 2대 달라이 라마의 주 보좌관은 스승의 말을 타고 있었다. 아이가 그들을 먼발치에서 보고 보모에게 말했다. "내 말 유걜이 도착했으니, 저 사람이 나의 갸초임에 틀림없어요. 유걜, 나의 사랑하는 말, 이리 오너라, 이리 오너라." 그가 흥분하여 어머니에게 말했다. "저기 아래에, 저 스님의 수행원이 타고 있는 저 말이 내 것이에요."

스님들이 까다를 바쳤다. 아이가 춤을 추며 노래했다. "나의 갸초가 왔다. 나의 갸초가 왔다. 나의 로또도 왔다." 그는 이들을 이번 생에 한 번도 본 적이 없었지만, 그들 각자의 이름을 부르며 많은 이들을 맞이했다. 스님들이 까다를 바치자, 많은 상서로운 징표들이 일어났다. 하늘은 맑아지고, 상서로운 꽃비가 내렸다. 무지개가 그 집 위에 나타났으며, 달콤한 향기가 공중에 가득했다.

이 일행은 전 달라이 라마가 여행할 때 항상 지니고 다니던 작은 하얀 따라Tara 상을 가져왔다. 이들은 이것을 여러 공양물 중에 넣어두었다. 아이는 이것을 보자마자 작은 손으로 잡아 그의 정수리·목·가슴에 대고 말했다. "이것은 내 따라다." 그러고는 이것을 그들의 머리에다 대면서 거기 있는 모든 사람들을 축복해 줬다. 쑨랍 갸초의 손목에는 수정 염주가 감겨 있었다. 이를 보자 아이가 외쳤다. "그건 내 염주야. 줄을 다시 매야겠다." 쑨랍 갸초는 그것을 아이에게 주었다. 아이는 즉시 그것을 목에 걸었다. 그러고는 아이가 물었다. "내 법복과 빤디따(Pandita, 라마)의 모자는 어디에 있어요?" 이런 식으로 그리고 또 다른 방식으로 그는 자신이 진짜 환생자인지에 대한 모든 의구심들을 없앴다. 2대 달라이 라마의 죽음에 대한 슬픔은 그의 환생자의 발견이라는 기쁨으로 대치되었다.

일행이 떠날 시간이 왔을 때, 아이가 말했다. "당신들이 떠날 때, 나도 당신들과 갈 거예요." 이렇게 말하고 그는 일어나 그들과 떠날 준비를 했다. 그러나 쑨랍 갸초는 그에게 부모와 얼마간 집에서 머물라고 부탁하고, 곧 자기가 데뿡 사원으로부터 사절단을 보내어, 그의 의복과 라마 모자를 가지고 와, 그를 데뿡 사원으로 초대할 거라고 약속했다.

아이가 네 살이 되었을 때(불 말 해, 1546년) 쑨랍 갸초가 이끄는 공식 대표단이 데뿡 사원으로부터 도착했는데, 2대 달라이 라마가 지은 거처인 간덴 포당으로 그를 데려가기 위해서였다.

2대 달라이 라마의 수제자인 빤첸 쏘남 닥빠는 스승의 환생자가 탄생한 해에 데뿡의 주지가 되었다. 아이의 사미계 수계식과 2대 달라이 라마의 환생자로서의 공식적인 즉위는 그가 주재하기로 결정되었다. 수계식에서 빤첸 쏘남 닥빠가 환생자에게 쏘남 갸초 뺄상뽀 뗀빼 니마 촉레 남갤(Sonam Gyatso Palzangpo Tenpai Nyima Chokley Namgyal, '길상한 공덕의 바다. 모든 방향에서 승리하는 교리의 태양')이라는 이름을 부여했다. 그는 이 이름의 처음 두 단어, 쏘남 갸초로 알려지게 되었다.

이 이름은 상당한 논란을 불러일으켰다. 1대 달라이 라마는 겐뒨 둡빠로, 2대 달라이 라마는 겐뒨 갸초로 알려졌기에 3대 달라이 라마 역시 첫째 이름으로 겐뒨(Gendun)을 가져야 한다고 사람들은 믿었기 때문이다.

이것은 『까담빠 스승들의 책』에 예언되어 있었다. 꾜르몰룽 사원의 따라(Tara)와 소통했던 라마도 겐된 닥빠 걀첸 뺄상뽀(Gendun Drakpa Gyaltsen Palzangpo)라는 이름을 그에게 예언했었다.

모든 사람들은 빤첸 쏘남 닥빠가 그를 겐된 닥빠로 명명하리라 생각했으므로, 2대 달라이 라마의 첫 번째 이름 대신 두 번째 이름을 줌으로써 전통을 깼다고 빤첸은 오늘날까지도 비난받는다. 그러나 빤첸 쏘남 닥빠가 이렇게 한 데에는 그 나름의 이유가 있었다. 갸초는 '바다'를 뜻하며 이 이름은 달라이 라마 법맥의 미래에 상당한 중요성을 갖게 되기 때문이다. 주지하듯이, 모든 달라이 라마들은 그때 이후로 갸초를 그들의 두 번째 이름으로 갖게 되고 겐된은 다시 사용되지 않았다.

먼저 그들은 쩨 궁땅에, 다음에는 쌈예에 들렀다. 쌈예에서 아이가 말했다. "이전에 롭뾘(Lopon) 린뽀체〔빠드마 쌈바와〕와 나는 티베트인들에게 많은 이익을 주었다." 이렇게 그는 자신이 빠드마 쌈바와를 8세기에 티베트로 모셔 와서 쌈예 사원을 설립한 띠쏭 데첸 왕의 환생자임을 보여 주었다.

사람들이 어린 환생자를 보고 그의 축복을 받기 위해 길을 따라 늘어섰기 때문에 걜에 도착하는 데 한 달이 넘게 걸렸다. 그가 도착한 날 인근에서 수많은 기적이 일어났다. 여기서 이 어린 라마는 그 사찰 안에 모셔진 성스러운 불상들, 특히 호법존인 뺄덴 하모(Palden Lhamo)의 상에게 공양을 올렸다. 그리고 불교 교리와 중생들의 안녕을 위해 성대한 기도를 올렸다. 게다가, 그는 세 살밖에 되지 않았지만, 거기 모인 스님들에게 신성한 불법에 대한 짧은 법문을 했다.

먼저 그는 자신의 마음의 흐름에 법맥 스승들의 축복의 씨를 심기 위해 빤첸 쏘남 닥빠로부터 수많은 딴뜨라 관정을 받았다. 다음에는 링또 초제 렉된으로부터 쫑카빠 대사의 주요한 저술들뿐만 아니라 나가르주나, 찬

드라끼르띠, 와쑤반두, 아상가와 다르마끼르띠의 주요한 저술들을 포함하는 인도 스승들의 논서 대부분에 대한 지도를 받았다. 게다가, 샤르쩨 렉된으로부터 그는 많은 중요한 딴뜨라 법맥을 이어받았다. 매일 그는 자기 시간의 상당 부분을 수행에 바쳤고, 주기적으로 집중적인 안거에 들어갔다.

3. 전법여행

비록 자신의 제자들에게 집중적인 수행의 본보기를 보이기 위해, 한숨 돌릴 시간도 없이 여행하고, 가르쳐야 했지만, 그는 날마다 광범위한 명상 수행을 계속해서 유지했다. 명상으로 하루를 시작할 수 있도록 날마다 새벽이 되기 훨씬 전에 일어나 수행했다. 마찬가지로, 날마다 하루를 마칠 때에 긴 명상에 들었다. 어떤 이들은 그가 잠자는 적이 없으며, 밤에 잠자리에 누울 때는 꿈 요가의 딴뜨라 방법을 수행했다고 한다.

철 양 해(1571)에 착까르 몽골의 왕, 알탄 칸(Altan Khan)으로부터 초대장이 왔다. 그는 칭기즈칸의 17대 후손이었다. 그는 걀와 쏘남 갸초에 대한 얘기를 듣고 그에 대한 깊은 신심이 일어났다. 쏘남 갸초 자신도 몽골인들을 개화시키고 그들에게 호전적인 생활방식을 버리도록 해야 할 업연(業緣)이 있다고 생각했다. 이를 마음에 두고, 그는 칸에게 나중에 반드시 가겠다는 약속을 했다.

몽골로 가는 길에서 수많은 기적들이 일어났다. 예를 들어, 일행이 양쯔 강에 도착해 보니 물살이 사납고 불어나서 강을 건너갈 방법이 없었다. 걀와 쏘남 갸초는 강둑에 앉아 조용히 명상에 든 뒤, 만뜨라를 염송하기 시작했다. 강을 초자연적인 눈으로 슬쩍 바라보며 분노(위맹)의 신비한 손짓(手印, mudra)을 했다. 즉각 물은 가라앉기 시작하여 곧 그들은 강을 쉽게 건너갈 수 있었다.

마침내 그들이 황하의 둑에 도착했다. 또다시, 이 강물도 이상하게 높고 사나웠다. 일행 모두 자신들이 여행을 계속할 수 없을 것 같아 실망했으나, 쏘남 갸초는 그들에게 다음날 건널 수 있게 될 테니 걱정하지 말라고 했다. 그들은 그날 밤 강둑에서 야영했다. 쏘남 갸초는 또 다시 명상하며 만뜨라를 염송했다. 그들이 아침에 일어나 보니 그 거대하던 황하가 거의 말라버리고, 작은 개울에 불과하여 그들은 쉽게 건너가 여행을 계속했다.

알탄 칸의 궁전에 도착했을 때 그들은 만 명이 넘는 엄청난 무리의 환영을 받았다. 칸 자신은 불법에 대한 자신의 헌신을 상징하기 위해 하얀 예복을 입었다.

사실, 이것은 몽골이 처음으로 불교와 만난 것은 아니었으며, 알탄 칸 역시 마찬가지였다. 약 2세기 전, 몽골의 쿠빌라이 칸의 통치 기간에 싸꺄 빤디따와 싸꺄 팍빠에 의해 잠시 불교가 도입된 적이 있었다. 그러나 이후 쿠빌라이의 계승자인 티무르 칸은 평화를 가져오는 불교의 영향에 반대하여, 그의 통치 시기부터 몽골은 불교를 거부하고 자신들의 오래된 무속 종교의 피에 굶주린 방식으로 되돌아갔다.

알탄 칸은 쿠빌라이와 같은 착까르 부족의 후손이었으며, 자신의 백성들을 붓다다르마(佛法)의 온화한 방식으로 되돌리고 싶었다. 그의 가장 간절한 기도는 걜와 쏘남 갸초가 이 위업을 성취할 수 있는 정신적 힘을 가진 사람이었으면 하는 것이었다. 사실, 바로 걜와 쏘남 갸초와 알탄 칸이 함께 노력해서 몽골에 불교가 재도입되고, 너무도 오랫동안 몽골의 특징이었던 유혈의 시대가 끝났다.

전반적으로, 달라이 라마는 모든 사람들에게 선한 행위에 힘쓰라고 요청했다. 특히, 초승달·반달·보름달이 뜨는 날에는 포살계를 받아 자기 정화를 하고 수행에 전념해야 한다. 몽골인들은 중국·티베트·몽골의 다른 지역으로 들어가 약탈하는 것을 중지하고, 대신에 자신들의 에너지를 평화로운 공존의 방식에 쏟아야 한다. 쉽게 말해, 그들은 중앙 티베트의 온화한 방식을 모방하고, 자신들의 삶의 방식에 부처님의 가르침을 통합하려 애써야 한다는 것이었다.

착까르 몽골인들에게 새로운 생활 규범을 제공한 후에, 쏘남 갸초는 그들에게 여섯 음절 자비의 만뜨라('옴 마니 반메 훔')와 함께 관세음 수행법을 전했다. 그의 모든 법문은, 거기에 있던 모든 사람들이 자신들이 무엇을 요구해야 하는지를 정확하게 알 수 있도록, 지정된 통역사들이 몽골어와 중국어로 통역했다. 그가 법문을 하는 동안 하늘은 무지개로 채워지고 꽃비가 내렸다.

걜와 쏘남 갸초의 몽골 여행의 한 가지 유산은 '달라이 라마(Dalai Lama)'라는 이름의 탄생이었다. 이것은 빤첸 쏘남 닥빠가 그에게 아이 이름으로 지어준 법명의 '갸초(Gyatso)'를 문자 그대로 몽골어로 번역한 것이다. 칸은 그를 바즈라다라(Vajradhara, 지금강불) 달라이 라마라고 불렀으며, 그는 칸을 초걜 하 짱빠(Chogyal Lha Tsangpa, 금강저를 든 대양 라마)라고 불렀다.

그 다음 해(1579)에, 칸은 걜와 쏘남 갸초를 위해 장첸 최코르 링(Jangchen Chokhor Ling) 사원의 건축을 후원했다. 이 사원은 몽골에서 불교의 수장으로서 달라이 라마의 새로운 중심지로서의 역할과, 몽골인들을 가르치고 몽골인들에게 봉사할 수 있는 스님들을 배출할 교육 기관으로서의 역할을 담당했다.

걜와 쏘남 갸초는 암도의 쫑카빠 대사의 출생지를 방문하는 데에 관심을 보였다. 쫑카빠의 어머니가 1357년 그를 낳은 후에 그의 아버지는 전통에 따라, 태를 갖다 묻었다고 한다. 그 후 얼마 되지 않아 백단유(sandalwood) 나무가 마법처럼, 태를 묻은 곳에서 솟아났다. '위대한 공덕의 나무'로 유명한 이 나무는 동 티베트에서 가장 신성한 순례 대상들 중

하나가 되었는데, 나무의 잎과 껍질에는 신비스런 음절들이 각인되어 있고, 꽃들은 매우 황홀한 향기를 내뿜는다고 한다.

  3대 달라이 라마는 어렸을 때부터 이 나무에 대한 얘기를 들어와서 무척 직접 보고 싶어 했다. 그는 이제 이 나무가 훼손되지 않도록 보호하기 위해 주변에 울타리를 설치하고, 그 곁에 꿈붐 잠빠 링(Kumbum Jampa Ling) 사원을 세웠다. 이 사원은 곧 동 티베트에서 가장 크고 영향력이 있는 사원이 되었다.

4. 마지막 가르침과 죽음

병의 증세가 뚜렷이 나타남에도 불구하고, 그는 계속해서 사람들을 가르치고 지도했다. 그 다음 달에 그의 질병은 더 심해졌다. 떠날 시간이 가까이 왔음을 깨닫고, 그는 제자들을 불러 마지막 유언을 하고, 그들을 위해 마지막 가르침을 글로 썼다.

추 하(Chu Lha, 水天)의 정원에서
'길상한 웃는 자'라 불리는 나,
방편과 지혜의 감로수 드러내는 데 능해,
앉아서 초월적인 기쁨(大樂)에 빠져 있네.

여기 대양(大洋)의 남쪽에 위치한 이 땅에
대기의 영들이 거주하는 정원이 있네.
변재천(Sarasvasti)의 축복을 받은 힘의 장소
공성과 대락이 쉽게 일어나는 곳,
여러 상서로운 표상에 의해 아름다워진 곳
자연의 미묘한 소리 울려나와 기쁨으로 귀를 채우네.

여기선 분위기 자체가 울타리 되어
마음이 방황하는 습관을 막아주고

또 칼이 되어 끊임없이 이원성에 집착(二執)하는
경향(習氣)을 잘라버리네.

사람들의 이익을 위해 나는 여행하고 가르치는 척해 왔네.
매일 이곳저곳으로 이동하지만, 싫증 난 적이 없네.
긴 밤을 지새면서도 나는 알아차림의 도(道)에 매달려
빛나는 진리 안에서 쉬기 때문이네.

진리는 가장 놀라운 빛 아닌가! 왜냐하면 기쁜 마음의
만다라 같은 거울에 대락의 의식이 반영된 대상들이
나타나므로, 맑은 하늘에 빛나는 달이 맑은 물웅덩이에 반영되듯.

대락과 공성의 지혜를 즐기는 바다 같은 경험을 낳는 것은
최상의 금강승에 대한 강력한 수행이니,
이 놀라운 길에 들어가 완전한 이익을 얻으려면
딴뜨라를 성취한 자격 있는 스승에게 끊임없이 의지해야 하네.

우리들이 이전에 함께 성취한 선업의 힘에 의해,
우리들이 지금 하고 있는 것에 적용되는 연기의 법칙에 의해
그리고 미래를 위한 우리들의 기도의 힘에 의해,
모두가 구루의 길상(영광) 얻고 위대한 길(대승) 성취하소서.

● 우리들은, 한편으로, 지금까지 우리들 모두가 한 행위가 이루는 개인적인 업과 공동의 업의 지배를 받지만, 다른 한편으로, 우리들은 새로운 업을 만들어낼 수 있습니다. 따라서 연기는 결코 숙명론이 아닙니다. 우리는 우리들 자신의 미래를 스스로 창조할 수 있기 때문입니다. -역자

현재 오탁악세의 중생들은 공덕이 적어
많은 부정적인 상황에 직면해야 하네.
우리들은 진지하게 기도하여 우리들이 사는 곳이 세상의
이익과 기쁨의 원천이 돼야 하네.

마음을 선(善)으로 돌리는 힘에 의해,
진리에 대한 알아차림이 늘어나고
나타난 것들에 대한 집착은 줄어드네.
그러면 인과법칙에 의해 몸·말·마음의 대상들은
자동적으로 행복을 낳네. 그때 이 인간의 삶은
진실로 기쁨의 도구가 되네.

이 목적을 성취하도록, 스승과 성품이 같은
열세 분의 신비한 다끼니들(dakinis)이시여,
용기를 불러일으키는 축복 베푸소서.

이 마지막 가르침을 쓴 후에, 걜와 쏘남 갸초는 집중적인 명상 수행에 들어갔다. 그 달 스물여섯 번째 날 새벽, 마침내 그는 숨을 멈췄다. 그의 마음은 맑은 빛(정광명) 법신의 의식 속으로 사라지고, 그의 몸은 눈부신 광채가 되어 무지개를 내뿜으며, 그가 정말로 완전히 성취한 스승이었음을 보여주는 징표들을 드러냈다. 그의 죽음이 그런지라 그는 죽음의 과정에서조차 자신의 제자들에게 최상의 영감을 주었다.

그의 첫 번째 스승 빤첸 쏘남 닥빠가 예언을 깨고 2대 달라이 라마의 이름(겐뒨 갸초)에서, '겐뒨'을 잇는 대신에 '갸초'를 이어 그를 쏘남 갸초라고 명명한 것은, 3대 달라이 라마의 생애 동안 그가 특별나게 더 크고, 티베트보다 더 크며, 티베트 불교보다 더 크게 되기 때문이었을 거라고 많은 사람들은 추측한다. 바다의 물이 전 세계로 흐르듯 그도 달라이 라마, 즉 '바다 같은 스승'이 되어 시방 세계 곳곳에 평화와 깨달음의 메시지를 전할 것이다. 어떤 의미에서 이것은 사실로 입증되었다. 왜냐하면 사나운 몽골인들을 길들인 그의 행동은 서쪽으로 멀리 유럽과 동쪽으로는 멀리 한국에 이르기까지 사람들에게 이익을 가져다 주었기 때문이다.

5. 3대 달라이 라마의 저술

『정제된 금의 핵심』 중에서 '보살의 람림'

이것은 3대 달라이 라마의 유명한 글 '정제된 금의 핵심'의 일부이다. 티베트어로 장춥 람림(Jangchub Lam Rim)이라고 하며 '깨달음에 이르는 길'로 알려진 종류의 작품이다. 1대 달라이 라마의 스승인 쫑카빠 대사는 이러한 종류의 작품을 세 가지 저술했다. 이 중 가장 길이가 긴 것은 1000페이지가 넘으며, 가장 짧은 것은 시(람림송)로 작성되었는데, 길이가 몇 페이지에 불과하다. 3대 달라이 라마의 『정제된 금의 핵심』은 바로 이 시에 대한 주석이다. 독자들이 기억하듯이, 현 14대 달라이 라마는 이 책의 서문에서 이 작품에 대해 언급한다.

앞의 장에서는 2대 달라이 라마의 글, 『두 보리심에 대한 명상』을 소개했다. 이들 둘은 자애와 연민으로 특징지어지는 세속적인 보리심과 공성의 지혜인 궁극적인 보리심이다. 2대 달라이 라마에 의해 이 글에 제시된 세속적 보리심은, 보편적 자애와 연민의 자연적 성취로서의 깨달음에 대한 염원이기 때문에, '원보리심'으로도 알려져 있다. 다시 말해, 보편적인 자애와 연민의 마음이 강화되면, 우리의 깨달음이 더할수록 남들에게 더 이익을 줄 수 있기 때문에, 이는 가장 높은 깨달음을 향한 염원으로 향하게 된다. 역으로, 무지할수록, 우리는 남들에게 해로울 수 있고 그들을 혼란스럽게 만든다.

세속적인 보리심의 서원적인 면(원보리심)은 '행보리심' 혹은 실천적인 보리심으로 보완돼야 한다. 이것이 육바라밀과 사섭법으로 통하는 깨달음을 향한 보편적인 자비심의 원동력이다. 이들 육바라밀 – 보시, 지계, 인욕, 정진, 선정, 지혜 – 은 보살의 생활방식의 핵심이며, 과거·현재·미래의 모든 부처님들이 수행한 위대한 길(대승)의 핵심이다. 이들 각각에 대해 3대 달라이 라마는 쫑카빠 대사의 시를 인용하고 그것의 의미를 설명한다.

A 보리심 일으키기
쫑카빠 대사에 의하면,

깨달음으로 향하는 이타적인 염원인 보리심의 개발은
대승 수행의 중심 기둥이고, 보살행의 기반이며,
복덕과 지혜의 황금 낳는 명약, 무한한 종류의 선(善)을
지닌 광산이네. 이를 알고, 붓다를 따르는 용맹한 이
[보살]들은 이를 가슴 한가운데 단단히 품네.

원보리심을 일으키기 위한 명상은 중요하다. 그러나 이들로 충분한가? 그렇지 않다. 우리는 또 행보리심의 약속을 실천하고 보살의 방대한 활동들인 육바라밀을 수행하여 자기 자신의 마음을 익히고, 사섭법을 수행하여 남들의 마음도 익혀야 한다.

B 육바라밀 수행법
(1) 보시바라밀을 수행하는 방법
모든 중생들에게 최대한의 이익을 주기 위해 성불해야 한다는 서원

에 기반을 두고, 수행에 대한 지식이 없는 사람들에게는 좋은 조언을 해 주고, 왕이나 병사 등의 노여움으로 고통 받는 사람들과 귀신·마귀·맹수·뱀 등의 중생들에게 겁먹은 사람들과 화재·붕괴·익사·질식 등으로 겁먹은 사람들은 보호해 주며, 궁핍한 사람들에게는 먹을 것과 마실 것·치료약 등을 주어야 한다. 간단히 말해서, 아낌없는 마음으로 그대의 몸과 소유물과 삼세의 공덕을 바쳐 세상을 이롭게 하기 위해 깨달음을 성취하라. 쫑카빠 대사에 의하면,

> 보시바라밀은 세상의 희망을 이뤄주는 마법 같은
> 보석(여의주)이고, 가슴 조이는 인색함의 매듭을 자를
> 가장 좋은 도구이며, 언제나 변함없는 정신의 힘을
> 낳는 보살 수행이고, 유익한 명성의 기반이네.
> 이를 알고, 현명한 이들은 몸과 소유물, 공덕을
> 바치는 수행에 의지하네.

(2) 지계바라밀을 수행하는 방법

우리는 모든 중생들을 위해 깨달음을 얻어야 한다. 이를 위해서는 억념(憶念), 정지(正知), 불방일, 겸손 등의 자질을 가진 태도를 유지해야 하고, 세 가지 종류의 지계(三聚淨戒)를 수행해야 한다. 이들은 죽음의 공포 아래에서도 악행에 가담하지 않는 선한 행동의 지계이고, 육바라밀의 수행을 깊게 해 주는 기반인 동시에 잘못된 존재의 방식에서 멀어지도록 자신을 묶어주는 지계(율의계)이며, 이것은 육바라밀 수행을 증장하는 지계(섭선법계)이고, 위의 둘을 기반으로, 세상을 개선하기 위해 윤리적으로 노력하는 지계(요익유정계)이다. 쫑카빠 대사에 의하면,

지계는 악의 얼룩 씻어내는 물이고, 번뇌의
열기 식히는 달빛이며, 중생들 가운데 산처럼
우뚝 솟은 광명이요, 인류를 평화롭게 통합하는 힘이네.
이를 알고, 수행자들은 자신의 눈처럼 이를 보호하네.

(3) 인욕바라밀을 수행하는 방법

분노는 남들이 당신에게 끼치는 해에 대한 가치 있는 대응이 아니다. 왜냐하면 그들이 끼치는 해는 바로 당신이 이전에 그들에게 끼친 해의 업의 산물이기 때문이다. 또한, 그들은 마음을 통제할 수 없고 어쩔 수 없이 분노에 압도되므로, 그들에게 화를 내고 해치는 것은 적절하지 않을 것이다. 또한, 한 순간의 분노가 여러 겁에 걸쳐 쌓은 공덕의 세 가지 기반의 세 가지 뿌리를 파괴하므로, 어떤 이유로든 화낼 생각이 일어나게 허용해서는 안 된다. 이것이 해(害)에 흔들리지 않는 인욕 수행이다.

남이 자신에게 가한 해로 고통과 괴로움을 겪을 때, 우월감·오만 등과 같은 부정적 자세들은 사라지고 윤회를 버리는 마음(출리심)은 강화된다. 이 원치 않은 해의 경험은 이전에 당신 자신이 행한 부정적인 행동들이 낳은 것인데, 만약 당신이 화를 내면서 부정적이고 건전한 방편에 맞지 않은 행동으로 대응한다면, 당신은 더 깊은 폭력적인 업의 습기를 늘리는 조건들을 만들게 된다는 것을 기억하라.

원인이 없으면 결과도 일어나지 않으며, 해악을 참고 견디면 이 어려움을 불러온 이전의 부정적인 행동(업)이 대폭 줄어들 뿐만 아니라, 능숙한 인욕 수행으로 긍정적인 업을 만들게 된다는 것도 기억하라. 화를 피함으로써, 당신은 미래의 고통을 피하게 된다. 더욱이, 남들이 당신을 해칠 때, 인욕을 수행함으로써 당신의 다른 바라밀 수행이 개발되고 성숙된다. 이들과 기타 많은 타당한 이유들 때문에, 구루들은 우리들에게 해악을 당했을 때 인욕 수행으로 대하라고 조언해 왔다. 그들의 가르침을 기억하고 남들이 주는 고통을 큰 친절로 여기는 인욕을 수행하라.

마지막으로 삼보와 불보살들의 능력은 불가사의하다는 것을 인식하고, 보살행의 가치를 깨달으며, 또한 무아에 대한 명상의 고마움을 알라. 다르마에 확신을 갖고 보살들처럼 수행하기를 바라는 그런 인욕을 수행하라. 쫑카빠 대사에 의하면,

> 인욕은 진정한 영웅들의 가장 좋은 장식이요,
> 번뇌를 극복해 주는 최고의 고행이며,
> 화라는 뱀을 파괴하는 가루다(garuda) 새요,
> 비난의 화살들로부터 보호해 주는 견고한 갑옷이네.
> 이를 알고, 온갖 방식으로 그대 자신을
> 최고의 인욕이라는 갑옷에 익숙하게 하게.

(4) 정진바라밀을 수행하는 방법

만약 우리가 피로·탐닉·잠과 같은 저질의 행복에 대한 소망에 대해서는 물론, 윤회에 대한 환멸〔염리심〕에 대해 수행하지 않았다면, 우리는 계속해서 게으름 속에서 살게 될 것이다. 모든 게으름의 원인들을 버리고 오로지 몸과 말·마음의 선업에 전념하라. 심지어 한 중생의 고통을 덜어주기 위해서도, 세 가지 종류의 정진을 수행하라. (1)어떤 이유로든 어려운 수행을 버리지 않는 갑옷 같은 정진, (2)여기에 기반을 두고, 건전한 다르마에 머물면서 육바라밀 수행을 증진하는 정진, 그리고 (3)이상의 둘을 수단으로 하여 모든 중생들의 깨달음이라는 목표를 위해 노력함으로써 남들의 이익을 위해 일하는 정진을 해야 한다. 쫑카빠 대사에 의하면,

꾸준한 정진이라는 갑옷을 입으면, 배움과 통찰력의
성품이 차오르는 달처럼 커지게 되고, 모든
활동들은 의미를 갖게 되며, 모든 일들은 완성되네.
이를 알고, 보살들은 게으름 쫓아버리는
방대한 정진에 매진하네.

(5) 선정바라밀을 수행하는 방법

보리심을 동기로, 의식을 도거와 혼침에서 벗어나게 하여, 세속적인 선정과 초월적인 선정을 수행하라. 또는, 방향이라는 관점으로부터, 다양한 집중명상(止)과 깊은 통찰(觀)과 지와 관을 결합하는 선정(止觀雙修)을 수행하라. 또는, 기능이라는 관점으로부터, 바로 이 삶에서 깨달아서 경험하는 몸과 마음의 기쁨에 머무는 선정과 신통력, 불가사의한 능력 등과 같은 더 높은 성품을 실현하는 선정과 세상 사람들에게 필요한 것을 이뤄주는 선정을 수행하라. 쫑카빠 대사에 의하면,

선정은 마음을 다스리는 왕이네. 안정시키면,
그것은 산처럼 부동하네. 지시하면, 그것은
모든 선한 명상에 들어갈 수 있으며,
온갖 몸과 마음의 기쁨(輕安) 가져오네.
이걸 알고, 위대한 요가행자들은 그것에 의지하여
마음의 산란이라는 내부의 적을 없애네.

(6) 지혜바라밀을 수행하는 방법

보살의 염원을 동기로 삼아, 우리는 다음 세 가지 종류의 지혜를 수행해야 한다. 이것은 (1)존재의 궁극적 양상인 진여(眞如), 또는 공(空), 슈냐

따(shunyata)를 파악하여 윤회의 뿌리를 뽑아버리는 지혜, (2)(사성제와 같은) 세속적인 진리를 이해하는 지혜, (3)그리고 앞의 두 가지 지혜를 방편으로 하여 중생들이 필요로 하는 것을 이뤄주는 지혜이다. 쫑카빠 대사에 의하면,

> 지혜는 있는 그대로의 양상(眞如)을 보는 눈이고,
> 윤회의 뿌리를 뽑아버리는 수행이며,
> 모든 경전에서 칭송하는 탁월한 공덕의 보물이고,
> 어두운 무지를 쫓아내는 최상의 등불이네.
> 이를 알고, 자유(해탈)를 구하는 현명한 사람들은
> 온갖 노력을 해서 그걸 낳네.

C 이타를 위한 네 가지 방법(四攝法)

모든 중생들을 위해 반드시 깨달음을 얻어야 한다는 생각을 동기로 삼아, (1)우리는 자신과 인연 있는 수행자들을 지원하는 보시를 실천한다(布施). (2)그들을 북돋아주기 위해 미소 띤 얼굴을 보여주고 상냥하게 말한다(愛語). (3)다르마(육바라밀 등)를 가르치고 이를 실제로 실천할 수 있도록 사람들을 격려한다(利行). (4) 자신이 가르친 대로 살고 실천한다(同事). 우리는 남들에게 이익을 주는 이들 네 가지 심오한 방편들을 가능한 한 모든 방식으로 개발해야 한다.

D 지관쌍수

아집(我執)이 윤회의 뿌리이기 때문에 이 집착을 대치하는 수행을 하지 않는 선정은 윤회의 뿌리를 자를 수 없다. 다른 한편으로 모든 것이 실제로 존재하지 않음을 인식하는 지혜가 있더라도 명상의 대상에 고요히 머

무를 수 있는 마음의 안정이 없으면 아무리 찾아보아도 번뇌를 물리칠 수 없다. 영원히 번뇌를 여의고 해탈을 성취하려면, 지(止) 선정이라는 말을 타고 바른 견해로부터 흔들리지 말고 존재의 궁극적이며 틀림없는 의미, 공성의 깊이를 파악할 수 있어야 한다. 이 말을 타고 상견과 단견이라는 극단을 여읜 중관론의 네 가지 위대한 방법이라는 날카로운 무기를 휘둘러서, 우리는 지혜를 얻어 극단에 대한 모든 집착을 없애고 영원히 명료한 마음을 넓혀서 궁극적인 것을 파악할 수 있게 해 주는 힘인 존재의 실제의 양상(공성)을 이해해야 한다. 쫑카빠 대사에 의하면,

> 그러나 윤회의 뿌리를 자르는 힘은
> 일념 집중(止)만에 놓여 있는 것이 아니고,
> 그리고 지의 길에서 분리된 지혜만으로는
> 아무리 노력하더라도 번뇌를 물리칠 수 없네.
> 궁극적인 진실을 탐구하는 지혜(觀)가
> 사마디(삼매)라는 흔들림 없는 말에 올라타
> 중관의 논리라는 날카로운 무기로
> 극단(상견과 단견)에 대한 집착을 쳐부숴야 하네.
> 그렇게 탐색하는 방대한 지혜로
> 진여(공성)를 이해하는 마음을 확장하게.

진술한 대로, 단지 대상에 대해 흔들림 없이 강력한 집중에 머무르는 삼매를 이루는 것만으로는 충분한 성취가 아니다. 마음이 일념 집중 상태에 머무르며, 지혜로 다양한 수준의 진리를 분별하고 진여의 양상을 파악하게 만들면, 그것은 선정을 낳아 확고하게 흔들리지 않고 만물의 실상인 공성의 의미에 머무른다. 이것을 알고, 선정을 지혜와 결합시키기 위한 노

력이 얼마나 놀라운지 깨달아라. 그대 자신이 이 목적을 위한 지고한 소망을 하고, 그리하여 그것의 씨를 영원히 심어라. 쫑카빠 대사에 의하면,

> 일념 집중(止) 명상은 형언할 수 없는 놀라운 삼매를
> 가져오지만, 거기에 중단하지 말게. 왜냐하면,
> 그것이 분별지(觀)와 결합하면 존재의 양상을 파악할
> 수 있어 삼매를 낳아 확고하게 흔들림 없이
> 궁극적인 것(공성)에 머무르기 때문이네.
> 이걸 알고, 삼매를 지혜와 결합하는
> 노력을 경이로운 것으로 보게.

명상하는 동안에, 마음을 지(止)와 관(觀)에 고르게 두고, 허공이 형체를 가진 장애에서 벗어나 있듯이, 극단에서 벗어난 공에 대해 일념으로 집중하라. 명상과 명상 사이에는, 비록 모든 것이 고유하게(독립적으로) 존재하지 않지만, 마술사의 창조물들처럼, 어떻게 나타나는지를 지켜보라.

이런 식으로 수행자는 지혜와 방편이 결합된 - 공에 대한 진정한 명상이 큰 자비심과 보리심과 결합된 - 수행으로 시작해서 보살 수행의 다른 면으로 나아간다. 쫑카빠 대사에 의하면,

> 허공 같은 공성에 대해 일념으로 명상하게.
> 명상 후에는 삶을 마술사의 창조물로 보게.
> 이들 두 수행을 익힘으로써, 방편과 지혜가
> 완전하게 통합되어, 수행자는 보살도의 끝에 이르네.
> 이걸 알고, 방편이나 지혜 어느 한 쪽을 지나치게
> 강조하는 길에 만족하지 말고 행운아들의 길에 머물게.

제4장

4대 달라이 라마 욘뗀 갸초
― 칭기즈칸의 후예

◀ 4대 달라이 라마 욘뗀 갸초(Yonten Gyatso)
뉴워크 박물관(Newark Museum)/Newark/New Jersey

1. 몽골과 티베트

3대 달라이 라마의 몽골과 중국 북서쪽 몽골 지역에서의 수년 동안의 가르침은 칭기즈칸의 직계 17세대 후손인, 지도자 알탄 칸(Altan Khan, 1507~1582년)의 후원 아래 시작되었다. 그러나 이것은 달라이 라마와 몽골이 다르마와 중생들을 위해 함께 일한 첫 번째 생은 아니었다. 왜냐하면 이들의 업(業)의 연관은 매우 오래된 것이었다. 3대 달라이 라마가 몽골에 머물 때 알탄 칸에게 털어놓은 바에 의하면, 여러 생 이전에 그 자신이 다름 아닌 쿠빌라이 칸의 스승인 싸꺄 팍빠(Sakya Pakpa)였다고 하였다. 게다가, 알탄 칸은 사실 칭기즈칸의 손자인 쿠빌라이 칸의 환생자였다.

2. 탄생, 선정 테스트, 공인, 즉위, 명명(命名)

　3대 달라이 라마가 1588년에 돌아가고 얼마 되지 않아, 알탄 칸의 손자 중에 한 명, 푸른 궁궐의 왕자 쎄첸 최코르의 젊은 아내가 임신했다. 그녀와 그녀의 남편 모두 3대 달라이 라마의 제자였고 신심이 깊은 수행자들이었다.

　그녀는 임신한 밤에 많은 이상한 꿈을 꿨다. 이들 중 하나에서 3대 달라이 라마가 그녀에게 나타났다. 그는 긴 하얀 예복을 입고, 그녀를 자비롭게 바라보았다. 그녀는 즉시 그에게 절을 했다. 같은 날 밤 나중에 그녀의 꿈에 작은 하얀 아이가 수정 염주를 들고 그녀에게 와서 그녀를 안아주었다. 물론 흰색은 자비의 보살인 관세음보살의 색이고, 달라이 라마들은 관세음보살의 화현들이다. 또 그녀의 꿈에 하얀 남자가 하얀 말을 타는 것과, 그런 다음 다시 하얀 옷을 입고 있는 3대 달라이 라마를 보았다. 3대 달라이 라마가 그녀에게 말했다. "나는 머물 장소를 청하러 여기 왔다."

　며칠 밤 뒤 그녀는 꿈에 높은 산을 보았는데, 거기에는 '뽀딸라 산'이라는 말이 울려 퍼졌다. 뽀딸라는 자비의 관세음보살과 관련 있는 남인도에 있는 산의 이름이다. 그녀의 두 눈은 산의 꼭대기로 끌렸는데, 그곳에서 그녀는 환한 빛을 보았다. 그 광채 안에 작은 하얀 아이가 수정 염주를 들고 앉아 있었다. 그가 그녀를 보더니, 빛으로 용해되어 그녀의 몸속으로 녹아 들어왔다. 깨어났을 때 그녀는 상쾌함과 기쁨을 느꼈다.

　임신 후 여러 날 동안 그녀는 완전한 내면의 평화와 기쁨을 맛보았다.

세상이 조화와 행복으로 가득 찬 것 같았고, 모든 것이 모든 방향에서 좋다고 느껴졌다. 충만감이 너무도 커서 그녀는 1주일 동안 거친 음식이 필요하지 않았다.

그녀의 임신 증상은 임신 후 한 달이 못 되어 나타났다. 그녀의 근처에 앉은 사람들은 그녀의 자궁 안에서 나오는 '흐리(hrih)'와 '디(dhih)' - 각각 자비와 지혜의 진언 종자의 소리- 의 진언 소리들을 들을 수 있었다. 많은 사람들이 또 자비의 관세음보살의 만뜨라 '옴 마니 반메 훔'이 그녀의 자궁에서 울려 퍼지는 것도 들었다.

임신 8개월째에 그녀는 무아지경에 빠졌다. 하얀 부처님이 그녀에게 나타나 말했다. "이 아이는 제 탐체 켄빠(Jey Tamchey Khyenpa, 달라이 라마)의 환생자다. 그를 법좌에 앉히고 그가 사람들을 접견하게 하라."

이러한 것들과 기타 많은 기이한 일이 일어났다.

마침내 땅 황소 해(1589)의 첫째 달에 아이가 태어났다. 그는 키가 남달리 커서 세 살 아이와 같았다. 음악과 천둥 같은 많은 상서로운 소리가 하늘에서 울렸고, 상서로운 향기가 대기를 채웠다. 새로 태어난 아이가 그의 부모를 보고 그들의 이름을 불렀다.

3대 달라이 라마의 주 수행원은 구쉬(國師) 뺄덴 갸초(Palden Gyatso)라는 이름의 승려였는데, 환생자 찾기를 수행할 위원회를 구성하는 책임이 그에게 떨어졌다.

스승이 세상을 떠난 후 얼마 되지 않아 구쉬 뺄덴 갸초는 빼하르 신탁과 소통하는 영매에게 그와 소통해 달라고 요청했다. 그가 물었다. "스승이 자신의 임무를 위해 인간세계에 다시 태어나실 것인가, 만약 그렇다면 환생자 찾기를 수행할 위원회가 그를 발견할 수 있겠는가?" 영매가 긍정적인 답변을 주었으나 환생자가 몽골에서 태어날 것이라고 덧붙였다.

그 사이, 몽골에서는 알탄 칸의 손자 쎄첸 최코르에게 태어난 아이를 둘러싼 여러 사건들이 계속해서 관심을 끌었다.

그러던 어느 날, 아이가 세 달밖에 되지 않았는데 부모에게 말했다.

"오늘은 매우 상서로운 날입니다. 불단을 마련해 놓은 방에 좋은 자리를 마련하고 몸·말·마음 그릇들에게 공양물을 바치세요. 〔몸·말·마음 그릇은 각각 깨달음의 몸의 가피를 담은 불상, 깨달음의 말의 가피를 담은 경전, 그리고 깨달음의 마음의 가피를 담은 불탑을 가리킵니다. -역자〕 찰흙으로 빚은 불상과 보병들을 네 방향에 놓으세요. 내가 태어난 곳에 탑을 만드세요. 내 침대 옆에는, 여덟 개의 길상과 일곱 가지 왕의 표상을 놓으세요. 스님들에게 다르마에 대한 토론을 부탁하세요. 티베트와 중국에서 온 대표들과 함께, 여섯 몽골 부족들의 위대한 장소에서 공양을 올리세요. 그리고 모인 사람들이 기도를 올리게 하세요. 똥와 된덴(Tongwa Donden)이 그의 소망에 따라 여기 도착했습니다."

똥와 된덴, '바라볼 의미가 있는 그'는 『까담빠 스승들의 책』의 예언에서 달라이 라마 환생자들에게 사용되는 이름의 일부이고, 또한 빼하르 신탁영매가 그의 소통 상태에서 사용한 이름이기도 하다.

아이의 부모는 깊은 감명을 받아, 그가 바라는 대로 해 주었다.

그가 한 살이 되었을 때 그의 아버지가 불단을 모신 방에서 성화(聖化) 의식을 후원했다. 이 의식에서 3대 달라이 라마의 조각상이 다른 많은 불상들 가운데 불단 위에 놓여 있었다. 아이는 그곳으로 올라가, 두 눈을 크게 뜨고 그것을 바라보며 흥분하여 외쳤다. "이게 나다!"

많은 사람들이 그 자리에 있었는데, 이들 모두가 3대 달라이 라마의 제자들이었다. 그들은 그의 말을 듣고 감동으로 압도되었다. 그들은 앞으로 나아가서 그에게 축복을 내려달라고 청했다. 그는 그렇게 했다. 3대 달라이 라마가 했던 세 가지 전통적인 방식인 한 손으로, 두 손으로, 그리고 지팡이로 축복을 내렸다.

    처음에 구쉬 뺄덴 갸초는 아이를 조사하기 위해 몇 명의 조수들만 보냈다. 그들은 깊은 감명을 받고 매우 긍정적인 보고서를 보냈다. 그 후 얼마 지나지 않아 구쉬 뺄덴 갸초가 몸소 몽골로 긴 여행을 떠났다. 3대 달라이 라마에게 속했던 열한 개의 다른 물건들을 가져왔다. 여기에는 3대 달라이 라마의 염주와 그가 가장 좋아했던 요령과 금강저 한 쌍 그리고 그의 개인의식용 손북(다마루)이 포함되어 있었다. 이것들을 유사한 물품들과 섞어서 아이에게 보여주고, 그 가운데서 고르라고 했다. 아이는 자신의 전 임자의 소유였던 열한 개의 물품을 모두 다 잘 골라냈다. 그래서 사람들은 실제로 그가 3대 달라이 라마의 환생자라고 확신했다.

    중앙 티베트에서는 달라이 라마가 티베트 밖의 땅에서 태어났다는 사실이 상당한 놀라움을 불러일으켰다. 티베트인들은 그를 국보 중의 하나로 생각했는데, 그가 교육을 받기 위해 라싸에 있는 데뽕 사원으로 오기보다는 몽골에 남게 될지 모른다고 걱정했다. 그래서 팍모 두빠 족장이며 돌아간 3대 달라이 라마의 가까운 제자였던 데씨 팍두가 아이에게 긴 편지를 써서, 빨리 티베트로 오라고 요청했다.

    이 여행은 수 년 동안 실행되지 못했는데, 부분적으로는 여행의 길이와 여행의 강도 때문이었고, 부분적으로 이 여행이 유아의 건강과 안녕에 주게 될 부담 때문이었다. 게다가, 그의 아버지 쎄첸 최코르 왕자가 그를 떠나보내는 것을 주저했던 것 같다.

    그럼에도 불구하고, 아이의 즉위는 직권상 간덴의 법좌 보유자인 걜 캉체 뺄조르 갸초에 의한 축하 편지에 의해 확인되었는데, 이 분은 그 당시 겔룩빠 종파에서 살아 있는 가장 위대한 라마로 간주되었다. 그 편지에는 이렇게 적혀 있었다.

    "나는 몹시 늙어 이 아이를 데려오기 위해 몽골까지의 여행을 견딜 수 있을 만큼 건강하지 않습니다. 그러나 현재 나는 중앙 티베트의 모든 라마들의 수장입니다. 따라서 그에게 이름을 올려주는 것이 제 의무입니다."

이 고령의 라마가 아이에게 이때 준 이름이 탐체 켄빠 욘뗀 갸초 뺄상뽀(Tamchey Khyenpa Yonten Gyatso Palzangpo), 줄여서 욘뗀 갸초(Yonten Gyatso)는 각각 이름이 변경되는 여러 수준의 수계 이후에도 변하지 않고 일생 동안 그의 이름으로 남았다.

3. 4대 달라이 라마가 받은 교육의 특징

티베트의 위대한 라마들 중의 한 분인 린뽀체 꾼상쩨가 그 아이의 개인교사로 임명되었다. 그는 곧바로 다양한 갈래의 불교 지식을 그에게 전수하기 시작했다. 이 둘은 가까운 친구가 되었다.

그러나 이 라마는 아이의 교육에서, 겔룩빠 전통에서 높은 뚤꾸들에게 하는 보통 방법과는 근본적으로 다른 방법을 택했다. 그는 딴뜨라 의례와 불교 무속 의례를 강조하고 인도의 불교 고전에는 거의 관심을 기울이지 않았다. 이것은 이 아이가 라싸의 큰 사원에서 받았을 교육과 너무도 역행하는 것이었다. 왜냐하면 거기에서는 인도의 고전을 강조하고 무속의 전통에는 거의 관심을 기울이지 않았기 때문이다.

이 문제에 관한 글에서 5대 달라이 라마가 암시하는 바에 의하면, 아이가 이런 교육을 받은 것은 아마 그의 아버지, 쩨첸 최코르 왕자 때문이었을 것이다. 왕자는 자기 아들이 그의 스승인 3대 달라이 라마의 환생자이므로 공식적인 불교 교육이 필요하지 않다는 생각이었다. 그는 이미 자신의 마음의 흐름 속에 그의 모든 전생의 다르마 지식을 지니고 있기 때문이라고 생각했던 것이다.

그래서 4대 달라이 라마의 교육에는 주류 고전들이 거의 다루어지지 않았다. 대신, 그가 개인교사를 통해 받은 것은 불교의 딴뜨라 의례의 세계로, 부처님들과 보살님들뿐만 아니라 만다라의 본존들과 호법존들을 초빙하고, 산·하천·구름·천체의 영들에게 얘기하는 방법들이었다. 불교 딴뜨라의 용어로 말하면, 욘뗀 갸초가 배운 것은 네 가지 깨달음의 마력적인 활동(四業)인 식멸·증익·회유·주살 방법을 이용하기 위한 비전(秘傳)의 세계였다. 그의 연로한 스승의 생각으로는 '무당'이라는 말 자체를 낳은 문명인 몽골에서 훨씬 더 잘 해 나가려면 불교 무속 기술을 습득해야 한다는 것이었다.

그의 교육방식은 대단히 효과적이었다. 딴뜨라 의례에 대한 4대 달라이 라마의 능통함은 전설적이었다. 당시의 많은 저술가들은 '마스터 샤먼(Master Shaman)'을 뜻하는 단어 '투뚭(Tutob)'을 그의 이름 욘뗀 갸초 앞에 붙였다. 그 결과, 당시의 많은 문헌에서 그는 '투뚭 욘뗀 갸초(Tutob Yonten Gyatso)'로 나타난다.

4. 티베트로 오는 여행

티베트인들은 이 어린 4대 달라이 라마를 유아기에 티베트로 데려오기를 원했지만, 몽골인들은 그가 자신의 고향에서 떠나는 것을 보고 싶어 하지 않았다. 여러 차례 출발 날짜가 정해져도 연기될 뿐이었다. 결국 왼땐 갸초는 땅 돼지 해(1599)에 비로소 라싸로 향하는 긴 여행을 시작할 수 있었는데, 그때 그는 이미 열 살이었다.

그 여행은 그 자체로만 3년 이상 걸렸다. 왜냐하면 가는 길에 중요한 사원과 수행 센터에 들러 축복해 주어야 했기 때문이다. 도시와 마을마다 많은 군중들이 그를 기다리고 있었다. 이렇게 그의 전임자 3대 달라이 라마의 명성은 널리 퍼져 있었다. 그들 중 다수는 3대 달라이 라마로부터 직접적으로, 혹은 그의 많은 직계 제자들로부터 가르침을 받은 사람들이었다.

마침내 물 토끼 해(1603) 일곱 번째 달에 일행은 라마 돔 뙨빠가 11세기 중반에 설립한 레땡 사원에 도착했다. 우리가 앞에서 보았듯이, 라마 돔 뙨빠는 까담빠 종파를 창설한 인도 스승 아띠샤의 수석 제자였다. 1대, 2대, 3대 달라이 라마 모두, 때로는 안거에 들기 위해, 때로는 가르치기 위해 레땡 사원에서 시간을 보냈다.

어린 4대 달라이 라마는 이 전통을 이어받아 이제 라마 돔 뙨빠의 법좌에 앉아 『까담빠 스승들의 책』에 대한 법문을 했다. 2대 달라이 라마는 성인기 동안 매년 새해 보름날 의식에서 이 책에 대한 법문을 했으며 3대 달라이 라마도 이 전통을 이어 받았다. 해마다 이 법문이 있는 동안 많은 상서로운 징표가 주변의 자연에서 일어났다. 4대 달라이 라마가 중앙 티베트에서 보낸 첫 해, 이 책을 읽을 때 유사한 현상들이 나타났다. 그가 법문을 막 마치려 할 때 하늘은 부드러운 보슬비를 뿌리고, 무지개는 사방에서 흘러들어오는 것 같았다.

5. 달라이 라마와 빤첸 라마

그가 조캉에 머무는 동안, 티베트 역사의 진로에 엄청난 영향을 줄 결정이 내려졌다. 장로들은 어린 달라이 라마의 교육과 그의 개인교사 임명에 관해 상의했다. 놀랍게도, 띠수르 쌍계 린첸은 젊고 상대적으로 잘 알려지지 않은 따시룬뽀 사원 출신의 빤첸 롭상 최끼 걀첸(Lobzang Chokyi Gyaltsen)을 임명했다.

티베트인 수행원들과 이 아이의 몽골인 수행원들은 반대했다. "〔그렇게 되면〕 학생이 선생보다 더 나을 겁니다."라고 그들은 주장했다. "욘뗀 갸초와 같은 탁월한 아이는 라싸 지역 사원 출신의 유명한 라마를 개인교사로 삼아야지, 시가쩨에 있는 1대 달라이 라마의 사원 출신의, 전혀 알려지지 않은 스님은 안 됩니다." 그러나 권위 있는 띠수르 쌍계 린첸이 자신의 입장을 고수하여, 마침내 그의 주장이 받아들여졌다. 그래서 빤첸 최끼 걀첸이 달라이 라마의 개인교사와 (법맥) 전수 스승으로 임명되었다.

티베트 문헌에 익숙한 독자들은 이 라마의 이름을 알고 있을 것이다. 그는 나중에 중앙아시아 역사에서 수행 면에서 가장 높은 인물 중 한 분이 되기 때문이다. 지금은 1대 빤첸 라마로 잘 알려져 있는데, 그는 그의 어린 피보호자(4대 달라이 라마)보다 더 오래 살았고, 나중에는 5대 달라이 라마의 스승이 되었으며, 91세의 고령에 세상을 떠났다. 그가 사망한 1662년에 이르면 그는 오직 달라이 라마에게만 정신적인 권위에 있어서 뒤처지는 인물이 되어 있었다.

달라이 라마와 빤첸 라마와의 관계는 오래도록 미래에까지 이어지게 되고, 이 두 지위는 '아버지/아들 보호자들'로 알려지게 되었다. 이들 두 라마들의 환생자들은 뒤따르는 수세기에 걸쳐 서로에게 스승과 제자 노릇을 하고, 누구든지 둘 중에서 그 생의 연장자가 다른 쪽(연하자)의 수행의 아버지로 임명되어 승려계와 딴뜨라 법맥들을 그에게 전수하게 된다. 이런 이유로 수 명의 빤첸 환생자들이 뒤따르는 달라이 라마들의 얘기에 등장한다. 빤첸은 신비한 아미타불의 화현으로 간주되는데, 반면에 달라이 라마는 관세음보살의 화현으로 간주된다. '아버지/아들 보호자들'이라는 칭호가 나타내는 의미는 이들 두 라마가 어릴 때나 늙을 때나 티베트의 운명의 정신적 수호자들이라는 것이고, 이들이 계속해서 환생하는 것은 서로를 도와 티베트의 수행 문화의 안녕과 (그리하여) 티베트인들의 안녕을 증진하는 것을 돕기 위해서다.

18세기 중반 이래 달라이 라마와 빤첸 라마의 지위는 티베트 라마계에서 각각 첫 번째와 두 번째였다. 달라이 라마가 첫 번째이고, 빤첸은 바로 그 밑이다. 빤첸의 아래에는 여성 환생자인 도르제 팍모(Dorjey Pakmo), 그 밑에는 싸꺄 띠진(Sakya Trizin) 현직 싸꺄 종파의 책임자가 있다. 이 싸꺄 라마 밑에는 까르마빠(Karmapa: 까르마 까귀 파의 수장)와 여러 링(Ling) 라마들을 포함하는 여덟 라마의 그룹이 있다.

단명한 9대 달라이 라마부터 12대까지의 환생자들의 기간에는 빤첸이 이 시기를 대표하는 라마가 되어, 젊은 시절에 세상을 떠난 네 분의 달라이 라마들이 남긴 공백을 메웠다.

빤첸 라마 환생자들의 순서를 정하는 데에 두 가지 방식이 있다는 것은 흥미롭다. 라싸의 연대기는 4대 달라이 라마의 새로운 개인교사, 빤첸 롭상 최끼 걜첸을 첫 번째 빤첸 라마라고 부른다. 오늘날의 중국 정부와 따시룬뽀 사원의 승려들은 그를 4대 빤첸 라마라고 일컫는다. 그러므로 티베트에서 1989년에 사망한 빤첸 라마는 라싸 연대기에서는 7대 빤첸이나, 중국 정부나 그 기관들이 공식적으로 출판한 모든 문헌과 따시룬뽀의 기록에서는 10대이다. 이 책의 남은 부분에서 필자는 라싸의 연대기의 계산법을 따라, 4대와 5대 달라이 라마들의 스승인 빤첸 롭상 최끼 걜첸을 1대 빤첸 라마로 기술한다.

조캉에서 얼마 동안 대중을 접견하고 사미계를 받은 후에, 어린 달라이 라마는 데뿡 사원 안 그의 세습되는 거처인 간덴 포당으로 들어갔다. 여기서 그는 곧 빤첸 라마와 합류했는데, 이 분은 수십 가지 불교 법맥을 그에게 전수하기 위해 따시룬뽀로부터 초대받은 것이다.

나무 용 해(1604)에 걜와 왼뗀 갸초는 라싸의 조캉 사원에서 처음으로 대기원제를 집전했다. 보름날에 수많은 대중에게 전통적인 『자따까말라(Jatakamala, 보살본생만론)』를 읽어주자, 모두가 감탄했다. 그는 전혀 몽골 억양을 사용하지 않았고, 그의 전임자의 출생지인 똘룽에서 온 사람과 똑같이 말했다.

얄룽 계곡으로 가는 4대 달라이 라마의 여행은 자기 자신의 이전 환생자들 뿐만 아니라 빠드마 쌈바와, 아띠샤, 쫑카빠 대사에 의해서도 성지가 된 곳에 대한 수행의 순례였다. 그러나 이것은 정치적인 의미도 지니고 있었다. 얄룽 계곡은 티베트 문명의 요람인 동시에 모든 티베트 초기의 왕들의 고향이었다. 그래서 모든 중요한 라마들은 티베트의 민족의식에 닿기 위해 이곳을 보아야 했고 그렇게 하는 것을 사람들에게 보여줘야 했다.

6. '위대한 샤먼 욘뗀 갸초'

　불 말 해(1606) 말에 네우동 궁궐로부터 초대장이 도착했다. 걜와 욘뗀 갸초는 이를 받아들였는데, 가는 길에 수많은 사원이 또 다시 그를 맞이하였다. 네우동 왕은 중앙 티베트의 가장 중요한 통치자였고, 달라이 라마를 초대하는 전통은 1300년대 후반에 싸꺄빠의 쇠퇴 이후, 달라이 라마들에 의해 유지되어 왔다.

　사실 쫑카빠 대사가 조직한 최초의 대기원제의 후원자는 네우동 왕이었다. 비록 공식적으로 티베트 불교의 팍모 두빠 종파(열두 개의 까규 분파 중의 하나)의 지지자이지만 네우동 통치자들은 일반적으로 다양한 것을 좋아하는 것으로 알려져 있었다.

　그러나 현재 왕은 8세기 중반에 구루 빠드마 쌈바와에 의해 예언되었듯이 일생 동안 많은 어려움을 직면할 운명이었다. 이에 대한 상징적인 문제가 4대 달라이 라마의 방문 중에 일어났다. 그는 장수 관정을 해 달라는 요청을 받았는데, 사찰에는 두 개의 법좌(라마를 위한 것과 왕을 위한 것)는 물론, 왕실 가족과 그들의 손님들을 위한 자리가 준비되어 있었다. 전통에 따라 라마의 법좌가 왕의 것보다 조금 더 높았다.

　그러나 왕의 수행원들이 짓궂은 속임수를 써서, 라마의 법좌에 지나치게 푹신한 방석을 사용했다. 그래서 왕과 라마가 자리에 앉았을 때 라마의 방석이 푹 꺼져서 그의 위치가 왕의 위치보다 아래로 내려앉았다.

　불교에서는 누구든지 법을 설하는 사람이, 듣는 사람보다 더 낮은 곳에 앉는 것은 상서롭지 못한 것으로 생각한다. 상서롭지 못한 일이 이 의식 중에 나타났다. 라마가 관정에서 가피수를 담은 보병을 관정을 받는 사람의 머리에 대는 시점에 이르렀을 때, 갑자기 분명한 이유 없이 보병이 깨져 그 안의 감로수가 쏟아졌다.

같은 해에 따시룬뽀 사원의 승려들로 구성된 사절단이 짱에 와서 가르침을 달라는 초대장을 갖고 도착했다. 1대 달라이 라마가 설립한 짱의 큰 사원인 따시룬뽀는 4대 달라이 라마의 개인교사인 빤첸 롭상 최끼 걜첸의 본사이기도 하였으므로 달라이 라마는 이를 열렬히 받아들였다. 다른 곳에서와 마찬가지로 환영식은 정성들여 마련되었고, 그는 스님들과 재가자들이 요구하는 것을 뭐든 들어주었다. 시가쩨에서는 모든 귀족 가문들의 집에 초대를 받았다.

그러나 그가 짱에 있을 때, 시가쩨의 왕인 까르마 뗀쑹빠는 그를 초대하는 예를 표하지 않았다. 이것은 중대한 일이었다. 왜냐하면 이 어린 달라이 라마는 중앙 티베트의 민족들과 염원을 상징하는데, 그에게 존경을 표하지 않음으로써 이 왕이 라싸에 대해 무엇인가 미심쩍은 동기를 갖고 있다는 명백한 신호를 보내는 것이었기 때문이다. 한 세대 후에 5대 달라이 라마가 쓴 글에 의하면, 이때의 시가쩨 왕의 모욕이 중앙과 남부 티베트 사이에 불신의 씨를 뿌려 결국 두 지역 간의 전쟁을 낳게 했다.

1611년에 겔룩빠 신도였던 중앙 티베트의 다른 왕들이 까규빠인 짱의 왕들과 전쟁을 준비하기 시작했다. 같은 해에 짱빠와 야르걔빠 군대가 라싸 계곡에 도착했다. 몽골인들은 모두 추방되었다.

그때 빤첸 라마가 4대 달라이 라마에게 편지를 보냈는데, 이 편지에서 그는, 야르빠와 짱빠 왕들이 겔룩빠 스님들을 살해하고 짱에 있는 사원들을 파괴하고 있으니, 4대 달라이 라마에게 이 피해를 완화하기 위해 일부 딴뜨라 의식들을 행해야 한다고 분명히 말했다.

중앙 티베트의 모든 겔룩빠 사원들은 집중적인 위맹의 딴뜨라 의식을 시작했다. 4대 달라이 라마의 의식은 매우 성공적이어서, 그 후 4대 달라이 라마는 투똡 욘뗀 갸초(Tutob Yonten Gyatso, '위대한 샤먼 욘뗀 갸초')로 알려지게 되었다.

1616년에, 중국 명 황제의 사절단이 라싸에 도착했다. 그들은 명 황제로부터 많은 공양물과 함께 꺕닥 도르제창((Kyabdak Dorjechang, 금강 지혜의 보편적 보유자(普遍主·持金剛))이라는 칭호도 가져왔다. 그들은 황제로부터의 인장과 많은 호화로운 선물도 그에게 바쳤다. 중국인들은 중국에 새로운 사원을 지었는데, 사절단의 임무는 달라이 라마에게 중국에 와서 사원을 봉헌해 달라고 부탁하는 것이었다.

걜와 욘뗀 갸초는 중국에 직접 가는 것은 사양하는 대신에, 데뿡에서 의식을 행했다. 전해오는 얘기에 의하면, 그가 라싸에서 봉헌식을 집전하는 동안 중국의 그 사찰에서는 꽃비가 내렸다고 한다.

불 용 해(1616)에 4대 달라이 라마는 쌍입(Sangyib) 온천 위의 동굴에서 안거에 들어갔다. 이곳은 구루 빠드마 쌈바와가 8세기 중반에 힘을 불어넣은 많은 신성한 장소 중 하나였는데, 그 후로 순례 장소가 되었다. 이 장소는 빠드마 쌈바와가 단단한 바위 표면에 남긴 발자국으로도 유명하다.

이 방문 중에 닝마빠에 속한 이 지역의 한 무당이 4대 달라이 라마에게 몽골인이기에 이방인이라고 소리치며 비난했다.

4대 달라이 라마가 대답했다. "내가 빠드마 쌈바와의 화현이라고 말하면, 그대는 나를 믿겠는가?" 그러고 그는 위맹(분노)의 만뜨라를 외면서 발을 큰 바위 위에 올려놓고 눌렀다. 그의 발은 마치 버터로 들어가는 뜨거운 칼처럼 단단한 바위 속으로 가라앉으면서 발자국을 남겼는데, 이것은 현재까지 남아 있어 순례자들이 볼 수 있다.

8세기 반 이전에, 빠드마 쌈바와는 자신이 방문한 신성한 장소에서 단단한 바위 위에 발자국을 이와 비슷하게 만들어 놓았다. 4대 달라이 라마가 이때 한 말과 함께 그가 보여준 발자국의 기적은 그가 관세음보살의 화현일 뿐만 아니라, 위대한 구루 빠드마 쌈바와의 화현이었음을 보여 주는 것으로 받아들여진다.

7. 죽음

　4대 달라이 라마는 불 용 해의 열두 번째 달(1617년 1월)에 제자들에게 모든 모여진 것들의 무상(無常)의 진실을 보여주기로 결심하여 열두 번째 달 보름날에 세상을 떠났다. 많은 상서로운 징표들이 그 지역에 나타났다.
　그가 세상을 떠난 후 그의 몸은 특별히 이 목적으로 만들어진 탑 모양의 화장터에서 불 공양으로 올려졌다. 많은 스님들과 다른 제자들이 화장하는 동안에 불 공양 의식을 행했다. 나중에 화장터를 열어보니, 그의 심장·혀·눈은 그의 마음·말·몸의 유물로 그대로 남아 있었다. 그리고 수많은 사리가 재 속에 있었는데, 이것은 그의 높은 수준의 수행의 성취를 보여 주었다.
　그의 재는 세 부분으로 나뉘어져 하나는 몽골의 가르가의 왕 푄뽀 최코르에게, 다른 하나는 그의 아버지의 가족에게, 세 번째는 중앙 티베트에 보존되었다. 데뿡 사원에서 온 그의 제자들은 사리를 보존하기 위해 금탑 성유물함을 만들었는데 이 사리는 오늘날 데뿡에 여전히 보존되어 있다.
　4대 달라이 라마는 젊어서 세상을 떠나서, 그의 일생은 세 분의 전임자들처럼 눈에 띠게 생산적이거나 대단하지 않았다. 그는 그의 출현이 3대 달라이 라마의 업적의 후기(後記) 같은 것이고, 위대한 5대 달라이 라마의 성취를 위한 무대를 마련했다는 점에서 말하자면, '과도기 달라이 라마'였다. 그럼에도 불구하고 그는 마하쌋뜨와(mahasattva, '위대한 존재')의 모든 징표를 보여 주었다.

제5장

5대 달라이 라마 아왕 롭상 갸초
- 현대 티베트의 탄생

◀ 5대 달라이 라마 아왕 롭상 갸초(Ngawang Lobzang Gyatso)
Courtesy of the Rubin Museum of Art

1. '위대한 5대'

5대 달라이 라마인 걀와 롭상 갸초(Gyalwa Lobzang Gyatso)는 티베트 문헌에서는 보통 간단하게 아빠 첸뽀(Ngapa Chenpo, '위대한 5대')라고 불린다. 5대 이상 계승되어 환생한 라마로 인정받은 뚤꾸의 수는 보통 수백 명에 이른다. 예를 들어, 우리는 6대 빤첸 라마, 10대 까르마빠 라마, 12대 딱체르 린뽀체 등을 보는데, 그러나 티베트의 문헌에서 '위대한 5대'라는 말을 볼 때마다 우리는 이것이 5대 달라이 라마를 가리킬 수 있을 뿐이라는 것을 안다.

2. 탄생, 즉위, 수학, 시대 배경

5대 달라이 라마는 불 뱀 해(1617)의 아홉 번째 달 스물세 번째 날에 어머니의 자궁에서 나왔다. 그는 얄룽 계곡의 맨 윗부분, '총계(Chonggyey)의 호랑이의 꼭대기' 근처에서 태어났다. 총계는 얄룽 왕조의 모든 초기의 왕들의 묘지가 이곳에 보존되어 있기 때문에, 모든 티베트인들에게 잘 알려져 있다. 이 왕조는, 우리가 이전 장에서 보았듯이, 그리스도의 탄생 훨씬 이전에 중앙 티베트의 많은 지역을 지배했고, 이것은 쏭첸 감뽀가 수도를 라싸로 옮긴 7세기 중반까지 계속되었다. 티베트의 고대 신화 중에서 많은 부분은 얄룽 계곡에 뿌리를 두고 있으며, 이들 초기 왕들의 활동과 업적들이 중심을 이룬다.

5대 달라이 라마의 집안은 사호르(Zahor) 혈통이다. 여러 해 뒤에 5대 달라이 라마는 자신의 글 여러 편에서 '사호르의 승려 롭상 갸초'라고 서명한다. '사호르'는 벵갈(인도) 출신이며, 아마 먼 과거 언젠가 외국인과의 결혼을 나타낼 것이다. 티베트인들은 인도의 것이라면 무엇이든지 존중하기 때문에, 이 이름은 후손을 위해 보존되었다. 그의 아버지의 실제 이름은 미왕 두될 랍뗀 띠참 뀐가 하제였다. 이 긴 이름 중의 첫 부분 '미왕'은 그가 상당한 지위의 사람이었음을 나타낸다. 사실 그는 루캉(Lukhang) 씨족의 족장이었는데, 이 씨족의 이름은 티베트 역사 기록에 자주 등장한다.

그 가문에서 쌍계 갸초라는 이름의 스님을 거주하게 했다. 이것은 티베트의 큰 가문에서 흔히 볼 수 있는 일로, 이런 성격의 스님들은 많은 일을 했다. 이들의 역할은 주로 아이들의 개인교사, 가정의 불단에서 의식을 행하고, 가족 구성원들의 수행을 조언해 주는 것이었다.

　5대 달라이 라마가 임신되기 직전에, 이 스님의 꿈에 한 라마가 나타났다. 그 라마는 자비의 관세음보살상을 갖고 있었다. 쌍계 갸초가 꿈속에서 그 라마에게 물었다. "이것이 무엇입니까?" 그 라마가 꿈속에서 대답했다. "그것은 스스로 나타난 라싸의 관세음보살입니다." 이것은 7세기 중반 쏭첸 감뽀 왕의 소유였던 신성한 불상을 가리키는데, 신비하게 나타났다고 한다. 우리가 앞에서 보았듯이, 쏭첸 감뽀 왕은 달라이 라마로 진전하게 될 영혼의 초기 화현으로 여겨졌으며, 관세음보살은 이 계보의 근원에 있는 보살이다.

　또 한 번은 5대 달라이 라마의 출생 직전에, 쌍계 갸초의 꿈에 그 어머니가 창문을 통해 집으로 들어가려고 했다. 그녀는 임신으로 몸이 너무 커져서 들어갈 수가 없었는데, 갑자기 아름다운 옷과 보석을 걸친 불모(佛母)가 나타나 그녀를 도왔다. 이리하여 그 어머니는 쉽게 집에 들어갈 수 있었다. 후에 학자들은 이 불모가 1대 달라이 라마의 주 본존불이었던 불모 따라(Tara)였다고 말한다.

　그의 어머니의 임신 기간 내내 이 집 정원에는 특이한 꽃이 많이 피었고, 무지개가 집을 둘러쌌다. 구름도 전혀 없는데, 비가 자주 왔다. 더욱이 이 지역 사람들은 어떤 특별한 이유나 관습도 없는데도, 자신들의 탑돌이 통로에 이 집을 포함시키기 시작했다.

　아이가 탄생한 후 얼마 되지 않아 그의 어머니는 위대한 닝마빠의 라마 릭진 아왕 최걜에게 가르침과 관정을 받으러 갈 때 그를 데리고 갔다. 아이는 너무 어려 말은 못했지만, 이때부터 줄곧 그는 라마의 행동을 흉내내고 자신이 만나는 모든 사람들에게 축복을 주는 시늉을 했다. 그는 병든 사람을 치료하기 위해 그들에게 만뜨라를 염송해 주었는데, 많은 사람들이 이 아이가 있는 곳에서 기적적으로 병이 치유되었다고 말했다. 이런 방식과 다른 많은 방식으로 이 아이는 자기가 비범한 환생자라는 것을 보여주었다.

먼저 한 사찰단이 쌈예에 있는 신탁에게 파견되었다. 이 영매는 호법존과 소통 상태에 들어간 뒤 말했다. "선지식이 부재하는 시기에, 사람들은 자기들의 믿음을 어디로 향할 수 있는가? 우리는 두 귀를 얄룽 쩨르마 슝 방향으로 향해야 하네." 그는 이렇게 얄룽을 환생자의 탄생지로 분명하게 확인해 주었다.

5대 달라이 라마를 찾는 임무를 맡은 위원회는 탐색을 세 후보로 좁혔다. 이들 셋 모두 많은 상서로운 징표들과 함께 태어났고, 세 명 모두 비슷한 물건들을 모아 놓은 곳에서 4대 달라이 라마의 물건들을 알아보는 것 같았다. 더욱이 다양한 신탁들의 암호와 같은 말들이 모순 없이 세 후보자들 모두에게 유사하게 적용될 수 있었다.

돌아간 4대 달라이 라마의 수행의 개인교사였던 빤첸 라마는 그 당시 겔룩빠 환생 라마들의 책임자가 되었다. 마찬가지로, 링메 샵둥이라는 이름의 또 한 분의 라마는 높은 깨달음을 얻어 널리 존경을 받았다. 이들 두 라마에게 청해서 이 세 아이들 중에 누구를 4대의 환생자로 인정해야 할지 결정해 달라고 했다.

두 라마는 초기 까담빠 라마들의 본사이고 모든 초기 달라이 라마들이 그들의 생애에 여러 번 명상 안거를 했던 장소인 레뗑 사원으로 가기로 결정했다. 이곳에서 두 라마는 여러 해 전에 인도에서 가져왔으며, 모든 초기 달라이 라마들이 신성하게 여겼던 조오 잠뺄 도르제로 알려진 신성한 불상 앞에서 점을 쳤다. 그들이 사용한 점치는 방법은 '보리 공' 기법이었다. 세 후보자들의 이름을 작은 종이쪽지에 썼다. 그런 다음 구운 보리 가루로 만든 각기 다른 공 안에 각각의 종이를 넣고, 그 가루 반죽 공들을 큰 사발 안에 놓았다. 그러고 나서 두 라마가 많은 만뜨라를 염송하고 예언을 바라는 기도를 올렸다. 두 분 모두 차례로 세 아이의 이름이 들어 있는 보리 공들을 담은 사발을 잡고, 보리 공들이 사발 안쪽을 따라 구르도록 사발을 흔들어 그 공들 중에 하나가 밖으로 튀어 나오도록 했다. 빤첸 라마가 행한 점과 링메 샵둥이 행한 점 모두 사발에서 나온 이름은 칭계의 딱체르 근처에서 태어난 아이였다. 그래서 이 아이가 위대한 5대가 될, 4대 달라이 라마의 환생자로 확인되었다.

그래서 물 개 해(1622)에, 따시룬뽀 사원의 빤첸 라마와 간덴 포당의 까추빠 쌍계 쉐랍이 아이를 맞이하기 위해 티베트의 많은 다른 지역들, 다른 사원들, 여러 귀족 가문들의 대표들과 함께 그의 집을 찾아갔다. 이들이 도착하는 날, 누가 나타나기 수 시간 전에, 아이는 무엇인가 걱정하는 표정으로 말했다. "빤첸 라마가 상당히 늦을 거예요." 실제로 빤첸 라마는 다른 사람들보다 몇 시간 늦게 도착했다. 사람들은 이것을 이 아이의 신통력의 증표로 받아들였다. 그는 두 번째 달의 스물다섯 번째 날에 웅대한 의식 속에서 즉위했다.

즉위식 후에 아이는 참석한 모든 사람들에게 축복해 주었다. 군중 가운데 한 분은 2대 달라이 라마와 이름이 우연히도 같은 겐뒨 갸초라는 몽골 스님이었다. 그가 아이의 앞에 이르렀을 때 아이는 그에게 축복을 주는 것을 주저했는데, 군중들은 이에 놀라 질겁했다. 왜냐하면 이 몽골 스님은 죽은 4대 달라이 라마를 종종 힘들게 했던 스님이었기 때문이었다.

셋째 달의 열여덟 번째 날(이 날은 점성술적으로 상서로운 기운 때문에 선택된 날임) 빤첸 라마는 아이의 긴 머리카락을 자르고 그에게 예비 사미계를 주었다. 이때 그는 역사에 알려질 이름 롭상 갸초를 받았다. 또한 빤첸 라마는 그의 마음의 흐름에 법맥의 업의 종자를 심기 위해 많은 딴뜨라 관정을 주었다. 그러고 나서 아이는 데뿡 사원의 간덴 포당의 자신의 전임자들의 전통적인 거처에 정착하여, 장기간의 교육을 받기 시작했다.

우리가 앞에서 보았듯이, 2대 달라이 라마는 신탁 호수 근처에 최코르 걜 사원을 설립했고, 이 사원은 달라이 라마의 유산의 중요한 부분이 되었다. 5대 달라이 라마는 아직 어릴 때 이곳에 성지순례를 해야 하는 것으로 결정되었다. 1624년(나무 쥐 해) 세 번째 달의 열한 번째 날, 그는 많은 수행원들과 함께 데뿡을 떠났다. 티베트 전역에서 온 대표들로 구성된 대규모 집단이 그를 환송하기 위해 모였다. 위대한 라마 링메 샵둥은 개인교사로서 그와 함께 여행했다. 이 일행은 사람들에게 축복을 주고 그들과의 업연을 새롭게 하기 위해서 가는 길에 모든 주요 사원, 암자, 마을에 들렀다.

여행은 느렸지만, 이들은 결국 걜 사원에 도착했다. 사원을 방문할 때는 모셔져 있는 모든 신성한 불상 앞을 차례로 지나가는 것이 전통이어서 사원의 장로는 달라이 라마를 주 불상이 있는 곳으로 안내했다. 달라이 라마는 이곳에서 하얀 실크 까다를 들고 그것을 바칠 준비를 하고 있었는데, 이때 갑자기 세찬 바람이 불어 그 불상 위에 이미 있던 까다를 들어 올려 곧장 그의 손 안으로 불어넣어 주었다. 사람들은 모두 놀라움으로 가득 찼다. 왜냐하면 그가 까다를 바칠 기회를 갖기도 전에 그 신성한 불상이 그에게 공식적으로 인사를 올리는 것처럼 보였기 때문이다.

다음 해에 달라이 라마는 대기원제를 위해 스님과 재가자들로 구성된 방대한 모임의 주재자가 되었다. 빤첸 라마는 동이 트기 전부터 이른 저녁까지, 3주 이상 지속될 의식을 집전하기 위해 따시룬뽀에서 왔다. 어린아이가 이 긴 시간을 가만히 앉아 집중한다는 것은 불가능하다고 생각할 수 있겠지만, 5대 달라이 라마는 이 과정 내내 지극히 편안해 보였다. 중앙아시아 전역에서 수만 명이 참석하기 위해 모였는데, 모두가 그의 존재의 위엄에 깊은 인상을 받았다. 이 아이는 몽골인이었던 4대 달라이 라마의 환생자였기 때문에, 대규모의 몽골 대표단도 참석했다.

같은 해 나중에 그는 빤첸 라마로부터 사미계를 받았다. 이전에 빤첸 라마는 그에게 롭상 갸초라는 이름을 주었으나 그는 이제 이것을 아왕 롭상 갸초 직메 고차 툽뗀 랑쪼데로 확장해 주었다. 어린 아이에게 상당히 발음하기 어려운 긴 이름이다. 그래서 그의 친구들은 그를 이 이름의 주요소인 '롭상'으로 계속해서 불렀다.

그의 삶의 다음 몇 년 동안을 그는 일반적인 불교 공부를 집중적으로 하면서 보냈다. 그는 다섯 가지 중요한 불교 주제들인 반야바라밀다, 중관, 논증학, 논장, 율장을 공부했다. 위대한 인도 논서들에 기반한 이들 다섯 가지는 티베트 전역에서 기본적인 공부와 딴뜨라 수행의 예비과정으로 사용되었다. 간단히 말해, 그는 인도에서 티베트로 온 모든 주요 법맥 뿐만 아니라 주요 티베트 법맥들도 전수받았다. 그의 개인교사들은 모두 겔룩빠 승려들이어서, '새로운' 종파(까규빠, 싸꺄빠, 까담빠, 겔룩빠)의 전수 방법과 이들 법맥들이 겔룩빠 사원 내에 보전된 방법에 따라 이들 법맥을 전수받았다.

열일곱 살에 그는 새로운 종파 외에, 즉 오래된 종파인 닝마빠에 의해 보존된 딴뜨라 법맥을 받기로 결정했다는 뜻을 나타냈다. 초기의 달라이 라마들은 모두 자신들의 교육에서 다종파 접근법을 사용했으며, 그는 이 전통을 이어나가길 원했다. 더욱이 그의 어머니와 아버지가 모두 닝마빠여서, 그는 이 점에서 자신의 뿌리를 존중해야 할 책임을 느꼈다. 그래서 그는 존경 받는 닝마의 대가 퀸뙨 라마를 만나, 그에게 닝마 법맥들 전부를 전수받았다. 이때부터 닝마 법맥에 대한 그의 관심은 계속해서 커져갔다. 스물한 살에 그는 위대한 닝마 라마 수르첸 최잉 랑돌(Zurchen Choying Rangdol)을 만났으며, 그리하여 그의 닝마와의 연관은 강화되었다.

3. 티베트의 정신적·세속적 지도자

5대 달라이 라마는 새롭게 형성된 티베트 국가의 상징적 수장(首長)의 역할을 받아들이고, 티베트를 조화롭게 통치하기 위해 필요한 공공기반시설의 설립을 돕는 것에 동의했다. 그의 수하에 형성된 정부는 2대 달라이 라마가 지은 데뿡 사원 안, 그의 거처의 이름 간덴 포당을 택했다. 이것은 오늘날까지 티베트 정부의 이름으로 남아 있다.

그러나 티베트의 신비스러운 세계에서는, 5대 달라이 라마가 극적으로 거의 힘을 들이지 않고 권좌에 오른 것을 세속의 정치적인 동력의 작용으로 보지 않는다. 더 깊은 원인은 2대 달라이 라마가 세상을 떠나 사후 세계에서 여행하고 있던 100년 전에 한 약속에 있었다. 그는 티베트에서 환생하지 않고 그의 보살행이 더 이익이 될 다른 세계에 태어나려고 마음을 거의 정했었다. 그러나 8세기에 티베트로 와서 첫 번째 사원을 세웠던 위대한 구루 빠드마 쌈바와가 영상으로 갑자기 나타나 티베트에 계속 환생하라고 요청했다. 빠드마 쌈바와는 달라이 라마에게 호법신장 뻬하르를 그의 개인적인 조수로 임명해 주었다. 또 그는 달라이 라마가 티베트에서 계속 일하면, 그가 정신적·세속적 지도자의 자리에 올라 수 세기 동안 계속될 큰 이익을 가져올 위치에 놓이게 될 것이라고 말했다. 위대한 5대 달라이 라마는 2대 달라이 라마가 이 영상과 예언을 경험하고 나서 정확하게 100년 후에 티베트의 정신적·세속적 지도자가 되었다.

1645년(나무 새 해)에 위대한 5대 달라이 라마가 뽀딸라 궁의 건축을 시작했는데, 기반공사는 같은 해 말에 이루어졌다. 이 건물은, 세계 건축사에 길이 남을 경이로서, 세계의 큰 경이로운 것들 중의 하나로 남아 있으며, 위대한 5대의 비범한 구상에 대한 물리적인 증거물로 우뚝 서 있다. 이것은 달라이 라마의 초기의 환생자인 쏭첸 감뽀 왕이 약 천 년 전에 건설했던 붉은 산에 있는 요새 주변에 세워졌다.

 5대 달라이 라마가 구상한 이 새로운 건축물은 쏭첸 감뽀의 걸작품의 가장 중요한 요소들을 세심하게 구현했다. 뽀딸라 궁 공사는 5대 달라이 라마의 생애 나머지 동안에도 계속되었지만 그의 사망 후에도 완성되지 못했다. 그러나 그는 이 사업에 엄청난 에너지를 바쳤으며, 이것은 인간의 성취에 대한 그의 위대한 공헌들 중의 하나로 우뚝 서있다.

 닝마 승려인 필자의 한 친구가 언젠가 말했다. 전해 내려오는 얘기에 의하면, 뽀딸라 궁 윗부분에 사용된 거대한 바위들은 너무 커서 일반적인 방법으로는 제 자리에 들여놓을 수가 없었다. 그래서 위대한 5대 달라이 라마가 닝마 라마 친구들의 모임을 소집해서, 그들이 모두 앉아서 명상하면서, 그들의 신비한 만뜨라를 염송했더니 그 바위들이 염력으로 떠서 제 자리에 들어갔다고 한다.

 위대한 5대 달라이 라마는 또한 수많은 다른 건축 사업을 의뢰했다. 아마도 이들 중에 가장 중요한 것은 라싸의 철산에 지은 국립 의대(醫大)의 건설이었다. 대중에게는 멘찌캉(Mentsikhang, '의학과 점성학의 아카데미')으로 알려진 이 기관은 병원을 설립하기 위해 전국으로 파견될 젊은 의사들을 양성하는 의대 역할을 했다. 다시 말해, 이 사업을 통해 위대한 5대 달라이 라마는 가까운 미래의 국립 건강관리 체계를 확립한 것이다.

 그는 국가의 지도(地圖)와 정확한 인구 조사를 하지 않으면 효율적인 정부에 장애가 된다는 것을 깨닫고, 완전한 조사를 지시했다. 이것은 동쪽으로 멀게는 중국 국경인 다르쩨도(Dartsedo)까지 이루어졌다. 인구 조사가 티베트 역사에서 처음으로 집집마다 방문에 의한 조사로 실시되었다.

위대한 5대 달라이 라마는 과세제도도 도입해서, 세금은 교육 기관, 사찰, 병원, 환경 사업을 지원하기 위해 사용했고, 잉여자금을 처리하기 위해 재무부도 설립했다.

환경 보호는 그의 우선순위 과제 중 하나였다. 짱과의 전쟁뿐만 아니라, 티베트로 넘쳐 들어온 몽골인들의 전쟁은 손상되기 쉬운 티베트의 자연을 상당히 파괴했다. 많은 수의 이동하는 병사들은 흔히 땔감을 얻기 위해 숲을 헐벗게 하고, 끼니를 보충하기 위해 야생 동물을 사냥하여 죽이며, 뒤에 쓰레기를 남겼다. 국가의 우두머리로서 5대 달라이 라마의 첫 번째 조치는 야생 동물에 대한 모든 사냥을 금지하는 법을 만들도록 촉구하는 것이었다. 의심할 여지없이 아띠샤가 얘기한 라마 돔 뙨빠의 이전 삶에 대한 이야기가 여기서 그에게 영감을 주었을 것이다.

그는 또한 고대 불교 인도의 여러 왕들의 선례를 찾아 참조했다. 사냥에 대한 금지령은 후대에 다소 완화되어, 외딴 지역에서 야생 동물의 수 조절과 유목민의 식량을 위한 계절적인 사냥은 허락되었지만, 대체로 효력은 유지되었다.

이런 식으로 수년 동안 위대한 5대 달라이 라마는 현대 티베트가 될 유산을 확립하는 데 적극적으로 참여했다. 그러고 나서 그는 통솔권을 의회에 넘기고 자신의 불교 공부와 수행으로 돌아갔다.

그는 글을 쓰는 데에 점점 더 많은 시간을 바치기 시작했는데, 그가 세상을 떠날 때는 다른 모든 달라이 라마들의 저술을 합친 것만큼이나 많은 저술을 했다. 그의 모든 저술은 사후에 모아져, 책으로 약 스물여덟 권에 달했고, 수백 개의 제목으로 구성되었다. 이들 중에 열두 권은 '외전(外典)'으로 분류되었고, 그의 가르침의 세속적 혹은 일상적 면을 다룬다. 여덟 권은 '내전(內典)'으로 분류되었는데, 순수하게 수행적인 면을 다룬다. 또

여덟 권은 '밀전(密典)'이라 분류되었는데, 그의 신비한 영상적인 경험들에서 나온 것이다. 이 마지막 부분은 외전이나 내전의 경우와는 달리 일반적으로 티베트에서는 공개적으로 출판되지 않아서, 손으로 베껴 써야 얻을 수 있었다.

1650년(철 호랑이 해)에 청나라의 황제인 순치(Shun-chih)의 선물을 가지고 온 사절단이 라싸에 도착했다. 그들은 5대 달라이 라마에게 베이징을 방문해 달라는 요청과 함께 선물을 바쳤다. 중국을 여행했던 많은 티베트인들이 천연두 혹은 다른 질병으로 죽었기 때문에, 달라이 라마는 방문 요청을 받고 수락하길 주저했다. 그러나 그는 가지 않는 것도 주저했다. 왜냐하면 이 만남이 동쪽의 강력한 이웃과 우호적인 관계를 확립할 수 있는 길이기 때문이다.

위대한 5대 달라이 라마는 이제 티베트의 통치자로서 미묘한 입장에 놓였다. 청나라는 한국 북쪽에 있는 왕국으로 타르타르족이 거주하였는데, 중국을 침략하여 1644년에 명 왕조를 무너뜨렸다. 청나라는 이제 만주뿐만 아니라, 명이 통치하던 모든 곳을 통치했다. 따라서 베이징으로 가는 것은 달라이 라마가 공식적으로 중국의 새 통치자를 인정하는 것이 되어, 지난 세기에 걸쳐 티베트가 유대를 맺어 온 많은 명나라 친구들이 유감스러워할 것이다. 다른 한편으로, 베이징에 가지 않는 것은 중국의 새로운 통치자에 대한 모욕과 개인적 위협으로 인식될 수 있어, 동쪽 국경에 나쁜 관계를 초래할 것이다.

처음에 그는 어떻게 할지 결정할 수 없었다. 그래서 그는 신탁 호수 근처 최코르 걀 사원으로 안거에 들어가 명상을 했다. 전통대로, 많은 이미지와 징표가 곧 신성한 호수에 나타나기 시작했다. 그는 침묵 속에서 오랫동안 이들을 지켜보면서 이들의 중요성을 생각해 보았다.

마침내 그는 이 징표들이 그가 가야 한다는 것을 나타낸다고 결정했다.

그래서 그는 1652년에 베이징으로 향해 길을 떠났다. 육로 여행은 몇 달을 필요로 했다. 왜냐하면 그는 가는 길에 모든 중요한 장소에 들러 사람들에게 축복과 소규모의 관정을 해 줘야 했기 때문이다. 또한 그는 각 지역의 모든 정신적·세속적 지도자들을 만나야 했다.

그 동안, 청나라 황제는 그를 위해 정성 어린 준비를 했다. 그는 여행의 수많은 단계에서 공식 사절단을 만났다. 베이징에 도착하기 전 며칠을 앞두고 그는 황제와 만나게 되었다. 황제는 달라이 라마와 그의 일행을 베이징에서 공식적으로 만나기 전에 달라이 라마와 약간의 비공식적인 시간을 갖기 원했던 것이다.

베이징에는 황제가 특별히 달라이 라마를 위해 건설한 거처가 있었다. 황사(黃寺: '노란 궁전')라고 불리는 이곳은 당시 달라이 라마의 정부와 만주인들 사이에 확립되었던 좋은 관계의 상징으로 이후에도 기능하게 되었다. 덧붙여 말해야 할 것은, 이 긍정적인 관계가 거의 중단 없이 지속되어 1911년 청 왕조의 몰락까지 이어졌다는 것이다.

5대 달라이 라마는 대대적인 환영을 받았으며, 방문하는 국가의 수장으로서뿐만 아니라, 살아 있는 부처님으로서의 모든 의전을 받았다. 관례에 따라, 공식적인 만남에서 두 정상은 금판에 새긴 명호를 서로 교환했다. 5대 달라이 라마는 청 황제에게 '남끼 하 잠양공마 닥빠 첸뽀(당당한 황제 조화롭게 현명한 보살 천국 성자)'를, 황제는 그를 위해 '도르제창 갸초 라마(딴뜨라 부처님 바다 같은 라마)'를 주었다. 이 칭호의 '갸초'는 몽골어로는 '달라이(Dalai),' '바다'에 해당하는 티베트어이다.

티베트인들에게, 이 만남은 더 정신적인 것이었다. 여기에는 두 가지 요소가 작용했다. 첫째는 오래 전 3대 달라이 라마가 몽골 지도자 알탄 칸에게, 80년 후 그의 후손들이 중국 전체를 지배할 것이라고 예언한 것이다. 티베트인들은 이 예언이 타르타르인(몽골인)이었던, 청 황제 순치 때 실현되었다고 믿는다. 왜냐하면 그는 타르타르인이었고 따라서 몽골인이었다. 또한 티베트인들은 그 중간에 있었던 결혼을 통해 알탄과 유전적으로 연결되어 있다고 생각했다. 그리하여 위대한 5대 달라이 라마와 청 황제는 두 생애 전에 시작된 연극에서 이제 자신들의 배역을 행하고 있는 것이었다. 이 인연은 근본적으로 정신적인 것이었다.

둘째 요소는 티베트는 자비의 보살인 관세음과 특별한 인연을 갖고 있는데, 반면에 청의 만주족은 지혜의 보살인 만주슈리(Manjushri, 문수)와 특별한 인연을 갖고 있다는 것이다. 이들 두 보살은 시간과 공간을 초월한 최고의 보살이고, 석가모니 부처님의 내적 가르침의 주요 전수자로서 높은 지위에 속했다. 달라이 라마는 관세음보살의 화현으로 여겨졌고, 반면에 여러 신비한 성취자들은 청 황제 순치가 만주슈리의 화현이라고 말했다. 이들의 만남은 세상에 이익만을 줄 수 있을 뿐이다.

아무튼, 티베트와 중국은 그때 놓인 기반의 결과로 평화롭고 서로에게 이익이 되는 관계를 누렸고, 이런 상서로운 조건들은 그 다음 많은 세대 동안 지속됐다.

5대 달라이 라마가 베이징에 있는 동안에, 청 황제는 많은 티베트 불교 사원과 사찰을 전국에 지을 계획을 알려주고, 이들을 관리하기 위해 따라야 할 기본 지침이 될 사원 강령을 만들어 달라고 달라이 라마에게 요청했다. 위대한 5대 달라이 라마는 흔쾌히 응했다. 다음 수십 년에 걸쳐 위대한 5대 달라이 라마의 사원 강령을 따르는 수십 개의 티베트 불교 센터가 만주와 중국 도처에 설립되었다.

만주인들의 티베트 불교에 대한 이러한 헌신은 다음 세대들에서도 계속되어, 티베트 불교가 청의 통치자들의 주요 궁중 종교가 되었다. 19세기 중반에 이르면, 티베트 언어와 문헌에 대한 지식은 청의 지성인들의 기본적인 요건이 되어 있었다. 이리하여 위대한 5대 달라이 라마는 예언을 실현했으며 또한 베이징 방문을 통해 여러 중요한 주춧돌을 놓았다.

중국에서 티베트로 돌아온 후, 위대한 5대 달라이 라마는 짱 지역으로 법문 순회를 떠났는데, 짱의 따시룬뽀 사원에서 연로한 빤첸 라마와 만났다. 이들 둘은 지난 몇 년 동안 아주 가까워졌고, 위대한 5대 달라이 라마는 이 위대한 스승이 자기에게 아직 전수하지 않은 법맥은 무엇이든지 받고 싶다고 했다.

따시룬뽀 사원은 1대 달라이 라마에 의해 세워졌다. 이제 위대한 5대 달라이 라마는 빤첸 라마에게 이곳을 그의 여러 생애의 거처로 받아달라고 요청했다. 이곳은 현재까지 그렇게 남아 있으며, 모든 빤첸 라마 환생자들은 교육을 위해 따시룬뽀에 수용되었고, 미라가 된 그들의 몸은 유물로 보존되었다. 빤첸 라마 환생자들은 따시룬뽀 사원과 너무나 강하게 연결되어 있어 빤첸 라마는 대부분의 18세기와 19세기 영국 작가들에 의해 '따시(Tashi) 라마'로 불려졌다.

5대 달라이 라마의 섭정인 데씨 쏘남 초뺄은 1657년(불 원숭이 해)에 사망했다. 데씨 쏘남 초뺄은 그때까지 간덴 포당 정부를 운영하는 일상적인 업무를 수행했는데, 5대 달라이 라마와는 단지 중요한 문제에 대해서나, 취해야 할 올바른 행동 진로에 대해서 데씨 쏘남 초뺄이 확신이 서지 않을 때만 상의했다. 따라서 데씨 쏘남 초뺄이 세상을 떠날 때까지, 5대 달라이 라마는 명목상의 최고 지도자였고, 데씨 쏘남 초뺄이 사실상의 통치자였다. 위대한 5대 달라이 라마는 이제 이 과정에서 더 적극적인 역할을 담당하도록 요구받았다.

빤첸 라마는 1662년(물 호랑이 해)에 91세라는 고령의 나이에 세상을 떠났다. 그는 4대 달라이 라마와 5대 달라이 라마의 주된 구루 역할을 했으며, 노년에는 만주와 몽골 지역을 포함하여 중앙아시아의 거의 모든 겔룩빠 수행자들의 구루였다. 5대 달라이 라마는 따시룬뽀 사원에서 빤첸 라마의 미라가 된 몸을 위한 장엄한 매장 의식을 후원했다. 수천 개의 귀중한 보석과 준(準)보석들은 물론 수백 파운드의 금이 그의 유해를 보존하기 위해 지어진 탑에 사용되었다. 이 장엄한 무덤은 중국 공산주의자들에 의해 약탈되고 파괴되는 1960대 중반까지 유지되었다.

    그 뒤 5대 달라이 라마는 빤첸 라마의 환생자를 찾는 조사를 관장했는데, 그는 1663년에 짱의 똡걜에서 태어난 남자아이의 형태로 발견되었다. 1665년에 5대 달라이 라마는 이 아이를 자신의 스승의 환생자라고 공식적으로 인정했고, 그에게 빤첸 롭상 예셰라는 이름을 주었다. 이 아이는 자라서 6대와 7대 달라이 라마 두 분의 구루가 되었고, 그의 시대에 가장 높이 존경 받는 라마 중 한 분이 되었다. 그는 나중에 5대 달라이 라마로부터 많은 딴뜨라 관정과 가르침은 물론 초기에 사미계를 직접 받는다.

4. 은퇴와 죽음

그는 1679년(땅 양 해)까지 티베트인들의 정신적·세속적 지도자로서 지칠 줄 모르고 일하다가, 그의 두 번째 총독의 조카였던 데씨 쌍계 갸초에게 데씨 쏘남 초뺄의 자리를 맡아달라고 요청했다. 이것은 5대 달라이 라마가 두 번째로 쌍계 갸초에게 총독직을 맡아달라고 요청한 것이었다. 데씨 쌍계 갸초는 이전에 자신이 공직을 맡기에는 너무 어리고 깨달음의 수행을 계속하기를 바란다는 이유로 요청을 거절했었다. 그러나 이제, 5대 달라이 라마도 나이가 많고 자신의 도움을 필요로 한다는 것을 알 수 있었으므로, 그는 요청을 받아들였다.

데씨 쌍계 갸초를 총독으로 취임시킨 후 얼마 되지 않아, 5대 달라이 라마는 모든 책임을 젊은 데씨 쌍계 갸초에게 넘기고, 공식적으로 공직생활을 은퇴했다. 그때부터 그는 모든 세속적인 일들은 데씨 쌍계 갸초에게 맡기고, 자신의 나머지 삶을 명상과 가르침, 저술에 바쳤다.

마침내 1682년(물 개 해)에 위대한 5대 달라이 라마가 세상을 떠났다.

5. 5대 달라이 라마의 저술

13대 달라이 라마는 위대한 5대 달라이 라마의 순수한 영상적인 체험들에 대한 전통적인 태도를 분명하게 서술한다. 그의 얘기에 의하면,

> 과거 위대한 라마들의 바깥(外)·안쪽(內)·비밀(秘密)의 전기들은 세 가지 종류의 청정한 영상적인 체험들, 즉, 꿈에서 받은 것들·명상에서 받은 것들·직접적인 신비스런 소통을 통해 받은 것들에 대해 말한다. 이 특정 전통은 세 가지 중 마지막에 속한다. 사실 5대 달라이 라마는 모든 나타나는 것들을 청정한 영상으로 경험하는 지혜의 춤에 계속 몰입해 있었고, 마음이 정화된 위대한 성인들의 바다와 같이 광대한 행위들과 지속적인 교감 상태에 있었다. 그러므로 그의 모든 영상적인 체험들은 청정한 직접적인 인식이다.

5대 달라이 라마의 글은 자신의 청정한 영상적인 체험들에서 나온 것이기 때문에, 13대 달라이 라마는 어떻게 이들이 비범하게 태어났는지 서서히 설명한다. 그의 설명에 의하면, 5대 달라이 라마는 8세기 티베트 불교 닝마빠의 창시자인 위대한 구루 빠드마 쌈바와의 영상을 보았다. 닝마 법맥의 다른 수많은 위대한 라마들도 역시 영상 속에 나타났다. 빠드마 쌈바와가 그에게 직접 이것을 설했고, 5대 달라이 라마는 그것을 기록했다.
이 유형의 글은 닝마빠에서는 떼르마(伏藏: '보물 문헌')로도 불린다. 구

루 빠드마 쌈바와는 이것을 위대한 5대 달라이 라마에게 하나의 복장 형태로 전수했다. 따라서 이것은 구루 빠드마 쌈바와에 의해 작성된 것이고, 위대한 5대 달라이 라마는 그의 신비한 속기사 역할을 한 것이라고 할 수 있다. 빠드마 쌈바와의 것으로 간주되는 거의 모든 글들은 사실 이런 성격의 것이다. 이들은 실제로 빠드마 쌈바와에 의해 작성된 것이 아니고, 사람들이 자신들의 영상이나 꿈을 통해 빠드마 쌈바와가 말해 준 것을 옮겨 적은 뒤에 나중에 세상에 발표한 것이다.

예를 들어, "철(鐵) 새들이 날고 말들이 바퀴 위에서 달릴 때, 다르마는 붉은 사람의 땅으로 갈 것이다"라는 티베트 예언을 사람들은 빠드마 쌈바와가 했다고 종종 말한다. 이 예언은 미국에서 널리 인용되었는데, 사람들은 빠드마 쌈바와가 실제 8세기 중반에 이 말을 하거나 글로 쓴 사람으로 생각한다. 사실 이 말은 1930년대에 한 닝마빠 라마가 꿈에 빠드마 쌈바와가 자기에게 이렇게 말하는 것을 들은 후에 쓴 것이었다.

'깨달음의 단계에 대한 노래'

A〔서론 - 다르마의 스승과 제자〕

메빠! (소위) 자격 있는 스승의 입으로부터
흘러나오는 다르마의 듣기 좋은 소리 듣고
성숙되지 않은 그릇의 허물없이 귀 기울이는 것은
수많은 겁에 걸쳐 쌓아온 복덕의 자량 불러일으키네.
정법의 미묘한 음성에 똑똑히 귀 기울이게.

오, 이 최상의 길을 시작하는 행운아들이여,

들음(聞)과 사유(思), 수습(修)이라는 수단으로
이 짧은 한 생만을 위한 하찮은 것들을 넘어
확고한 집착하지 않는 마음 일으키고
섬세한 마음의 지속적인 보물들로 관심을 돌리게.

흐르는 물 웃음소리, 야생 사슴의 부드러운 재잘거림
이것들이 그대가 들어야 할 유일한 소리들이니
삼독(三毒)에서 나오는 재잘거림 없어
명상에 가시(방해)로 작용하는 것 없으리라.

이렇게 살며 홀로 안거하고 간소한 옷 입으며
뭐든 오는 것 먹으면 기만적인 삶의 허물 피하고
몸과 말·마음의 모든 활동들은 차츰 공덕만 낳고
서원의 정상에 이르러 최고 목표의 성취로 나아가네.

B〔보리도 이전의 기초 – 자신의 스승을 섬기는 방법〕

메빠! 우리가 가장 친절하게 보는 사람은
가난이라는 큰 적 때문에 해를 입은 이들에게
음식이나 음료, 옷가지 들을 주는 분이지만
헤아릴 수 없이 친절한 분은 수행의 스승으로
영원한 내면의 평화라는 보물과 지식을
우리들의 손바닥에 넣어 주어
삼계의 모든 두려움과 아픔에서 우리들을
해방시켜 주는 분이라네.

그러니 그들에게 최상의 배려를 보여야 하지 않겠는가?
그리고 허물이 그들의 행동에서 나타날 때
이것을 단지 우리들 자신의 불완전한 마음의
투영으로 봐야 하지 않겠는가?

정신적인 실현(깨달음의 성취)의 뿌리는
지극히 간단하니, 그건
그대의 수행 스승들에 대해 청정한 인식을 개발하고
모든 순간을 의미 있게 만드는 열쇠를 개발하는 것이네.

C 〔보리도 이전의 기초 – 인간적 생존과 불법 실천의 조건〕
…
과거 생에도 지금도 여덟 가지 세속적인 관심사들(세속팔풍•)이
크게 지배해 오며, 마치 가슴 속 유령처럼, 우리들로 하여금
어떤 건 희고, 어떤 건 검으며, 어떤 건 회색으로 보게 하고,
괴로움을 즐거움과 기쁨으로 착각하며,
더 높은 목표들을 바람결에 던져버리게 하네.

이 소중한 인생은 영원한 행복과 더 높은 지식으로
데려다 줄 수 있는 배(boat), 이번 한 번만 얻은 것인데
이제 이걸 이용하여 깨달음의 보물섬으로 가지 않고
우리가 빈손으로 죽게 내버려둔다면
우리들의 가슴이 속속들이 썩은 게 아닐까?

• 세속팔풍(세간팔법): 이익/손해, 고통/기쁨, 칭찬/비난, 명예/불명예

D〔본론, 내세의 안락을 위해 수행하는 자의 도차제 – ① 죽음과 무상을 생각한다〕

메빠! 이 삶은 까르마와 번뇌에 조종되고
태어나는 순간부터 죽음으로 향해가며
단 한 순간도 이 진로에서 벗어나지 않으니
이 사실을 무시하는 것보다 무엇이 더 어리석으랴?

우리들은 진실로 우리들에게 유익한 것은 놓치고
대신 제한적인 이익밖에 안 되는 것을 쫓아다니네.
허나 주의하게, 죽음이 오면 그대 모든 것 남겨두고
홀로 위험한 사후세계로 들어가야 하네.

E〔小士의 도차제 – ② 삼악도의 고통을 생각한다〕

메빠! 그럼 주로 부정적인 업과 해로운 행위를 한 사람들은
불과 불꽃으로 채워진 쇠 집〔더운 지옥〕속으로 끌려 들어가는데,
이곳엔 열이 너무도 강렬하여 모든 감각이 불타는 것 같네.
혹은 피의 강 속으로 떨어져 잘려지고 썰리며 부수어지네.
이걸 알면서도 두려워하지 않는다면
악마가 그대 마음 점령하지 않았는가?

또 어떤 사람들은 악업에 조종받아 차디찬 바람이 때리는
어두운 얼음 벌판〔추운 지옥〕에 놓이는데, 여기 고문 도구는
닿으면 얼어붙으니 그들의 몸은 너무도 차서 깨지고 부서져

수백 수천 작은 얼음조각 된다네.

F〔小士의 도차제 - ③ 삼보에 귀의한다〕

메빠! 이 불안전한 인생은 번개처럼 짧은데 어째서 이걸
사회적인 지위와 하찮은 탐닉 같은 헛된 추구에 낭비하는가?
대신에 이걸 이용해 견딜 수 없는 윤회의 고통으로부터
안전한 곳을 찾아보는 게 낫네.

이 피난처가 세 가지 실패하지 않는 보물,
부처님과 다르마, 승가, 삼보에 대한 귀의네.
이들은 가장 높은 행복과 자유로 가는 길 알려주네.
그러니 이들을 만난 것을 기뻐하게. 이 만남은 수백만
과거 생에 걸쳐 쌓은 많은 선업의 산물이기 때문이네.

G〔小士의 도차제 - ④ 업과를 믿는다〕

메빠! 무지의 두터운 백내장에 눈멀어
우린 무얼 기르고 무얼 피해야 할지 모르네.
우린 우리들의 얼굴과 옷은 열심히 씻으나
우리들의 내적인 삶은 씻을 줄 모르네.

적을 해치고 사랑하는 사람들을 보호하는 세속적인 규범은
꿈속에서 겪는 아픔과 기쁨 같은 것이니
우리가 우리들의 삶을 여덟 가지 세속적인 관심사들에서 보내면

모든 우리들의 행동은 단지 지옥을 위한 더 많은 연료가 될 뿐이네.

H 〔G의 계속〕
…

네 가지 반대되는 힘이라는 방편(대치법)으로 업을 정화하게.
세 가지 최상의 보물들(삼보)에게 도움을 요청하는 힘과
잘못을 저질렀을 때 뉘우치는 힘, 악업을 초월하려는 결의와
특정한 대치법의 시행. 이들 네 가지는 내부로부터 본능처럼
오랫동안 우리들을 지배해 온 악업의 힘을 뿌리뽑아 주네.

I 〔윤회를 싫어하고 자기의 해탈을 구하는 자의 도차제 - ① 고제를 사유한다〕
…

지금 이 순간에는 이 마음이 몸이라고 알려진
소멸되는 덩어리(오온)와 분리될 수 없는 것처럼 보이네.
허나 곧 시체가 죽음의 자리에 누워 있고
마음은 홀로 떠나 사후세계의 위험한 통로로 들어가네.

J 〔中士의 도차제 - ② 집제, 윤회에 유전하는 과정을 사유한다〕

메빠! 무시이래 무수한 삶에서
우리는 번뇌와 함께 여행하며 그걸 친구라 불렀네.
그건 한 순간조차 우릴 떠나지 않고
우리들이 태어나는 곳마다 따라다녔네.

병사는 전투에서 평범한 적을 이기면
성취감을 갖고 영웅처럼 생각하네.
그렇담 내부의 적, 번뇌를 정복하여
진정한 영웅이 되는 게 좋지 않겠는가?

K〔中士의 도차제 - ③ 멸제를 사유한다〕

메빠! 업과 번뇌의 종자는 전생에서
우리들의 마음의 흐름에 심어져
욕망과 갈애에 의해 촉발되면
이것이 미래의 삶을 낳는 힘이 되네.

이런 식으로 인과의 법칙이
열두 개의 연기의 고리를 통해 작용하여
윤회의 세계가 펼쳐지는데
이 과정을 뒤집는 게 좋지 않겠는가?

L〔中士의 도차제 - ③ 해탈의 도, 윤회에서 어떻게 벗어나는지 사유한다〕

메빠! 청정한 자기-규율(戒)은 (깨달음의) 씨를 심을 땅이요,
명상의 힘으로 강해진 마음(定)은 이용될 수분과 영양분이며,
통찰력의 지혜(慧)는 작물을 익혀주는 태양이네.
이런 식으로 자신의 수행의 도(道)는 성숙되어, 마음의
가난 비슷한 것까지도 모두 없애주는 내적인 수확을 낳네.

알아차리는 의식을 마음의 문을 지키는 문지기로 삼고,
선정의 1000개의 눈으로 또렷이 집중하며,
무아를 이해하는 지혜의 100개의 뾰족한 끝을 가진 금강저로
세상을 잘못 해석하는 괴물(무지)을 없애버리게.

M〔일체 중생의 구제를 위해 깨달음을 목표로 하는 보살(大士)의 도차제 –
　① 발보리심〕

메빠! 허나 소중한 삼학의 보석 사다리를 올라
개인적인 열반의 저택에 들어가서 모든 다른 중생들의
고통을 무시한다면 무엇이 이보다 더 수치스러우랴?
모두가 전생에 그대의 친절한 어머니였네. 허나 지금은
무서운 윤회의 감옥에 갇혀 고통 속에 비명 지르고 있네.

다른 모든 이들이 많은 전생에서
그대의 친절했던 어머니였다고 명상하게.
그리고 자애와 연민의 강력한 바람을 일으키게.
이 바람을 이용하여 보편적인 책임의 배 움직여
모든 중생들을 일체지의 보물섬으로 태워가게.

N〔大士의 도차제 – ② 발심한 뒤 보살행을 배운다〕

메빠! 곤경과 어려운 일들의 쓴 맛은 단지 그대 자신의
내면의 힘과 이해의 씨를 익힐 온기의 원천일 뿐이네.
세 가지 길의 성인(聖人)들이 취하는 방법은

어려운 사람들과 상황이라는 날카로운 무기를 대할 때
자기를 해치는 사람들을 전생의 친절했던
그대의 어머니로 보는 태도를 갖고 하네.
그들을 위해 자비의 감로수 마시고,
파괴되지 않는 보편적인 마음(불성)에 의지하게.

O〔**大士**의 도차제 - ③ 육바라밀(보시바라밀)〕

메빠! 보시하는 마음을 맹렬하게 일으키고 모든 걸
세상의 이익을 위해 바치고, 은혜를 갚을 수 없는
중생들에게 바치게. 그러면 즉시 무진장한 보물을 얻고
최고의 기쁨의 씨를 심네.

P〔**大士**의 도차제 - ④ 육바라밀(지계바라밀)〕

메빠! 이 귀중한 인생의 정원에서
소원을 들어주는 나무는 세 가지 종류의 규율이네.
이것은 열반의 풍부한 수확으로 가득하고
100가지 즐거운 맛의 즙으로 넘치네.

비록 무수히 오랫동안 실천해 온 보시가
금생과 내생에서 행복과 번영을 가져오지만
그와 함께 지계 수행을 해야
틀림없이 인간이나 천신으로 태어나서
계속해서 깨달음의 길을 따라갈 수 있네.

Q〔大士의 도차제 - ⑤ 육바라밀(인욕바라밀)〕

선업이라는 계곡의 숲은 과거 많은 생에 걸쳐 길렀지만
단 한 번 터뜨리는 분노의 무서운 불로 쉽게 파괴되고
타버린 부정적인 에너지의 그루터기를 세상
꼭대기까지 쌓아올리네. 진실로 큰 고통의 원천은
어려운 사람들을 차분하게 대하지 못하는 마음이네.

우린 인욕이라는 튼튼한 갑옷 입고 어떤 날카로운 무기나
신체적 가격, 가혹하고 잔인한 말에도 흔들리지 말아야 하네.
이것이 가장 경이로운 방법이니, 결국은
이것이 우리를 열반 자체로 데려가네.

R〔大士의 도차제 - ⑥ 육바라밀(정진바라밀)〕

메빠! 나태와 지나친 수면·정신적인 무기력으로부터
얻어지는 즐거움의 맛은 무용한 마음의 분산으로
성취를 주지 못하네. 아무리 많이 탐닉해도,
갈증을 풀기 위해 바닷물을 마시는 것처럼.

반면에 정진은 모든 분야에서 큰 성공을 가져오네.
예를 들어, 많이 노력하는 병사가
자기보다 더 강한 다른 병사도 이길 수 있는 것은
그의 열성이 그에게 유리하게 작용하기 때문이라네.
그러므로 약한 마음으로 성불이라는 과제에

임하는 것은 잘못이네.

S〔大士의 도차제 - ⑦육바라밀(선정바라밀)〕

선정의 성취를 방해하는 다섯 가지 잘못을 살펴보고
여덟 가지 해결책을 적용하는 이익들을 생각하게.
아홉 단계의 사마타(shamatha), 명상적인 집중을 기르고
더 없이 안락하고, 빛나며, 개념(분별)을 넘어선
삼매(samadhi)의 상태를 일으키게.

명상 수행에 익숙해지면 거친 번뇌의 활동을 진정시킬
수 있고 큰 안락(大樂)감을 일으킬 수 있네.
하지만, 이 지(止) 수행을 지속하면 곧
이 수준의 성취의 세속적인 성격 드러내네.

경전에 설한 바에 의하면 삼매의 성취가
초능력과 기적을 일으키는 힘의 열쇠라고 하네.
그러나 노력하지 않고 이를 얻기를 바라며
단지 자신의 배를 채우고 햇볕을 쪼이는 것은
돌을 짜서 기름을 얻으려고 하는 것과 같네.

T〔S의 계속〕

페마! 과거에 그대의 마음은 방종하고 게을렀으며,
소중한 인생은 의미 없는 추구에 상실되었네.

이제 군중들로부터 멀리 떨어진 곳으로 가서
명상 수행 하는 것을 기뻐하게. 명상의 안락이 몸과 마음
양쪽에 스며들면 매 순간을 수행으로 만드는 것은
간단한 문제네. 이 결정적인 점이 성취되면
저 유명한 성불은 멀리 있지 않네.

U〔大士의 도차제 - ⑧육바라밀(반야바라밀)〕

메빠! 착란이라는 짙은 어둠의 백내장이
자아(self)의 본성(무아)에 대한 지식을 가린다네.
우린 몸과 마음 어딘가에 '나'를 찾는 잘못 저지르네.
마치 어둠 속에서 착각하여 끈을 뱀으로 보듯이.
모든 고난과 고통은 이 큰 잘못의 바탕에서 일어나네.

아무리 열심히 찾아봐도 우린 결코
이토록 애지중지하는 '나'의 흔적조차 찾지 못하네.
날아가는 새가 아무 흔적을 남기지 않는 것처럼.
결국 이 탐색은 공(空)으로 인도하여, 본래 거기에 있는
공성(空性)의 성격을 직접 파악하는 지혜를 낳네.

처음부터 모든 것은 단지 공일 뿐이고,
모든 것의 세속적인 수준(진실)은 단순히 이름과 이름표에
의해 만들어질 뿐이네. 이것이 중도 견해(중관)의 핵심이네.
이를 깨달으면 우린 예리한 칼 같은 지혜를 얻어
자아의 본성에 대한 오해뿐만 아니라 그 자손인 망상과

번뇌와 그들이 떠받치는 업의 고리를 자르네.

V〔大士의 도차제 –「논술의 매듭」에서 실천, 도의 성취(깨달음)로〕

메빠! 기쁜 에너지가 가슴에 힘을 주고 자연발생적인
지혜가 마음을 몰며 우리들은 이들 심오한〔공성에 대한
이해에 근거한〕육바라밀을 수행하여 개인적인 완성의 정상
(열반)에 도달하고, 다음에는 남들에게 이익을 주기 위해
우리들은 개인적인 안락과 열반에 대한 집착을 피하고
네 가지 방법(사섭법)으로 남들의 마음을 성숙시켜
꾸준히 이어지는 일체 선업을 방출하여
여덟 가지 탁월한 자질의 물과 함께 흐르게 하네.●

마치 가루다 독수리가 자신의 두 강한 날개로
이 세상 위 하늘 높이 나는 것처럼
방편과 지혜의 날개 펼치고
윤회와 열반 양쪽 위로 높이 날아
세 부처님의 몸(三身)의 땅으로 이제 날아가네.

● 히말라야의 물은 몸과 말·마음의 삼문(三門)을 정화해 주고, 다섯 가지 감각에 기쁨을 주는 여덟 가지 탁월한 성품을 갖고 있다고 아띠샤 존자께서 말씀하셨다고 합니다. –역자〕

제6장

6대 달라이 라마 짱양 갸초
– 티베트의 영원한 연인

◀ 6대 달라이 라마 짱양 갸초
'인류의 구원자들'/Statens Etnografiska Museum, Stockholm, Sweden.

1. 신비한 성(性) 요가 수행자

6대 달라이 라마에 관한 문헌은 다른 어떤 초기의 달라이 라마에 관한 것보다 훨씬 더 많다. 그 이유는 너무도 간단하다. 그가 달라이 라마 중에서 유일하게 승려생활 방식을 거부했을 뿐만 아니라 또한 그는 성인기 동안 거의 매일 성 스캔들을 일으켰기 때문이다.

그렇다. 6대 달라이 라마는 불교 승려로 살기보다는 중앙아시아의 가장 유명한 플레이보이가 되었다. 티베트인들은 그를 서양인들이 로미오나 카사노바를 생각하는 것과 매우 비슷하게 생각한다. 물론 그는 신비로운 분위기를 더 많이 가지고 있긴 하다.

이러한 그의 신비스러움은 6대 달라이 라마와 불교 딴뜨라, 특히 딴뜨라에서 채택할 수 있는 비범한 성 요가 수행과의 연관으로부터 나온다. 그 자신이 한때 이를 시로 표현했다.

> 난 단 하루 밤도 홀로 보낸 적 없네.
> 내 침대는 항상 내게 대단한 아름다움 가져다 주었네.
> 그러나 난 한 순간도 〔깨달음의〕 길에서 벗어난 적 없으니,
> 그건 내가 보편적인 마음(불성)을 한 번도 여읜 적이 없기 때문이네.

비록 그가 많은 글을 쓰지는 않았으나 - 그는 일반적으로 여섯 텍스트를 지은 것으로 인정받고 있다 - 그의 붓에서 나온 소수의 사랑 노래를 모

은 책은 거의 모든 티베트인들에게 인기가 있었다. 오늘날까지도 인기는 여전하다. 이들을 달리 번역하고 다룬 거의 12 종류의 책이 지난 수십 년에 걸쳐서 영어로 출판되어서, 6대 달라이 라마는 서양에서 유명인사가 되었다.

2. 5대 달라이 라마의 숨겨진 죽음과
   그의 환생자 찾기

데씨 쌍계 갸초에 의하면, 1682년의 두 번째 달 열 번째 날에 위대한 5대 달라이 라마는 긴 안거에 들어간다고 선언했다. 일반적으로 이런 안거는 4년 혹은 6년 사이 기간 동안 지속되었다. 심지어 12년 안거도 없지는 않다. 그러나 안거를 시작한 지 얼마 되지 않아 5대 달라이 라마는 심한 질병의 증상을 보였다. 의사들이 약을 처방했지만 도움이 되는 것 같지 않았다.

같은 달 스물두 번째 날 아침에 5대 달라이 라마가 주 수행원들을 침상 곁으로 불러 그들에게 말했다.

"모여서 이루어진 모든 현상은 무상(無常)하다. 이것은 두려워할 것이 아니다. 나의 현재 상태는 약이 효과가 없으므로 내 의사들이 그대들에게 하는 말을 귀담아 들을 필요 없다. 떠나야 할 시간이 가까이 왔다. 내가 갑자기 죽거든, 내 죽음을 몇 년 동안 비밀로 해라. 슬퍼하지 마라. 조건들이 익어 오래지 않아 그대들은 내 환생자를 찾을 것이다. 내 환생의 장소와 부모는 분명하게 알려질 것이다. 이것은 우리 모두가 가지고 있는 과거의 인연 때문이다. 여러 아이들이 나와 같다는 조짐을 보이더라도 그대들은 쉽게 올바른 선택을 할 것이다."

그는 이런 경고로 말을 끝맺었다.

"이전의 외부와 내부 조건들이, 정신적·세속적 관점에서 성취해 왔던 것들을 파괴할 위협의 조짐을 보이고 있다."

바꿔 말하면, 그가 두려워하는 것은 그의 죽음을 대중들이 알면 그가 새롭게 설립한 티베트 행정부 '간덴 포당 씨시 숭뗄(정신적·세속적 일이 조화를 이루는 즐거운 정부)'이 붕괴할지 모른다는 것이었다.

그들 모두 그와 함께 여러 시간 앉아 있었다. 그의 죽음이 피할 수 없는 것임을 알게 되자, 그들은 모두 그의 사망을 공표하라는 징표가 나타날 때까지 죽음을 비밀로 하겠다고 그에게 엄숙히 맹세했다.

다음의 데씨 쌍계 갸초의 이야기는 티베트 전통의 유쾌함과 신선한 천진함을 갖고 있는 것 같다. 그는 다음과 같이 썼다.

"우리는 그래서 정식으로 그에게 빨리 환생하라고 청했다. 덧붙여 그의 환생자가 우리들의 친척 중 누구에게서도 나오지 말아야 한다고 청했다. 왜냐하면 이것은 사람들의 마음에 의혹을 낳을 수 있기 때문이다."

5대 달라이 라마가 그들을 마지막으로 바라보고 말했다.

"걱정하지 마라. 이런 요청은 이행하기 쉽다. 그러나 그대들은 내 죽음을 완전한 비밀로 유지해야 한다는 것을 반드시 기억하라. 그리고 내가 아직 살아 있고 안거 중에 있는 것처럼 모든 일들을 계속해야 한다."

그들이 물었다. "우리가 무엇을 어떻게 해야 할지 알 수 있을까요?"

그가 답했다. "모든 달라이 라마의 환생자들은 의심이 생길 때마다 영감을 얻기 위해 신탁 여존 뺄덴 하모에게 의지했다. 나 역시 내 삶에서 뺄덴 하모가 나의 주 수호존 중의 하나였다. 그러니 그대들이 어떤 진로를 따라야 할지 의심이 들 때마다 뺄덴 하모의 상(像) 앞에서 공점을 쳐라." 위의 말을 마치고, 위대한 5대 달라이 라마는 세상을 떠났다.

여기서 말하는 '공점'이란 보리 반죽으로 만든 작은 공 안에, 주어진 질문에 대한 여러 다른 답들을 넣은 뒤, 이들 중 하나가 밖으로 튕겨져 나올 때까지 힘껏 이들 공들을 사발 안에서 강력하게 굴리는 것을 말한다. 이 과정은 전통적으로 빨덴 하모의 상(像) 앞에서 행해지는데, 사발에서 빠져나오는 공은 단순한 물리적 현상에 의해서가 아니라 수호존의 개입에 의해 결정된다. 우리가 어린 5대 달라이 라마를 찾은 경우에서도 보았듯이, 이 방법은 여러 후보자들 중에 마지막 선택을 해야 하고, 어느 쪽이 가장 적합해 보이는지에 대해 확신하지 못할 때, 빤첸 라마와 샵둥 린뽀체가 행했다.

5대 달라이 라마가 세상을 떠나자마자 데씨 쌍계 갸초는 기절하여 의식을 잃고 쓰러졌다. 달라이 라마는 세상을 떠날 때 오른쪽으로 누워, 부처님께서 돌아가시던 순간에 취했던 것과 같은 자세로 있었다. 그러나 데씨 쌍계 갸초가 정신을 되찾았을 때, 그는 깜짝 놀랐다. 왜냐하면 달라이 라마의 몸이 마술처럼 위치가 바뀌어 똑바로 명상자세로, 그의 다리는 가부좌로 앉고, 양 손을 무릎 위에 포개고 있었기 때문이다.

그 다음날 데씨 쌍계 갸초는 그의 조수를 신탁을 받는 네충에게 보내 이 상황을 알리고, 비밀 유지를 하라고 맹세하게 했다. 네충은 그들에게 행해야 할 기도문의 목록을 주고, 위대한 5대 달라이 라마가 중앙 티베트의 남동쪽에서 곧 환생할 것이라고 말했다.

죽음을 비밀로 유지하라는 5대 달라이 라마의 지시는 선례가 있었다. 자신의 최고 관리자 총독 데씨 쏘남 초뺄이 1657년에 사망했을 때도 그는 이와 같은 행동을 취했다. 데씨 쏘남 초뺄은 5대 달라이 라마의 지도 아래 1642년에 티베트의 재통일을 가져올 수 있도록 배후에서 지휘한 총독이었다. 5대 달라이 라마는 그의 부재가 다양한 분파들의 반란의 구실로 이용되거나, 몽골인들이 침입의 기회로 이용하는 것을 염려했던 것이다. 티베트는 여전히 깨지기 쉬운 존재로, 여러 세력들이 사방으로부터 밀고 당기고 있었다.

5대 달라이 라마는 자신의 죽음이 가까워짐에 따라, 국가도 불안정하리라는 전망이 그의 마음속에 크게 떠올랐다. 그래서 그는 그의 죽음을 비밀로 유지하는 해결책을 따르기로 결정했다. 그러나 그의 죽음이 비밀로 유지되고 있었기 때문에, 그의 환생자를 찾는 것 또한 지극히 신중하게 진행되어야 했다. 데씨 쌍계 갸초가 직접 이 과정을 감독했다. 그가 조언을 구하는 사람들 중의 한 분이 위대한 5대 달라이 라마의 중요한 제자로서 예언 능력으로 유명한, 위대한 닝마빠 라마 떼르닥 링빠였다. 떼르닥 링빠는 다음과 같이 예언했다.

이 위대한 존재는
샴뽀 산의 남서쪽에서 환생할 것이다.
그의 환생에는 논쟁의 여지가 없을 것이고
그는 다르마와 중생들에게 이익을 줄 것이다.

그는 그리고 출생 연도와 아버지의 이름이 진술된 6대 달라이 라마와 관련된 예언을 언급한다.

자존심으로 인해 전쟁이 치러지는 여러 해 동안,
중생들은 고통에 시달리고
그러고는 깨달음의 가르침에 의해 길들여질 것이다.
오르걘(Orgyen) 구루의 몸·말·마음의 화현은
물 야생 돼지 해(1683년)에
수행의 스승 오르걘 링빠(Lingpa)의 아들로 태어날 것이다.

이 두 번째 예언은 6대 달라이 라마를 8세기의 구루 빠드마 쌈바와의 화현이라고 언급하는데, 여기에서는 오르걘 구루, 즉 '오디야나(Oddiyana)

로부터 온 스승'으로 지칭한다. 빠드마 쌈바와에 대한 이 별칭은 오늘날 파키스탄의 스와뜨 계곡(Swat Valley)에 있는 그의 탄생지를 가리킨다. 이 딴뜨라 스승은 재가자로 일생 동안에 수천 명의 다른 여인들과 사랑을 나누었다고 한다. 그를 빠드마 쌈바와의 화현으로 언급하는 것은 아마 6대 달라이 라마의 성적인 모험 성향을 암시하는 것 같다.

6대 달라이 라마의 환생자가 발견되고 즉위한 후, 주목받은 것은 그가 출생한 작은 집안이 우르갠 링(Urgyen Ling)으로 알려져 있다는 것이었다. 나중에, 여기에는 큰 사찰이 하나 세워졌는데, 이것은 6대 달라이 라마를 기리기 위한 것으로 그와 그의 아버지, 어머니의 실물 크기의 조각상들이 갖춰져 있다. 비록 이 사찰은 6대 달라이 라마가 세상을 떠나고 10년 후에 몽골인들이 부탄을 약탈했을 때 파괴되었지만, 나중에 재건되어 오늘날까지 남아 있다.

그들은 네충 신탁영매와도 상의해서 환생자가 태어날 장소에 대해 자세히 알아보았다. 그는 분명하게 묀율(Monyul)을 조사단이 집중해야 할 지역으로 가리켰다. 묀율은 티베트의 먼 남쪽 지역으로, 부탄 바로 동쪽에 위치해 있다.

거의 같은 때에, 데씨 쌍계 갸초의 꿈에 일곱 개의 태양이 묀율 지역 위 하늘에 나타났다. 이것은 떼르닥 링빠와 네충의 예언과 함께 환생이 묀율에서 일어날 것임을 확신하게 해 주었다.

3. 6대 달라이 라마의 탄생, 수색, 발견, 공인

위대한 5대 달라이 라마가 세상을 떠난 후 얼마 되지 않아, 뫼뉼의 초나(Tsona)와 가까운 곳에 거주하는 닝마빠의 가정에서 아이를 임신했다. 그의 아버지, 라마 따시 땐진은 빼마 링빠의 가장 어린 남동생의 후손이었다. 빼마 링빠는 15세기 말과 16세기 초에 위대한 닝마빠 라마들 중의 한 분이자 티베트 역사에서 가장 위대한 보물 같은 텍스트를 드러내는 사람들 중의 한 분이었다. 빼마 링빠는 1521년에 세상을 떠났는데, 6대 달라이 라마는 162년 후인 1683년에 태어났다. 6대 달라이 라마의 아버지는 빼마 링빠 법맥의 결혼한 재가법사로 생계를 꾸리고 있었다.

빼마 링빠의 아내, 체왕 하모는 임신하고 있는 동안 내내 많은 상서로운 꿈을 꿨다. 임신이 되던 날 꿈에 그녀는 마을 샘터에 물을 길러 갔다. 물을 뜨기 위해 몸을 기울일 때, 그녀는 뾰족한 끝이 다섯인 금강저(五鈷杵)를 보았다. 이것이 그녀의 손 안으로 곧장 떨어져 들어왔다. 그녀는 이것이 대단히 귀중하다는 것과 그녀가 이를 대단히 조심스럽게 지켜야 한다는 느낌을 받았다. 그래서 그녀는 이것을 웃옷 속에 조심스레 넣었다.

또 어느 날 밤 꿈에 그녀는 태양과 달 둘을 그녀의 손으로 잡아서, 이들이 그녀의 몸 안으로 녹아 들어갈 때까지, 그녀의 가슴 가까이 잡고 있었다. 또 다른 그녀의 꿈에 겔룩빠와 닝마빠의 많은 라마들이 그녀에게 와서 그녀에게 많은 축복과 관정을 주었다. 또 다른 그녀의 꿈에 많은 사람들이 그녀의 집에 와서 그녀에게 대단한 경의를 표하고 그녀를 높은 권좌에 올려 놓았다.

그의 아버지도 많은 상서로운 꿈을 꿨다. 그는 태양과 달이, 별들과 횡성들에 둘러싸여, 그들을 에워싼 커다란 무지개와 함께 동시에 하늘에 나타나는 것을 보았다. 갑자기 그 달이 그의 아내 무릎 안으로 떨어져서 그녀의 자궁으로 녹아 들어갔다.

마침내 아이가 태어날 때가 도래했을 때, 어머니는 거의 아무 고통이나 불편함 없이 아이를 낳았다. 아이가 자궁에서 빠져 나오는 바로 그 순간에, 그 지역에서는 작은 지진이 발생했다. 동시에 강한 천둥소리와 함께 하늘이 폭발하는 것 같았다.

아이가 처음으로 한 말은 "나는 어린아이가 아니에요. 뽀딸라에서 초나(Tsona)로 날아왔어요. 우리가 뽀딸라에 가면 거기에 있는 모든 것이 내 것이 될 거예요"였다. 그는 또한 5대 달라이 라마와 가까웠던 많은 스님들의 이름을 대며 말했다. "이들은 모두 내 스님들이에요."

5대 달라이 라마가 돌아간 후 얼마 되지 않아, 데씨 쌍계 갸초는 뫈율 지역에 신중하게 전갈을 보내 상서로운 징표와 더불어 태어난 모든 아이들의 이름을 수집하라고 했다. 그는 이 조사의 실제의 성격을 알리고 싶지 않았기 때문에 – 5대 달라이 라마의 죽음은 여전히 비밀로 유지되고 있었다 – 최근에 세상을 떠난, 명망 있는 샬루 사원의 책임자였던 유명한 라마의 환생자인 샬루 켄뽀를 찾고 있다고 말했다.

1685년(나무 황소 해)에, 아이가 두 살이 되었을 때, 데씨 쌍계 갸초는 예비조사의 후속조치로 두 스님을 뫈율로 보내어 목록에 있는 모든 아이들을 조사하고, 또 다른 후보자들이 있는지 살펴보게 했다. 그들은 처음에 힘이 들어서 짜증스러웠다. 두 스님이 데씨 쌍계 갸초에게 글로 보고했다. "뫈(Mon) 지역을 조사하는 것은 어렵습니다. 사람들이 우리가 중요한 라마의 환생자를 찾고 있다는 것을 알아채, 모두가 자신들의 아이를 후보로 내세우고 아이에 대한 많은 이야기를 지어냅니다."

그러나 곧 까마귀 두 마리가 그 두 스님들을 따라와서 그들에게 "까악 까악" 소리내기 시작했다. 이 까마귀들은 그들에게 길을 안내하는 것 같았다. 스님들이 어느 방향을 택할지 자신이 없을 때마다 까마귀들과 그들의 행동을 바라보기만 하면 그 해답을 알 수 있었다.

마침내 스님들이 라마 따시 뗀진(Tashi Tenzin)의 집에 도착하여, 라싸에 대해 또렷이 말했다는 아이를 조사하려 했다. 그들이 아이를 보게 해 달라고 요청했으나, 부모는 주저했다. 아이가 그때 약간 아팠기 때문이었다. 그러나 결국 그들은 동의했다.

이 만남은 그 두 스님들에게 실망스러운 것이었다. 그들이 그 아이를 살펴볼 때 그는 둔하고 졸린 것처럼 보였으며, 그들에게 아무 관심도 보여 주지 않았다. 그들은 다른 것들과 함께 위대한 5대 달라이 라마의 염주를 내밀었지만, 아이는 두 손으로 이들 모두를 잡기만 했다.

어머니가 아이의 행동에 대해 사과하고, 며칠 뒤 아이가 회복된 후 다시 오라고 제의했다. 스님들은 떠나면서 이 아이가 자신들의 조사 대상이 아닌 것으로 결정했다. 그들은 이 아이를 다시 보러 갈 뜻이 없었다. 그러나 스님들이 한동안 이동을 한 뒤, 두 스님 중 연세 드신 스님이 갑자기 엉덩이에 극심한 통증이 생겨 움직이는 것조차 어려웠다. 그리고 이때 까마귀 한 마리가 나타나 이들이 떠나는 것을 조롱하는 것 같았다.

스님들은 이날 야영하기로 했다. 그리고 나이 많은 라마가 꿈을 꿨다. 꿈속에서 네충이 그에게 나타나 극도로 불쾌하고 화가 난 행동을 보였다. 그가 라마에게 말했다. "후보자들을 충분히 철저하게 검토하고 있지 않기 때문에 그대들의 조사는 실패하고 있다. 그래서 그대들이 지금 이 어려움을 겪고 있는 것이다."

그 후 몇 달에 걸쳐 이 두 스님들은 그 지역의 모든 곳을 걸어다니면서 수십 명의 아이들을 조사했지만 어떤 아이도 환생자의 바른 징표를 보이는 것 같지 않았다. 그러던 어느 날 그들은 갸마에서 유명한 점쟁이를 방문해 조언을 청했다. 점쟁이는 신비한 관찰을 하고 말했다. "당신들은 아무 성과 없이 많은 장소를 떠돌아 다녔다. 그러나 당신들은 이미 그 아이를 봤다. 이 아이는 관세음보살의 화현이고, 비록 어떤 장애가 그를 알아보는 것을 방해하고 있지만, 그의 행동은 관세음보살의 행동이다."

이 스님들은 자신들이 무엇을 해야 하는지 물었다. 점쟁이가 관찰하고 나서 말했다. "이 아이는 관세음보살의 말(speech)의 화현이다. 당신들은 깨달음의 몸을 상징하는 관세음보살의 상을 만들어, 깨달음의 마음의 상징으로 염주를 바쳐야 한다. 그러면, 몸·말·마음 모두가 완전해질 것이고, 그대들의 탐색이 성공할 것이다."

이 조언이 두 스님에게 용기를 주었지만, 그들은 여전히 어디로 가야 할지, 무엇을 해야 할지 전혀 알 수 없었다. 스님들은 자신들에게 일어났던 모든 일들을 곰곰이 생각해 보았다. 마침내 제대로 조사하지 않았던 한 아이를 기억해 냈다. 그래서 그들은 그를 다시 방문하기로 결정했다.

스님들이 그 집에 찾아갔을 때, 아이는 밖에서 놀고 있었다. 이번에는 그가 두 스님들을 깊이 바라보며, 손을 흔들고, 그들의 이름을 불렀다. 또한 두 스님이 갖고 다니는 성스러운 것들이 담긴 자루를 보자 갑자기 춤을 추며 말했다. "곧장 이리 오세요. 내 것들을 보여주세요!"

나이 많은 스님이 그에게 물었다. "당신은 샬루 켄뽀의 환생자인가요?" 아이가 대답했다. "아니요, 저는 샬루 켄뽀가 아니에요. 저는 롭상 갸초예요. 여기 살고 싶지 않아요. 뽀딸라로 가고 싶어요. 저는 모든 사람 중에 가장 위대해요."

그들이 그에게 두 개의 조각상을 보여주고 – 하나는 쫑카빠의 것이었고 다른 하나는 5대 달라이 라마의 것이었다 – 그에게 이들이 누구인지 아느

냐고 물었다. 아이는 5대 달라이 라마의 조각상을 잡고 신이 나서 말했다.
"이게 나예요! 이게 나예요!"

아이를 만난 다음 주, 두 스님은 비공식적으로 신중하게 위대한 5대 달라이 라마의 물건을 아이에게 하루에 하나씩 다른 것과 함께 보여 주며 시험했다.

첫째날, 그들은 위대한 5대 달라이 라마가 자주 그의 목에 걸었던 염주 위에 착용했던 작고 신비스러운 단검과 또한 5대 달라이 라마가 만져본 적이 없는 비슷한 것도 보여 주었다. 아이는 정확히 5대 달라이 라마의 것을 집어 그것을 자신의 가슴에 댔다.

그 다음날 그들은 그에게 구루 빠드마 쌈바와와 〔그의 명비〕 신비한 여성 예셰 초갤의 조각상을 보여 주었다. 이 둘은 티베트 불교 닝마 종파의 창시자이다. 아이는 이 둘을 자신의 조그만 두 손으로 잡아서 큰 존경심을 갖고 머리에 갖다 대었다. 스님들은 그에게 5대 달라이 라마와 동시대에 살았던 까르마빠 라마의 조각상도 보여 주었다. 아이는 이를 마치 장난감인 양 작은 두 손으로 잡고, 마치 친구나 형제하고 노는 것처럼 갖고 놀기 시작했다.

셋째날, 그들은 그에게 위대한 5대 달라이 라마가 평소 보았던 작고 평범한 책과 그의 것은 아니지만 더 화려한 책을 보여 줬다. 그는 위대한 5대 달라이 라마가 가졌던 것을 잡고 열렬하게 말했다. "이게 내 거예요. 뽀딸라에 비슷한 내 것이 더 많아요." 그리고는 책을 펴서 읽는 것처럼 행동했다.

4일째에는 5대 달라이 라마의 모자와 또 하나 일반적인 승려 모자를 그에게 보여 주었다. 아이는 아무런 말도 하지 않고 한참 동안 둘 다 들고 있다가, 5대 달라이 라마의 것을 자신의 머리에 썼다.

5일째, 그에게 두 개의 작은 칼을 보여 주었다. 이 중에 하나는 5대 달라이 라마의 것이었다. 그는 자연스럽게 5대 달라이 라마의 것을 잡고 5대 달라이 라마가 했던 것처럼 이것으로 자신의 이를 닦았다.

6일째, 그들은 5대 달라이 라마가 사용했던 딴뜨라 뼈 장신구들을 다른 유사한 것들과 함께 보여 주었다. 또 다시 그는 올바른 것을 정확하게 골라냈다.

7일째, 그들은 5대 달라이 라마의 찻잔을 다른 일반적인 찻잔과 함께 보여 주었다. 아이는 5대 달라이 라마의 것을 선택했고 신이 나서 외쳤다. "이게 내 거예요."

이러한 여러 번의 테스트와 더불어 아이와 두 스님이 나누었던 많은 대화는, 아이가 진정 5대 달라이 라마의 환생자임을 그들에게 확신하게 해 주었다.

4. 즉위까지의 날들

두 스님들은 아이를 바르게 찾았다고 확신해서 데씨 쌍계 갸초에게 그들이 성공했다는 것을 알리는 편지를 썼다. 데씨 쌍계 갸초는 너무도 기뻤으나 그들이 계속해서 그 아이를 샬루 켄뽀의 환생자로 알려야 한다고 답장했다. 왜냐하면 그는 5대 달라이 라마의 죽음을 아직 공표하지 않았고, 달라이 라마가 아직도 긴 안거에 들어가 있는 것처럼 하고 있었기 때문이다.

그러나 아이의 안전에 대해 상당한 우려가 있었다. 티베트와 부탄의 관계는 불안정했고, 초나(Tsona)가 두 나라 국경 근처에 있었으며, 게다가 중국 스파이들이 도처에 있었다. 스님들은 아이를 더 안전한 곳으로 당분간 이주시키라고 가족에게 재촉하고, 샤욱(Sha Woog)이라는 지역을 추천했다. 부모가 받아들여 떠날 준비를 했다.

그들이 출발하는 날에 많은 상서로운 징표들이 나타났다. 가벼운 지진이 일어났는데 아무도 다치지 않았고, 하늘은 살짝 비를 뿌렸다. 그들이 말을 타고 떠날 때 무지개가 가는 곳마다 나타나는 것처럼 보였다.

그들이 고개에 도착하자 아이가 말했다. "저를 여기 내려주세요. 제 마을과 집에 작별 인사를 하고 싶어요." 이런 식으로, 세 살도 안 되었지만, 그는 자기 존재의 권위와 그를 둘러싸고 벌어지는 사건들에 대해 자신이 알고 있다는 것을 보여 주었다.

그들이 샤욱에 도착했을 때 모두들 그를 걱정했는데, 다수의 부탄 병사들이 이 지역에 있다는 소문이 있었기 때문이다. 그러나 아이는 별일 없을 거라고 그들을 안심시켰다. 또 다시, 이것은 그의 성숙함과 권위를 보여주는 것으로 받아들여졌다.

일행은 초나 종에서 한동안 머물도록 초대받았다. 이 기간 동안 까마귀들은 이 요새의 지붕 위에 남아 있었다.

이 여행을 하는 동안 일행은 겉으로는 이 아이를 대중에게 샬루 켄뽀의 환생자로 소개했다. 그러나 남모르게 그를 5대 달라이 라마의 환생자로 존중했다.

일행이 초나 종에 머물고 있을 때, 두 스님은 데씨 쌍계 갸초에게 편지를 보내 자신들의 위치를 알리고 조언을 구했다. 데씨 쌍계 갸초는 네충 신탁영매와 소통을 하면서 무엇을 해야 할지 물었다. 네충은 위대한 5대 달라이 라마의 죽음과 그의 환생자의 인정을 공표하는 것은 아직 이르다는 답변을 주었다.

그래서 초나 종에서의 임시적인 체류가 더 지속적인 것으로 바뀌어, 어린 환생자와 그의 가족은 그 건물에 딸려 있는 사찰에 머물게 되었다. 그는 여기에서 12년을 살게 되었다. 데씨 쌍계 갸초가 개인교사들을 그에게 보내고 그의 초기 교육을 멀리서 감독했다. 그를 찾는 책임을 맡았던 두 스님은 지금은 그의 발전을 점검하여, 보통 1년에 두 번 라싸로 가서 데씨 쌍계 갸초에게 직접 보고하고, 아이가 받아야 할 교육 방향에 대한 새로운 지시를 받고 돌아왔다. 이 긴 시간 내내 그는 계속해서 샬루 켄뽀 라마라는 이름으로 살았으며, 데씨 쌍계 갸초가 그를 대신해 티베트를 통치했다. 5대 달라이 라마가 살아 있으며 건강하다는 연극은 빈틈없이 유지되었다. 사람들이 그가 안거에 들어 있다고 생각한 것이 도움이 됐던 것이다.

이 연극이 15년 동안 유지될 수 있었다는 것이 외부인들에게는 믿을 수 없는 것처럼 보인다. 그러나 티베트인들에게는 이 오랜 기간 동안 5대 달라이 라마가 공식적인 모습을 나타내지 않았다는 것이 믿을 수 없는 것처럼 보이지는 않는 것 같다. 그들은 스승들이 10년 혹은 20년, 심지어 더 오래 지속되는 명상 안거를 하는 것이 상당히 익숙하기 때문이었다.

데씨 쌍계 갸초가 이 연극을 지속하는 데 당면한 한 가지 문제는 아무리 짧게라도 달라이 라마가 모습을 드러내야 하는 여러 행사가 매년 있다는 점이었다. 보통 이들은 조캉 사원에서 일어났는데, 달라이 라마는 발코니에 앉아 있었다. 이 경우에 데씨 쌍계 갸초는 달라이 라마의 개인 사원인 남걀 다창에서 온 한 스님을 달라이 라마를 대신하여 앉도록 했다. 이 스님은 외모가 5대 달라이 라마를 다소 닮았으며, 위대한 5대 달라이 라마처럼 콧수염까지 멋지게 기르고 있었다. 그래서 먼 곳에서 보면 그는 달라이 라마처럼 보여 쉽게 넘어갈 수 있었다. 게다가, 달라이 라마는 명상 안거에 있는 것으로 되어 있기 때문에, 얇은 커튼이 그가 앉는 창문 위로 드리워져서, 그의 모습은 더욱 더 잘 볼 수 없었다.

높은 자리에 있는 라마는 의례적으로 먼 곳에서 온 중요한 순례자들을 친견하고 그들에게 축복을 준다. 달라이 라마도 이 규칙에 예외가 아니다. 5대 달라이 라마의 대역으로 선택되었던 남걀 다창에서 온 스님에게 역할을 해 달라고 요청했다. 또 다시 5대 달라이 라마가 장기간 명상 안거에 있다는 핑계로, 방문하는 성지 순례자들을 멀리 떨어져 있게 했다.

일반적으로 딴뜨라 안거에 든 사람은 그의 스승들과 수행원들을 제외하고는 어느 누구와도 이야기하는 것이 허락되지 않는다. 그래서 이 전통을 핑계로 이용하여 위대한 5대 달라이 라마는 이들을 만나는 기간 동안 말을 하지 않고 먼 거리에서 축복만 주었다.

이 모든 것을 지휘한 것은 데씨 쌍계 갸초였는데, 그는 위대한 5대 달라이 라마의 이름으로 15년 동안 티베트를 통치했다. 그러므로 그는 어린 6대 달라이 라마의 운명을 결정하는 데 중요한 인물이었다. 그가 누구였는지 간략하게나마 살펴보는 것이 유익할 것이다.

데씨 쌍계 갸초는 5대 달라이 라마가 티베트의 정신적·세속적 지도자의 자리에 오르고 11년 후 1653년(물 뱀 해)에 태어났다. 그는 1657년에 사망한 데씨 쏘남 초뺄의 뒤를 이어 위대한 5대 달라이 라마의 총독이 된 데씨 띤레 갸초의 조카였다. 그리하여 띤레 갸초는 티베트의 두 번째 '데씨'였다. 그의 조카에게는 태어날 때 꾄촉 된둡이라는 이름이 주어졌다.

이 소년은 어린 나이에 위대한 5대 달라이 라마의 수행단에 들어가게 되었다. 위대한 5대 달라이 라마는 그에게 직접적인 관심을 가졌다. 그래서 그는 8살 때 달라이 라마로부터 직접 사미계를 받았다. 이때 위대한 5대 달라이 라마는 쌍계 갸초, '붓다 바다'라는 이름을 그에게 지어 주었는데, 이 이름을 그는 그의 남은 생애 동안 사용했다.

이때부터 이 소년은 위대한 5대 달라이 라마의 거의 모든 가르침에 참석했다. 그는 훌륭한 개인교사들도 제공받았고, 불교 고전에 관한 철저한 교육을 받았다. 나중에 그는 자기 자신의 노력에 의해 위대한 불교 학자가 되었는데, 그의 저술 중 다수가 오늘날에도 교재로 사용되고 있다. 티베트 역사, 티베트 의학, 불교 천체물리학, 고전적인 시 작법, 티베트 언어학에 대한 그의 글들은 새로운 국가적인 표준이 되었다. 그의 빼어난 글솜씨는 현재까지 지속되고 있는 티베트의 문화의 이해에 대한 사람들의 관심을 집중시켰으며, 그가 티베트의 역사에서 차지하는 자리는 프란시스 베이컨(Francis Bacon)이 서양의 역사에서 차지하는 것과 같다고 말할 수 있다.

쌍계 갸초의 천재성은 젊은 시절부터 분명했다. 위대한 5대 달라이 라마가 그의 세 번째 데씨를 독신 승려 계를 지닌 사람이 몰래 정부를 두고 있다는 이유로 1675년에 파면했을 때, 총독의 자리를 스물두 살에 불과한 쌍계 갸초에게 제의했다. 쌍계 갸초는 자신이 너무 어리고 교육을 끝마치지 못했다는 이유로 사양했다.

그러나 그 자리가 1679년에 다시 한 번 공석이 되어 5대 달라이 라마가 쌍계 갸초에게 그 직책을 맡아 달라고 다시 요청했다. 이번에는 그가 받아들여, 달라이 라마가 세상을 떠난 뒤에도 오랫동안 그는 위대한 5대 달라이 라마의 총독으로 남아 있었다. 사실, 데씨 쌍계 갸초는 1705년에 비극적인 죽음을 맞을 때까지 총독으로 재직했다.

 데씨 쌍계 갸초가 승복을 벗고 재가자가 되었다는 사실은 티베트인들에게는 문제로 여겨지지 않았다. 대부분의 티베트인들은 자기들의 아이들 중 여럿을 매우 어린 나이에 스님이 되게 하는데, 보통 그들이 성인이 된 후에 세속적인 삶으로 돌아올 것을 기대할 뿐만 아니라, 심지어 이를 희망하기까지 한다. 데씨 쌍계 갸초는 자신의 일에 대한 헌신으로 인정받았다. 그의 일 중에 많은 부분은 일의 성격상 정치적인 것이어서 재가자의 생활 방식이 더 적절했을지도 모른다.

 티베트에서는 일부일처제가 남자나 여자에게 문화적인 행동표준이 아니었으며, 또한 데씨 쌍계 갸초는 여자들의 남자라는 평판으로 멸시를 당하지도 않았다. 사실은 그 반대였던 것 같다. 티베트인들은 그를 정치적으로나 문화적으로 티베트 국가의 위대한 선구자 중 한 사람으로 기억한다.

 그 다음 12년 동안, 어린 6대 달라이 라마와 그의 부모는 초나 종에 살고 있었는데, 데씨 쌍계 갸초는 라싸에서 위대한 5대 달라이 라마의 꿈이 성취되는 것을 보기 위해 열심히 일했다. 인간 역사의 위대한 건축 업적의 하나인 뽀딸라의 완성은 그가 남긴 최고의 업적일 것이다. 그러나 새롭게 형성된 티베트 국가를 이루고 있는 많은 왕국과 부족의 통일을 강화하고, 티베트를 구성하는 다양한 민족들에게 기여할 수 있는 문화적 기반을 확립한 그의 업적이야말로 그에 못지않게 중요한 것이었다. 또한 데씨 쌍계 갸초는 또한 비밀리에 위대한 5대 달라이 라마의 신체를 미라로 만들어, 뽀딸라에 웅장한 탑을 지어 보존하게 했다.

그 동안 어린 6대 달라이 라마는 교육에 몰두했다. 그의 교육은 읽기와 쓰기, 배우기, 딴뜨라 불교의 기반인 많은 기도문과 의례 암기하기, 불교 역사와 불교학의 복잡한 점들에 대한 입문으로 시작되었다. 그의 교육은 실제로 고전적인 교육을 받는 다른 아이의 것과 다르지 않았으나, 거기에 덧붙여 데씨 쌍계 갸초가 그에게 받게 한 것은 위대한 5대 달라이 라마의 주요 저술과 그 자신의 논서들(여기에는 언어학과 시학, 점성술이 포함된다) 중에서 다수를 전수해 주는 것이었다.

초나 종에서의 삶은 이 가족에게 특별히 행복한 것은 아니었는데, 데씨 쌍계 갸초는 이에 대해 훨씬 뒤에 알게 되었다. 수년 전에 아이의 어머니가 자신의 남동생(6대 달라이 라마의 삼촌)과 땅 문제로 법적 소송을 제기했다. 이에 화가 난 삼촌이 초나 종 지역의 지사들에 대한 자신의 영향력을 이용하여 아이의 가족의 삶을 어렵게 만들었다. 결국 데씨 쌍계 갸초가 이를 알게 되어 지사들의 관직을 박탈했으나, 그 사이 10년 동안 6대 달라이 라마의 어머니와 아버지는 그 지사들의 사람들에 의해 계속 괴롭힘을 당했다. 이것은 가족에게는 불쾌한 일이었지만, 티베트인들은 이 사건을 상서로운 것이라고 말한다. 11세기의 밀라래빠도 사악한 삼촌 때문에 크게 고통 받지 않았던가?

1694년(나무 개 해)에, 데씨 상계 갸초는 네충을 다시 불러 위대한 5대 달라이 라마의 죽음과 6대 달라이 라마의 즉위를 공표할 때가 되었는지 물었다. 신탁영매의 말은 불분명했다. 그래서 데씨 쌍계 갸초는 청의 강희제에게 이 사정을 알리고, 그에게 당분간 비밀을 유지해 달라고 부탁하기로 결정했다.

2년 후에 아이와 부모는 아이가 샬루 켄뽀 라마의 환생자가 아니라, 위대한 5대 달라이 라마의 환생자라는 사실을 통보받았다. 그 다음 해인 1697년에 이 소식이 대중에게 알려졌다. 데씨 쌍계 갸초는 성명서를 작성하여 위대한 5대 달라이 라마의 임종 시의 비밀유지에 관한 지시는 물론, 6대 달라이 라마의 인정과 교육에 대한 세부사항들을 설명했다. 공표 시기는 네충의 신탁에 의해 정해져, 티베트의 상서로운 네 번째 달인 부처님의 깨달음을 매년 기념하는 달로 결정되었다.

몇 달 후 아이는 초나 종에서 낭까르체(Nangkartsey)로 옮겨졌다. 여기서 그는, 자기에게 사미계를 주고 다양한 수행을 전수하기 위해 온 2대 빤첸 라마인 롭상 예셰를 만났다. 이 수계식은 아홉 번째 달의 열일곱 번째 날에 열렸다. 아이는 롭상 릭진 짱양 갸초(Lobzang Rigzin Tsangyang Gyatso)라는 이름을 받았다. 그리고 이 이름의 짱양 갸초('멜로디의 바다')는 그가 역사에 알려진 이름이 되었다.

그 다음달, 이 일행은 대규모 집단으로 라싸를 향해 떠났다. 매일 밤 이들은 텐트에서 야영했는데, 수행단이 곧 너무 많아서 거의 200개의 텐트가 필요하게 되었다. 3대 달라이 라마가 몽골로 여행할 때 세운 전통에 따라, 어린 6대 달라이 라마의 텐트는 중앙에 놓이고, 다른 것들은 그의 주위에 중심이 일치하는 정사각형으로 배열되어, 딴뜨라의 만다라의 인상을 주었다. 그의 정체가 이제 모두에게 알려져, 수많은 일반 대중이 축복을 받기 위해 그들이 움직이는 대로 길을 따라 모여들어, 앞으로 나아가는 것을 느리게 만들었다.

이들이 네땅에 도착했을 때, 이곳으로 데씨 쌍계 갸초가 마중 나왔다. 여기서 그들은 한 달 동안 야영했는데, 그의 주위에 거대한 텐트 도시가 형성됐다. 청 황제의 대표단은 물론이고, 위대한 티베트와 몽골의 모든 지도자들이 그에게 경의를 표하고 그의 축복을 받기 위해 왔다. 간덴·데뿡·쎄라 사원의 스님들이 대부분 참석했고, 중앙 티베트의 더 작은 사찰과 암자에서 온 수백 명의 스님들도 참석했다.

그는 라싸와 뽀딸라로 계속 여행했다. 드디어 공식적인 즉위식이 열 번째 달의 스물다섯째 날에 열렸는데, 이날은 연례 버터램프 축제와 일치했다. 빤첸 라마는 즉위식에 참석하기 위해 시가쩨의 따시룬뽀에서 왔다. 이때 6대 달라이 라마는 열다섯 살이었다. 이날은 10대인 그는 물론이고, 티베트인들에게도 참으로 행복한 날이었다.

5. 자유로운 생활과 사랑의 노래

젊은 6대 달라이 라마는 이제 뽀딸라에 거처를 잡고 빡빡한 일정의 공부를 시작했다. 빤첸 라마는 그에게 가르침과 관정의 긴 목록을 주어 이 단계의 교육을 시작했다. 날마다 그를 안내하여 많은 주제의 불교 지식을 배우게 하는 일은 그보다 덜 유명한 개인교사들에게 맡겨졌다. 첫 2년 동안 그는 공부에 전심으로 몰두하는 것 같았다. 그러나 공부를 시작한 지 3년째에 이르러 불만의 조짐을 보이기 시작했으며, 4년째에 이르러서는 데씨 쌍계 갸초가 심각하게 걱정할 정도가 되었다.

6대 달라이 라마는 이제 스무 살이어서 완전한 비구계를 받아야 할 때였다. 지금까지 그는 처음에는 예비 사미로 살았고, 다음에는 사미로 살았다. 데씨 쌍계 갸초가 6대 달라이 라마에게 이제 비구계를 받아야 할 때가 되었다고 알리자, 이 젊은 환생자는 자기가 아직 이 문제에 대한 마지막 결정을 하지 않았다고 대답했다. 데씨 쌍계 갸초는 따시룬뽀에 있는 빤첸 라마에게 편지를 써서, 달라이 라마에 대한 영향력을 행사해 달라고 호소했다. 빤첸 라마는 여러 통의 편지를 그에게 썼지만, 데씨 쌍계 갸초의 뜻을 따르도록 설득할 수가 없었다. 결국 빤첸 라마는 이 문제에 대해 논의하기 위해 6대 달라이 라마를 따시룬뽀로 초대했다.

시가쩨에서 고위 라마들과 시민 지도자들의 회의가 6대 달라이 라마의 따시룬뽀 도착에 맞춰서 열렸다. 사람들은 그의 수계식에 참석하길 원했다. 그러나 사람들이 아무리 애원하고 강하게 촉구하여 달라이 라마 전통을 따르게 하려 해도, 그는 비구계를 받지 않겠다는 결심이 확고했다. 더 큰 문제는, 그가 자신의 사미계의 서약을 반납하고 재가 수행자가 되기로 결심했다고 알려줬다는 것이었다. 일행이 몇 주 후에 라싸로 되돌아갔을 때, 6대 달라이 라마는 더 이상 승려 옷을 입고 있지 않았다.

이 시점까지 6대 달라이 라마가 승려 계에 충실하지 않았음을 보여주는 것은 아무것도 없다. 그래서 장로들은 이 사실로 자신들을 위로했다. 사미 이전에는 8계를, 사미는 36계를, 완전한 계(구족계)를 받는 스님은 253계를 받는다. 이 세 가지 계 모두를 받으면 승려가 되는데, 세 가지 다 독신 생활과 금주를 요구한다.

불교에서는 스님으로 살면서 파계하는 것은 극히 부정적인 업(악업)으로 간주된다. 옷을 벗는 적절한 방식은 자기가 계를 받은 그 스승에게 자신의 계를 정식으로 돌려주는 것이다. 계에서 해방되면, 재가자의 생활방식을 취할 수 있다. 다시 말해, 성생활과 음주 등을 할 수 있는 것이다. 파계(破戒)한 사람은 결코 다시 스님이 될 수 없으나, 반면에 파계하기 전에 계를 반납한 사람은 나중에 자기가 원할 때 다시 계를 받을 수 있다. 사실, 우리는 한 생애에 여러 차례 승려와 재가자의 삶의 방식을 떳떳하게 바꿀 수 있다. 올바르게 한다면 그렇게 할 수 있다. 6대 달라이 라마가 자신의 계를 돌려주자, 장로들은 그가 젊은 시절의 위기를 거치고 곧 마음을 바꾸어 다시 스님이 되리라 희망했다.

하지만 이 일은 일어나지 않았다. 그는 뽀딸라에 남아 있었지만, 머리를 어깨 넘어 허리까지 닿을 만큼 기르고, 도시의 젊은 남자들처럼 장신구로 치장하기 시작했다. 다른 티베트 젊은이들처럼, 그는 머리카락을 묶어 길게 땋아 산호색과 청록색 구슬로 장식하여, 머리 꼭대기 주위로 감든지 아니면 등 뒤로 늘어뜨렸다. 그의 열정은 더 이상 불교 경전 공부에 있지 않았다. 이제 낮에는 친구들과 활쏘기와 말 타기로 보내고, 밤에는 라싸의 거리를 배회하며, 이 술집에서 저 술집으로 옮겨가면서, 파티와 즐거움, 아름다운 여자들을 찾았다.

그가 제일 좋아하며 자주 갔던 곳은 뽀딸라 뒤에 있는 라싸의 한 지역인 숄(Shol)이었다. 최근까지 숄에 있는 대부분의 집들은 테두리가 노란색으로 칠해져 있었다. 전해 내려오는 얘기에 의하면, 6대 달라이 라마가 세상을 떠난 후에 그와 함께 잠자리를 했던 라싸의 모든 미혼 여성들이 그에 대한 존경의 표시로 집을 노란색으로 칠하여, 노란색 페인트의 판매가 그 해에 급증했다고 한다.

6대 달라이 라마는 그의 생애에서 이 기간 중에 수많은 사랑의 노래들을 지었다. 이들은 모두 4행이거나 8행이다. 일반적으로 느리게 운율을 많이 넣어서, 보통은 상당히 취한 상태에서 부른다. 티베트인들이 좋아하는 것들 중 일부는 다음과 같다.

> 검은 잉크로 쓰인 말은
> 작은 물방울 하나에도 쉽게 파괴되네.
> 허나 사랑이 가슴에 그리는 그림은
> 깊이 들어가 영원히 남네.

그리고 또,

> 그건 상서로운 때였네,
> 좋은 생각 바람에 실어보내기에.
> 탁월한 증표의 젊은 여성이
> 날 집으로 데려가 내게 사랑을 주었네.

6. 섭정의 죽음과 6대 달라이 라마의 폐위

초쇼트 몽골(Qoshot Mongols)의 지도자 구쉬 칸은 1642년에 5대 달라이 라마에게 권력을 가져다 준 중요한 인물이었다. 이후에 많은 초쇼트인들이 티베트의 북동쪽 국경이 북쪽에서 몽골과 만나며, 중국과는 동쪽으로 접해 있는 암도의 꼬꼬노르(Kokonor) 지역에 정착했으며, 많은 초쇼트인들이 라싸에서 많은 시간을 보냈다.

1703년(물 양 해)에, 구쉬 칸의 손자 하상 칸이 초쇼트의 지도자가 되었다. 하상은 독실한 불자였으며, 5대 달라이 라마에게 깊이 헌신했다. 그는 6대 달라이 라마가 중앙 티베트로 옮겨질 때 그곳에 있었고, 달라이 라마가 끼쇼 계곡에 처음으로 도착했을 때도 한 달간 벨람에서 함께 야영했다. 그는 뽀딸라에서 6대 달라이 라마의 즉위식에도 참석했으며, 6대 달라이 라마가 아직 어린 스님이었을 때 수행원으로 한동안 일했다. 나중에 6대 달라이 라마가 승복을 벗겠다고 위협하고 이 문제를 빤첸 라마와 논의하기 위해 따시룬뽀 사원으로 갔을 때, 하상 칸은 그를 만류하기 위해 온 사람들 중 하나였다.

하상 칸이 초쇼트의 지도자로 즉위하기 직전에 위대한 5대 달라이 라마의 총독이었던 데씨 쌍계 갸초는 공직에서 물러나고 자신의 지위를 아들 아왕 린첸에게 넘겨주었다. 아마 데씨 쌍계 갸초는 은퇴 후에 자신의 남은 생애 동안 무명으로 살았을지도 모른다. 그러나 하상 칸이라는 별이 뜨자, 공직을 떠난 데씨 쌍계 갸초는 몹시 걱정되었다. 그는 하상 칸이 6

대 달라이 라마의 비정통적인 거동을 공개적으로 비난한다는 사실을 알고 있어서, 이 초쇼트 지도자가 이를 티베트의 일에 개입하는 구실로 이용할 것을 두려워했기 때문이다.

그가 불안해 하는 데에는 충분한 이유가 있었다. 초쇼트는 최근에 청 황제와 동맹을 맺었는데, 이들의 연합은 티베트의 통치권을 위협하는 것이었다. 데씨 쌍계 갸초는 힘의 균형을 유지하기 위해 조심스럽게 쥔가르 몽골인들과 동맹 관계를 조성했었다. 그는 이것이 만주인들과 거리를 유지하게 해 줄 것이라고 생각했다. 그러나 불만을 품은, 변덕스러운 하상 칸이 이제 티베트의 아주 가까운 곳에서 살고 있으므로 상황이 위태로웠다.

만주인들은 데씨 쌍계 갸초를 그다지 좋아하지 않았다. 그들은 데씨 쌍계 갸초가 위대한 5대 달라이 라마의 죽음을 그들에게 비밀로 했다는 사실에 분개했으며, 자신들의 제국에 대한 위협으로 생각하는 쥔가르인들과 동맹한 것에 대해서도 분개했다. 더욱이 청의 강희제가 몇 년에 걸쳐 데씨 쌍계 갸초에게 몇 가지 요구사항들을 제시했으나, 이중 많은 것이 이런저런 구실로 거절되었다는 사실도 노여웠다. 이들 중에는 빤첸 라마가 제국의 황실에서 가르치기 위해, 베이징을 방문할 수 있도록 허락해 달라는 요청도 있었다.

빤첸 라마는 그다지 가고 싶지 않았다. 왜냐하면 고도와 기후의 급격한 변화가 자신에게 심각한, 어쩌면 치명적인 건강상의 위협을 주리라 생각했기 때문이었다. 데씨 쌍계 갸초는 빤첸 라마를 위해 그 비난을 대신 받으며, 빤첸 라마가 티베트에서 약속한 일이 너무 많다는 이유로 만주 황제의 초대를 거부한 것이다. 황제는 이를 개인적인 모욕으로 받아들였다. 그리하여 데씨 쌍계 갸초에 대한 그의 반감의 불길은 커지게 되었다.

이들과 다른 유사한 원인들 때문에, 만주인들은 하상 칸의 등장을 기뻐했다. 만주인들은 이것을 라싸에서 데씨 쌍계 갸초를 제거하고 티베트를 자신들의 영향권으로 더 깊이 끌어들일 수 있는 기회로 보았다. 그들은 하상 칸이 위대한 5대 달라이 라마의 죽음에 대해 자기에게 알려주지 않았다는 사실에 분개한다는 것을 알았다. 또한 6대 달라이 라마가 데씨 쌍계 갸초에 의해 부적절하게 선택되어진 것이 아닌가라고 하상 칸이 생각한다는 것을 알았다.

그래서 만주인들은 하상 칸에게 라싸로 진격하여 쿠데타를 일으키고, 6대 달라이 라마를 뽀딸라에서 제거한 뒤 그의 자리에 다른 스님을 앉히라고 압박하기 시작했다. 하상 칸으로서는, 너무도 열렬히 받아들이고 싶을 뿐이었다. 그는 이 상황을 만주인들의 환심을 사고, 동시에 몽골과 티베트인들 양쪽에서 자신의 위상을 높일 기회로 생각했다. 그는 6대 달라이 라마가 사실은 데씨 쌍계 갸초의 피를 이어받은 아들이며, 5대 달라이 라마의 환생자가 결코 아니라는 소문을 퍼뜨리기 시작했다.

6대 달라이 라마는 티베트 대중에게 여전히 인기가 아주 많았기 때문에, 하상 칸은 이 문제를 매우 조심스럽게 다루어야 했다. 그래서 그는 세 곳의 대표적인 겔룩빠 사원인 간덴, 데뿡, 쎄라의 장로들에게 접근하여 그들의 승인을 요청했다. 그는 그들 역시 6대 달라이 라마의 행실에 대해 걱정하며, 데씨 쌍계 갸초가 업무를 처리하는 방식- 특히 데씨 쌍계 갸초가 5대 달라이 라마의 죽음을 그렇게 긴 기간 동안 비밀로 유지한 것 - 에 대해 자기들이 무시당했다고 생각한다는 것을 알게 되었다. 장로들은 묵시적으로 승인해 주었다.

하상 칸에 대해 공평하게 말한다면, 데씨 쌍계 갸초와 6대 달라이 라마를 공적인 삶에서 제거하려는 그의 계획은 가능한 한 인도적인 것이었다. 그는 그들 중 누구에게도 심각하게 해칠 의도는 없었다. 데씨 쌍계 갸초가 어쩔 수 없어 항복할 때, 하상 칸은 그를 공까르(현재 라싸의 비행장 근처 지역)에 있는 데씨 쌍계 갸초의 사유지로 추방하라고 명령했을 뿐이었다. 그의 지시가 이행되었다면, 데씨 쌍계 갸초는, 비록 상대적으로 은둔 생활이지만, 편안하고 품위 있게 여생을 살 수 있었을 것이다.

불행하게도 일은 계획한 대로 이루어지지 않았다. 하샹 칸의 아내 중 한 명이며 여전사였던, 체링 따시(Tsering Tashi)라는 이름을 가진 공주가 전에 데씨 쌍계 갸초의 애인이었다. 전해지는 얘기에 의하면, 데씨 쌍계 갸초가 그녀를 버려서 그녀의 감정을 크게 상하게 했다는 것이다. 그녀는 이제 이 기회를 이용해 복수를 하려고 했다. 데씨 쌍계 갸초가 비무장이고 무방비 상태일 때, 그녀는 그를 똘룽으로 데려가, 거기서 그의 목을 베었다. 데씨 쌍계 갸초는 버림받은 한 여인의 분노 때문에 죽은 것이었다.

이 기간의 여러 사건들은 데씨 쌍계 갸초가 세 큰 사원(간덴, 데뽕, 쎄라)의 높은 승려들 사이에 수많은 적을 만들어 왔음을 보여 준다. 하샹 칸이 데씨 쌍계 갸초를 라싸로부터 공까르로 추방하는 것을 이들이 묵시적으로 승인해 주었다는 사실도 이를 보여준다.

인도에 있는 필자의 라마 친구인 렐룽(Lelung) 뚤꾸는 몇 년 전에 이 사건에 대해 나와 얘기한 적이 있다. 그의 이전 환생자들 중 한 명(초기 렐룽 라마들 중의 한 분)은 5대 달라이 라마의 제자였고 6대 달라이 라마의 동시대인이었다. 그 렐룽은 또한 하샹 칸의 가까운 친구였다. 현재의 렐룽이 필자에게 알려준 바에 의하면, 하샹 칸은 데씨 쌍계 갸초와 6대 달라이 라마가 사망한 뒤 한참 지나서, 사태의 결과에 대해 후회한다고 말하면서, 자신의 책략이 그들의 죽음을 낳게 할 줄 알았더라면, 자기가 이런 방식의 행동을 결코 하지 않았을 것이라고 했다.

하샹 칸이 덧붙여 한 말에 의하면, 실제로 그는 6대 달라이 라마의 인격과 스타일에 대해 개인적으로 무척 감탄했으며, 그가 그를 축출한 것은 오로지 자기가 생각하기에 그는 자신의 구루 위대한 5대 달라이 라마의 진정한 환생자가 아니라는 것 때문이었다. 그는 이 잘못에 대한 책임이 데씨 쌍계 갸초에게 있지, 어린 6대 달라이 라마에게 있지 않다고 생각했다.

1706년(불 개 해)의 열일곱 번째 날, 하상 칸은 적은 병력으로 뽀딸라에 들어가 6대 달라이 라마를 체포했다. 그 다음날 데뿡 로쎌링 사원의 스님들은 네충을 불러 물었다. 6대 달라이 라마가 정말로 위대한 5대 달라이 라마의 진정한 환생자인지, 그렇지 않다면 데씨 쌍계 갸초가 엉뚱한 아이를 앉힌 것은 아닌지. 네충은 그가 진정한 환생자인 것에는 의심의 여지가 없다고 말했다. 그래서 며칠 뒤에 로쎌링에서 2백 명의 스님들이 6대 달라이 라마가 잡혀 있는 몽골인의 주둔지로 잠입하여, 그를 보호하기 위해 강제로 그를 데뿡 사원으로 신속히 데려갔다. 이것은 정말 심각한 문제였다. 하상 칸은 난처한 입장에 놓였다. 그 다음날 그는 데뿡 사원을 포위하여 스님들에게 6대 달라이 라마를 내놓든지, 아니면 그의 군대의 분노를 마주하라는 최후 통첩을 보냈다.

전통적으로 이런 성격의 몽골의 최후 통첩이 의미하는 것은 항복은 관대하게 대하고, 전투가 의미하는 것은 지는 쪽 전원이 참수당하는 것이었다. 이 정책은 칭기즈칸에 의해 4세기 전에 정해졌으며, 몽골 군대가 13세기와 14세기 동안 알려진 세계의 상당 부분을 점령할 수 있었던 이유 중의 하나였다. 만일 패하면 – 아마 그렇게 될 수 있는데 – 여자와 어린이를 포함하여 모두가 참수되리라는 것을 알면서, 그들에게 맞서는 것을 택할 도시나 왕국은 거의 없었을 것이다.

스님들이 몽골 군대를 피할 수 있는 방법은 없으며, 무의미한 많은 유혈사태가 생길 것이라고 주장하면서, 6대 달라이 라마는 스님들에게 자기가 데뿡 사원을 떠나 하상 칸에게 가는 것을 허락해 달라고 호소했다.

전해 내려오는 이야기에 따르면, 데뿡 사원의 스님들은 그가 세 가지를 약속하면 그가 하상 칸에게 가는 것에 동의하겠다고 했다고 한다. 즉, 몽골인들이 해치도록 허락하지 않겠다는 것, 티베트를 떠나지 않겠다는 것, 그리고 해를 입지 않은 상태로 그들에게 돌아오겠다는 것이었다. 스님들은 네충 신탁영매가 말하길, 그가 위대한 5대 달라이 라마의 진정한 환생자라고 했으니, 따라서 생불이므로 그는 자신이 한 어떤 약속도 지킬 수 있는 딴뜨라의 능력을 갖고 있다고 생각했다.

이리하여 수백 명의 죽음과 데뿡 사원의 파괴를 초래할 수 있던 위기를 피하게 되었다. 6대 달라이 라마는 아무 일도 없는 듯이 데뿡 사원에서 걸어 나와 언덕 아래로 내려가 자기 자신을 하상 칸에게 넘겨주었다.

7. 6대 달라이 라마의 죽음을 둘러싼 세 가지 설

 이후 어떤 일이 벌어졌는지, 그리고 그가 데뽕 로쎌링의 스님들에게 한 세 가지 약속들을 지켰는지에 대해서 수많은 방식으로 이야기가 전해진다.

 어떤 이들의 말에 의하면, 그 일행이 라싸를 떠날 때, 라싸의 사람들은 눈에 눈물이 가득한 채 그를 배웅하기 위해 거리에 줄을 섰다고 한다. 그런데 갑자기 한 어린아이가 군중에서 이탈하여 달라이 라마의 말(馬)을 향해 달려갔다. 아이는 달라이 라마와 같은 이름인 짱양 갸초여서 어머니가 소리쳤다. "짱양, 돌아와라!" 6대 달라이 라마는 자신의 이름을 부르는 소리를 듣고, 그 어머니에게로 향해 다음과 같은 노래를 불렀다.

  오, 하얀 두루미
  내게 그대의 날개 빌려다오.
  나 멀리 가지 않고,
  리땅에서 돌아올 테니.

 우리가 앞으로 보게 되듯이, 7대 달라이 라마로 판명되는 아이는 나중에 동쪽 티베트 내 캄의 리땅에서 발견된다.

 달라이 라마를 이송하는 몽골군이 북동쪽으로 움직이자, 이들의 임무에 관한 소식이 이들보다 훨씬 더 앞서서 퍼졌다. 앞으로 나아가는 것이 느꼈던 것은, 그가 지나갈 때 사람들에게, 종종 한 번에 수천 명에게 축복과 가르침을 달라는 요청을 받았기 때문이었다. 몽골인들은 기꺼이 이를 내버려 둔 것 같다. 아마 이것은 티베트 대중들의 호감을 유지하고 불필요한 갈등을 피하며, 그리고 그들이 6대 달라이 라마를 어떤 식으로든 해칠 의도가 없다는 것을 보여주기 위해서였던 것 같다.

그들이 담(Dam)에 도착했을 때 6대 달라이 라마는 병색을 보이기 시작했다. 날이 갈수록 증상은 더 심해졌으며, 일행이 티베트와 몽골의 국경에서 멀지 않은 뀐가노르 호수에 도착할 때까지 계속되었다. 여러 이야기에 따르면, 바로 여기서 6대 달라이 라마가 데뽕 사원의 스님들에게 했던 세 가지 약속을 이행할 전략을 드러냈다고 한다.•

이른 저녁이었는데, 그들은 밤을 지내기 위해 텐트를 설치했다. 그때 6대 달라이 라마가 자신의 텐트에서 갑자기 나왔는데, 놀랍게도 그는 아주 화려하게 장식된, 5대 달라이 라마의 것이었던 딴뜨라 샤먼의 검은 모자를 착용하고 있었다. 또한 6대 달라이 라마는 허리에 5대 달라이 라마가 딴뜨라 의식에 자주 사용했던 신비로운 단검을 착용하고 있었다. 6대 달라이 라마는 사람들을 바라보고 말했다. "내 모든 소유물들은 여기 내게 있다. 특히 이 신비한 단검과 딴뜨라 의상은 내 환생자에게 주어야 한다."

그러더니 그는 자신의 다마루로 강렬한 리듬을 치고, 딴뜨라 춤을 추기 시작했다. 갑자기 작은 회오리바람이 일어났다. 이 회오리바람은 그의 북과 몸의 움직임이 빨라지는 리듬에 따라 강도가 증가하는 것 같더니, 마침내 사람들은 회오리치는 먼지 때문에 그를 거의 볼 수 없었다. 마치 그 회

• 이것으로 보아, 6대 달라이 라마의 병은 외부로부터 온 것이 아니라 그가 약속을 지키기 위한 수단으로 스스로 만든 것이고, 이것은 남의 손에 죽임을 당하는 경우 가해자가 받을 악업으로부터 그를 보호해 주기 위한 자비행이라고 볼 수 있습니다. – 역자

오리바람 안에 불꽃과 작은 폭발이 일어나는 것 같았다. 6대 달라이 라마는 춤의 장엄한 끝맺음으로 공중으로 펄쩍 뛰어올랐다가 가부좌를 틀고 명상 자세로 착지했는데, 그의 몸은 더할 나위 없이 꼿꼿했다. 그리고 극적인 정적이 뒤따랐다. 사람들은 모두 너무 놀라 말을 잃고 앉아 있었다. 그들은 그가 앉아 있는 형상을 넋을 놓고 그저 바라볼 수 있을 뿐이었다. 바람은 잦아들고 먼지는 가라앉았다.

마침내 그의 수행원들 중 한 명이 그에게 다가갔다. 수행원이 갑자기 울음을 터뜨렸다. 6대 달라이 라마가 호흡을 멈췄기 때문이다. 그는 세상을 떠났다. 딴뜨라 명상의 방편으로 자신의 영혼(섬세한 마음)을 의식적으로 몸 밖으로 내보내고 떠난 것이다.

이로써 그는 데뽕의 스님들에게 했던 세 가지 약속들 중에 두 가지, 즉 티베트를 떠나지 않는다는 것과 몽골인들이 자신을 해치도록 허락하지 않는다는 약속을 지켰다. 그리고 해를 입지 않은 상태로 돌아오겠다는 세 번째 약속은 그가 리땅에서 환생하여 7대 달라이 라마로 그들에게 돌아옴으로써 지켜졌다.

앞에서 말했듯이, 뀐가노르에서의 사망 장면이 조작이라고 주장하는 이야기도 있다. 이 이야기에 따르면, 6대 달라이 라마는 그 후로도 여러 해 동안 살았다고 한다.

먼지 폭풍이 일행을 덮쳐, 6대 달라이 라마가 탈출할 수 있게 했다는 주장도 확실히 가능하긴 하다. 이런 일이 일어났다면, 처벌을 피하기 위해 병사들이 달라이 라마가 사망했다고 공식적으로 보고했을 것이라고 생각하는 것도 터무니없지는 않다.

6대 달라이 라마를 억류하고 있던 사람들이 6대 달라이 라마가 여행하면서 베푼 많은 법문과 가르침에 감동받아, 그의 죽음에 어떤 역할을 한다는 것에 불편함을 느꼈을 것이라 생각하는 것 또한 불가능한 일은 아니다.

이들이 칸보다 그에게 더 강한 충성심이 생겨, 단순히 그를 놓아주었을 뿐이라는 것도 있을 수 있는 일이다.

6대 달라이 라마가 뀐가노르에서 죽음의 위기로부터 탈출했다는 전설은 몽골 스님 다르계 노만한(Dargyey Nomanhan)에 의해 처음 글로 발표되었는데, 그는 뀐가노르에서 6대 달라이 라마가 사라진 때부터 약 40년 뒤에 그가 사망할 때까지 기간을 특별히 강조하는 6대 달라이 라마의 전기를 1757년에 썼다. 다르계 노만한은 6대 달라이 라마, 또는 6대 달라이 라마로 행세하는 티베트 라마를, 그 자신이 어린아이였던 1716년에 처음으로 만났다고 주장한다. 이것은 6대 달라이 라마가 뀐가노르에서 사망했다고 전해지는 것보다 9년이 더 지나서의 일이다.

다르계 노만한에 따르면, 뀐가노르에서의 연극 이후에 6대 달라이 라마는 중앙과 남부 티베트를 포함하여 중앙아시아 전역, 북인도, 몽골, 중국, 그리고 심지어 자신의 출생지인 뫼율(Monyul)을 여행했다고 한다. 그는 가는 곳마다 수많은 기적을 행하고, 소규모의 신도들에게 불법을 가르쳤다. 그는 변장하여 라싸로 돌아오기까지 했으며, 모든 큰 사원을 방문했다. 그러나 그는 중앙 티베트에서의 삶이 그에게는 너무 위험하다는 것을 곧 깨닫고, 암도의 몽골 지역으로 되돌아갔다. 결국 그는 암도의 빠리(Pari) 지역에 작은 명상 암자인 작룽(Jakrung)을 짓고 주지가 되었으며, 몽골의 알라샨(Alashan) 지역에 또 다른 암자의 주지도 되었다.

다르계 노만한의 이야기는 널리 읽히지 않았고, 1세기 반 동안 티베트인들에게는 알려지지도 않았다. 몽골 스님 다르마딸라(Dharmatala)가 몽골의 종교 역사를 다룬 『호르 초중(Hor Chojung)』이라는, 크게 성공한 자신의 책에 다르계 노만한이 쓴 책의 요약본을 실어서 처음으로 1889년에 티베트 지성인들의 관심을 끌게 되었다.

다르계 노만한이 6대 달라이 라마의 '숨겨진 세월'이라는 이 신화를 만들지 않았다는 것에는 의심의 여지가 없는 것 같다. 이것은 결과적으로 상당한 추측을 낳았다. 아마 작룽(Jakrung) 사원의 설립자이자 첫 번째 주지가 6대 달라이 라마를 신체적으로 닮아서, 여러 가지 전설들이 이 운명의 장난 때문에 일어났을 수 있다. 다르게 노만한은 아마 전설들 다수를 모아서 아주 읽을 만한 이야기로 만들었을 것이다. 그러나 그의 주장에 의하면, 그는 그 작룽 라마 자신이 쓴 노트를 자기가 직접 보았는데, 거기에서 이 라마가 명시적으로 자기가 달라이 라마라고 주장했다고 한다. 그의 주장이 사실이었을까? 아니면 그가 단순히 자신이 신체적으로 6대 달라이 라마와 닮은 점을 이용했던 것일까?

그건 그렇다 치고, 중앙아시아의 수백 곳의 신령한 장소들이 이들 '비밀스러운' 세월 동안 6대 달라이 라마의 축복을 받았다고 전해진다. 예를 들어, 필자는 성지순례를 하려고 중국의 신성한 산인 오대산(五台山)에 대한 정보를 찾기 위해 최근에 인터넷을 검색하다가, 현대 중국에 있는 한 여행사의 사이트를 우연히 만났는데, 이 사이트의 설명에 6대 달라이 라마가 이곳에서 많은 시간을 보냈다는 말이 있다. 다르게 노만한 역시 사라진 6대 달라이 라마가 여러 번 오대산을 방문했다고 언급한다. 이 웹사이트에 의하면, 오대산으로 가는 오늘날의 성지순례는 항상 꼭대기 중 한 곳에 있는 샘터를 포함하는데, 이 웹사이트의 주장에 의하면, 이 샘터에 6대 달라이 라마가 만년에 방문 중에 힘을 불어넣어 주었다고 한다. 오늘날 오대산으로 가는 순례자들이 거기에 가는 것은 그곳의 물을 마시고 6대 달라이 라마의 치유의 가피를 받기 위한 것이다.

6대 달라이 라마를 둘러싼 제3의 전설도 있다. 이 전설에 의하면, 사실 그는 죽은 적이 없다고 한다. 대신, 빠드마 쌈바와가 1000년 전에 했듯이, 그는 불멸의 딴뜨라의 성취를 드러냈다. 이 전설에 따르면, 위의 두 이야기에 묘사된 6대의 '죽음', 즉 그가 몽골인들에게 잡혀 있는 동안 겪은 첫 번째 죽음과 오랜 시간이 지난 후 한 지역 사원의 노주지로서의 두 번째 죽음 모두가 다 거짓이었다고 한다. 이 두 경우에서 그는, 제자들과 수행자들이 무상(無常)과 죽음에 대해 수행하는 것을 돕고, 그들과 더 가까운 업연을 지어 그들의 미래의 삶에 더욱 효과적으로 이익을 줄 수 있도록 죽은 체했다. 그리고 두 이야기에서 그는 화현한 몸의 껍데기를 유물로 남겨서 자신의 유물을 처리함으로써 공덕을 쌓을 수 있게 했다. 그러나 사실 이 두 경우 다 그는 단지 그 상황에서 자신의 정신적 존재를 거둬들여, 다른 곳에 나타나게 한 것이었다.

이 전설에 따르면, 그는 오늘날에도 여전히 살아 있고, 준비된 사람들에게 정신적 이익과 변화를 가져다 주기 위해 계속해서 자기 신분을 숨기고 돌아다닌다고 한다. 그는 예측하지 못한 상황에서 가장 필요로 할 때 나타나며, 정신적인 마력을 알아차리지 못하게 행사한다.

그러나 이 전설은 꽤 신망을 갖고 있다. 예를 들어, 13대 달라이 라마는 찰스 벨(Charles Bell) 경과 가졌던 여러 차례의 만남에서 어느 날 이에 대해 언급했으며, 심지어 그 기간(1920년대 초)에도 라싸에서 6대 달라이 라마를 길거리에서 최근에 보았다는 사람들의 보고가 계속해서 쏟아져 들어왔다고 주장했다.

필자는 개인적으로 세 번째로 설명한 6대 달라이 라마를 불멸의 존재로 보는 이야기가 사실이라고 생각한다. 사실, 나는 지난번 라싸를 방문했을 때 그를 만났다고 생각한다. 그는 여전히 짓궂다.

6대 달라이 라마가 뀐가노르에서 살아남아 그 후 계속해서 오래 살았든지, 아니면 죽음을 완전히 피하고 불멸의 존재로 계속 남아 있든지, 1708년에, 한 아이가 리땅에서 태어나서 6대 달라이 라마의 환생자로 인정받고 7대 달라이 라마로 즉위했다.

이런 이야기에서 겉으로 나타나 보이는 모순이 티베트인들에게는 정신적으로 문제가 되지 않는다. 6대 달라이 라마가 아직 살아 있는 동안에도 그들은 어려움 없이 7대 달라이 라마를 적법한 것으로 받아들인다. 왜냐하면 높은 보살은 수백 혹은 심지어 수천 명의 [자신의] 화현들을 내보낼 수 있는 능력을 갖고 있기 때문이다.

티베트인들은 단지 이렇게 말할 것이다. 6대 달라이 라마의 화현이 라싸에서 달라이 라마의 임무를 수행할 수 없었던 것은 그때 교육받아야 할 사람들 - 티베트인들과 몽골인들, 만주인들 - 의 업(業)의 한계 때문이었다고 말할 것이다. 그래서 그는 더 세속적이고 덜 급진적인 화현을 내보냈는데, 그가 리땅에서 아이로 태어나, 7대 달라이 라마로 인정받게 되었다는 것이다.

8. 딴뜨라 성(性) 요가

티베트인들은 6대 달라이 라마의 경이로운 성적인 행위를 중요하게 생각한다. 그들은 이를 일반적인 성적인 행동이 아니라, 그의 딴뜨라의 성취를 보여주는 것으로 본다.

육체적인 성행위는 초기 인도에서 딴뜨라 불교의 중요한 요소였다. 이것은 티베트 불교의 초기 몇 세기 동안에 그렇게 계속되었다. 그러나 마침내 인도에서 딴뜨라의 전통이 날란다, 오단따뿌리, 비끄라마쉴라와 같은 사원에 의해 흡수되고, 성행위의 육체적인 요소는 상징적 몸짓으로 바뀌었다. 기껏해야, 성행위는 인체의 자연적인 성적 에너지들을 취해서 이들을 명상적인 목적으로 승화시키는 것으로 제한되었다. 비록 딴뜨라 경전이 한 파트너와의 실제 성행위에 대해서 계속해서 설했지만, 아주 드문 경우를 제외하고 모든 경우에 성적 파트너는 단지 관상(visualization)의 대상인 남성이나 여성 붓다였다.

11세기 티베트에서 일어나 그 후로 극적으로 성장한 높은 수준의 사원생활이 의미하는 것은 딴뜨라 불교가 사원에서의 의례와 상징적 관상으로 감축되어 표준으로 확립되었다는 것이다. 닝마, 싸꺄, 둑빠 까규처럼 결혼한 라마들의 전통을 육성하는 종파조차도 결혼을 가족의 주술적 혈통을 잇는 방편으로 이용했지, 성 요가(수행)를 위한 환경으로 이용한 것이 아니었다.

청교도적인 사원생활의 요소가 티베트 종교 생활의 모든 면에 스며들었다. 아마도 이는 편리함의 문제였을 것이다. 대부분의 티베트인들은 일년에 한 번 내지 두 번만 목욕을 했으므로 인도의 성 수행은 다소 그들에게 적절하지 않은 것으로 보였을 수 있다. 이것은 티베트 재가자들이 고상한 척했다거나 성행위에 반대했다고 말하는 것은 아니다. 이와는 반대로, 그들 중 대부분은 성적으로 대단히 적극적이면서 문란했다. 이는 데씨 쌍계 갸초가 라싸 지역에 있는 예쁘고 매력적인 모든 여자들과 통했다고 하는 속설로도 증명된다.

중요한 사실은 딴뜨라의 성 수행들이 티베트의 딴뜨라 경전에서 지난 여러 세기에 걸쳐서 계속 찬사를 받아왔으며, 모든 티베트인들이 거기에 대해 알고 있다는 것이다. 그래서 6대 달라이 라마가 매우 성적이고 여러 파트너들을 두는 생활방식을 시작했을 때, 대부분의 티베트인들은 그들이 사랑하는 이 신비한 성취자(6대)의 승려답지 않은 행위에 대해 그가 딴뜨라의 성 수행을 하고 있었다고 설명했다.

그 결과, 그의 행실에 대한 많은 속설들이 출현했다. 예를 들어, 어느 한 이야기에 의하면, 그가 밤늦게 뽀딸라로 돌아오고 있었는데, 그는 다소 취했으며 여자들과 한바탕 대대적인 사랑을 나눈 뒤였다. 그때 그와 마주친 일부 정부 관리들이 그의 행실에 대해 질책했다. 이 이야기에 의하면, 그는 그저 웃기만 하고 자신의 성기를 꺼냈다. 그것은 즉각 발기하고 사정했다. 그러나 그는 자신의 딴뜨라의 능력을 보여주기 위해, 명상을 하면서 정액 방울을 사정하는 반대 방향으로 돌려, 그것을 자신의 성기 끝으로 다시 끌어와 그의 몸속으로 집어넣었다.

그러고는 그가 대충 이렇게 외쳤다고 한다. "일반인도 성교할 수 있고 딴뜨라 요기도 성교할 수 있다. 그러나 그게 같은 것인 체하지 말자!"

딴뜨라의 성적 파트너에 대한 산스끄리뜨 단어는 까르마무드라 (karmamudra: '업의 흔적')이다. 이것은 파트너가 특별한 수행과 업(業)의 연관을 자기와 공유한다는 생각이다. 몸은 자신의 과거 까르마(업)의 결정체이기 때문에, 우리가 이런 특별한 연관을 가진 사람과 딴뜨라의 성 수행을 하는 것은 특별히 강력한 깨달음의 방법이다.

여기서 성적 오르가슴의 순간은 명상을 위한 최고의 순간으로 여겨진다. 남성 딴뜨라 수행자는 스스로 오르가슴의 경험을 유도한다. 그러나 정액이 성기 끝에 도달할 때 그것을 거기에 잡고 있다가, 정액의 방향을 바꾸어 끌어서, 거기에 수반되는 희열과 함께, 다시 몸 안으로 들어가게 한다. 이리하여 오르가슴은 길어지고 강화된다. 실제적인 딴뜨라 수행은 오르가슴의 경험 영역 안에서 이뤄진다.

이것은 남성 수행자를 위한 원리이다. 여성의 경우에는, 오르가슴에서 발생하여 정상적으로 사지를 통해 움직이는 자연적인 빛이 심장 차끄라의 내부 중심을 통해 흐르는데, 희열의 온기를 이용하여 그 빛을 강화하고 유지한다.

성적 오르가슴의 순간은 세 가지 이유로 명상을 위한 가장 좋은 때라고 한다. 그 순간에 우리는 큰 즐거움을 느끼고, 그 순간에 우리는 맑게 깨어 있으며, 그리고 그 순간에 이원적인 마음(즉, 자기와 남의 나눔)이 가장 느슨하기 때문이다.

6대 달라이 라마가 지은 사랑의 노래들은 그가 딴뜨라 문헌에 정통했음을 분명히 보여준다. 이것은 예상할 수 있는 일이다. 모든 티베트 스님들은 자신의 일반적인 불교 공부를 딴뜨라 관점으로 보충하기 때문이다. 예를 들어, 시 한 편에서 그는 이렇게 썼다.

마음은 사랑하는 사람에 대한 생각으로
너무나도 쉽게 빠지네.
마음을 성스러운 다르마에 그렇게 자연스럽게 둘 수 있다면,
한 생에 깨달음을 얻는 것도 쉬울 텐데.

성적 오르가슴의 순간에 일어나는 마음의 본성은 불교 딴뜨라의 언어로는 깨달아야 할 '성스러운 다르마'이다. 오르가슴의 순간에 일어나는 희열과 명료함, 이원성을 넘어서는 특징들을 완전히 체득하는 것은 한 생에 깨달음을 성취하기 위한 딴뜨라의 방법이다.

그리고 또 한 시에서,

미친 사람이 뵌율(Monyul)에서 왔네.
하늘이 촉촉함으로 땅을 부드럽게 만드네.
내가 달콤한 애인을 안을 때마다.
몸과 마음은 충만으로 녹아내리네.

성적 절정의 상태라는 딴뜨라의 개념은 깨닫지 못한 상태의 특징인 몸과 마음의 경직성을 허물어뜨림을 묘사하는 데 사용된다. 봄비가 굳은 땅을 부드럽게 하여 모든 자라나는 것들을 낳을 수 있게 해 주는 것과 같이, 연인의 포옹의 물기로 몸과 마음이 부드러워짐은 모든 성장과 변화를 가능하게 해 준다.

9. 신비한 6대 달라이 라마의 계획

6대 달라이 라마는 달라이 라마 계보에서 스님으로 남아 있지 않는 것을 선택한 유일한 환생자이다. 승복을 벗겠다는 그의 결정은 분명히 심각한 결과를 가져왔다. 현대의 티베트와 서구의 학자들은 그가 너무 늦게 인정받고 즉위했기 때문에 비정통적인 행실이 일어난 것으로 종종 추측한다. 대부분의 달라이 라마들이 세 살에서 다섯 살 사이에 통과 의례를 갖는데, 6대 달라이 라마는 열네 살에 즉위했다. 하지만 이 주장은 설득력이 약해 보인다. 세 살 이전에 그는 거의 달라이 라마만큼 중요한 라마인 샬루 켄뽀로 인정받아 즉위했었다. 더욱이, 초나 종에서의 12년 동안 그의 전임자들의 것과 비슷한 탁월한 개인교사들로부터 교육을 받았다. 필자는 한때 현 달라이 라마에게 이 문제에 대한 그의 생각을 물었다. 성하께서 답하셨다.

"제 생각은 그가 기본 계획(master plan)을 갖고 있었다는 것입니다. 그는 환생제도가 한 국가의 수장으로서의 그의 지위에 너무 부담을 준다는 결론에 도달했던 것 같습니다. 제 생각에 그는, 한 달라이 라마의 죽음과 그 다음 달라이 라마가 성숙해지는 그 사이의 기간이 국가의 안정에 너무 많은 위험들을 제기한다는 것을 깨달았던 것 같습니다. 그 결과 그는 세습에 의한 계승의 전통을 유지하고 있던 초기 싸꺄 라마들의 전통을 따르기로 결정했습니다."

다시 말해, 현 달라이 라마는 6대 달라이 라마가 대대로 내려오던 독신 승려로서의 달라이 라마 제도를 끝내고, 신비한 왕조의 체제를 세우기를 원했다고 암시했다.

성하께서는 다음과 같이 말을 끝내셨다.

"불행하게도 그의 기본 계획은 실패했습니다. 아마 티베트인들과 그들의 제자들인 몽골인들이 그에 대한 준비가 되어 있지 않아 한 명의 스님이 이끌어나가는 체제를 원했던 것 같습니다. 어쨌든, 이것이 그의 공직으로부터 추방과 아마 죽음까지도 초래했나 봅니다."

결론으로, 돌아간 필자의 스승들 중의 한 분인 게쎄 아왕 다르계께서 제게 이야기해 주신 6대 달라이 라마를 둘러싼 티베트의 구전을 얘기하는 것이 재미있을 것 같다. 이 전설에 따르면, 6대 달라이 라마 자신이 공직 추방을 계획했으며, 하상 칸은 이 목표를 이루기 위해 알면서 공모한 사람이었다고 한다. 이 이야기에 의하면, 6대 달라이 라마는 결혼하여 중앙아시아에서 아서 왕(King Arthur)과 같은 존재가 될 후계자를 낳으리라 예언되었다. 세상의 공덕이 충분히 강했더라면, 이 예언은 실현되었을 것이다. 이 왕자는 티베트와 몽골 부족들, 청나라를 그의 깨달은 지도력으로 통일하고, 거기서부터 알려진 모든 세계를 그의 통치 아래에 두었을 것이다. 간단히 말해, 그는 전륜성왕, 전 세계의 황제가 되어, 천 년 동안 지속될 황금시대를 열었을 것이다.

그러나 이 일이 펼쳐지기 위해서는 많은 조건들이 충족되어야 했다. 불교 경전의 설에는 특히 두 가지, 즉 세상의 공덕의 증가와 세상의 부정적인 공업(共業)의 감소가 있어야 한다. 불행하게도, 이들 두 면에서 반대의 일이 일어났다. 사람들은 자신들의 공덕을 증대하기보다 쌓은 공덕을 피상적인 것들을 위해 소진했다. 거의 마찬가지로, 인류 역사의 이 중요한 시점에 악업을 정화하기보다, 사람들은 그것을 증대시키기만 했다. 이것은 이 시기 티베트에서뿐만 아니라, 전 세계에서도 마찬가지였다.

  그 결과 예언의 세계는 축이 변했다. 이 변화가 의미하는 것은 그가 깨달음과 평화·번영의 1000년을 열 아들을 낳는 대신, 권력에 굶주리게 되고 독재의 시대를 열 아들을 낳으리라는 것이었다. 어느 날 밤 6대 달라이 라마는 자신의 그 아들을 낳을 운명의 연인을 만나러 가는 길에 이 변화를 느꼈다. 그는 조건들이 뿌리에서부터 바뀌었다는 것과 첫 번째 계획이 실패했다는 것을 알았다. 그래서 그는 두 번째 계획에 의지했다. 발길을 돌려, 그는 집으로 돌아가 그 밤을 홀로 보냈다.

  그러고 나서 그는 공직에서 자기 자신을 축출할 계획을 세웠다. 이 연극에서 하상 칸이 맡은 것은 적대자의 역할이었다. 또한 바로 그때 리땅에서 7대 달라이 라마로서 자신의 환생을 위한 신비한 준비를 했다.

제7장

7대 달라이 라마 깰상 갸초
- 라마와 황제

◀ 7대 달라이 라마 깰상 갸초(Kalzang Gyatso)
　미국 자연사 박물관(American Museum of Natural History)/뉴욕

1. 두 분의 6대 달라이 라마

하상 칸은 6대 달라이 라마인 짱양 갸초를 퇴위시킨 후 얼마 안 가서 라싸 지역의 지위가 높은 라마들을 압박하여 다른 라마를 5대 달라이 라마의 진정한 환생자로 지지하게 만들기 시작했다. 결국 아왕 예셰 갸초라는 이름의 스님을 내세워 즉위하게 했다. 이 스님 역시 6대 달라이 라마라고 불리며, '6대'라는 명칭은 공식적으로 짱양 갸초에게서 박탈시켰다. 이제 짱양 갸초의 삶은 데씨 쌍계 갸초 쪽의 중대한 잘못·범죄·역모 행위로 묘사되었다.

그리하여 티베트 역사에는 두 명의 '6대 달라이 라마들'이 있다. 첫 번째는 데씨 쌍계 갸초에 의해 즉위하여 하상 칸에 의해 퇴위 당한, 사랑 노래를 부른 짱양 갸초이고, 두 번째는 폐위된 짱양 갸초를 대신하여 하상 칸이 앉힌 아왕 예셰 갸초이다.

티베트인들은 일반적으로 전자를 진정한 환생자로, 후자를 압박에 의해 달라이 라마 법좌에 앉게 된 대체인물로 여기지만 후자에 뻬까르 진빠('하얀 연꽃의 보유자')라는 명칭을 앞에 붙여 언급한다. 따라서 그의 이름은 일반적으로 티베트 책에서 뻬까르 진빠 아왕 예셰 갸초로 나타난다. 명칭 '하얀 연꽃의 보유자'는 모든 달라이 라마들의 화현이라고 여겨지는 자비의 보살, 관세음의 별칭이다. 달리 말해, 티베트인들은 하상 칸으로부터 새로운 6대 달라이 라마를 즉위시키도록 지시받은 라마들이 평범한 사람을 선택하지 않고, 또한 관세음의 화현인 어떤 스님을 찾아냈다고 믿는다.

다시 말하건대, 이는 티베트인들의 생각으로는 어려운 것이 아니다. 필자가 현 달라이 라마에게 이에 대해 물었을 때 그는 웃고 나서 대답했다.

"세상에는 수천 명의[무수한] 관세음의 화현들이 있습니다. 이 경우에 티베트인들은 그들 중 하나를 찾아내 달라이 라마의 이름을 주어야 했습니다."

두 번째 6대 달라이 라마는 짱양 갸초가 라싸에서 추방된 1706년에 즉위했다. 필자가 아는 한, 두 번째 6대 달라이 라마는 1717년까지 자신의 자리에 남아 있었다. 하상 칸과 그의 업무 처리에 화가 난 쥔가르 몽골인들이 티베트를 침공하여 칸의 목을 베어버릴 때까지 말이다. 그때 두 번째 6대 달라이 라마인 뻬까르 진빠 아왕 예셰 갸초는 법좌에서 축출되어, 라싸에 있는 착뽀리(Chakpori) 산의 암자로 물러나게 되었다. 이곳은 달라이 라마의 개인 사찰로서 남걀 다창의 스님들이 전통적인 3년 명상 안거를 위해 가는 곳이다. 그가 머문 이 거처로 인해, 뻬까르 진빠 아왕 예셰 갸초는 그 후 착뽀리 라마로 알려지게 되었다.

뻬까르 진빠 아왕 예셰 갸초가 달라이 라마의 법좌에 앉았던 11년 동안, 티베트는 전적으로 하상 칸이 통치했으며, 예셰 갸초는 어떤 주요 역할도 한 것 같지 않다. 객관적으로 말하면, 하상 칸은 나쁜 통치자가 아니었고, 티베트의 정서를 수용하기 위해 최선을 다했다. 예를 들어, 대부분의 중요한 결정을 내리기 전에 그는 큰 사원들의 주지들을 모아 회의를 했으며, 조언을 얻기 위해 네충, 하모(Lhamo), 가동(Gadong)과 같은 전통적인 신탁영매들과 상의하기도 했다. 그는 모든 사원을 평등하게 지원했고, 고위 라마들의 대중 법회 행사들도 후원하고 다양한 왕실의 가문에게 존경을 표했다.

그러나 이것은 거의 5백 년 만에 처음으로 라싸가 외국인에 의해 통치된 것이었다. 13세기 중반 몽골 제왕 쿠빌라이 칸의 초기 몇 년 이후로, 지극히 독립심이 강한 티베트인들은 티베트인이 아닌 통치자에게 굴복했던 적이 없었다. 그들은 이런 상황이 불편하여, 곧 하상 칸을 권좌로부터 축출할 방법을 찾기 시작했다.

결국 티베트인들은 하상 칸이 이끄는 초쇼트의 라이벌인 쥐가르 몽골인들을 이용했다. 이전에 데씨 쌍계 갸초는 쥐가르인들과 가까운 동맹 관계를 조성했었다. 이것은 부분적으로 정신적인 이유들 때문이었다. 쥐가르인들의 많은 자녀들이 공부를 목적으로 티베트 사원에 살고 있었다. 데씨 쌍계 갸초는 이 동맹을 동쪽으로는 청나라와 힘의 균형을 만드는 수단으로, 그리고 청나라의 티베트 침입을 막는 수단으로 생각했다. 그러나 하상 칸은 데씨 쌍계 갸초의 정책을 뒤집어 청나라와 강력한 동맹을 형성했다. 심지어 그는 퇴위된 6대 달라이 라마를 우정의 표시로 청나라 황제에게 보낼 시도까지 했다.

데씨 쌍계 갸초가 조성했던 쥐가르인들과 동맹관계를 부활하기 위해, 세 큰 겔룩파 사원의 주지들이 쥐가르 왕, 쩨왕 랍뗀에게 공동으로 편지를 보내 그의 지원을 요청했다. 그러나 우리가 나중에 보게 되듯이, 이것은 "프라이팬에서 나와 불속으로 들어가는"것과 같았다. 티베트는 이제 곧 눈부신 역사에서 가장 피비린내 나는 시기로 들어서게 된다.

2. 7대 달라이 라마의 탄생, 하상 칸의 박해를 피해서

하상 칸이 6대 달라이 라마를 퇴위시키고, 그의 자리에 뻬까르 진빠 아왕 예셰 갸초를 앉히고 3년 후, 동쪽 티베트 내 캄의 리땅 근처에서 비범한 징표들과 함께 태어난 아이에 대한 소문이 나오기 시작했다. 이 소문은 환생자를 찾기 위해 라싸에서 하는 노력 때문이 아니라(사실, 라싸의 라마들은 하상 칸을 도와 뻬까르 진빠 아왕 예셰를 달라이 라마의 법좌에 앉히고 그에게 '6대 달라이 라마'라는 칭호를 부여했었다.), 리땅 자체에서 나온 것이었다.

티베트 사원을 방문하는 사람들은 티베트 재가자들이 여러 법당을 거쳐 가는 것을 보는 데에 익숙해질 것이다. 그들은 일반적으로 작은 버터 병을 갖고 다니며 찻숟가락으로 약간씩 덜어 각 버터램프에 넣는다. 여성들은 등에다 어린 젖먹이를 숄로 감아서 데리고 다니는 것이 종종 보인다. 1710년(철 호랑이 해)에 롭상 초쪼라는 이름의 한 여성이 리땅 사원에 꼭 이런 식으로 방문했다. 독자들이 기억하겠듯이, 이것은 그녀가 방문하기 약 200년 전에 3대 달라이 라마가 캄에서 법문순회를 하는 동안 건립된 사원 중 하나이다.

롭상 초쪼가 리땅 사원을 방문했을 때 스님들이 기도 의식을 위해 주 법당에 모여 있었다. 그녀가 제단 앞으로 가서 기도를 시작했을 때, 갑자기 소동이 일어났다. 스님들 중 한 분인 닥빠 뻴조르가 자연적으로 소통 상태에 들어가 네충의 신탁과 소통한 것이다. 그런 상태에서 그는 벌떡 일어서 수호존 뻬하르 걜뽀의 춤을 추기 시작했다. 그러고 나서 그는 큰 목소리로 분명하게 소리쳤다. "이 아이가 바로 스승 똥와 된덴의 환생자이다. 아이를 조심스럽게 대해야 한다. 똥와 된덴이 가정집에 남아 있는 것은 적절치 않다. 그를 사원으로 데려와라."

우리가 앞에서 본 것처럼, '똥와 된덴'은 네충 사원의 신탁이 달라이 라마 환생자들을 가리키는 별칭이다.

이 스님은, 물론, 통상적으로 '국가 신탁'이라 불리는 네충 사원의 영매가 아니었다. 비록 그가 소통한 뻬하르 걜뽀는 한 분이고 같은 사람이었지만. 라싸의 영매는 언제나 데뽕 밑에 있는 산 위의 작은 암자인 네충 사원의 스님이다. 여러 티베트 사원에는 중요한 호법존과 소통하는 스님이 한 분 있다. 하지만 네충 사원의 영매만이 '국가 신탁'이라 불린다. 뻬하르 걜뽀와의 소통은 일반적으로 수행하는 장로들의 요청이나, 대개 특별한 연례행사나 높은 라마의 환생자를 찾는 데 조언이 필요한 경우에 행해진다. 그러나 이 경우에는, 리땅의 영매가 자연적으로 소통이 되어 모여 있던 스님들은 물론이고, 사원에 있던 모든 사람들을 깜짝 놀라게 했다.

이 영매는, 여전히 소통상태 속에서, 아이의 어머니에게 자기가 아이를 안을 수 있게 해 달라고 부탁했다. 그는 아이를 크게 존중하는 마음으로 무릎에 앉히고, 그에게 스님이 되기를 원하는지 물었다. 아이는 크게 미소 지으며 고개를 끄덕여 동의했다. 영매가 물었다. "내가 뻬하르 걜뽀니?" 아이는 다시 고개를 끄덕여 긍정한다는 뜻을 나타냈다.

'행운의 바다'를 의미하는 걜상 갸초라는 이름은 그가 출생한 지 얼마 되지 않아 그 지역의 한 신비한 성취자가 지어 주었다. 그는 나중에 수계식과 기타 통과 의례에서 다른 이름들을 받게 되지만, 걜상 갸초를 가장 좋아해서 그 이름을 계속 썼다. 이것은 또한 그가 교육을 마치고 성인(聖人)으로 역할을 시작한 후에 그의 많은 저술에서 서명한 이름이기도 하다.

1708년에 태어난 7대 달라이 라마의 집안은 위대한 5대 달라이 라마가 1652년에 중국으로 여행을 떠날 때 달라이 라마 법맥과 수행의 인연을 맺었다. 이때 이 집안의 가장이 리땅 지역에서 위대한 5대 달라이 라마의 가르침을 후원했었다. 위대한 5대 달라이 라마는 그에게 특별한 관심을 보였었는데, 이제 이 지역 사람들은 그 이유를 알았다. 그들이 곰곰이 생각해 보니, 위대한 5대 달라이 라마는 자기 자신이 미래에 이 가정에 태어날 무대를 마련하고 있었던 것인데, 이 일은 두 번의 환생 뒤에 일어나게 되었다. 리땅 지역에서 위대한 5대 달라이 라마의 가르침을 후원했던 사람은 이제 7대 달라이 라마의 할아버지가 되었다.

그러나 리땅 사원의 신탁이 그들의 아들을 6대 달라이 라마의 환생자라고 선언했을 때, 부모는 행복하지만은 않았다. 사실, 부모는 아이의 안전을 심각하게 걱정했다. 6대 달라이 라마는 몽골의 추장 하상 칸에 의해 축출되었고, 꼭두각시 달라이 라마가 이제 뽀딸라의 법좌에 앉았다. 자신의 아이가 6대 달라이 라마의 환생자일 수도 있을 것이라는 소식이 칸의 귀에 들어가면, 그가 어떤 반응을 보일지 전혀 알 수 없었다. 그래서 이들은 신탁의 말이 비밀로 유지되어야 한다고 강력하게 요구했다. 그럼에도 불구하고 이 아이에 대한 소문은 빠르게 퍼져 얼마 지나지 않아 그의 신분은 모두가 아는 비밀이 되었다. 그리고 결국 이 이야기가 라싸와 중앙 티베트에 도달했다.

라싸의 큰 사원들의 장로들은 6대 달라이 라마가 라싸 밖으로 이송되기 전에 지었던 마지막 시를 돌이켜 생각해 보았다.

오, 하얀 두루미
내게 그대의 날개 빌려다오.
나 멀리 가지 않고,

리땅에서 돌아올 테니.

처음에 이 시는 특별히 중요한 것 같지 않았다. 리땅에 대한 언급은 매우 아름다운 장소에 대한 단순히 시(詩)적인 표현 같았다. 이제 리땅에서 태어난 이 특별한 아이에 관한 이야기는 이 시에 매우 특별한 의미를 부여해 주었다.

결국 하상 칸이 이 소문을 듣게 되었다. 그는 1712년에 리땅으로 사절단을 보내 무엇 때문에 그렇게 야단인지 알아보도록 했다. 이 사절단의 공동 대표는 티베트인 한 명과 몽골인 한 명이었다.

아이의 부모는 사절단이 도착했다는 말을 듣자마자 아이를 데리고 산속으로 숨었다. 아이의 아버지인 쏘남 다르계는 몽골인을 상대하는 것이 위험하다는 것을 잘 알고 있었으므로 매우 조심했다. 그러나 리땅 사원 주지스님의 수행원이 사절단의 티베트인 대표에 관해 문의해 보고, 아이의 안전에 위험이 없다는 것을 확신하게 되었다. 그는 그 가족에게 찾아가서, 조사를 받도록 사원으로 아이를 데리고 오라고 요청했다.

사절단은 아이를 자세히 살핀 뒤에 아이가 누구라고 생각하는지를 부모에게 물었다. 그들이 대답했다. "리땅 사원의 네충 영매는 그가 제(Jey) 짱양 갸초의 환생자라고 말했습니다." 다시 말해, 그들은 그들의 아들이 6대 달라이 라마의 환생자라는 말을 이미 들었다는 것을 공개적으로 인정했다. 사절단의 티베트인 대표가 강력하게 대답했다.

"나는 이 아이가 제 짱양 갸초가 아니라고 확신한다."

그는 그러고 나서 아이에 대해 강하게 공개적으로 부정한다는 것을 보여주면서 말했다. 설령 그가 짱양 갸초의 환생자라고 하더라도 그것은 아무런 특별한 중요성이 없을 것이다. 왜냐하면 짱양 갸초는 5대 달라이 라마의 잘못 선택된 환생자라는 것이 공개적으로 선포되었고, 게다가, 지금 진짜 환생자가 라싸의 법좌에 앉아 있기 때문이다.

그러나 이것은 일행이었던 몽골인들을 속이기 위한 연극이었다. 나중에, 사석에서, 그는 리땅 사원의 장로들에게 아이가 진실로 특별한 환생자 같다고 털어놓고, 그들에게 아이를 사원으로 데려가 보호하라고 요청했다. 그리고 나서 그는 아이의 양육을 위해 비밀리에 거액의 돈을 주었다.

그럼에도 불구하고 부모는 아이의 안전을 여전히 염려하여 아이를 데리고 산속으로 달아났다가 사절단이 떠난 후에야 집으로 돌아왔다. 마침내 부모는 사절단의 티베트 책임자가 그들에게 아무 숨은 동기를 갖고 있지 않다는 것을 믿게 되었다. 그들은 아이를 리땅 사원으로 데려가, 거기서 아이와 함께 얼마 동안 살았다.

8대 달라이 라마의 스승이었으며, 에베레스트 산 지역 출신의 신비한 성취자인 까첸 예셰 갤첸은 7대 달라이 라마의 어린 시절을 다음과 같이 묘사한다.

> 그 어린 남자 아이의 수행적인 성장은 수련(water lotus)과 같았다. 네 살 때 그는 석가모니 부처님과 열여섯 아라한들을 영상으로 보고, 그들의 축복을 받았다. 그리고 다섯 살 때, 쫑카빠 대사의 영상을 보았는데, 그는 그에게 중앙 티베트의 다르마 터전으로 빨리 가라고 조언했다. 이것들과 다른 많은 상서로운 일들이 일어났다. 그는 아직 연약한 아이였을 때도, 믿음을 갖고 자신을 찾아온 교육이 필요한 분들에게 그들의 특정한 업의 성향에 맞게, 향기로운 다르마의 감로수를 부어 주었다.

까첸 예셰 갤첸의 의하면, 이 아이는 겨우 여섯 살일 때 위대한 라마인 차갠 노뢴한 아왕 롭상 뗀빠가 그의 개인교사가 되어 점진적으로 꾸준히 잇따라 그에게 관정·경전 전수·구전의 가르침을 주었다. 분명히 안전을 이유로, 아이는 나중에 리땅에서 데르게(Dergey)로 이주했다. 그 여행 중에 그는 성지순례를 위해 암도와 캄의 큰 사원에 들렀다. 한 번은 대자대비 관세음의 만다라 관정을 주고, 이와 함께 이 딴뜨라 체계의 예비단계인 모든 명상적인 차제에 대한 광범위한 법문을 했다. 전해 오는 얘기에 의하면, 참석한 사람들은 모두 이 아이의 탁월하고도 깊이 있는 법문에 크게 감동받았다고 한다.

그 동안 청 황제도 이 아이에 대한 소식을 들었다. 1715년에 그는 아이의 가족에게 사절단을 보냈다. 또한 3대 달라이 라마가 쫑카빠 대사의 탄생지에 세운 꿈붐 사원에 아이가 들어가는 것을 후원하는 특전의 영예를 갖게 해 달라고 요청했다. 부모가 이를 받아들여, 다음 해에 아이는 꿈붐으로 갔다.

이 소년이 꿈붐 사원에 온다는 것이 알려진 날, 꿈붐의 영매는 저절로 소통 상태에 빠져, 지시를 내렸다. 꿈붐 스님들은 아이를 위해 성대한 환영식을 준비해야 하고, 승리의 깃발·하얀 소라고둥 껍질 등의 성대한 의례적 공양물을 올려야 한다고 지시했다. 다시 말해, 달라이 라마가 방문할 때 받는 것과 같은 환영식을 베풀어 주어서, 사원이 공식적으로 이 아이를 6대 달라이 라마인 걜와 짱양 갸초의 환생자로 받아들였다는 신호를 보내야 한다는 것이었다.

이 문제는 분명히 논란이 많았다. 전통적인 얘기에 의하면, 다수의 꿈붐 사원의 스님들이 이런 공식적인 환영식을 반대했다고 한다. 거기에 덧붙여진 얘기에 의하면, 호법신중들이 반대하는 사람들에게 벌로 그들에게 질병과 고난을 퍼부어, 마침내 그들이 동의하고 자신들의 잘못에 대해 용서해 달라고 빌었다고 한다.

이 사건이 티베트 연대기에서 이렇게 언급되어 있다는 사실은, 암도의 가장 큰 겔룩파 사원 꿈붐이 이 아이를 7대 달라이 라마로 공식적으로 인정했다는 것을 하상 칸이 알게 되었을 때 어떤 반응을 보일 것인가에 대해 상당한 우려가 있었음을 보여준다.

사실, 이 어린 달라이 라마는 대기원제를 집전하기 위해 초대되었는데, 이 축제에서, 그의 공식 전기에 따르면, 그는 3대 달라이 라마에 의해 만들어진 법좌에 앉아서 아쉬바고샤(마명보살)의 『석가모니 부처님의 탄생 이야기』에 관해 수천 명의 승려들에게 광범위한 법문을 했다고 한다. 이 책을 읽는 것은 물론 티베트의 새해 첫날 축제에 행해지는 전통의 일부였는데, 이 축제는 쫑까파에 의해 확립되어, 2대 달라이 라마부터 계속 모든 달라이 라마에 의해 행해졌다.

이 행위는 하상 칸에 대한 도전이었다. 왜냐하면 그가 임명한 '6대 달라이 라마'인 뻬까르 진빠 아왕 예셰 갸초가 여전히 라싸에서 법좌에 앉아 있었고, 공식적으로 6대 달라이 라마의 명칭을 갖고 있기 때문이었다. 그러므로 리땅 출신의 아이를 7대 달라이 라마로 인정한 것은 그 사원이 뀐가노르에서 사망한 짱양 갸초를 진정한 6대 달라이 라마로 받아들이며, 뽀딸라의 법좌에 있는 후보를 가짜로 받아들인다는 직접적인 신호였다. 하상 칸 부족의 방목지가 꿈붐과는 불과 몇 백 마일 떨어져 있는 꼬꼬노르 지역 내에 위치하고 있었으므로, 이것은 매우 심각한 문제였다.

십중팔구 그가 어떻게 반응할지 아무도 몰랐을 것이다. 몽골의 군(軍) 지도자들은 그들의 변덕으로, 그리고 어떤 반대도 철저한 전쟁의 선포로 받아들이는 경향으로 악명이 높았다.

이런 걱정에도 불구하고, 1716년에 여덟 살이 된 소년은 꿈붐으로 옮겨져 대대적인 축하를 받으며 즉위했다. 만주 황제 강희는 이 행사의 주 후원자의 역할을 했는데, 오늘날 수백만 달러에 해당하는 약 3백만 개의 은화를 공양물로 바쳤다. 이것은 꿈붐 영매가 권했던 성대함 이상의 진실로 성대한 행사였다.

안전하게 꿈붐에서 취임하여 이제 청 황제의 보호 아래 살게 되어, 어린 7대 달라이 라마는 자유로이 전통적인 공부 과정을 따를 수 있었다. 그리하여 그는 긴 머리를 자르고 전통적인 사미계를 받아, 1716년의 열 번째 달의 스무 번째 날 적갈색 승복을 입었다. 그의 계명은 아왕 최닥 툽뗀 걜첸 뺄상뽀('지혜로운 말의 스승, 진리 속에 유명한, 불법의 승리의 깃발, 길상하고 수승한 자')가 되었다. 계를 받고 나서, 아이는 이제 개인교사인 추상 노뙨 한의 지도 아래 더욱 체계적인 교육을 받았다.

어린 7대 달라이 라마가 인도와 티베트의 위대한 경전들을 공부하며 암기하고, 논리와 토론의 방법론에 대해 교육받고 있을 때, 하상 칸은 잠자리에서 뒤척이고 있었다. 꿈붐에서의 사건들은 티베트인들의 공개적인 독립 선언이었다. 비록 라싸 지역의 라마들이 공개적으로 아이에 대한 지지를 선언하지 않았지만 - 그렇게 하는 것은 반역죄로 사형을 당하게 될 테니까 - 아이에 대한 지지는 티베트인들 사이에서 급속히 퍼져 거의 보편화되었다. 쉽게 말해, 티베트 통치자로서 하상 칸의 날은 얼마 남지 않았던 것이다.

우리가 앞에서 보았듯이, 하상 칸은 나쁜 통치자는 아니었다. 십중팔구, 데씨 쌍계 갸초가 칸의 여인 중 한 명에게 참수당하지 않고, 6대 달라이 라마가 뀐가노르에서 갑자기 세상을 떠나지 않았다면, 티베트인들이 그에게 맞서 일어날 만큼 분개하지 않았을 것이다.

어린 7대 달라이 라마가 점차 수행적인 삶을 경험하고, 사람들에게 보여주기 위해 북동쪽 티베트 지역에서 다른 지역으로 이동하고 있을 때, 라싸의 겔룩빠의 큰 세 사원들(간덴, 데뿡, 쎄라)의 주지스님들이 쥔가르 몽골 왕 체왕 랍뗀에게 하상 칸이 찬탈한 법좌를 다시 빼앗아 달라는 청원을 했다. 그는 기꺼이 동의했다.

쥔가르의 왕 체왕 랍뗀은 다소 교활한 사람으로, 명예라는 이상에 대단한 가치를 두지 않았던 것 같다. 그는 1714년 말에 그의 공격계획의 시작으로, 자신의 딸과 하상 칸의 장남의 결혼을 제안했는데, 이것이 받아들여졌다. 하상 칸의 아들이 상당한 규모의 친위 정예부대와 함께 쥔가르국에 도착했는데, 이들을 쥔가르인들은 무장해제하게 하고, 나중에 모두 죽여버렸다. 이 소식은 라싸까지 도달하지 못했으며, 체왕 랍땐 왕은 그의 장래 사돈 하상 칸에게 예정되어 있는 결혼과 동맹을 구실로 이용하여, 자신의 국경 보호에 도움이 되도록 추가로 군대를 빌려 달라고 요청했다. 하상 칸은 이에 응하여, 자신의 방어력을 더욱 약화시켰다. 그의 군대가 쥔가르국에 도착했을 때 그들은 첫 번째 부대처럼 참수당했다.

이렇게 무대가 마련되고 하상 칸의 세력이 매우 약해지자, 쥔가르의 왕 체왕 랍땐은 한 부대는 암도로 보내어 어린 7대 달라이 라마를 체포하게 하고, 또 다른 부대는 바로 라싸로 보냈다. 그의 계획은 첫 번째 부대가 7대 달라이 라마와 함께 라싸에 도착하여 티베트 대중들의 열렬한 협조를 확보하고, 북동쪽에서 하상 칸을 공격하는 것이었다. 그의 형제 체링 된둡 왕자가 지휘하는 6천명의 기병으로 이루어진 두 번째 부대는 북서쪽에서 동시에 공격할 예정이었다.

이 일이 쥔가르인들에게 더 어렵게 된 것은 만주 황제가 동쪽 부대의 움직임을 알고, 그것을 공격해서 섬멸했을 때였다. 그러나 서쪽 부대는 체링 된둡의 지휘 하에 나아가서 홀로 공격했다. 하상 칸은 티베트인들이 자신의 편에서 전쟁에 가담하리라 기대했으나, 기대와 달리 그들은 쥔가르인들을 지지했다. 그가, 물론, 몰랐던 것은 쥔가르인들이 티베트인들의 초대로 왔다는 것이었다. 하상 칸과 그의 부하들은 용감하게 싸웠으나, 결국 대패하여 섬멸되었다. 하상 칸과 그의 가족은 모두 붙잡혀 처형당했다. 1717년 12월 중반에 이르러 전쟁은 끝났다. 11년 동안 초쇼트 몽골 지배 아래 있던 티베트는 이제 해방되었다.

이제 티베트인들은 모두 동쪽으로 고개를 돌려 리땅에서 태어나서 꿈붐 사원에서 보호받으며 교육받고 있는 그 아이를 바라보았다.

6대 달라이 라마의 삶의 마지막과 7대 달라이 라마의 시작을 특징짓는 혼돈이 끝나기에는 길이 좀 남아 있었다. 거의 3년이 지난 뒤에야 어린 7대 달라이 라마는 라싸로 올 수 있었는데, 이때 그는 열 살이었다.

티베트인들에게는 불행하게도, 쥔가르인들은 라싸를 장악한 후 강탈과 강간, 약탈과 살인으로 향했다. 체링 된둡 왕자의 군대는 – 모든 무절제한 군대가 때로는 그렇게 하듯이 – 광란에 빠져 철저한 살육을 시작했다. 라싸에서 그들은 전리품을 찾아 집집마다 돌아다니며, 저항하는 사람들을 고문하고 죽였다. 그들은 뽀딸라의 법당을 포함하여, 종파와 관계없이 라싸의 거의 모든 사원과 사찰을 약탈했다. 그들은 닝마에 대해 특별한 반감을 가진 것처럼 수많은 닝마 사원들을 완전히 파괴하고, 이 과정에서 수백 명의 닝마 승려들을 살해했다. 5대 달라이 라마와 가장 밀접한 관련이 있었던 라싸 지역의 두 닝마 사원인 민돌링(Mindroling)과 도르제 닥(Dorjey Drak)이 먼저 약탈되었고 잿더미로 변했다.

체링 된둡 왕자는 의심할 여지없이 라싸에 남아 자신이 티베트의 통치자가 되려고 계획했다. 그러나 그는 곧 형 체왕 된둡의 노여움을 두려워하기 시작했다. 왜냐하면 형의 명령으로 티베트를 초쇼트인들로부터 구하라는 임무 수행을 위해 출병했기 때문이다. 결국 그는 자기 형의 호감을 다시 얻기 위한 최선의 방법은 전리품 중에서 많은 양을 보내는 것이라고 결심했다. 그래서 1719년에 그는 뽀딸라와 티베트 사원에서 약탈한 것을 많이 실은 대규모의 상단을 보냈다. 티베트 문화의 역사를 위해 다행하게도 이 대상단은 소규모 티베트 군대에 의해 차단되었다. 수 년 뒤에, 전쟁이 끝나고 7대 달라이 라마가 라싸에서 즉위한 뒤, 이 보물들은 도난당한 사원과 사찰로 반환되었다.

3. 7대 달라이 라마의 정식 즉위

청의 황제에게는 왕자 체링 된둡이 쥔가르인들에게 대항하는 데에 가담할 여러 이유가 있었다. 첫째, 초쇼트 몽골인들과의 만주 동맹은 많은 영토 분쟁에서 쥔가르인들과 직접 부딪히게 만들었다. 쥔가르국은 아마 수십 년간 청의 가장 큰 적대국이었으므로, 쥔가르인들의 티베트 침공은 이 점을 부각시켰다.

둘째, 하상 칸은 청 황제의 동맹일 뿐만 아니라 결혼을 통해 이루어진 혈족이었다. 하상 칸의 아내와 아이들을 살해한 것은 청 황제를 분노케 했다. 쥔가르인들의 잔인한 행동은 가장 무정한 이들의 마음에도 충격을 주었다. 예를 들어, 하상 칸의 총리의 아내는 시골로 추방되는 전통적인 처벌 대신에 천천히 행해지는 고문에 의한 사형 선고를 받았다. 그리하여 그녀의 몸은 작은 조각으로 썰려서 라싸의 길거리에 뿌려졌다.

셋째, 우리가 앞에서 보았듯이, 티베트를 침공할 때 쥔가르의 군대는 둘로 나뉘었는데, 그 중 하나가 부여받은 임무는 동쪽으로 가서 어린 달라이 라마를 체포해 그를 이용하여 모든 티베트 파벌들을 쥔가르 쪽으로 끌어들이는 것이었다.

이 군대는 만주 국경을 침입해야 했으므로 만주와 전쟁을 하게 되었다. 쥔가르 군대는 소규모여서 쉽게 만주 군대에 의해 진압되었지만, 이 사건은 그럼에도 불구하고 전쟁 행위로 간주되었다.

넷째, 1718년에 청 황제는 전통적으로 이용하던 무역 통로를 깨끗하게 정비하려는 목적으로 티베트에 소규모 군대를 보냈는데, 쥔가르인들이 이 군대를 공격했을 뿐만 아니라, 또한 이들이 항복한 후에도 이 부대원들을 하나도 남김없이 참수했다.

그래서 1720년에 청 황제는 6천명의 정예 부대와 수천 명의 비정예 병사들로 군대를 조직했다. 사람들이 살지 않는 남쪽 통로를 따라가지 않고, 이 군대는 매우 북적이는 북쪽 길을 택하여, 자신들의 계획을 모든 사람들에게 알렸다.

청 황제는 두 가지 비장의 카드를 가지고 있었는데, 첫째, 이 군대가 이제 거의 열두 살이 된 어린 7대 달라이 라마를 데리고 있다는 것이었다. 일행은 천천히 이동하며, 길에 늘어선 모든 사람들이 이 아이로부터 축복을 받을 수 있게 해 주었다. 만주인들이 공개적으로 알린 것은 자신들의 목표가 티베트에서 쥔가르인을 몰아내고 진짜 달라이 라마를 뽀딸라에 앉히는 것이었다. 이것은 많은 티베트인들의 지지를 확보했다.

황제의 두 번째 카드는 돈이었다. 청의 군대는 엄청난 양의 은을 가지고 있었다. 그래서 그들의 군대에 가담하는, 나이가 열두 살 이상인 남자 병사의 가족에게 5년치 월급을 미리 지불했다. 대부분의 티베트인은 쥔가르인들을 내쫓고 자신들의 소중한 달라이 라마가 뽀딸라에 있는 것을 보기 위해 돈을 받지도 않고 기꺼이 이를 하려고 했으므로 이들에게 지급된 월급은 마치 축제와 같은 분위기를 가져 왔다. 스님들조차도 비폭력의 승려 계율을 옆에 제쳐둔 채, 이 노력에 동참하려고 사원을 떠났다. 여름 끝에 이르러 청의 군대는, 이제 엄청난 수로 불어나 소중한 환생자를 호위하며 라싸에 도착했다.

조캉 사원에서 어린 7대 달라이 라마는 수천 명의 승려들과 재가자들에게 법문을 했다. 법문 후 그는 뽀딸라로 가서 그의 주 개인교사이자 멘토가 될, 연장자 빤첸 라마와 제쭌 롭상 예세를 처음으로 만났다. 그 다음

달 15일에, 라싸가 정치적 소용돌이로 들끓고 있는 중에, 7대 달라이 라마는 간덴 법좌의 보유자 겐된 뿐촉의 도움을 받아 빤첸 라마로부터 사미계를 받았다. '롭상'은 그의 어린 시절 이름에 첨가되어, 그 결과 그가 가장 빈번하게 알려지는 칭호인 롭상 깰상 갸초를 낳았다.

7대 달라이 라마가 결국 자신의 자리에 앉게 되고 라싸가 만주인들로 가득 차자, 왕자 체링 된둡은 불편한 입장에 놓여졌다. 그는 자기 형인 체왕 랍뗀 왕으로부터 본래 라싸에서 초쇼트인들을 제거하라는 명령만을 받았으나, 권력의 유혹을 받아, 자신의 군사적인 목적이 성취된 후에 그는 형으로부터 떨어져 나와 자신을 티베트 최고 통치자로 내세웠다. 그리하여 그는 이제 그의 형으로부터 병력 증강을 기대할 수도 없었고, 쥔가르국으로 물러날 수도 없었다. 그는 맞서 싸우는 것 외에는 다른 방법이 없었다. 5대 1 비율의 수적인 열세에서도 그의 군대는 맹렬히 싸웠다. 11월에 이르러, 전투는 모두 끝이 났는데, 마지막 남은 쥔가르인들은 도망가거나 죽거나 항복했다.

이것이 어린 7대 달라이 라마가 라싸에서 처음으로 경험한 세상이었다. 엄청난 고통과 유혈사태의 시기였다. 물론, 그는 청년기에 이들 중 어떤 것에도 직접 관련되지는 않았다. 오히려, 그 많은 음모와 갈등 내내, 그는 티베트인들이 자신들의 구원을 기대할 수 있고, 그들이 희망하기에 그가 승리하여 평화의 시대를 열어줄 소년으로만 남아 있었다.

1720년 11월 보름(철 쥐 해의 아홉 번째 티베트의 달)에 열두 살 7대 달라이 라마는 뽀딸라에서 즉위했다.

공산주의 중국은 오늘날 티베트가 1720년에 청의 일부가 되었다는 근거로 1950년대에 티베트를 점령한 것을 정당화하려고 한다. 그러나 청의 강희제가 티베트에 침입한 것은 쥔가르를 징벌하기 위해서였지, 티베트를 점령하기 위해서가 아니었다. 티베트는 분명히 그때 청의 일부가 되지 않았다. 7대 달라이 라마 즉위 후에 창건된 티베트 정부의 자치권이 이 점을 분명히 증명한다. 더욱이 1722년에 강희제가 세상을 떠난 뒤에 그의 아들 옹정제(Yung-cheng)가 황위를 계승했다. 이 황제는 청나라 군대를 티베트에서 철수시켰다. 이는 그가 관심을 가진 것은 동맹이었지, 영토의 정복이 아니었음을 분명히 증명한 것이다.

이때에 7대 달라이 라마는 불교 공부와 수행에 시간을 보내고 있었으며, 정치적인 문제에 적극적으로 참여하기에는 아직 너무 어렸다. 그가 빤첸 라마와 공부하기 시작하면서, 시작한 것은 쫑카빠 대사의 『람림 첸모(Lamrim Chenmo, 菩提道次第廣論: 깨달음으로 가는 길의 단계에 대한 광대한 해설)』이었다. 또한 그는 바즈라바이라와 딴뜨라의 4가지 완전한 관정과 함께 무상요가 딴뜨라에 대한 자세한 가르침을 받았다.

1726년(불 말 해)의 네 번째 달 보름에, 그는 불교 승려의 비구계를 받았다. 라싸의 큰 사찰의 석가모니 부처님의 신성한 불상 앞에서, 빤첸 라마가 수계법사(親教師: 戒師)로, 법좌 보유자 뺄덴 닥빠가 교수사(軌範師)로, 높게 깨닫고 박학한 규메(Gyumey) 딴뜨라 주지 케둡 첸뽀 아왕 촉덴이 갈마사(羯磨師)로, 위대한 경전 스승 까첸 롭상 뢴람이 증명사(證明師)로 이 의식에 참여했다. 티베트의 가장 중요한 환생 라마들 중 서른한 명이 이 의식에 참여했으므로 이것은 분명히 화려한 행사였을 것이다.

7대 달라이 라마의 개인교사 티빠 뺄덴 닥빠는 일행이 도캄에 도착한지 얼마 되지 않아서 세상을 떠났다. 그래서 7대 달라이 라마는 중단 없이 그의 공부를 끝마치기로 마음먹고, 그의 스승 규메 딴뜨라 강원의 주지 아왕 촉덴에게 동쪽에서 그와 함께해 달라고 요청했다. 그의 새로운 스승과 더불어 그는 쫑카빠의 모든 구전의 가르침의 실제적인 정수인 5대 달라이 라마의 『깨달음으로 가는 단계들에 대한 지혜의 가르침』을 공부했다. 여러 달 동안 아왕 촉덴의 개인적 경험에 직접 의지하여, 이 신성한 책을 매우 자세히 공부하고 명상하였으며, 의심나는 모든 점들을 스승에게 반복해서 질문하여, 빠르게 통찰(觀)에 대한 확신을 얻었다.

수석 각료 뽈하네가 실질적인 왕으로서 티베트를 통치하는 동안, 어린 7대 달라이 라마는 멀리 떨어진 캄에서 공부와 명상·가르침과 관정에 몰입했다. 뽀딸라에 있는 자기 자리로 돌아와도 될 만큼 사태가 진정되었다고 최종적으로 판단된 1735년에 비로소 7대 달라이 라마는 라싸로 돌아왔다. 이렇게 하여 그의 망명은 끝났다.

캄에서 라싸로 되돌아오는 여행은 수개월 걸렸다. 왜냐하면 무수한 스님들과 불자들이 달라이 라마가 지나가는 것을 잠시라도 보려고 길을 따라 모였기 때문이다. 이제 달라이 라마는 티베트에서 가장 중요한 환생자로서뿐만 아니라, 또한 그의 학식과 스승으로서의 재능으로 존경받게 되었다. 그는 문자 그대로 티베트의 모든 산과 계곡에 점점이 자리 잡은 다양한 사원에서 머물렀는데, 종종 법문과 관정을 주기 위해 여느 때보다 오래 머물렀다. 그는 이들 사원에서 가르치는 일로 바쁘지 않을 때는, 빈번하게 접견실에 앉아 그를 보기 위해 온 사람들을 맞이했다.

그의 생애 내내 7대 달라이 라마가 특별히 유명했었던 것은 긴 행렬의 신도들을 기꺼이 맞이하고, 서서히 지나가면서 일일이 개인적인 가피를 준 것이었다. 사람들은 그에게 자기들의 아이들의 이름을 지어 주거나 조언해 달라고 부탁했다. 그는 한두 마디 말을 하거나 머리를 만지며, 한 사람씩 격려해 주거나, 가피를 주거나 조언해 주었다. 소작농들, 귀족들, 근방의 사원들에서 온 스님들로 이루어진 행렬이 몇 시간, 심지어 며칠간 지속되기도 했다. 이런 식으로 그는 마침내 라싸와 뽀딸라에 있는 그의 거처로 돌아왔다.

그가 비구계를 받은 지 10년이 지나가고, 달라이 라마는 이제 스물여덟 살이었다. 데모 뚤꾸의 새 환생자가 – 달라이 라마는 그를 찾아내 인정하는 데 도움을 주었는데 - 그에게 사미계를 내려달라고 거듭 요청하자, 7대 달라이 라마 깰상 갸초는 이를 받아들였다. 이 일은 그가 처음 치르는 의식인지라, 이것은 두 스님들 사이에 강한 유대를 형성했다. 그 후로 달라이 라마는 그에게 가르침을 주고 관정에서 그의 자리를 챙겨주었는데, 이런 종류의 행동이 업연을 지속되게 하는 데 도움이 됐다. 이후 몇 세기에 걸쳐 데모 뚤꾸는 중요한 환생자로서, 달라이 라마가 미성년자일 때 티베트인들을 이끄는 데 도움을 줄 사람으로 의지할 수 있는 라마 중 한 분이 되었다.

7대 달라이 라마가 라싸로 돌아온 후, 그는 불법을 계속 전수받기 위해 5대 빤첸 라마인 롭상 예셰를 뽀딸라로 초대했다. 그러나 빤첸 라마는 이 때 몹시 연로했으며 건강이 너무 약해 여행을 할 수 없었다. 그래서 1736년(용 해)에 걜와 깰상 갸초가 짱으로 떠나, 자신의 연로한 스승을 시가쩨에 있는 따시룬뽀 사원에 있는 그의 거처에서 만났다. 여기서 이 두 사람은 기쁘게 재회하여, 깰상 갸초에게 아직 불분명한 다르마의 다양한 점들에 관해 토론하며 날마다 많은 시간을 보냈다.

퇴쌈링이라는 건물에서 살면서, 7대 달라이 라마는 스승의 거처를 매일 방문하여 2대 빤첸 라마의 『보리도차제의 직전: 일체지자에 이르는 신속한 길』에 대한 가르침뿐만 아니라, 많은 딴뜨라 관정과 가르침을 받았다. 깰상 갸초는 따시룬뽀에서 학생이면서 동시에 쫑카빠의 『보리도차제의 개요〔람림송〕』를 법문의 기초로 하여 주 법당에서 깨달음을 향한 점진적 길에 대해서 가르침을 주기도 하였다.

간덴 법좌의 보유자인 간덴 티빠의 역할은 규또(Gyuto, 上密院)와 규메(Gyumey, 下密院), 두 딴뜨라 강원의 원장을 번갈아 맡는 것이다. 아왕 촉덴은 이 지위에 올라, 티베트에서 가장 중요한 세 분의 라마들 가운데 한 분이 되었다. 세 분의 중요한 라마들 중 다른 한 분은 빤첸 라마였다. 그리고 나머지 한 분은 달라이 라마인데, 나이가 가장 어렸던 그는 두 분 다 스승으로 의지할 수 있었다.

빤첸 라마로부터 가르침을 완전히 받은 후, 깰상 갸초는 라싸로 돌아와 명상 안거에 들어갔다. 그는 어린 시절부터 하루에 다섯 시간 내지 여섯 시간 동안 수행을 했으며, 매년 2주나 한 달 동안 수차례 안거에 들었다. 그가 라싸로 돌아와 들어간 안거는 더 길었다. 이전의 안거 중의 다수와는 달리, 이 기간을 정하는 것은 시간이나 만뜨라 염송 횟수가 아니라, 성취의 징표였다. 여러 달이 지나, 어느 날 징표가 나타났는데, 그는 평범한 것과 비범한 것 사이의 경계를 넘었다. 8대 달라이 라마의 스승이었던 까첸 예셰 걜첸이 말하듯이, "그때에, 그는 딴뜨라 경전들에 묘사되어 있는 것과 정확하게 일치하는 모든 더 높은〔출세간의〕 깨달음들을 체험했다."

7대 달라이 라마는 1745년(나무 황소 해)에 많은 상급 라마로부터 천 명 이상의 헌신적인 수행자들에게 야만따까 딴뜨라의 네 가지 완전한 관정을 달라는 요청을 받았다. 관정을 주는 날, 하늘은 맑고 꽃비가 내렸으며, 달라이 라마가 불러낸 신비스런 지혜존들이 여러 딴뜨라 요기들과 딴뜨라 지식 보유자들에게 직접 보였다고 한다. 또한 달라이 라마는 모(母)딴뜨라 중 최고인 『헤루까 차끄라쌈바라의 근본 딴뜨라』에 대한 가르침을 주었으며, 이것에 대한 쫑카빠의 주석인 『모든 숨겨진 의미들을 완전하게 설명하기』에 대한 가르침을 주었다. 이렇게 7대 달라이 라마는 그의 성년기 내내 주요 티베트 주석서와 중요한 인도 경전을 가르쳤으며, 불교의 정수를 크게 회복했다.

7대 달라이 라마는 생애의 많은 시간을 그의 가르침을 찾고 전수해 달라는 사람들을 위해 헌신했다. 하지만, 때때로 며칠 동안 혹은 몇 주 동안 거처에서 몰래 나와, 신분을 숨긴 채 산으로 떠났다. 이때에 그의 수행원들은 달라이 라마가 뽀딸라에서 안거에 들어간 것처럼 행동했다. 종종 이렇게 달라이 라마는 단순한 여행자 혹은 거지인 것처럼 가장하여, 공식적인 모임의 자리가 아닌 곳에서, 일상생활 상황의 방편을 통해 사람들에게 가르침을 주었다. 7대 달라이 라마의 즉흥적인 외도에 대해 전해 내려오는 이야기에 의하면, 그는 집집마다 돌아다니며 전문적인 기도문을 읽어주고 탁발하는, 가장 낮은 계급의 승려 복장을 한 것으로 묘사된다. 그는 이렇게 위장한 신분으로 일반적인 사람들의 관심사에 대해 많은 것을 배웠으며, 많은 사람들의 삶에 영향을 끼쳤는데, 이들은 이 겸손한 스님의 소박함과 상냥함에 감동받았다.

한 가지 기억할 만한 이야기는, 캄에서의 준(準) 유배시기에 그가 전문적으로 의례를 주관하는 스님으로 돌아다녔을 때에 있었던 것이다. 한 가난한 농부가 그를 고용하여 하루 동안 자기 집에서 의식을 행하게 했는데, 저녁 때 그에게 너무 감명을 받아 하루만 더 있어 달라고 간청했다. 그날이 끝날 때, 그는 또 다시 그에게 머물러 달라고 간청해서, 이것이 수 주 동안 계속되었다. 마침내 이 인내심 많은 스님은 자신이 해야 할 다른 일들이 있어서 더 이상 머물 수가 없다고 말하면서, 이 가난한 농부에게 떠날 수 있게 허락해 달라고 간청했다.

그가 떠날 때에, 너무도 고마워서 그 농부는 감사의 선물로 순금으로 만든 작은 접시를 주었다. 깰상 갸초는, 그것을 자기가 갖고 싶지 않을 뿐만 아니라 또한 그 농부의 감정을 상하게 하고 싶지도 않아서, 그 접시를 농부의 제단 위 몇 개의 물건 뒤에 숨겨 놓았다. 그가 떠나면서 농부에게 말했다. "만약 당신이 라싸로 오시면, 저의 집에 머물러요. 사람들에게 물어서 전문적인 의례 주재자 깰상 갸초를 찾으면 됩니다."

그 떠돌이 스님이 떠난 뒤, 농부는 숨겨진 접시를 보았다. 자신이 승려에게 이미 공양 올린 선물을 갖고 있다는 것에 마음이 불편하여, 그는 들판으로 나가 기도하고 그 접시를 공중으로 휙 던졌다. 접시는 곧바로 사라졌다.

일 년 뒤에, 농부는 라싸로 성지순례를 갔다. 거기서 그는 전문적인 의례 주재자 깰상 갸초를 찾으려고 물어봤지만, 아무도 그 이름을 몰랐다. 농부가 이런 것을 묻고 다닌다는 것이 7대 달라이 라마의 몇몇 수행원들의 귀에 들어갔고, 마침내 달라이 라마도 보고를 받게 되었다. 7대 달라이 라마는 곧바로 농부를 찾으려고 사람들을 보냈다. 곧 농부가 뽀딸라에 도착하여, 그곳에서 그는 즐거운 옛 친구, '전문적인 의례 주재자'의 손님으로 한 주를 보냈다. 거기에 머무는 동안, 농부는 1년 전에 공중으로 던졌던 금 접시가 달라이 라마의 불단 위 눈에 잘 띄는 곳에 있는 것을 우연히 보게 되었다.

이와 같은 7대 달라이 라마의 일화에도 불구하고, 8대 달라이 라마의 스승, 까첸 예셰 걜첸이 얘기하는 7대 달라이 라마의 전기는 대부분 사원에서의 가르침과 관정에 대한 것이다. 1742년(물 개 해)에, 7대 달라이 라마는 쫑카빠 대사가 1409년에 세운 간덴 사원으로 떠났다. 이곳에서 그는 쫑카빠가 지은 모든 저술에 대한 완전한 강독을 포함하여, 많은 가르침과 관정을 주었다. 간덴 사원에 있는 동안 깰상 갸초는 위대한 쫑카빠의 삶과 친절에 대한 생각에 여러 번 깊이 감동되어, 마음을 바치는 여러 편의 시들을 썼는데, 이들 중 하나는 다음과 같다.

'쫑카빠에 귀의하는 노래 – 간덴 사원에서'

위에는, 실제로 본래의 각성이
빛나는 붓다 – 만다라로 나타나고,
도솔천 정토 놓여 있으니, 이 기쁨의 거처는
삼세(三世)의 부처님들의 가피 받은 곳이네.

빠르게 흐르는 강물의 속삭임,
새들의 감동적인 노래,
다르마를 가르치는 장엄한 소리,
쫑카빠의 부드러운 목소리 생각나게 하네.

부처님의 특징들로 장엄된 몸,
방대하고 심오한 다르마를 쏟아내는 말,
맑은 빛(淨光明)의 영역에서 모든 것을 보는 마음,
난 쫑카빠, 롭상 닥빠(Lobzang Drakpa)가 생각나네.

당신의 마음은 낙공불이(樂空不二)에 몰입해 있어,
삶의 흐름은 무지개처럼 나타나네.
한 몸이 이제 끝없는 구름 같은 화현들을 보내시어
세상을 기쁨으로 불붙이시네.

오, 쫑카빠 대사여, 당신의 끝없는 친절 덕분에,
저흰 모든 현교와 밀교를 행동규범으로 이해하고,
완전한 깨달음으로 인도하는 전체의 길을 분명하게 파악하여,
모든 망상과 오해(무지)를 초월할 수 있사옵니다.

저희들에게 구전의 가르침 주시어
모든 경험을 의미 있게 만들어 주소서.
저희들에게 가피를 주시어 대락과 공성(空性)으로
저희들의 마음을 일미(一味)로 만들어 주소서.

제가 끊임없이 윤회하는 허물을 이해하고,
제 마음 흐름의 깊은 곳〔가장 섬세한 마음〕을
궁극적인 진리로 인도하는 길에 고정시키게
저를 도와주소서.

제게 바꾸는 힘을 베푸시어
제 마음 흐름을 자애와 연민으로 채우고,
윤회하는 육도의 중생들을
영원히 저를 도와주신 어머니들로 보게 하소서.

제게 바꾸는 힘을 베푸시어
사물을 있는 그대로〔여실하게〕 빨리 깨닫게 하시고,
마음이 보는 이미지들은 마음 자신이 만든 그림들로
이해하게 하소서.

저를 도우시어 제가 바로 이생에
딴뜨라의 두 단계의 합일 수행을 통해 깨달음을 얻고
외적인 일들은 부처님들의 유희로 보며
마음은 대락과 공성으로 충만케 하소서.

오, 지혜의 보살, 문수사리(Manjushri, 문수)시여.
적정존과 위맹존·수호존으로 마술처럼 나타나시는 분이시여,
당신의 길상한 행동이 결실에 이르러,
부디, 세상의 끊임없는 귀의처로 남으소서.

저에게 당신의 신비스러운 몸 · 말 · 마음(三密)의
강력한 가피 베푸시어,
저의 모든 몸 · 말 · 마음(三門)의 움직임이
중생들과 다르마에 이익만 되게 하소서.

현교와 밀교의 천둥(법음)이 세상을 흔들게 하소서.
쫑카빠의 수행 법맥의 햇빛이 퍼지게 하소서.
모든 수행자들이 깨달음을 성취하소서.
그리고 모든 중생들이 소원 성취하소서.

7대 달라이 라마가 간덴에 머문 지 얼마 지나지 않아서, 새롭게 발견된 빤첸 라마의 환생자가 중앙 티베트로 와서 7대 달라이 라마에게 사미계를 달라고 부탁했다. 깰상 갸초는 동의하여 라싸로 돌아와, 조캉 사원의 신성한 부처님 상(Jowo) 앞에서 수계법사와 교수사를 겸하며 의식을 행했다. 이때에 어린 빤첸 라마는 현교와 밀교에 관한 많은 가르침을 들었다. 기본적인 교리에 능숙해진 후, 그는 깰상 갸초에게 특별한 구전의 가르침을 달라고 요청했다. 7대 달라이 라마는 빤첸 라마의 공부의 진전에 기뻐서, 그에게 다음과 같은 조언을 주면서 동의했다.

비할 데 없는 스승 쫑카빠 대사가 하셨듯이, 부처님의 뜻에 대해 심오한 이해를 얻을 때까지 방대한 모든 경전을 듣고 공부하라. 그러고는 현교와 밀교에 대한 특별한 구전의 가르침을 잘 듣고 이들을 마음으로 직접 체득해야 한다. 마지막으로, 가까운 곳이나 먼 곳의 모든 중생들의 이익을 위해 법륜을 돌리겠다는 생각을 일으켜야 한다.

4. 7대 달라이 라마의 스승에 대한 헌신

　7대 달라이 라마는 스승 아왕 촉덴의 거처를 거듭해서 방문하여 스승과 많은 심오한 대화를 나눴다. 거듭해서 그는 스승에게 뽀딸라에서 자기와 함께 머무르고 레땡으로 떠나지 말라고 당부했다. 그러나 노년의 라마는 이를 정중하게 사양했다. 레땡으로 떠나는 날 아침에, 7대 달라이 라마는 스승을 찾아가 수행 문제에 대해 오랫동안 얘기했다. 스승이 막 떠나려고 하자, 달라이 라마는 연로한 스승의 가슴에 자기 머리 정수리를 몇 분 동안 대고, 눈물을 흘리면서 그에게 많은 기도와 상서로운 생각들을 보냈다. 스승은 스스로 제자 달라이 라마의 축복을 구하며, 자신의 미래의 모든 환생자들이 달라이 라마를 만나서 보살핌을 받을 수 있도록 기도했다.
　스승이 떠난 후, 달라이 라마는 세 큰 사원인 쎄라·데뿡·간덴에서 차 공양 의식을 올리고, 연로한 스승이 레땡까지 여행을 아무 장애 없이 마칠 수 있을 만큼 살아 있도록 기도했다. 달라이 라마는 이런 목적으로 많은 의식을 집전했다.
　아왕 촉덴은 결국 레땡 사원에 도착하여 오래지 않아 평화롭게 세상을 떠났다. 그의 수행원들은 7대 달라이 라마에게 스승의 유물과 함께 많은 공양을 보냈다. 7대 달라이 라마는 뽀딸라 궁의 위쪽 불당으로 물러나서 많은 기도와 공양을 올렸다. 그는 또한 라싸의 중심 사원인 조캉 사원 안에 모셔진 성스러운 불상 앞에서 아주 많은 공양을 올렸으며, 쎄라·데뿡·간덴을 포함하는 티베트의 모든 주요 사원에서도 공양을 올렸다. 그는 또 모든 위대한 환생 라마들에게도 공양물을 보내, 그들도 기도하도록 부탁했다. 스승의 유물을 받은 뒤 달라이 라마는 자신의 불당으로 물러나서, 유골을 보존할 은 항아리가 만들어지는 동안, 기도와 명상에 들어갔다. 나중에 7대 달라이 라마는 스승의 유골을 그 항아리에 담고 모든 적절한 의식들을 직접 행했다.

스승의 입적 바로 뒤에, 달라이 라마는 1,300명 이상의 많은 승려들에게 깔라차끄라 만다라의 관정을 주었으며, 약 1,800명의 스님들에게 헤루까 딴뜨라의 루이빠(Luipa) 법맥의 관정을 주고, 이 공덕을 친구인 동시에 수행의 스승이었던 아왕 촉덴의 추모에 회향(廻向)했다.

1756년(불 쥐 해)에, 깰상 갸초는 2대 달라이 라마가 신탁 호수 근처에 세운 최코르 걜 사원을 방문하고 싶다는 의사를 밝혔다. 가는 길에 쎄라 사원과 간덴 사원을 방문하여, 무수한 스님들과 재가자들에게 관정과 축복을 주었다. 간덴 사원에서는 라마 쌍계 초뺄의 요청으로, 세 가지 매우 중요한 순간들 - 죽음, 중음의 상태, 재탄생의 순간 - 에 대한 요가를 천 명 이상의 스님들에게 가르쳤다.

일생 동안 그는 최코르 걜을 세 번 방문했고, 매번 닥뽀(Dragpo)와 올까르(Wolkar)로 순례여행을 했다. 이 두 안거 장소는 쫑카빠 대사가 여러 해 동안 명상하여 깨달음을 얻은 곳이었다. 이 방문 동안 그는 쫑카빠가 사용했던 암자에서 짧은 명상 안거를 했다. 이 방문 중에 쫑카빠 대사의 삶과 해탈에 대한 생각에 항상 감동 받아, 그는 많은 기도문과 시를 지었다. 이들 중의 하나가 그의 가르침의 핵심을 보여준다.

> 하늘의 왕좌에 자리 잡고 1000개의 광선을 내뿜는
> 태양처럼 우리가 밝은 사랑의 광선을
> 모든 중생들에게 비춰준다면 얼마나 좋으랴.

허공에서 높이 유연하게 나는 새들의 왕 독수리처럼
우리들의 마음이 맑고 공한 진리 자체의 허공에서
유연하게 날며 집착하지 않는다면 얼마나 좋으랴.

밝고, 청정하며, 자유로이 떠도는 신선한 흰 구름처럼
우리들이 완전한 신비한 만다라에 맑고 기쁘게 몰입하면
얼마나 좋으랴.

힘차게 하늘을 흘러가는 바람처럼
우리들이 항상 남들에게 이로운 기운의 흐름을 유지하며
인위적이지 않은 가장 좋은 수행을 한다면 얼마나 좋으랴.

5. 죽음

까첸 예셰 걜첸은 7대 달라이 라마의 삶에 대한 자신의 이야기를 다음 말로 끝맺는다.

마지막으로, 불 황소 해(1757년)의 두 번째 달의 세 번째 날에, 걜와 깰상 갸초는 자기 제자들을 위한 자신의 일이 완결되었음을 알았다. 그의 제자들 중에 영구성을 아직 믿고 있는 이들에게 무상함을 보여주기 위해, 그리고 불법 수행에 영감을 주기 위해, 그는 앉아서 명상하며, 죽음의 맑은 빛(淨光明) 안에 자신의 마음을 흡수시키고 나서, 정광명에서 일어나 도솔천 정토로 가서 미륵불 앞에 앉아, 거기로부터 세상의 필요에 따라 화현들을 내보냈다.

달리 말해, 7대 달라이 라마는 딴뜨라 명상에 몰입한 채 1757년 가을 말에 세상을 떠났다.

모든 초기 달라이 라마들이 그랬던 것처럼, 그도 죽을 때 완전한 평정과 통제를 보였다. 특히, 그는 딴뜨라의 요가에 들어가서 딴뜨라의 요소들을 죽음의 과정 동안에 몸과 마음에서 일어나는 자연의 에너지 변화와 일치시키고, 죽음의 정광명이 일어날 때, 그것을 법신의 보편적인 마음과 섞음으로써, 그가 깨달음을 성취했다는 것을 분명히 보여주었다.

6. 7대 달라이 라마의 저술

    7대 달라이 라마가 쓴 저술들은 딴뜨라의 심오한 주석서로부터 자연스런 노래와 시들에 이르기까지 수백 권이나 되는데, 이들은 티베트의 가장 훌륭한 수행 문헌의 업적들의 일부로 여겨진다. 말년에 그가 쓴 시는 시상과 시적 분위기에서 완숙함을 보여주며, 생생한 개인적 경험을 불러일으켜 무상을 더욱 더 실감할 수 있도록 해 준다. 7대 달라이 라마는 자신의 생애 동안 수많은 사람들의 죽음을 보았지만, 그럼에도 불구하고 항상 유머 감각을 유지했던 것으로 보인다. 이들 둘 – 죽음과 유머 – 은 말기 시의 중심 무대가 된다.

    '죽음과 무상과 출리심'

    멀리 떨어져 있는 황금 산 위에
    얇은 안개 고리들이 초원 위에 허리띠처럼 걸려 있네.
    지금은 견고해 보여도, 곧 그들은 사라지니
    내 마음은 내 죽음에 대한 생각으로 향하네.

    우리들을 길러주신 어머니를 떠나는 건 어렵고,
    친척이나 친구들과 헤어지는 것도 어렵네.
    허나 세월이 지나면 그들과 우리 관계도 사라지니

내 마음은 내 죽음에 대한 생각으로 향하네.
부처님은 길상한, 불멸의 금강신(vajra body)을 이루셨네.
허나 그래도 죽는 모습 보여주셨네.
살·피·뼈·피부로 된 이 몸은
물방울처럼 사라지게 마련이네.

만일 그대가 자세히 살펴보고 깊이 사유해 보면,
그대 주위에 나타나는 사람들과 사물들,
모든 것이 끊임없는 변화 속에 있음을 알 수 있네.
모든 것은 무상(無常)의 스승이 되네.

몸은 마지막 침상에 누워 있고,
목소리는 마지막 몇 마디를 속삭이며,
마음은 마지막 기억이 지나가는 걸 바라보네.
언제 이 드라마가 그대에게 찾아올까?

그러므로 나 자신과 나와 같은 중생들은
무의미한 생활방식들을 떠나
우리들 자신을 구루들, 만다라 존들과 다끼니들에게
맡기고 죽음의 길에 대해 우리들을 준비시켜 달라고 애원해야 하네.

자기가 각성의 하얀 빛 안에 있다는
기쁨과 확신을 갖고 잘 죽기 위해
이제 그대 자신을 반드시 준비시켜야 하네.
그대 자신을 현교와 밀교의 심오한 가르침에 익숙하게 하게.

이 노래의 힘에 의해 나와 같은 분들,

무종교의 사람들, 야만인이나 다름없는 이들이

버림(renunciation)의 불 속에서

우리의 의식이 진화하여

완전한 해탈의 상태 성취하소서.

제8장

8대 달라이 라마 잠뺄 갸초
— 소박함으로 되돌아가기

◀ 8대 달라이 라마 잠뻴 갸초(Jampel Gyatso)
　미국 자연사 박물관(American Museum of Natural History)/뉴욕

1. '달라이 라마의 일곱 번 환생' 예언

달라이 라마의 첫 일곱 환생자들은 각자 티베트 역사의 진로에 엄청난 영향을 주었다. 사회적·정치적으로 적절한 원동력으로서 달라이 라마 지위의 중요성은 각 잇따른 환생자와 함께 비약적인 발전을 하는 것 같았다.

이 성공 이야기는 1757년에 7대 달라이 라마의 사망으로 잠시 멈췄다. 13대 달라이 라마가 1876년에 나타날 때까지 달라이 라마들은 또다시 어떠한 중요한 역할도 하지 않게 된다. 사실 7대 달라이 라마의 뒤를 이은 대부분의 환생자들은 젊어서 사망했다. 다섯 환생자들이 1758년과 1875년 사이, 단지 117년 기간 동안에 왔다가 갔다. 그리하여 그들은 눈에 보이는 많은 업적을 나타낼 만큼 충분히 오래 세상에 머물지 않았다.

8대 달라이 라마는 이 점에서는 예외였다. 그는 거의 7대 달라이 라마만큼 오래 살았다. 그러나 7대 달라이 라마가 세대의 다른 모든 라마들의 빛을 잃게 만든 반면에 8대 달라이 라마는 많은 다른 이들로 인해 빛을 잃었다. 그의 시대의 열두 분의 겔룩빠 라마들 모두가 수행의 명성과 정치적 업적 양쪽에서 그보다 명성이 높았다. 빤첸 라마, 데모 뚤꾸, 까첸 예셰 걜첸은 이들 중 단지 세 분에 불과하다. 이 목록은 더 크게 넓힐 수 있을 것이다. 필자는 한때 현 달라이 라마에게 이 문제에 대한 그의 생각을 물었다. 달라이 라마 성하께서는, 개인적 의견으로는, 여기에 여러 이유들이 있다고 답했다.

첫째는 역사적인 것이었다. 그 당시 사람들은 단지 일곱 달라이 라마 환생자들만이 있을 것이라고 믿었다. 2대 달라이 라마의 두 가지 예언을 포함하여 여러 예언들이 이러한 결론을 가리키는 것 같았다. 이들 예언들 중에 어떤 것도 이 점에 대해 명시적으로 말하지는 않았지만, 예언을 해석한 분들은 이것이 그들의 결론적인 의미라고 생각했다.

성하가 언급한 2대 달라이 라마의 중요한 예언은 그가 6살 때에 예언한 것이다. 그때 2대 달라이 라마는 꽤 긴 신비스런 노래를 자연발생적으로 불렀다. 이 노래는 다음 절로 끝난다.

> 제 탐체 켄빠(1대 달라이 라마)가
> 이 세상을 다르마의 지고한 감로수로 완전히 넘치게 했지만
> 그는 자기 계획 전부를 완성하지는 못했네.
> 그래서 일곱 번 환생 동안 그는
> 이 세상의 중생들을 위해 일하고 나서
> 융해된 뒤에 흠 없는 법계(法界)로 들어가네.

사람들은 관세음의 화현들과 그들의 일들을 언급한 『까담빠 스승들의 책』 속의 여러 예언들과 이 시를 관련시켰다. 특히 한 예언에 의하면,

> 관세음의 한 화현이 티베트의 검은 머리 사람들에게 이익을 주기 위해 일곱 생 동안 일할 것이다.

의심할 여지없이 7대 달라이 라마의 죽음 후에 8대 달라이 라마를 찾아서 즉위시켜야 하는지 말아야 하는지 결정할 목적으로 회의가 열렸다. 이 전통을 방치하여 자연히 사라지게 하고 중단되어야 한다는 가능성도 논

의되었음이 확실하다.

결국, 이 유산은 계속되어야 한다고 결정되었으며, 조사 위원회가 환생자를 확인할 목적으로 만들어졌다. 그럼에도 불구하고 8대 달라이 라마는 초기 환생자들에게 주어졌던 것과 똑같은 정신적 존경을 받지 못했으며, 많은 사람들은 그를 편의를 위한 단순한 대리인으로 간주했다.

이 문제에 관해 현 달라이 라마 성하와 인터뷰를 했다. 그는 8대 달라이 라마의 외견상의 성공을 제한했다고 당신이 생각하는 두 번째 장애에 대해 설명했다. 이것은 성격상 수행적인 것이었다.

달라이 라마 성하는 모든 초기 달라이 라마들이 겔룩빠의 사유적인 교육을 닝마빠의 샤먼적인 전통과 결합했다는 것을 지적했다. 이것은 단지 개인적 수행의 면에서뿐만 아니라, 그들이 다른 종파로부터 존경받는 면에서도 좋게 작용했다. 더욱이 라싸 귀족들은 대부분 닝마빠에 속했기 때문에, 이것은 또한 대부분의 귀족 가문들이 초기의 달라이 라마를 진심으로 좋아하게 만들었을 것이다.

현 달라이 라마 성하는 그리고 나서 8대 달라이 라마의 상급 구루인 까첸 예셰 걜첸이 이 '법맥들의 융합'을 강력하게 말렸다고 말했다. 8대 달라이 라마는 그래서 이전 달라이 라마들이 가졌던 닝마빠 법맥들을 받지 못하게 되었다. 이것은 수행 면에서와 그의 대중적 매력이라는 면 양쪽에서 그의 영향력을 제한했다.

현 달라이 라마 성하는 말년에 8대 달라이 라마가 자신의 전임자들의 접근법의 특징이었던 이 겔룩빠-닝마빠 융합을 다시 확립하려고 시도했다고 말하면서 끝을 맺었다. 그러나 그때는 너무 늦어 그는 성공하기 전에 돌아갔다.

1984년에, 필자는 버몬트의 미들베리에 있는 대학에서 열린 현 달라이 라마의 강연에 가르침을 받기 위해 참석했다.

어느 날 아침, 한 지역 초등학교에서 온 어린아이들이 현 달라이 라마 성하를 친견했다. 어린아이들은 잔디밭에서 성하를 친견했는데, 성하는 의자에, 아이들은 그 앞에 앉았다. 마이크가 전달되고, 아이들은 자신들이 원하는 질문을 마음껏 달라이 라마 성하에게 물어볼 수 있었다. 아이들은 대단히 흥분했으며, 서로 마이크를 차지하려고 몸싸움도 많이 했다. 모두가 질문할 것이 많은 것 같았다. 그때 마이크를 차지한 아이가 물었다.
"성하, 당신은 열네 번 생애 동안 환생한 정말 같은 사람이에요?"
달라이 라마 성하는 깊이 생각에 잠긴 듯이 보이더니 대답했다.

> 실제로, 나는 종종 생각해요. 1대에서 7대 환생자가 한 계통이고, 8대부터 나까지가 다른 계통이라고요.

몇 년 후에 필자는 달라이 라마 성하에게 버몬트의 아이들과의 이 범상치 않은 인터뷰와 그의 다소 놀라운 답변에 대해 물어보았다.
그는 웃고 나서 대답했다. 이것은 8대 달라이 라마의 삶을 둘러싼 어떤 전설을 이용한 것이라고 말해 주었다. 이 전설에 따르면, 7대 달라이 라마의 환생자를 찾을 수 없었으나, 티베트인들은 달라이 라마의 지위가 계속되기를 원했다. 그래서 그들은 관세음보살의 화현이라고 여겨지는 다른 아이 환생자를 찾았다. 이 아이가 모든 달라이 라마들이 강력한 유대를 유지했던 데뿡 사원의 설립자였던 잠양 최제 따시 뺄덴(Jamyang Chojey Tashi Palden)의 환생자였다. 이 라마는 관세음의 화현일 뿐만 아니라, 티베트 불교의 샬루(Zhalu) 종파의 설립자인 라마 부뙨 린첸 둡빠(Buton Rinchen Drubpa)의 환생자이며, 또한 인도 딴뜨라 수행자 끄리쉬나차리야(Krishnacharya)로 간주되었다.
달라이 라마 성하는 빙그레 웃고는 다음과 같이 말하면서 끝을 맺었다.

나는 항상 부뙨과 끄리쉬나차리야와 대단히 가깝다는 것을 느껴왔습니다. 그래서 어쩌면 이 소문에 진실이 좀 있을 것입니다.

그러므로 분명히 8대 달라이 라마는 티베트 역사에서 다소 수수께끼 같은 인물이다. 그럼에도 불구하고 필자는 그를 이 계통에서 위대한 인물 중의 한 분으로 여긴다는 말을 덧붙이고 싶다. 자신의 시대와 상황의 조류에 저항하기보다 그는 그것을 거의 평범한 불교 승려처럼 조용하고 단순한 삶을 즐기는 기회로 이용했다. 이전 달라이 라마들의 경우와 달리, 눈에 띄는 극적 사건들이 그의 손에 맡겨지지 않았고, 그는 이들을 만들 시도도 하지 않았다. 대신에, 그는 극적 사건들과 그들의 영광을 자신이 모두 다 잘 아는 그 시대의 다른 라마들에게 맡기고, 작은 일에 집중했다.

2. 섭정제도의 설치

7대 달라이 라마의 사망 후에 모인 정신적·세속적 지도자들 집단은 달라이 라마의 부재 시에 고위 라마가 섭정으로 임명되어 통치해야 한다고 결정했다. 이에 선택된 라마는 뗑곌링 사원에 거주하는 데모 뚤꾸 델렉 갸초(Demo Tulku Delek Gyatso)였다. 7대 달라이 라마의 중요한 제자였던 이 데모 뚤꾸 델렉 갸초는 첫 번째 공식 '달라이 라마 섭정'이 되었다. 총독의 지위는 공식적으로 사라졌다. 그때부터 지금까지 걀찹(Gyaltsab, '섭정')이라는 지위가 한 재임자가 사망한 후에 달라이 라마를 대리하는 방법이 되어 왔다.

섭정은 달라이 라마의 사망일로부터 며칠 안에 보통 임명되고, 달라이 라마의 환생 시기 동안에 환생자 찾기와 새로운 재임자의 즉위를 관장하며 달라이 라마 사무소를 이끈다. 그는 또 20년 정도의 새로운 환생자의 교육 기간 동안, 정신적·정치적 관련 업무들을 관장하는 달라이 라마의 의무들도 대신한다. 달라이 라마의 미성년 시기에 섭정이 사망하면, 다른 섭정이 그 시기의 높은 환생 라마들 중에 선택되어 즉시 임명된다.

데모 뚤꾸 델렉 갸초는 20년 후인 1777년에 사망하기 전까지 섭정으로 일했다. 그때까지 그는 성공적으로 8대 달라이 라마를 찾아서 즉위시킨 것은 물론, 이 아이의 교육과 수행의 상당 부분을 관장했다. 8대 달라이 라마의 공식적인 전기는 이 섭정 데모 뚤꾸 델렉 갸초의 환생자인 데모 툽뗀 직메 갸초(Demo Tubten Jigmey Gyatso)가 작성했다.

3. 탄생, 수색, 선정, 즉위, 수계

8대 달라이 라마는 짱의 북부 똡걜 하리 강(Tobgyal Lhari Gang)에서 태어났다. 그의 아버지의 이름은 쏘남 다르계이고 어머니의 이름은 푼촉 왕모이다. 그는 7대 달라이 라마의 사망 후 얼마 지나지 않은 불 황소 해(1757년)에 자궁으로 들어갔다.

그를 임신한 후 여러 날 동안, 그의 어머니의 몸과 가족이 사는 집 안과 밖도 무지개로 덮였고 백단향의 향기가 가득했다. 특히 어느 날 그의 어머니가 의례 주관자인 여자 친구와 차를 마시고 있는 동안, 오색 무지개가 자연발생적으로 나타나더니 점차로 그녀의 몸 안으로 녹아 들어갔다. 부모 양쪽이 상서로운 꿈을 많이 꿨다. 예를 들어, 아이가 임신되자마자, 아버지는 한 스님이 그에게 와서 금으로 된 바즈라(금강저)를 바치는 꿈을 꿨다. 다른 때에 그는 물이 채워진 꽃병을 잡고 있는 하얀 사람이 나타나서, 그를 씻어내는 것처럼 그에게 감로수를 들이붓는 꿈을 꿨다. 그리고 어머니의 꿈에 작은 태양들로 주변을 둘러싸인 거대한 태양이 구름 없는 하늘에 나타나 그녀의 몸속으로 녹아 들어왔다.

그는 땅 호랑이 해(1758)의 여섯 번째 달의 [음력] 스물다섯 번째 날(25일)에 출생했다. 이는 달 주기의 상서로운 날들 중의 하나로, 다까들과 다끼니들이 세상을 신비스런 노래로 채우는 날이다. 하늘은 무지개로 채워졌고, 달콤한 향기가 대기를 채웠다.

수호존들이 그의 출생 순간부터 그를 보호했으며, 그의 부모와 그 주변의 다른 이들도 그의 생명을 잘 보호했다. 특히, 출생일에 그의 집 위에 여러 까마귀들이 나타났으며, 그 후 여러 날 동안 수호자로 거기에 남아 있었다. 이들은 모든 이전 달라이 라마들을 보호해 왔던 수호존인 마하깔라의 화현들이었다고 한다.

아이가 태어나 며칠 안에 그는 가부좌를 틀고 명상 자세로 똑바로 앉아 허공을 응시했는데, 마치 깊이 사유하는 것 같았다. 그 후에 곧 그는 다른 범상치 않은 특징들을 보이기 시작했다.

두 살 이후로, 아이는 자주 뽀달라에서의 자신의 전생 이야기를 하고 거기로 데려다 달라는 뜻을 나타냈다. 그는 또한 자신의 부모와 따로 자겠다고 주장했다. 이것은 그가 이전에 세속적인 삶을 버렸다는 것을 보여준다. 게다가 그는 종종 따시룬뽀 사원으로 가는 것에 대해 말했다.

그러는 동안 라싸에서는, 달라이 라마 환생자를 찾기 위한 노력이 진행되었다. 어느 날 네충이 자연발생적인 소통 상태로 들어가서 선언했다. "나는 네충 다르마 보호자다. 천상의 보석인 스승 똥와 된덴(Tongwa Donden)이 하리강에 도착했다. 나. 도르제 닥덴(Dorjey Drakden)은 그에게 경의를 표하고 네 가지 깨달음의 활동을 드러내주기를 그에게 요청한다." 그렇게 하여 네충 신탁영매는 8대 달라이 라마의 탄생지를 자연발생적으로 선포했다.

곧 한 팀의 스님들이 상서로운 징표를 갖고 태어난 아이들의 이름을 모으기 위해 하리 강 지역으로 파견되었다. 똡걀 하리 강에서 태어난 이 아이도 명단에 포함되었다. 예비적으로 친 점이 그가 강력한 후보자임을 보여주어, 그는 최종후보자들의 일부가 되었다. 그 결과 사절단이 라싸에서 그를 시험하기 위해 도착했다.

이 아이는 라싸에서 온 사절단을 매우 친근하고 편안하게 대했다. 사절단에는 대표인 7대 달라이 라마의 제자였던 빤첸 라마뿐만 아니라, 7대 달라이 라마의 사망 후에 임명된 섭정의 대표도 포함되었다. 또한 간덴·데뿡·쎄라 사원에서 온 스님 대표단은 물론 이전 달라이 라마의 시종장과 수석 수행원도 있었다. 이들 시험의 결과들은 또다시 매우 긍정적이었다.

아이가 세 살일 때, 따시룬뽀에서 빤첸 라마는 7대 달라이 라마의 미라로 만든 몸을 보존하기 위해 만들어진 황금 성유물함을 봉헌해 달라는 요청을 받아 중앙 티베트로 여행을 했다. 아이의 부모는 자신들의 아이를 빤첸 라마가 그의 여정에서 잠시 들리려 하는 간덴 랍걜링 사원으로 데려오라는 요청을 받았다.

친견할 시간이 와서 어머니가 가피를 받으러 빤첸 라마 앞에 섰다. 그때, 아이는 숄로 매여 그녀의 등에 업혀 있었다. 그는 빤첸 라마의 두 눈을 똑바로 쳐다보고 빤첸 라마가 목에 두르고 있던 염주를 잡았다. 이 염주는 전 달라이 라마가 빤첸 라마에게 줬던 것이다. 빤첸 라마는 이 아이가 자신의 목에서 그것을 들어올려, 그의 작은 손에 쥐고 자연발생적으로 그것을 사용해 만뜨라를 염송하기 시작하는 것을 조용히 지켜보았다. 아이는 그러고 나서 전 달라이 라마가 했던 것처럼 꼭 그대로 자신의 손 안에서 염주 알을 굴렸다.

6월의 열한 번째 날에, 빤첸 라마는 아이의 머리카락을 자르고 그에게 스님 가사 한 벌을 주어 이 아이를 다르마로 인도했다. 이때에 아이는 재가불자 수계식과 제춘 롭상 뗀빼 왕축 잠뺄 걏초 뺄상뽀(Jetsun Lobzang Tenpai Wangchuk Pampel Gyatso Palzangpo), 또는 줄여서 잠뺄 걏초(Jampel Gyatso)라는 이름을 받았다. 이 수계와 명명 의식은, 아이가 계를 받기에는 아직 너무 어리기 때문에, 상서로운 목적으로 행해졌다. 그와 동시에 빤첸 라마는 그에게 많은 가르침을 주고 밀교 관정도 주었다. 이것도 상서로운 목적을 위해서였으며, 이 어린아이의 마음 흐름 안에 선근의 습기를 발생시키기 위한 것이었다.

물 말 해(1762) 7월의 열 번째 날에, 8대 달라이 라마는 공식적으로 즉위했다. 이때 그의 나이는 다섯 살이었다. 이 의식은 뽀딸라에서 열렸는데, 전국의 모든 고위 라마들과 관리들이 참석했다. 이 행사 바로 뒤에, 그는 빤첸 라마, 일체지자 뺄덴 예셰(Palden Yeshey)로부터 사미계를 받았다. 불교 승려로서 그의 삶이 시작된 것이다.

빤첸 라마가 어린 8대 달라이 라마에게 사미계와 많은 딴뜨라 관정을 주게 되어 있었지만, 실제로 그를 개인적으로 가르치는 일은 다른 사람에게 맡겨지게 된다. 섭정 데모 뚤꾸와 빤첸 라마는 누가 이 일에 최적인지 논의했다. 빤첸 라마는 자신의 제자 중 한 명인, 잘 알려지지 않은 까첸 예셰 걜첸(Kachen Yeshey Gyaltsen)이라는 이름의 비구스님을 추천했다. 역사에는 1대 체촉링(Tsechokling)이라고 더 잘 알려진 이 라마는 에베레스트 지역 근처의 동굴에서 12년 명상 안거를 마치고, 높은 깨달음을 얻었다. 안거 후에 그는 에베레스트 산의 서쪽 끼롱 계곡으로 물러나서, 거기서 명상 센터를 열어 지역 주민들에게 봉사하고 있었다.

점을 치고 나서, 까첸 예셰 걜첸에게 라싸로 와달라는 요청을 보내기로 합의했다. 까첸 예셰 걜첸도 동의하여, 8대 달라이 라마의 주 개인스승이 되었다. 까첸 예셰 걜첸은 겸손·단순·청정이라는 초기 까담빠 유산들이 깊이 스며든 진지한 스님이었다. 그는 또한 짓궂은 기질도 갖고 있었다. 그는 여러 해의 긴 안거 동안에 그의 친척들과 가족으로부터 후원을 거의 받지 못하고, 대부분 산에서 구할 수 있는 것들에 의지하여 생존했었다. 여러 번 거의 굶어 죽을 뻔했지만, 안거를 깨고 구걸하러 가기보다는 계속 밀고 나갔다. 안거에서 그가 태어난 계곡으로 돌아온 뒤에도 그는 자신의 문중 사람들로부터 관심이나 지원을 거의 받지 못했다.

이제, 8대 달라이 라마의 스승으로서, 그는 명망 높은 라마가 되었다.

그 결과 티베트 정부로부터의 봉급뿐만 아니라 매달 라싸로 오는 수천 명의 순례자들로부터 공양물도 받았다. 이들 순례자들의 대부분은 8대 달라이 라마의 스승 역할을 담당하고 있는 그에게 친견과 가피를 요청했다.

어느 날 큰 무리의 순례자들이 그의 고향에서 찾아왔다. 자신들이 그의 친척이라고 알리며 그와의 만남을 요청했다. 그는 그들을 위해 만찬을 주선했는데, 그의 접시가 나왔을 때, 음식 대신 금·은·보석들 더미가 접시 위에 올려져 있었다. 그는 일어서서, 그 접시에 절을 하고 말했다. "저는 물질적 부에 절을 합니다. 이전에 제가 산속에서 명상하는 무명의 스님이었을 때, 저에게는 친구들도 사랑하는 친척들도 없었습니다. 이제 부와 명예가 제게 오니, 저는 이 둘을 풍족하게 가진 것 같습니다. 저는 친구들과 친척들을 만들어주는 부에게 경의를 표합니다."

까첸 예셰 걜첸은 결국 아마 그 시대의 가장 위대한 라마가 되었을 것이다. 다작의 집필가로, 그는 거의 모든 주요한 불교 주제들에 대해 논서를 썼다. 이들은 그의 사망 후에 바로 목판인쇄로 출간되어, 그를 티베트 문헌의 연대기에서 불멸의 위치에 확실하게 올려 놓았다.

4. 티베트의 불안정한 시대와 8대 달라이 라마의 사업

섭정 데모 뚤꾸 델렉 갸초는 철 새 해(1777년)의 첫 번째 달의 스물두 번째 날에 돌아갔다. 8대 달라이 라마는 보위에 오르라는 요청을 받았지만, 자신의 공부가 아직 끝나지 않았다는 이유로 거절했다. 그래서 새 섭정이 임명되었다.

이 일을 위해 선택된 라마는 전 간덴 티빠, 전 '간덴 법좌의 보유자' 체묀링 아왕 출팀이었다. 이 라마는 나무 용 해(1784)까지 7년 동안 섭정을 맡았다. 그는 매우 사랑 받았고 자신의 임무를 잘 수행했다.

8대 달라이 라마가 1781년에 보위를 맡으라는 압력을 받자, 그는 섭정 체묀링 아왕 출팀이 자신의 옆에 남아 자기를 보조한다는 조건으로 받아들였다. 그래서 체묀링 아왕 출팀은 그 후 3년 동안 티베트를 다스리는 데 그를 도와주고, 그 후 그는 청 황제에 대한 달라이 라마의 사절로 부임하기 위해 베이징에 파견되었다. 그러므로 8대 달라이 라마는 3년 동안 이 섭정과 공동으로 티베트를 통치했고, 그러고 나서 4년 더 홀로 통치했다. 그러나 그는 이 일이 수반하는 세속적 분위기와 환경이 행복하진 않아서, 이 시기 이후에 공직에서 은퇴하여 명상 안거에 들 수 있도록 허락해 달라고 요청했다.

그를 대신해 통치하기 위해 선택된 라마는 따착 뗀빼 괸뽀였다. 그는 철 야생돼지 해(1791)의 여덟 번째 달의 여덟 번째 날에 직책을 맡았다. 8

대 달라이 라마는 은퇴하여 간소하게 살며 명상과 가르침, 기타 수행 활동에 종사했다.

8대 달라이 라마가 어릴 때, 빤첸 라마는 청 황제로부터 베이징으로 와서 가르쳐 달라는 초대를 받았다. 어린 8대 달라이 라마가 자신의 스승인 빤첸 라마가 너무 연로하고 중국에는 천연두의 발병률이 높다는 이유로 반대했지만, 티베트 장로들은 이 초대의 권위에 겁을 먹고 빤첸 라마가 중국으로 가는 것을 허락하도록 압력을 가했다.

그 결과 빤첸 라마는 1779년에 베이징으로 가서, 여러 세대 전에 5대 달라이 라마를 위해 지은 황궁에 기거했다. 빤첸 라마의 방문은 청의 지도자들이 그를 대단히 사랑하고 존경했다는 점에서, 그리고 이것이 티베트와 중국 간에 관계를 향상시켰다는 점에서 대단히 성공적이었다. 그러나 그는 천연두에 걸려 1780년에 베이징에서 세상을 떠났다.

8대 달라이 라마는 빤첸 라마의 환생자 찾기를 주관하고, 또 최종적으로 인정받아 즉위하게 된 아이를 위해 승려 수계식과 법명 주기 의식들도 행했다. 이런 식으로, 빤첸 라마와 달라이 라마 사이에 존재했던 '수행의 아버지-아들'의 전통은 8대 달라이 라마의 생애 동안에도 계속되었다.

5. 8대 달라이 라마의 은은한 위대함과 힘

비록 어린 8대 달라이 라마가 수승한 학생으로 우수하게 자신의 공부를 마쳤지만, 그는 자신의 일곱 전임자들만큼 티베트 역사의 페이지에서 두드러지지는 않는다. 그의 위대함은 더 은은하였고, 그의 힘은 고요한 것이었다.

그의 많은 업적들 중에, 그는 그가 착수했던 여러 건설 사업으로 가장 많이 기억된다. 이들 중에 가장 유명한 것은 노르부 링까(Norbu Lingka)인데, 라싸로 오는 순례자들에게는 '여름 궁전'으로 더 잘 알려져 있다. 이 건물들의 복합체는 그와 그의 미래 환생자들에게 여름 거처로, 뽀딸라는 겨울 거처로 사용되었다. 노르부 링까는 아름다운 사찰들의 복합체인데, 이것은 8대 달라이 라마가 더 인간적인 달라이 라마라는 자신의 구상(vision)에 맞게 고안된 것인데, 이와는 반대로 거대한 뽀딸라가 빚어내는 느낌은 기념비적이다. 노르부 링까 주변의 정원들은 큰 모임을 수용하도록 설계되어, 8대 달라이 라마는 물론 미래의 달라이 라마들도 공개 법문과 순례자들의 접견을 위해 이들을 이용했다.

8대 달라이 라마는 또한 라싸이다 자신의 사랑하는 구루 까첸 예셰 걜첸을 위해 아름다운 작은 사원을 설계해서 지었다. 체촉링이라고 알려진 이곳은 까첸 예셰 걜첸의 미래 환생자들의 기본 처소가 되었다. 이 위대한 스승의 환생 법맥은 그 이름을 이 사원에서 얻어, '체촉링 뚤꾸'로 알려지게 되었다.

8대 달라이 라마는 그의 전임자들만큼 글을 많이 쓰지는 않았다. 가장 많이 기억되는 그의 저술은 그의 스승 체촉링 까첸 예셰 갤첸에 대해 집필한 대단히 긴 전기이다. 이것은 티베트 역사의 연대기에서 까첸 예셰 갤첸의 지위를 크게 높이는 효과를 가져왔다.

8대 달라이 라마에 대한 티베트의 이야기들은 그가 티베트 불교에서 승려생활의 추세를 증가시킨 데에 대해 특별한 공로를 인정한다. 그는 개인적으로 약 만 명의 스님들에게 구족계를 주고, 수만 명 이상에게 사미계를 주었다. 그는 이들 수계식 중에 세부사항에 상당한 주의를 기울이고, 종종 그로부터 계를 받은 사람들에게 자유〔해탈〕와 더 높은 존재〔聖人〕로 향하는 길에 관한 광범위한 가르침들을 주었다.

마침내, 나무 쥐 해(1804년)의 열 번째 달의 열여덟 번째 날, 그는 47세에 세상을 떠났다.

6. 8대 달라이 라마의 저술

8대 달라이 라마는 10여 권 정도의 텍스트를 집필했다. 이들 중에 대부분은 밀교적인 성격의 것들이다. 특히 그는 마하마야(Mahamaya), '대환영(大幻影)'이라고 알려진 무상요가 체계에 대해 광범위하게 썼다. 그는 이 희귀한 딴뜨라에 대해 설명한 유일한 달라이 라마이며, 이 방면에서의 그의 노력은 이것이 하나의 전통으로 남기는 데 공헌했다.

그러나 그의 글 중에서 가장 인기 있는 것은 다양한 제자들의 요청에 의해서 지어진 기도문과 수행의 노래의 모음이다. 특히 필자의 관심을 끄는 것이 하나 있는데, 이 글의 끝에는 다음과 같이 씌어 있다. "최제 롭상 뗀진, 아람빠 뗀빠 랍걜, 랍잠빠 출팀 랍뗀과 랄라이 명상 암자에 있는 승가의 요청에 의해 씌어졌다." 이것은 명상 스승들이 제자들에게 주는 전형적인 종류의 핵심적인 조언인데, 일반적으로 명상 시간의 처음과 끝에 염송된다. 문체의 단순성과 메시지의 명료성은 전형적인 8대 달라이 라마의 절제된 분위기를 보여준다.

'명상 수행 기도문'

나모 구루[스승님께 귀의하나이다].
남성과 여성 에너지가 조화를 이루시고,
모든 부처님들의 자비이신 관세음의 화현께서

수행자들의 필요에 따라 나타나시네.

태고 때부터 업과 망상에 이끌리어 3계를 헤매며
큰 고통 겪어왔고 심지어 지금도 온 세상에 대한 탐착에
사로잡혀 있사오니 가장 낮은 지옥에서 재탄생으로
떨어지고 있는 제게 자비를 보여주소서.

이 귀중한 인간의 몸은 온갖 아름다움 갖춘 장엄이니
제가 살면서 깨닫게 하소서. 이것이 너무도 귀중하고
너무도 얻기 어려우며 너무도 잃기 쉬우니
이생의 피상적인 것들로 결코 산만해지지 말고,
항상 노력하여 이것의 내적 핵심을 끌어내게 하소서.

몸·소유물들과 심지어 소중한 친구들과 사랑하는 이들도
꿈속의 대상들과 같은 환영(幻影)이니
어떻게 이들이 무상하고 환영인지에 대한 인식을 유지하고,
마치 죽음의 문턱에 있는 것처럼 항상 살게 하소서.

가장 견디기 어려운 3계〔욕계·색계·무색계〕의
고통을 두려워하는 마음 일으키고,
인과법이 작용하는 방식을 터득하도록 영감을 주시며,
그리하여 더 낮은 환생으로부터 영원히 자유를 얻게 하소서.

가장 높은 천상에서 가장 낮은 지옥까지
3계 어디에서 우리가 헤매든지

만연한 불만족(行苦)만을 보게 되니
이 모두를 초월하고
해탈과 마음의 기쁨의 튼튼한 땅 찾도록 하소서.

우리가 만나는 모든 중생들은
어떤 과거 생에서 제게 친절한 아버지와 어머니들이었으니
제가 위대한 보살의 길을 닦고
이들을 해탈과 깨달음의 길에 들게 하소서.

대자비에 의해 자격을 갖춘 수행의 스승은
저를 비할 데 없는 길의 입구에 놓아 주셨으니
모든 수행의 성장의 뿌리 그 자체인
이 교육의 약속과 계율들을 제가
제 자신의 생명보다 더 소중하게 여기도록 하소서.

세 가지 깨달음의 특성들을 자신의 경험으로 가져오는
딴뜨라의 요가(수행)의 새벽(광명)은
탄생, 죽음, 바르도의 어둠을 제거하니
관습적 마음의 때를 여읜,
완전함(붓다)의 32상(相)과 80종호(種好)로 장식된
이 만다라를 성취하게 하소서.

심장 차크라에서 금강염송을 하는 것은
태양과 달에 의해 야기되는 동요를 막고
네 가지 내려가고 네 가지 올라가는 기쁨을 강화하니

바로 이번 생에서 이 지고한 딴뜨라의 요가를 성취하여
합일의 경험을 마지막 결실로 가져오게 하소서.

간단히 말해, 이생과 저의 모든 미래 생에서
스승들과 본존들이 끊임없이 저를 돌봐주시고,
모든 깨달음의 스승들이 찬양하는
지고한 길(道)의 핵심을 일념으로 닦게 하소서.

저의 모든 삶 속에서 제가
자격을 갖춘 스승들이 지도하고 계신 곳에서
결코 떨어지지 않게 하소서.
제가 모든 단계와 길의 깨달음을 완성하여
신속히 지금강불(Vajradhara)의 지위를 얻도록 하소서.

제9장

9대로부터 12대까지
- 조용한 세월

◀10대 달라이 라마 출팀 갸초(Tsultrim Gyatso)
Newark 박물관(The Newark Museum)/Newark/New Jersey州

1. 네 분 달라이 라마의 이른 죽음의 원인

8대 달라이 라마 이후에, 그 다음 네 분의 달라이 라마들은 모두 어려서 사망했다. 9대는 나무 황소 해의 말에(1805년 말 혹은 1806년 초) 태어났고, 12대는 1875년에 사망했다. 따라서 네 분이 모두 합하여 기껏 70년 동안 살았다. 한 분만 성인기까지 살았으며, 대부분 어렸을 때 사망했다. 그러나 티베트의 전기들은 성격상 신비한 것이어서, 이들 달라이 라마들이 자기 수명을 다하는 자연스런 삶을 살지 못했던 것을 달라이 라마의 기록에서 흠으로 보지 않는다. 오히려, 이들의 조기 사망 그 자체가 하나의 공헌이었다. 약관 19세에 사망한 12대 달라이 라마의 전기에 진술되어 있는 것처럼.

그가 이런 약관의 나이에 세상을 떠나는 것을 선택한 것은 수행인들의 마음에 무상과 죽음의 진리를 각인시키고, 자기-책임감을 증대시키며, 그들 안의 영구성에 대한 집착의 습기를 약화시키기 위해서였다.

아마 이들 달라이 라마들의 위대한 업적은 자신들은 티베트의 수행과 문화적인 삶의 중앙 무대에서 물러나고, 남들이 앞으로 나와 더 중요한 역할을 맡도록 장려한 일일 것이다.

대부분의 현대 티베트 지식인들은 라싸 정부를 불안정하게 만들고 티베트에 대해 더 강력한 지배력을 행사하기 위해 진행된 청나라의 음모를 동기로 제시하면서, 이들 달라이 라마들을 만주인들이 살해했음을 암시하고 있다.

그러나 필자는 이 주장을 받아들이지 않는다. 청의 귀족들은 달라이 라마들로 대표되는 겔룩빠 불교의 독실한 지지자들이었고, 따라서 강력한 달라이 라마가 라싸에 존재함으로써 이익을 보았을 것이다. 만주-중국 전역에 겔룩빠 형태로 널리 퍼져 있던 불교에 대한 인기로 보아 만주인들이 이들 네 분의 달라이 라마들 중 어느 누구를 살해했다는 것은 사실이 아닐 것 같다.

다른 티베트 역사가들은 섭정들에게 의심의 손가락을 가리킨다. 7대 달라이 라마의 사망 때부터, 어린 환생자를 찾는 수년 동안, 그 후의 아이의 교육과 미성년기의 수년 동안 내내, 고위 겔룩빠 라마를 선택하여 달라이 라마의 섭정 역할을 하도록 하는 것이 전통이었다. 이들 섭정들은 보통 7대 달라이 라마와 가까웠던 환생 라마들의 집단 중에서 선택되었다. 이들이 자신들의 지위를 유지하기 위해 그들의 피보호자들을 살해할 수 있었을까?

또다시 필자는 납득이 가지 않는다. 이들 섭정들은 모두 불교식 생각을 잘 교육받았고, 또한 티베트의 전설에 정통한 스님들이었다. 행정적인 권력의 즐거움들이, 지옥 중의 하나에서 다시 태어나는 두려움만큼 그들의 마음에 강하게 자리 잡지 않았을 것이다. 자비의 보살의 화현은 그만두고, 동료 스님을 살해하는 것은 모든 지옥 중에서 가장 깊고 최악인 아비지옥에서 확실히 다시 태어나게 할 것이다.

더욱이 섭정의 지휘권을 자신들의 피보호자들에게 넘겨주는 것은 그들의 권력이 강등되는 게 아니었다. 섭정들은 달라이 라마들의 개인교사와 구루이기도 했기 때문이다. 그래서 그들이 은퇴해도 더 많지는 않더라도 예전과 같은 존경과 관심을 받았을 것이다. 게다가, 그들의 피보호자들의 죽음은 자신들의 기록에 흠집을 남길 뿐이었다. 이들 중에 아무도 자신들의 지위의 원천을 파괴할 정도로 상황을 잘못 파악했다고 상상하기는 어렵다.

만약 부정한 행위가 정말 있었다면, 가능성이 더 많은 쪽은 당시의 티베트 재가 귀족이었을 것이다. 다양한 섭정들이 공식적으로 이 시기에 달라이 라마의 법좌를 잡고 있었으나, 실제로는 매일 매일의 업무는 대개 재가 귀족들과 권력 실세들이 집행했다. 이들 중의 대부분은 수행을 하지 않았고, 그들 자신의 가족을 제외하고는 누구에게도 충실하지 않았다. 그들은 자신들의 이익을 보호하고 현재의 상황을 유지하기 위해 누군가를 살해하는 것을 별로 주저하지 않을 수도 있다.

이들 달라이 라마들 중에 어느 누구도 부정한 수단에 의해서 사망한 것이 아니라, 아동기 때 질병에 굴복했다는 것 또한 가능한 일이다. 이 시기의 달라이 라마들은 이전의 달라이 라마들보다 훨씬 더 질병에 취약했다. 초기에 티베트는 지형적 고립으로 바깥 세계의 질병들로부터 대체로 보호되었었다. 티베트는 모든 방향이 눈 덮인 산과 높은 고개로 둘러싸여 있었다.

그러나 9대 달라이 라마로부터 12대 달라이 라마의 기간 동안 티베트는 바깥 세계에 급격히 노출되었다. 영국이 인도의 모든 지역과 티베트의 남쪽과 서쪽에 있는 땅을 정복했고, 러시아는 티베트 북쪽의 모든 곳을 점령했다. 비록 티베트 자체는 유럽인들에게 금지된 땅처럼 남아 있었지만, 19세기 초에 이르러 라싸는 스파이, 모험가, 탐험가, 선교사들에게 매혹적인 장소가 되었다. 이것은 달라이 라마들로 하여금 높은 티베트 고원에 그때까지 알려지지 않았던 수많은 질병과 접촉하게 했다.

이 시기의 달라이 라마의 의무 중의 하나는, 아무리 어려도 라싸로 오는 많은 집단의 순례자들을 공식적으로 맞이하고 가피를 주는 것이었다.

만 명의 몽골 부족이 나타나면, 어린 달라이 라마는 라싸 사원 중 한 곳에서 그들에게 짧은 만뜨라를 전수해 주고, 그 전수 의식이 끝나면 아마도 그들 모두에게 개인적인 축복을 내려 달라는 요청을 받았을 것이다. 보통은 그룹 전체가 줄을 지어 법좌에 앉아 있는 그의 앞을 지나갔을 것이다. 그는 가피를 주는 지팡이의 끝을 그들의 머리에 닿게 하여 일부를 축복하였을 것이다. 어떤 이들은 그가 한 손 혹은 두 손을 그들의 머리에다 대는 가피를 받았을 것이다. 때때로 그는 그 사람의 머리를 그의 두 손으로 잡고 자신의 이마를 그의 이마에다 대기도 했을 텐데, 이것은 가장 높은 형태의 라마의 인사와 가피이다.

이 모든 것이 어린 달라이 라마가, 몽골과 중국 서쪽의 비단 길에서 내려오거나, 인도의 향신료와 목화 길에서 올라온 전염성 질병에 걸리기 쉽게 만들었다. 카슈미르, 중국, 페르시아, 그리고 다른 여러 나라들과의 무역업자들도 이 위험들을 증가시켰다. 게다가, 이들 달라이 라마들은 이 방문객들로부터 계속해서 선물을 받았다. 면직물과 비단은 흔한 선물이었는데, 이들 모두 전염병을 옮길 수 있었다. 예를 들어, 수십만 명의 북미 원주민들이 허드슨의 베이 상사(Hudson's Bay Company)가 그들에게 배포한 담요 때문에 이와 같은 시기 동안에 사망했다고 하는데, 이들 달라이 라마들이 지구 반대쪽에서와 비슷한 운명을 겪을 수도 있는 것이다.

이들 달라이 라마들의 이른 죽음에 대해 티베트의 신비한 문헌이 제시하는 다른 이유는 전적으로 정신적인 것이고, 범부들의 업과 관련이 있다. 역사상 어느 주어진 시기에 사는 사람들의 특징은 유한한 공동의 선업이다. 이 공동의 선업은 우리가 경험하는 세상의 모든 긍정적인 특징들을 확립하는 효과를 갖는다. 이 공동의 선업이 약해지면, 세상은 많은 어려움을 겪는다. 그러므로 깨달은 스승의 존재를 좌우하는 것은 스승의 선업이 아니라 평범한 사람들의 선업이다. 스승은 모든 평범한 업의 유형들을 초월했다. 깨달은 스승은 대중들이 적절한 정도의 선업을 보일 때에만 나타난다. 쉽게 말하면, 이들 네 분의 달라이 라마들이 어려서 사망한 것은 세상이 그들의 존재를 누릴 만큼 충분한 선업을 갖지 못했기 때문이다.

그러나 세상은 짧은 시간 동안이나마 이들 네 분을 끌기에 충분한 선업을 갖기는 했다. 더욱이, 이들의 수명이 사람의 연수로 관습적으로 세어보면 짧았지만, 더 높은 수준에서 시간은 무한히 확장되거나 수축될 수 있는 것이다. 전통적인 티베트 이야기들이 진술하듯이, 이들 달라이 라마들이 여기 지상에 있었을 때, 그들은 동시에 많은 수준과 많은 다른 시간 차원에서 일하며 자신들의 몸·말·마음의 신비한 작업에 준비되어 있는 우주의 존재들에게 이익을 주었다.

2. 9대 달라이 라마:
걀와 룽똑 갸초(Gyalwa Lungtok Gyatso, 1805/6~1815)

고귀한 9대 달라이 라마는 나무 황소 해의 열두 번째 달에 캄 (지방), 덴마의 최코르 괸 지역에서 수많은 경이롭고 상서로운 징표들에 둘러싸여 태어났다. 제 뗀진 최꽁이 그의 아버지의 이름이고, 된둡 돌마(Dondrub Dolma)가 그의 어머니의 이름이다. 이 어머니는 최소한의 고통이나 불편함이 없이 출산했는데, 이것은 그녀의 자식이 높은 환생자라는 증거였다.

아이는 태어나자 마자, '아마(Ama, 엄마)'라고 말했는데, 이것은 아이가 엄마에게 갖는 사랑으로 모든 중생들을 대하는 자비를 그가 갖고 있음을 보여주었다. 그는 또 만뜨라 '옴 마니 반메 훔'을 여러 번 아주 분명하게 염송했다. 이것은 이 만뜨라를 염송하는 것의 중요성을 모든 중생들에게 상기시키기 위한 것이었다.

그가 태어날 때, 노래와 음악 소리가, 연주하는 사람이 없는데도 들렸고, 하얀 고동 껍데기 색깔의 꽃잎들이 바람에 날려 그 집에 비처럼 내리는 것 같았다.

아이가 태어나기 직전에, 신탁 존인 네충 조걀이 최코르 괸 사원 출신의 아왕 랍뗀이라는 이름의 비구스님의 몸에 자연발생적으로 들어갔다. 이 스님은 전에 네충 수호존과 한 번도 소통한 적이 없었지만, 그 후 며칠 동안 수차례 그렇게 했다. 이들 중에 어떤 때 소통 상태에 들어가 있는 동안, 이 스님은 쇠로 된 칼을 잡아 가치 한 조각 밧줄을 묶는 것처럼 쉽게 구부려서 매듭을 만들었다. 그리고 나서 그는 이 칼이 대단히 중요하다고 말하면서 이 칼을 최코르 괸 부족장 제 뗀진 최꽁의 집에 가져가라고 지시했다. 그는 '된둡빠 인(Dondrubpa yin)'이라고 말했는데, 이것은 '커다란 이익을 갖게 될 것이다'라는 뜻으로, 나중에 아이의 어머니의 이름과 관련된 것으로 밝혀졌다. 이 사건 이후에 그 스님은 다시는 네충과 소통하지 못했다. 그의 말은 된둡 돌마에게 태어난 아이가 높은 환생자임을 명확하게 보여 주는 것이었다.

중앙 티베트에서는, 빤첸 라마는 8대 달라이 라마의 환생자 찾기를 관장해 달라는 요청을 받았다. 버터램프축제 동안 그는 짱빠 신탁영매에게 조언을 구했다. 신탁은 캄의 덴마 지역에서 찾아야 한다고 알려 주었다. 그래서 덴마 지역에서 길상한 징표를 갖고 태어난 모든 아이의 목록이 만들어졌다. 이 목록을 빤첸 라마에게 보여 주었는데, 그는 다시 점을 쳤다.

결국 그 아이가 환생자로 인정되었다. 그러나 몇몇 의심들이 계속 남아 있어, 티베트 정부의 주요 각료들과 이전 달라이 라마의 세 주요 수행원들이 있는 자리에서 네충의 신탁을 불러냈다. 소통 상태에 있는 동안 네충은 보통 때보다 더욱 장엄함을 보이며 선언했다. "빛나는 보석이 된둡 돌마의 무릎에서 익었도다."

그때, 네충의 비서가 요청했다. "이것은 대단히 중요한 문제입니다. 그러니 아주 확실하게 해 주세요." 신탁영매는 가슴 주위에 걸고 있던 거울을 톡톡 두드리며 말했다. "바즈라 뻬하르의 말은 흔들리지 않는다."

마침내 시험을 위해 아이를 라싸로 데려왔다. 이 접견에 포함된 분들은 빤첸 라마, 뀐델링 린뽀체, 두 명의 청의 고위 관리, 데모 뚤꾸, 레뗑 띠 린뽀체, 셰둡링 뚤꾸, 체촉링 뚤꾸, 티베트 정부의 각료들과 비서관들과 이전 달라이 라마의 주 수행원들이었다. 아이를 데려와서 이 위엄 있는 집단 앞에 앉게 했을 때, 그는 두려워하지 않았다. 그의 전기가 말하듯, "그는 방에 들어올 때 천천히 우아하게 걸었다. 마치 평범한 존재들 사이에 한 마리 사자처럼, 마치 그런 존경을 받는 것에 오래 전부터 익숙해져 있는 것처럼." 그는 빤첸 라마와 섭정은 물론, 두 명의 청의 고위 관리들에 대한 인사로 실크 까다를 주고, 그러고 나서 그에게 앉으라고 청했다.

차가 나오자 그는 수줍음이나 주저함 없이 먼저 공양 게송을 염송했다. 그러고 나서 그의 작은 두 손을 모으고 깨달음 전통의 성공과 중생들의 평화와 행복을 위해 기도를 올렸다.

주저하지 않고, 아이는 청의 두 고위 관리들에게 말했다. "그대들은 내가 확인해야 할 몇 가지 물건을 가지고 왔다. 이제 내게 보여 주도록 하라." 이 관리들은 아띠샤 존자의 소유였고 아띠샤 존자에게 종종 예언을 했던 따라 상을 그에게 먼저 보여 주었다. 이것은 이전 달라이 라마들이 매우 신성하게 여겨왔던 것이다. 이 관리들은 물론 그에게 다마루, 금강저와 요령 세트 등과 같은 다른 많은 물건들도 보여 주었다. 이들은 비슷한 물건들과 섞여 있었다.

따라(Tara) 상을 갖고 그가 말했다. "이 따라는 내 것이다. 이것은 아띠샤 존자가 지니고 있었던 명상 대상이었다." 그는 그러고 나서 다마루는 물론 올바른 금강저와 요령을 골라내고, 또 그가 이것들과 전적으로 익숙하다는 듯이, 이들을 갖고 완벽하게 다루었다.

그때 데모 뚤꾸가 물었다. "저를 알아보십니까?" 아이가 대답했다. "데모, 데모."

다음에 청의 고위 관리들이 물었다. "저희들을 알아보십니까?" 그가 대답했다. "그대들은 청의 고위 관리들이오."

이렇게 해서 이 크고 권위 있는 모임 앞에서 이 아이는 자신이 진정한 환생자임을 분명히 보여 주었다. 그 결과 그는 그렇게 인정을 받고 간덴 포당 정부의 황금 권좌에 앉혀졌다. 그의 즉위는 땅 용 해(1808년) 아홉 번째 티베트 달의 스물두 번째 날에 있었다. 즉위식 후 바로, 그는 4대 빤첸 라마, 뗀빼 니마로부터 사미계를 받았다.

9대 달라이 라마의 즉위가 있었던 같은 해에, 연로한 섭정 따착 아왕 괸뽀가 사망했다. 그래서 네 번째 달의 열한 번째 날에, 데모 뚤꾸 아왕 롭상 툽뗀 직메 갸초가 그를 대신하도록 임명되었다.

비록 9대 달라이 라마가 10년을 채 못 살았지만, 그의 전기는 초기 달라이 라마들 중 다수의 것만큼이나 길다.

이 아이에 대해 우리들이 알고 있는 것을 유일하게 보충해 주는 것은 달라이 라마를 처음 만난 한 영국인의 이야기다.

1811년에 토마스 매닝(Thomas Manning)이라는 이름의 한 영국인이 라싸에 도착했다. 영국 노포크 출신의 한 각료의 아들인 그는 케임브리지의 카이우스 대학에서 수학과 철학을 공부했다. 그리고 나서 그는 프랑스로 가서 중국어를 배웠고, 1806년, 9대 달라이 라마가 태어난 해에, 중국 광둥으로 떠났다. 그는 그 당시 영국령 인도의 수도였던 캘커타로 옮겨 간 1810년까지 중국에 남아 있었다. 그는 1년의 반 이상은 캘커타에 머무르고, 그러고 나서 자칭 과학 탐험의 일부로 1811년 9월에 티베트로 떠났다. 그의 주 여행 동료는 광둥에서부터 그와 함께 해 온 중국 하인이었는데, 이 사람을 그는 자신의 일지에서 '문쉬(Munshi)'라고 부른다.

매닝은 분명히 어린 9대 달라이 라마에 깊이 매료되어, 이 아이에 대해 자신이 받은 인상을 우리들에게 훌륭하게 전해 준다.

이 라마의 아름답고 흥미로운 얼굴과 태도는 거의 모든 내 관심을 완전히 사로잡았다. 그는 그때 일곱 살 정도였는데, 잘 교육받은 왕자다운 아이의 단순하고 가식 없는 태도를 갖고 있었다. 그의 얼굴은 내가 생각하기에, 시적으로, 그리고 감동적으로 아름다웠다. 그는 명랑하고 쾌활한 기질을 지녔다. 그의 아름다운 입은 늘 긴장을 풀어 우아한 미소를 띠고 있었고, 이 미소는 그의 얼굴 전체를 비추었다. 때때로, 특히 그가 나를 바라볼 때, 그의 미소는 거의 부드러운 웃음에 가까웠다. 의심할 여지없이 나의 불쾌해 보이는 수염과 안경이 그의 잘 웃는 경향을 다소 자극했겠지만, 나는 나중에, 신년축제에서, 그가 자유롭게 웃으며 긴장을 푸는 것을 보았다. 이때 나 자신은 그의 눈에 띄지 않는 구석에 앉아서, 그가 다양한 사람들을 맞이하는 것을 지켜보았다.

사실 어린 달라이 라마는 그때 겨우 여섯 살이었다. 그러나 그는 전혀 수줍어하지 않았던 것 같다. 매닝은 자신이 9대 달라이 라마를 만난 이야기를 다음과 같이 끝맺는다.

나는 이 라마와의 인터뷰에 지극히 큰 영향을 받았다. 나는 묘한 느낌 때문에 울음이 터져 나올 것 같았다.

9대 달라이 라마와의 이러한 방문에 더해서, 매닝은 그가 티베트의 새해뿐만 아니라 마지막 날에도 그를 방문했었다고 기록하고 있다. 서양 날짜로 하면 각각 2월 11일과 12일이었을 것이다. 새해 행사에서 그는 이 소년에게 자신의 망원경을 선물로 주었다. 의심할 여지없이 영국에서 온 이 색다른 도구가 이 어린 스님을 무척 기쁘게 했을 것이다. 공교롭게도, 현 달라이 라마의 삶에 대한 마틴 스코시wm(Martin Scorsese)의 영화, 쿤둔(Kundun)에서 가장 인상 깊은 장면 중의 하나가 어린 소년 달라이 라마가 뽀딸라의 지붕에 서서 망원경을 통해 아래 번잡한 거리들을 내려다보는 장면이다.

매닝은 9대 달라이 라마와 수차례 더 만났는데, 마지막 만남은 4월 여섯 번째 날이었다. 여기서 그는 간결하게 적는다. "나는 슬픈 가슴을 안고 이 라마와 작별했다. 나는 내가 잘 대접을 받았다고 나의 왕(벵갈의 총독)에게 말하겠다고 했다. 그가 무척 기뻐한다. 나는 이 큰 라마에게 감사하고, 이후에 라싸 사람이 벵갈로 오면 잊지 않을 거라고 약속한다. 나는 띠무푸에게 작별을 고한다. 슬프다. 선물들을 받는다."

불행하게도, 매닝이 라싸를 떠난 3년 후에 어린 달라이 라마는 새해의 대기원제를 집전하는 동안 감기에 걸렸는데, 이것이 결국 폐렴으로 발전했다.

그의 죽음에 대해 언급하면서 그의 전기 작가, 데모 뚤꾸 아왕 롭상 툽땐 직메 갸초는 쓴다. "이생의 것들이 영구한 것이라고 여전히 생각하는 수행자들의 마음에 다르마에 대한 생각들을 불어넣어 주고, 수행 전통의 영광스런 성격을 보여 주기 위해, 그는 나무 황소 해의 두 번째 티베트 달 동안에 죽음의 징후들을 보이기 시작했다."

데모 뚤꾸가 계속해서 하는 말에 의하면, 어떤 순간에 이 아이는 똑바로 앉았는데, 그의 숨은 극히 감지하기 힘들어졌으며, 그는 죽음의 상태로 들어가는 것처럼 보였다. "… 자기 자신을 죽음의 정광명 법신 속에 잠기게 하고, 거기서 잠시 멈췄다가, 그리고 나서 환영(幻影)과 같은 보신을 내보내는 것…" 같았다.

그러나 그 후 얼마 지나 그의 호흡은 정상으로 되돌아 왔다. 많은 신도들이 그에게 가서, 그의 발에 절을 하고, 떠나지 말라고 애원했다. "오, 자비스런 스승이시여, 제발 저희들 중생들과 붓다다르마를 생각하소서. 제발 저희들의 이익을 위해 세상에 남아주소서. 저희들을 자비로 지켜보소서. 그러나 만일 더 높은 이유로 당신이 떠나고 한 동안 다른 곳에 가야 한다면, 제발 당신이 돌아오겠다는 약속을 저희들에게 주소서."

이 아이가 그들을 바라보며 말했다. "나는 깨달음 전통을 위해 이 생애에서 더 많은 일을 하고 또한 중생들에게 더 큰 이익이 되기를 희망했었다. 그러나 나는 이미 행한 것보다 더 많은 것을 성취할 수 없다. 나는 미래의 생에서 내가 붓다다르마와 중생들에게 더 큰 이익이 될 수 있도록 기도한다." 이 말을 하고 나서, 그리고 청 황제를 위한 메시지를 받아쓰게 하고, 그는 웃으며 하늘을 올려다보았다.

그 후 바로, 이 날은 두 번째 티베트 달의 열여섯 번째 날의 한낮이었는데, 그는 명상 자세로 가부좌를 틀고, 두 손을 무릎에 포개고, 똑바로 앉았다. 한 동안 그는 '금강염송'이라고 알려진 딴뜨라 명상을 하며, 때때로 멈추고 하늘을 쳐다보는 것 같았다. 데모 뚤꾸에 의하면,

> 이와 같이 그는 계속해서 3주기 딴뜨라 호흡을 하다가 점진적으로 정광명 의식에 대한 경험을 유도했다. 그는 그러고 나서 자신의 몸의 섬세한 요소들이 은멸하게 내버려두었다. 처음에 신기루의 싸인이 나타났고, 다음에는 얕은 연기 같은 모습이, 다음에는 밤에 반딧불 같은 불꽃이, 그러고는 흔들리지 않는 버터 램프의 빛과 같은 의식이 왔다.
> 그 후에 네 가지 공(空)에 대한 경험이 왔는데, 구름 없는 하늘 같은 모습으로 시작해서, 마침내 네 번째 공이 일어났다. 이것은 본래의 정광명 마음의 광명이다. 그는 이 본래의 정광명을 유지하다가 이것을 법신 붓다-지혜와 결합하여, 완전한 법신 마음을 나타냈다. 그는 잠시 이 큰 기쁜 상태에 머물다가 다시 한 번 세상에 이익을 가져오기 위해 화신의 형태를 나타냈다. 그렇게 그는 세상을 떠나면서 추호의 두려움이나 불편함을 나타내지 않았다.

이 아이의 몸은 미라로 만들어 황금 탑에 안치되었다. 이것은 그때부터 뽀딸라의 특별한 방에 보존되어 왔는데, 순례자들에게 숭배의 대상으로 남아 있다.

현 달라이 라마 성하께서 한때 필자에게 말씀해 주신 바에 의하면, 9대 달라이 라마가 그렇게 많은 관심을 받은 이유들 중에 하나는 한 가지 중요한 예언이 그와 연관이 있기 때문이라고 한다.

이 예언에 따르면, 그는 장수하는 데에는 많은 장애들을 겪게 되겠지만, 그가 성인기까지 살아서 성년이 되면 그는 모든 달라이 라마들 중에 가장 위대하게 될 것이라는 것이다.

이 예언은 널리 알려져 있었다. 그래서 나무 야생돼지 해(1815)의 두 번째 달 열여섯 번째 날 정오 아홉 살이라는 어린 나이에 그가 갑자기 세상을 떠나자, 티베트는 슬픔에 빠졌다.

3. 10대 달라이 라마:
걀와 출팀 갸초(Gyalwa Tsultrim Gyatso, 1816~1837)

일체지자 제 탐체 켄빠의 열 번째 환생자는 동쪽 티베트, 캄 지역의 리 땅에서 태어났다. 독자들이 기억하듯이, 3대 달라이 라마는 여러 세기 전에 리땅에 중요한 사원 하나를 세웠고, 7대 달라이 라마도 리땅 지역에서 태어났다.

그의 전기에 의하면, 그의 아버지인 롭상 녠닥은 다르마에 큰 믿음을 갖고 있었고, 대단히 정직하고 용감한 성격의 사람이었으며, 육체적으로 강건했다고 한다. 그의 어머니인 남걀 부띠 또한 다르마에 헌신적이었다. 그녀는 매일 명상을 했으며, 특히 가난한 사람들과 의지할 데 없는 사람들에게 강력하고 적극적인 자비심을 가졌다. 그녀는 습관적으로 자비의 만뜨라인 '옴 마니 반메 훔'을 매일 여러 시간 동안 염송했다.

임신이 되던 밤에, 나무 야생돼지 해(1815)의 여섯 번째 달의 상서로운 날에, 그의 어머니는 한 라마가 나타나서 그녀의 머리 위에 하얀 까다를 놓는 꿈을 꾸었다. 그때 그녀는 많은 스님들이 그녀를 부르며 이렇게 말하는 것을 들었다. "이리 오세요, 이리 오세요." 그녀는 돌아서서 그 소리가 나는 쪽으로 걸어갔다. 3일 후에 그녀의 꿈에 해가 떠서 세상 전체를 가득 채우는 밝은 빛으로 빛났다. 그의 전기에 의하면,

우리가 이들 꿈을 분석해 보면, 첫 번째 꿈에서 라마는 아미타 부처님이었던 것 같다. 그녀의 어깨 위에 놓인 하얀 까다는 그녀가 자비의 보살,

최고의 성(聖) 관세음을 낳을 까르마를 가졌음을 보여 주었다. 많은 스님들 쪽으로 걸어갔다는 것은 그녀가 세 곳의 큰 사원과 두 개의 딴뜨라 강원의 고향인 중앙 티베트로 곧 옮겨간다는 것을 보여 주었다. 해가 뜬 것은 그녀의 자궁에 있는 이 아이가 세상의 무지라는 암흑을 쫓아버리고, 그렇게 해서 중생들에게 이익과 기쁨을 가져올 높은 환생자라는 것을 보여 주었다.

불 쥐 해(1816)의 세 번째 달의 스물아홉 번째 날 새벽에 아이가 자궁에서 나왔다. 그 지방의 관습에 따라, 그 다음날 여덟 살 된 소녀가 그에게 신선한 버터 한 덩어리를 바치러 왔다. 도착했을 때, 그 소녀는 우유의 강이 그 집의 동쪽 면으로부터 흐르고 있는 것을 보았다. 소녀는 부모와 거기 있던 다른 이들을 불렀는데, 그들도 이 광경을 보았다. 전기에 의하면, 그 우유의 흐름은 자비의 보살인 관세음의 축복이 그 부모를 포함하여 집안의 모든 이들을 보호할 것임을 보여주는 것이라고 한다.

소녀가 방문하는 동안, 많은 '마니 환'이 마법같이 난로 근처에 나타났다. 이것은 가피의 물질로 딴뜨라 의식을 통해서 관세음을 불러 그의 '마니 진언'을 여러 번 염송하면 효력을 갖게 된다. 이 진언은 '옴 마니 반메 훔'이다. '마니'라는 말은 '보석'을 뜻한다. 그 의식이 성취되었다는 징표는 반이 채워진 알약 병이 기적적으로 채워지는 것이다. 이때 그 가정에 가피환들이 마법같이 나타났다는 것은 관세음이 그의 현존을 보여준 것이었다.

한편, 라싸에서는 새로운 환생자를 찾는 책임이 섭정, 데모 뚤꾸 아왕롭상 툽뗀 직메 갸초에게 떨어졌다. 그는 이미 빤첸 라마에게 사망한 9대 달라이 라마의 장례식과 매장에 자신을 도와달라고 청했었다. 이제 그는 빤첸에게 10대의 귀환을 위한 준비에 자신을 도와달라고 요청했다.

빤첸 라마가 동의하여, 이들 둘이 큰 딴뜨라 의식을 치렀는데, 이것은 이 과정에 대한 장애들을 제거할 뿐만 아니라 이 조사가 성공적이기 위해 필요한 선근(善根)을 성숙시키기 위한 것이었다.

그러고 나서 이들은 공동으로 주재하여 네충의 신탁을 불러냈다. 네충 영매가 소통 상태에 들어가서 말했다. 지시는 명확했다. "조사는 티베트의 극동 지역에서 실시돼야 한다." 이 두 라마는 라싸의 다른 신탁영매들과도 상담하여, 같은 조언을 받았다.

그 결과 불 쥐 해, 즉 9대가 세상을 떠난 다음 해에, 데모 뚤꾸는 예언들이 지시했을 수 있는 동쪽의 세 특정한 지역의 왕과 고위 라마들에게 강력한 명령을 보냈다. 이 세 곳은 도 캄과 다르체도의 서쪽 지역과 꽁뽀의 네 지역이었다. 이 명령은 자신들의 지역 내에서 특이한 징표들을 갖고 태어난 아이들의 목록을 만들라고 요청하며, 아무도 빠뜨리지 말라고 경고했다.

다음해인 불 황소 해(1817) 여덟 번째 달에, 캄으로부터 여러 스님들이 라싸에 도착하여 리땅에 있는 특이한 징표를 갖고 태어난 한 아이에 대해 말했다. 비록 다양한 아이들에 대한 보고가 여러 달에 걸쳐 올라왔지만, 어쩐지 이 소문은 모든 이의 심금을 울리는 것 같았고, 며칠 사이에 이 아이는 장안의 화제가 되었다. 우연히, 그 후에 바로 두 개의 보고가 리땅으로부터 도착했다. 하나는 그 사원에서 온 것이고 다른 하나는 거기에 있는 정부 관청에서 온 것이었다. 이 둘 다 많은 상서로운 징표들을 갖고 태어난 범상치 않은 한 아이에 대해 말했다.

섭정은 한 번 더 신탁영매들과 상의하고, 개인적으로 점도 쳐 봤다. 결과는 긍정적이었다. 정말 이 아이가 바로 그가 찾는 대상일 수 있었다. 섭정은 즉시 행동하기로 결정하고, 이 아이를 시험해 보기 위해 한 팀을 보냈다. 이 팀은 그를 개인적으로 대표하는 사람과 최고 내각 각료의 아들이 공동으로 이끌었다. 또한 데뽕 로쎌링 사원의 될와 다창 출신의, 9대 달라이 라마와 특히 가까웠던 고위 스님은 물론, 간덴, 데뽕, 쎄라 세 큰 사원의 대표들도 포함되었다. 이 대표단은 고위 라마들은 물론이고, 그 지역의 왕들과 부족장들에게 전할 편지들을 갖고 갔다.

이들은 빠른 속도로 여행했다. 열 번째 달의 열여섯 번째 날에 출발해서 열한 번째 달의 17일째 날에 도착했다. 리땅에 도착했을 때 이들은 바로 그 사원으로 가서 자신들의 목적을 알렸다. 조사위원회의 위원들이 이 아이를 방문할 수 있도록 즉시 조치들이 취해졌다.

다음날 이들은 아이의 집에 도착했다. 그들이 도착했을 때, 비록 두 살밖에 안 됐지만, 그는 마치 딴뜨라의 의식에 참여하듯이 하얀 요 위에 혼자 앉아 있었다. 다양한 딴뜨라 법구들이 그 앞에 있는 작은 탁자 위에 놓여 있었다. 다마루, 의식용 보병, 거울은 물론 금강저와 요령이 있었다. 그들이 집에 들어서자, 아이는 자연스레 요령과 다마루를 집어 들고, 이들을 다루기 시작했다. 이들이 듣기로, 이것들이 이 아이가 가지고 놀기 좋아하는 유일한 장난감이었다.

그 다음날 될와 다창에서 온 라마가 금강저, 요령, 다마루를 아이에게 바쳤다. 아이는 그의 양쪽 손으로 올바른 방식으로 - 요령은 왼손에, 그리고 다른 둘은 오른손에 - 세 가지를 잡고 그들을 올바르게 다루었다. 그러고 나서 그는 축복을 주는 것처럼 금강저를 그 스님의 머리에다 갖다 댔다.

5개월 후에 여러 스님들이 다시 그 집에 갔는데, 이번에는 정화의식을 위해서였다. 의식을 행한 후에 주관하던 라마가 아이에게 말했다. "당신은 중생들에게 이익을 주기 위해 이 세상에 나타난 관세음이기 때문에, 광범위한 활동을 해야 합니다."

그 후 얼마 지나서 아이의 어머니가 말할 때 관세음이라는 이름을 언급하자, 아이가 그녀에게 소리쳤다. "엄마, 내가 관세음이에요."

다른 때에, 아이가 어떤 사람이 삭발하는 것을 보았다. 아이가 말했다. "나도 삭발해야 해요." 이것은 그가 스님처럼 삭발된 머리를 하고 싶다는 암시였다.

다시, 어느 날 그가 아버지를 불렀다. "말에 안장을 올리세요. 난 라싸로 곧 떠나야 해요."

정부 관리들은 이제 이 아이에 대해 진지한 관심을 갖기 시작했다. 그들은 적절한 청결과 건강 예방 조치를 위해, 아이가 집을 떠나 리땅에 있는 그 사원으로 이주해야 한다는 답을 전했다. 그래서 일곱 번째 달 중에 점성학적으로 상서로운 날에 아이는 리땅 사원으로 이주했다. 집에서 그들이 떠나자 아이가 말했다. "사실은, 그들이 나를 라싸로 데려가야 한다." 마치 아이는 사원 생활에 오래 전부터 익숙한 듯이, 아이는 집을 떠나 사원으로 간다는 말에 기쁨과 설렘을 보일 뿐이었다.

아이는 그 달의 스물여덟 번째 날의 아침에 리땅 사원에 도착했다. 사원 위 하늘에 5색 무지개가 나타났는데, 그 사원에서 뻗어 그의 출생지의 방향으로 사라지는 것 같았다. 거기에 있던 모든 사람들이 이 장관을 목격하고 감탄했다.

아이는 리땅 사원의 쇽둑 캄첸에 거주하게 됐다. 어느 날 이 사원의 춤 스승이 아이를 방문하러 왔다. 소개받지도 않았는데, 아이가 소리쳤다. "아, 춤 스승, 가까이 오세요." 그렇게 해서 아이는 그들이 전에 만났음을 보여주었다.

여덟 번째 달의 열두 번째 날에, 아이는 주지를 방문하러 갔다. 주지가 물었다. "나를 알아보겠는가?" 아이가 대답했다. "그럼요, 나는 당신을 아주 잘 알아보지요." 이렇게 말하고, 아이는 즉시 주지에게 까다를 바쳤다.

이보다 36년 전, 철 황소 해(1781)에, 청의 건륭제(Chen-lung)는 달라이 라마의 미래 환생자들을 선별하는 과정에 사용해야 한다는 지시와 함께, 8대 달라이 라마에게 황금 단지를 보냈다. 이 황제는, 달라이 라마가 속한 겔룩빠가 왕실의 공식적인 종교였기 때문에 달라이 라마 환생자들의 선택에 더 직접적인 역할을 맡길 원했다. 그 방법은 이렇다. 가망성 있어 보이는 후보들의 이름들을 종이 두루마리에 적어 황금 단지 안에 넣는다. 그러고 나서 신성한 가피를 기원하는 기도가 행해지고, 황제를 대표하는 사람이 이름들 중에서 하나를 뽑아내게 된다. 복권 추첨과 상당히 비슷하다. 뽑혀진 종이에 있는 이름이 달라이 라마로 등극하게 될 후보를 가리키게 된다.

그러나 이 단지 방법은 9대 달라이 라마의 선택 과정 동안에는 사용되지 않았다. 왜냐하면, 여러 가지 징표들이 캄의 덴마 출신의 후보가 진정한 환생자임을 분명하게 보여 주었고, 모든 관련된 당사자들에 의해 그 결정이 받아들여졌기 때문이다. 이 방법이 처음으로 시행된 것은 10대 달라이 라마의 확인 때였다.

교착상태를 깨기 위해서 그는 황제의 황금 단지를 꺼냈다. 일부 사람들의 말에 의하면, 그의 개인적인 점이 리땅에서 온 아이의 이름이 추첨에서 나타날 것이라고 보여 줬다고 한다. 다른 사람들의 말에 의하면 사실 그 단지는 실제로 사용된 적이 없고, 리땅 출신의 아이의 즉위를 반대하는 사람들의 입을 다물게 하기 위해, 빤첸 라마가 그것을 사용했다고 공개적으로 주장했을 뿐이라고 한다. 아무튼, 리땅 출신의 아이의 이름이 진짜 환생자라고 선포되었다.

같은 해의 여덟 번째 달의 여덟 번째 날에 그는 뽀딸라로 가서 티베트 제왕의 장식인 황금 권좌에 앉혀졌다. 즉위식 후에, 그는 빤첸 라마로부터 사미계를 받고 출팀 갸초(Tsultrim Gyatso)라는 이름을 받았다.

즉위 후에, 어린 10대 달라이 라마는 역대 달라이 라마가 그러했듯이 위대한 지도자에게 기대되는 엄격한 수행에 몰두했다. 그의 전기가 기록하듯이, "그는 자신의 많은 숭고한 스승들로부터 자기 자신을 중생들과 다르마에 더 이득이 되도록 준비하기 위해 무수한 관정·전수·해설을 받으면서, 계속해서 깊고 심오한 가르침들을 흡수했다." 그리고 나서 전기는 그가 가르침을 받은 수백 개의 법맥과 책들을 열거한다.

그의 존재가 많은 사람들에게 영감과 희망의 원천이었음은 의심할 여지가 없다. 그러나 그는 그의 수행을 끝낼 운명도, 수행과 세속적 지도자의 실제 역할을 맡을 운명도 아니었다. 왜냐하면 불 새 해(1837)의 아홉 번째 달의 첫 번째 날에, 그는 갑자기 세상을 떠났기 때문이다.

10대 달라이 라마는 10대 중반부터 허약한 체질이었다. 그에게는 최고의 티베트 의사들과 의료가 제공되었지만, 어떤 것도 도움이 되는 것 같지 않았다. 전기는 그의 상황을 다음과 같이 설명한다. "이 말법 시대에, 가르침을 받아야 할 사람들이 필요한 공덕이 부족하면, 위대한 스승들이 그들 가운데에 머무는 것이 어렵다. 그들은 끊임없는 질병의 징후들을 나타내고, 종종 젊을 때 사망한다."

전기는 또 설명한다. "비록 10대 달라이 라마와 그와 같은 높은 수행의 상태에 있는 사람들은 금강신(金剛身)을 얻어 생로병사의 평범한 경험을 초월했지만, 그들은 범부들의 마음을 감동시키고 고무시키기 위해 이런 모습들을 종종 취한다."

전기는 위와 같이 기록하면서 더 나아가서 이 주장을 지지하는 열두 개의 인도 경전들을 인용하고, 붓다 자신이 그의 제자들의 마음에 무상(無常)과 고통의 개념을 각인시키기 위해 어떻게 평범한 죽음을 맞이했는지 얘기하고 있다.

4. 11대 달라이 라마:
   갤와 케둡 갸초(Gyalwa Khedrub Gyatso, 1838~1855/6)

일체지자 11대 달라이 라마는 땅 개 해(1838)에, 중국과의 국경 근처 동쪽 티베트, 캄의 도메 내, 가따르(Gartar)에서 태어났다.

전기의 설명에 의하면, 11대의 아버지, 체왕 된둡은 비폭력의 서약을 하고 항상 사실대로 유익하게 말하는 것으로 크게 존경을 받았고, 그의 어머니, 용둥 부띠는 가장 고상한 성격의 여성이 지닌 모든 특성들을 지녔다고 한다.

많은 상서로운 징표들이 아이의 출생을 둘러쌌다. 예를 들어, 그를 임신한 다음날, 한겨울인데도 꽃비가 그 집 위에 내렸다. 또한 한 줄기에서 세 개의 꽃이 핀 황금색 꽃이 가까운 사원의 대문 담장에 나타났다. 임신한 달 후에는 평상시와 다른 폭풍이 일어났는데, 천둥소리는 대단히 부드러웠지만 번개는 대단히 많았다. 이것은 이 지역에 어떤 상서로운 일이 일어났다는 징조로 받아들여졌다.

이 무렵에 이 지역 사원의 겔롱 롭상 띤레라는 이름의 한 스님이 진귀한 경험을 했는데, 그는 그것이 꿈인지 영상인지 확신할 수 없었다. 그는 귀중한 보석 망으로 장식된 거대한 코끼리를 보았는데, 그 코끼리가 그를 바라보고 나서 그 사원으로 걸어 들어갔다. 그 사원의 다른 스님의 꿈에 가따르 지역을 둘러싼 산들이 하얀 까다로 덮여 있었다.

그 아버지는 눈 덮인 산 하나가 여러 가지 빛으로 빛나는 꿈을 꾸었다. 그 광채 속에서, 많은 상서로운 형상들이 나타났다. 단순히 그 빛을 바라보기만 해도 커다란 기쁨이 일어났다. 그때 수많은 딴뜨라 본존(붓다)들이 그 광채 속에서 나타나기 시작했다. 마지막에 여성 붓다 따라(Tara)가 나타나더니, 그녀의 양 어깨로부터 두 줄기 폭포가 나타났다. 이들로부터 물이 나와 그 아버지 쪽으로 그리고 그의 집 안으로 부드럽게 흘렀다.

실제 탄생은 아홉 번째 달인 상현달의 첫째날 새벽에 일어났다. 11대의 어머니는 어떤 고통도 전혀 겪지 않고 그를 낳았다. 그때 해가 떠서 이 지역의 산들을 무지개로 덮었다. 하얀 뭉게구름들이 상서로운 공양물들의 모양으로 그 산들 주위에 나타났는데, 이것은 신들과 영들이 기뻐한다는 표시였다.

한편, 라싸에서는 달라이 라마의 환생자를 찾는 임무를 띤 위원회가 만들어졌다. 네충의 신탁은 이 조사가 캄 지역에서 행해져야 한다고 조언했다. 띠첸 뺄덴 노민한 린뽀체, 라싸에 체류하는 중국 고위 관리들, 세 개의 큰 강원의 주지들, 많은 정부의 고위 관리들이 이 환생자를 찾기 위해, 위원회를 캄으로 보내기로 결정했다. 이 팀은 세 분으로 구성되었는데, 데뿡 사원의 될와 부서의 주지로서 이 의원회의 공식적인 수장인 로또 뗀빠와 이전 달라이 라마와 가까웠던 두 스님들이었다. 이들 중에 한 분은 루뻰 남쎄였는데, 이전 달라이 라마의 경호를 담당했었다. 이들은 그 해의 아홉 번째 달의 세 번째 날에 가따르에 도착했다.

이들이 그 집에 도착하기 전날 밤에, 어린 환생자는 잠을 자지 않고, 밤새 깨어 있으면서 큰 무리에게 가피를 주는 시늉을 했다. 그가 어머니에게 말했다. "내일 내가 당나귀를 타고 집으로 갈 겁니다. 슬퍼할 필요가 없습니다. 대단히 기쁜 일이 될 것입니다." 그날 저녁에 그 아이는 많은 손님들을 위한 자리를 마련했다.

이 대표단은 그 달의 열세 번째날에 그의 집에 도착하여 처음으로 아이를 만났다. 그때에 그는 두 살밖에 되지 않았으며, 말하는 것을 이제 막 배우고 있었다. 상서로운 목적을 위해, 이들은 무량수불(아미따유스Amitayus) 상들을 수놓은 긴 까다를 바쳤다. 아이는 그것을 받고 무척 기뻐했다.

대표단이 도착하고 얼마 후에 조용히 그 아이와 앉아 있을 때, 그가 그들을 알아보는지 물었다. 그는 마치 그들의 과거의 관계를 확인해 주는 것처럼 애정 어린 눈으로 루뻰 남쩨를 바라보고 미소를 지었다. 이 순간부터 줄곧 이 위원회의 세 위원들은 모두 그가 진정한 환생자라고 믿었다.

이 아이가 가는 곳마다 큰 검은 까마귀가 따라다니는 것도 목격되었다. 이 새는 아이가 태어날 무렵 집 근처에 처음 나타났다. 이 가족이 친구들이나 다른 가족을 방문하기 위해 나가거나 여행할 때 그들과 동행하며, 멀리 어딘가에서 맴돌며 그들의 움직임을 조심스럽게 지켜보는 것 같았다. 까마귀는 두려움이 없어 보였고, 누군가가 먹을 것을 줄 때마다 위엄 있게 받았다. 후에 사람들은 이 까마귀가 모든 초기 달라이 라마들을 보호했던 까마귀 형태로 나타난 호법존 마하깔라의 화현이라고 했다.

열두 번째 달에, 정부 관리들, 가따르 남걀 링 사원에서 온 스님들, 수많은 중요한, 이 지역 고위 인사들이 아이의 집으로 왔다. 안보담당 부족장 루뻰 남쩨는 아이에게 작은 승복 한 벌을 바치고 그 사원의 꼭대기에 승리의 깃발을 올렸다. 아이는 그의 집을 떠나 가따르 남걀 링 사원을 향해 긴 대열을 지어 이동했다. 이 무리가 사원 근처에 다가가자, 빛나는 5색 무지개가 하늘에 나타났다.

먼저 아이가 불전을 볼 수 있도록 사람들이 아이를 데리고 주 사찰을 지나갔다. 행렬이 이 사찰을 지날 때에, 까다들이 아이를 대신하여 주 불상들에 바쳐졌다. 그들이 7대 달라이 라마의 조각상에 도달했을 때, 그 중 한 사람이 아이에게 그것을 알아보는지 물었다. "저게 나예요." 그가 신이 나서 대답했다.

그 불단에는 7대 달라이 라마가 개인적으로 명상하면서 모셨던 세 구의 불상이 있었다. 아이는 자신의 까다들을 그 불상에 바치겠다고 고집했다. 미륵불전에서 그는 각 불상이 까다를 바쳤다. 이 방에는 다른 사람들이 놓친 관세음 불상이 있었다. 그는 이를 가리키면서 말했다.

"나야, 나."

마침내, 이들이 중앙 티베트로 떠날 준비가 되었다. 이들은 밤을 보내기 위해 오롱 시에 들렀는데, 자정에 아이가 깨어나 어머니에게 말했다. "내일 우리는 리땅의 내 처소에 도착할 거예요." 이것은 리땅에 3대 달라이 라마가 지은 사원을 가리키는 것이었다.

마침내 그들이 라싸에 도착했다. 여기서 아이는 티베트 정부와 모든 큰 사원들의 대표들은 물론이고, 빤첸 라마, 섭정 체묀링과 청의 두 고위 관리들의 환영을 받았다.

이 시점에 달라이 라마의 환생자 찾기는 두 후보로 좁혀졌다. 두 아이에 대한 테스트가 많은 사람들 앞에서 행해졌다. 이전 달라이 라마들의 많은 명상 대상물들을 가짜들과 섞어서 그들에게 보여 주었다. 11대 달라이 라마는 어떤 실수도 없이 전대 달라이 라마의 것들을 모두 골라내어, 자기가 진짜 환생자라는 데 대한 모든 의심을 제거했다. 그 결과 그가 최근에 사망한 10대 달라이 라마의 진정한 환생자로 공식적으로 확인됐다고 그의 가족에게 통보했다.

그러나 청 황제의 뜻을 만족시키기 위해, 황금 단지를 꺼냈다. 두 아이의 이름을 작은 종이 위에 써서, 돌돌 말아 단지에 넣었다. 이름을 뽑을 때, 11대 달라이 라마의 이름이 밖으로 나온 종이에 나타났다.

뽑기가 있기 직전에, 겔롱 리또빠라는 이름의 스님이 아이에게 이 상황에 대해 어떻게 생각하는지 물었다. 그는 큰 자신감을 갖고 대답했다. "걱정하지 말아요. 그 항아리에서 내 이름만 나올 테니." 그는 뽑기가 행해질 때 그 방에 없었지만, 정확하게 그 뽑기가 있던 순간에 자신의 법좌에 기어 올라가, 명상 자세로 앉아서 어머니에게 선언했다. "그들이 이제 막 내 이름을 뽑았어요."

이런 식으로 11대 달라이 라마에 대한 전통적인 확인이 완료되었다. 그는 물 호랑이 해(1842)의 네 번째 달의 열여섯 번째 날에 공식적으로 인정받았고, 티베트인들의 최고 정신적·세속적 지도자로서 황금 권좌에 앉혀졌다. 그날, 이 아이는 4대 빤첸 라마, 뗀빼 니마로부터 사미계를 받았다. 11대 달라이 라마가 케둡 갸초라는 이름을 받은 것은 이때였다. 통상적인 '걜와'가 이 이름 앞에 붙여져, 역사에 알려진 이름 걜와 케둡 갸초가 탄생되었다.

어린 11대 달라이 라마는 실제 사미계를 빤첸 라마와 뗀빼 니마로부터 불 말 해(1846)에 받았다. 이전 달라이 라마들의 경우와 마찬가지로 그는 그러고 나서 빤첸 라마를 포함하여 그 나라의 많은 위대한 라마들 아래서 혹독한 체계의 교육과 수행에 몰두했다.

11대 달라이 라마는 매우 촉망되는 젊은이처럼 보였으며, 17세에 그는 이 나라의 수행과 세속적 지도자라는 책임을 받아들이라는 요청을 받았다. 그가 수락해서, 나무 토끼 해(1855) 첫 번째 달의 열세 번째 날에 즉위했다. 이른 봄이었으며, 세상은 큰 가능성들로 가득 찬 것처럼 보였다. 그러나 불행하게도 같은 해 열두 번째 달의 스물다섯 번째 날, 11개월여 후에 그는 갑자기 세상을 떠났다.

5. 12대 달라이 라마:
갤와 틴레 갸초(Gyalwas Trinley Gyatso, 1836~1856)

　12대 달라이 라마는 올카 호수 근처의 중앙 티베트의 남쪽 부분에서 태어났다. 그의 아버지, 박독 냥창와는 빠드마 쌈바와의 시대로 올라가는 샤먼 법맥의 박(Bak) 문중의 후손이었다. 그의 어머니의 이름은 체링 유된마로 크게 성취한 명상가이자 헌신적인 수행자였다.

　12대 달라이 라마의 출생지가 있는 지역은 거의 5세기 전에 쫑카빠 대사가 특별한 목적 없이 돌아다니다가 버려진 암자에서 오래되고 허물어져 가는 미륵불상을 발견했던 곳이었다. 그는 자신과 함께 여행하던 제자들과 그 암자에 거주하면서 그 신성한 불상을 복원하는 데 삶의 다음 단계를 보냈다. 이 사소해 보이는 행동이 커다란 결과를 가져왔다. 일부 사람들은 이것이 새로운 시대를 향한 문을 열고, 세상의 부흥을 선도했다고 말하기까지 한다.

　미륵불과 연관된 정토는 산스끄리뜨어로는 뚜시따(Tushita)로 알려져 있는데, 이것을 티베트인들은 '간덴(Ganden)'이라고 번역했다. 쫑카빠 대사가 나중에 그의 첫 번째 사원을 지을 때, 그는 사원에 이 이름을 붙이고, 사원의 주불로 미륵불상을 모셨다. 쫑카빠 대사가 세운 종파는 초기에 간덴 췰룩(Ganden Choluk, '간덴의 수행 법맥')으로 알려졌는데, 이것이 후에 첫째 단어에서 첫 음절을, 그리고 두 번째 단어의 두 번째 음절을 취해서 갈룩(Galuk)이라고 줄였다. 그러나 갈룩은 발음하기가 좋지 않아, 나중에 겔룩(Geluk)으로 바꾸었다. 쫑카빠가 올카에서 신성한 미륵불상을 복원한 행위는 막 일어나려 하는 세계 – 부활의 상징, 인간 진화의 새롭고 예상치 않은 국면이었다.

12대 달라이 라마는 불 용 해(1856)에 자궁에 들어가서 같은 해에 세상에 태어났다. 모든 초기 달라이 라마들의 경우와 마찬가지로, 그의 탄생은 많은 상서로운 징표들이 동반되었다. 그가 태어난 날, 무수한 야생 사슴, 야크와 다른 동물들이 그 집으로 와서 기쁨에 차서 큰 소리를 내면서 그 주위를 〔탑돌이 하듯이〕 돌아다녔다. 부모는 수많은 예언적인 꿈을 꾸었으며, 그 해 내내 많은 상서로운 징조들을 목격했다.

12대 달라이 라마를 임신했을 때, 그 가족은 어려움에 빠져 갚을 수 없는 큰 빚을 지게 되었다. 입장이 거북하고 도움을 청할 사람도 없어서, 그들은 다른 곳으로 이사하는 것으로 곤경에서 벗어나려 했다. 그러나 그들이 이 결정을 한 날 밤에, 부모 둘 다 범상치 않으면서 상서로운 조짐들을 경험했다. 특히, 그의 아버지의 꿈에 하늘에서 수많은 천상의 존재들이 나타나서 그에게 "이사 갈 필요 없다. 그대의 행복의 태양은 이제 막 밝아올 것이다"라고 말했다. 그래서 그들은 계획을 바꿔, 그곳에 머물면서 채권자들의 폭풍에 맞서기로 결정했다.

그 어머니의 임신이 아홉 번째 달이 끝나고 있을 때, 그 아버지는 꿈에 올카 호수 위의 산들 뒤로부터 태양이 떠오르는 것을 보았다. 태양의 광선이 그를 비추고, 그의 몸을 감싸며, 넘쳐흐르는 기쁨으로 그를 가득 채웠다.

어머니는 거대한 코끼리가 자기를 태워 가는 꿈과, 자기가 오데(Odey) 산의 정상에 올라가는 꿈을 꾸었다. 아이가 자궁에 들어갈 때부터 태어날 때까지, 그의 어머니는 어떤 육체적 어려움도 없이 건강과 기쁨만을 경험했다. 탄생 자체는 열두 번째 달의 초승달의 새벽에 일어났다. 아이는 자궁에서 나올 때 명상 자세로 두 다리는 가부좌를 틀고, 그의 두 손은 무릎에 포개어 선정인을 맺고 있었다.

그 동안 라싸에서는, 섭정 레뗑 린뽀체가 달라이 라마의 환생자를 추적하기 위한 절차를 시작했다. 신탁영매들과 상의하고, 라마들은 영상을 얻기 위해 신탁 호수를 방문했다.

그리고 나서 땅 말 해(1858년)에 사람들에게 그 선택 과정을 요구하게 만든 몇 가지 징표들이 라싸에서 일어났다. 가장 강력한 징표는 그 도시의 모든 사람들이 목격했다. 그 도시 위의 산 위에 흰 구름들이 모여 티베트어의 음절 올(Ol) 모양을 형성했는데, 이것은 마치 올카(Olkha)를 가리키는 것 같았다. 그 도시의 모든 사람들이 이것을 목격하고 경탄했다. 비슷한 현상들이 그 해 내내 여러 차례 나타났다. 이 전조들이 행동할 시간이 되었음을 보여주는 것으로 받아들여, 티베트의 전통 수행자들과 세속적인 기관들의 지도자들이 모여서 시험을 시행하라고 요구했다.

달라이 라마 환생자 후보들이 세 명으로 좁혀졌다. 셋 모두에게 이전의 달라이 라마들에게 익숙했던 물건들을 보여 주었다. 이들 중에는 11대 달라이 라마에게 속했던 금강저, 요령과 염주는 물론 이전 달라이 라마들이 명상할 때 모셨던 쫑카빠 대사의 즈각상이 있었다. 이것들을 비슷한 물건들과 함께 보여주고, 아이들에게 고르게 했다. 올카로부터 온 아이만이 올바른 것을 모두 선택했다.

먼저 쫑카빠 대사의 다양한 상들을 그에게 보여 주었다. 그는 즉시 올바른 것을 골라, 작은 두 손으로 쥐어 자신의 무릎에 놓고, 반복해서 거기에 공손히 절을 했다. 비슷한 다른 물건들 각각에 대해서도 차례로 완전한 자신감과 친숙함을 보였을 뿐만 아니라, 그 과정을 전적으로 즐거워했다.

이 과정의 한 시점에서, 또 다양한 염주를 담고 있는 쟁반이 고르도록 나왔다. 이것들 중에 어떤 것도 이전 달라이 라마들은 연관되지 않았다. 올카 호수로부터 온 아이는 먼저 화려하게 장식된 산호 염주를 집었으나 그것을 탁자에 돌려놓고 훨씬 더 소박한 것을 잡았다. 이것은 그가 화려하게 장식되어 있고 값나가는 세속적 소유물들에 대한 애착이 없고, 승려들의 훨씬 더 소박한 것들에 대한 업의 습기가 있음을 암시하는 것이었다.

이런 식으로 전통적인 시험들이 어린 달라이 라마에게 행해졌다. 그것들이 보여주는 것들은 분명하여, 그가 진짜 환생자로 확인되었다.

실제 즉위는 약 2년 후인 철 원숭이 해(1860)에 있었다. 이 의식은 나라의 주요 수행과 세속적 지도자들과 아주 많은 수의 일반인들이 참석한 가운데 공개적으로 치러졌다. 즉위 후에, 어린 달라이 라마에게 개인교사들이 배정되고 교육이 시작되었다. 그는 자신의 새로운 지위에 타고난 자신을 보였고, 공부에 커다란 소질을 보였다.

땅 용 해(1868)에, 그는 수만 명의 스님들과 그보다 훨씬 더 많은 재가자들도 참석하는 라싸의 대기원제를 주재했다. 비록 열두 살에 불과했지만, 그는 이 방대한 법회에서 조금도 불편함을 보이지 않았다. 그는 그 해 첫 번째 달의 보름에 처음으로 대기원제 법문을 했다. 이 나라의 위대한 성자들 중 다수가 앉아서 그의 말을 듣고 있었지만, 그는 그들의 참석에도 전혀 겁먹지 않은 것 같았다. 그는 그때부터 나무 개 해(1875)에 그의 사망할 때까지 매년 이 축제를 이끌었다.

12대 달라이 라마는 수행과 세속적 지도자로서의 전통적인 책임을 맡도록 요청받았다. 그리하여 그는 물 새 해(1873)에 즉위했다. 그러나 실제로는 자신의 지위에 따른 임무들을 행하지 않았고, 대체로 자신의 공부에 집중했다. 3년이 지나지 않은, 나무 야생돼지 해(1875)에 갑자기 병이 나서 세상을 떠났다. 이것은 세 번째 달의 20일째 날이었다.

12대 달라이 라마의 죽음에 대한 빠드마 쌈바와의 예언

13대 달라이 라마의 전기 작가는 전임자인 12대 달라이 라마의 삶에서 한 가지 흥미로운 에피소드를 언급한다. 그는 12대 달라이 라마가 한때 빠드마 쌈바와의 영상을 경험했다고 지적한다. 그 영상에서 이 위대한 구루는 다음과 같은 예언을 했다.

오, 틴레 갸초, 지고한 진리의 저 왕,
나 자신의 마음의 화현인 그대여,
그대가 반야불모에 의지하여
비밀 만뜨라의 수행을 받아들이면,
티베트 불교는 번창하게 될 것이고,
호법신중들이 행동할 것이네.
허나 그대가 배우자에 의지하지 않으면,
그대는 곧 죽게 될 것이네.
그러면 그대는 랑된 숲에서 환생해서
'능력 있는 자'라는 이름을 지니게 될 것이네.
그 환생자는 쥐 해에 태어나
다음에는 정치적 책임이라는 부담을 받아들이고
많은 어려운 상황들을 직면해야 할 것이네.

그 예언은 또 언급했다.

이 통치 기간 동안 큰 군대가
티베트 땅 안으로 들어오고

티베트인들의 지도자인

그대는 중국으로 여행하게 될 것이네.

이 영상의 내용들은 12대와 13대 달라이 라마 양쪽의 전기에서 길게 논의된다. 그 의미는, 만약 12대 달라이 라마가 배우자를 취한다면 오래 살 수 있으나, 그가 승려로 남는다면 젊어서 죽게 된다는 것이다. 그의 환생자, 13대 달라이 라마는 닥뽀 지역의 랑된에서 태어나서 툽뗀 갸초(Tubten Gyyatso, '능력 있는 자의 바다 같은 지식')이라는 이름을 가졌다는 것은 분명히 이 예언에 언급되어 있다.

12대 달라이 라마는 물 새 해(1873년)에 최고의 국가의 권력의 지위를 맡았으나, 그 후 3년이 채 안 된 그의 나이 20세에 세상을 떠났다. 승려 전통에 대한 관심 때문에, 그는 옷을 벗고 결혼하여 자신의 수명을 연장시키는 것을 선택하지 않은 것으로 보인다.

왜 12대 달라이 라마가 까마무드라(kamamudra, 성性 딴뜨라) 수행을 권고받았는지, 왜 그가 거부했는지, 그리고 어떻게 이것이 그의 환생인 13대 달라이 라마가 중국 방문을 하게 된 결과를 낳았는지는 그가 세상을 떠난 후에 뜨거운 화제가 되었다. 13대 달라이 라마의 전기는 이 달라이 라마가 그의 타고난 수명을 누렸다면 그가 어떤 것을 성취할 수 있었는지를 설명하는 『예언들에 대한 조명』이라는 책에서 떼르뙨 뻬마 링빠가 제시한 예언과 같은, 이 사건과 관련된 다른 예언들은 물론이고, 위에서 언급한 점들을 다루고 있다. 이들 활동에 포함되어 있는 것은 47세에 인도 방문, 인도와 네팔과 확고한 관계 수립(그리하여 중국의 침입으로 인도하는 조건들의 제거), 그리고 35세에 중국 방문이다.

필자는 한때 현 달라이 라마에게 이 평범하지 않은 예언과 이와 연관된 12대 달라이 라마의 딜레마에 대해 물어보았다. 성하께서는 12대 달라이 라마는 자신을 위한 길고 생산적인 삶이냐, 아니면 장기적으로 승려 전통에의 이익이냐 사이에서 결정하지 않을 수 없었다고 답하셨다. 그가 결혼하여 그 예언을 실현했다면, 그는 티베트의 미래를 관장할 후손을 남겼을 것이다. 반면에, 승려로 남음으로써 그는 자신의 활동들을 자신의 미래 환생자의 활동들과 연결시켜, 그 환생자가 이 활동들을 이루어 나가도록 할 수 있을 것이다. 그는 후자의 진로를 선택했다.

제10장

13대 달라이 라마 툽뗀 갸초
- 승려, 신비한 성취자, 정치가

◀ 13대 달라이 라마 툽뗀 갸초(Tubten Gyatso)
Newark 박물관(The Newark Museum)/Newark/New Jersey州

1. 가장 도전적인 삶

12대 달라이 라마가 나무 야생돼지 해의 세 번째 달에 19세에 세상을 떠나자, 중앙아시아는 슬픔에 빠졌다. 티베트는 한 동안 강력한 달라이 라마를 갖지 못했고, 그 부재는 깊게 느껴져 가고 있었다.

이 법맥의 다음 환생자는 이 손실을 메우고도 남아야 했다. 역사에 '위대한 13대'로 알려진 그는 실제로 단순히 위대한 것 이상의 삶이었다. 그의 글, 예술 분야에 대한 그의 공헌과 전반적으로 티베트 사회에 그가 끼친 영향을 고려해 볼 때, 그는 수행과 세속적 영역 양쪽에서의 업적에서 거의 초인적이었다. 딱체르(Taktser) 린뽀체가 13대 달라이 라마에 관한 필자의 책 서문에서 진술하듯이, "이 모든 것들을 한 사람이 행했다는 사실이 놀랍다. 이들 활동 영역의 하나가 범부에게는 일생이 필요할 것이다. 그의 업적은 10명의 위대한 사람들의 업적을 합친 것과 같았다."

위대한 13대 달라이 라마는 서양에 자세하게 알려진 최초의 달라이 라마였다. 물론, 서양의 여행자들이 이전 달라이 라마들을 만났었지만, 이들 환생자들의 대부분은 단명했고, 이들을 만났던 서양인들은 몇 번의 짧은 친견만을 했을 뿐이었다. 그러나 13대 달라이 라마의 생애 동안에, 티베트는 영국의 침략을 당했다. 그때 그는 3년 명상 안거 중에 있었는데, 안거를 깨고 처음에는 몽골로, 다음에는 중국으로 피신해야 했다. 이들 두 곳에서 그는 영국 외교관들과 접촉하게 되었다. 5년 후에, 티베트는 청과 이슬람 군대의 침입을 받아, 위대한 13대 달라이 라마는 영국령 인도로 피신했다. 그는 청의 점령으로부터 조국을 해방시키기 위한 노력을 하면서 약 3년 동안 영국 정부의 손님으로 인도에서 머물렀다.

몇 년 후에, 영국 정부가 위대한 13대 달라이 라마의 연락관으로 임명한 영국의 장교 찰스 벨(Charles Bell) 경이 그의 개인적인 인상을 담은 이야기를 썼다. 『달라이 라마의 초상(Portrait of the Dalai Lama)』이라는 제목의 이 책은 베스트셀러가 되어, 달라이 라마라는 저명인사에 관해 처음으로 정확하고 깊이 있는 지식을 서양에 제공했다.

13대 달라이 라마는 위대한 5대 달라이 라마 이래로 아마 어떤 달라이 라마보다도 가장 도전적인 삶을 살았을 것이다. 그의 과업은 티베트를 고대 생활방식에서 현대 세계로 옮기는 것이었다. 그는 몽골과 청이 아시아에서 더 이상 강대국이 아닌 시대에 태어났다. 영국과 러시아가 그 무대에 등장했으며, 그들의 팽창하는 제국들이 몽골과 청 두 제국을 능가했다.

티베트 역사에서 이 국면은 서양 문헌에서 '위대한 게임(The Great Game)'이라고 지칭하는 것과 우연히 일치한다. 이것은 영국과 러시아가 아시아에서 패권을 다투던 시대였다. 아시아 지도 위의 모든 국가들은 이들 두 초강대국 사이의 경기에서 장기판(chessboard) 위에 놓이는 한 개의 조각(말)에 지나지 않았다.

티베트는 이 게임에서 특히 중요한 말이었다. 왜냐하면 티베트 불교는 영국이 통치하는 히말라야 인도의 12개 왕국들의 종교였고, 팽창하고 있는 러시아가 통치하는 극동지역의 12개 몽골 왕국들의 종교이기도 했기 때문이다. 그래서 이들 두 초강대국은 티베트에 매우 세심하게 개입했다. 티베트가 그들 자신의 영토의 넓은 지역들의 문화와 수행의 근원이기 때문이었다.

우리가 전에 보았듯이, 티베트인들은 청과 특별한 관계를 발전시켜 왔다. 그들은 이 관계를 '성직자/후원자'라 칭했는데, 티베트 라마들이 성직자이고 청이 후원자였다. 티베트인들은 자신들이 청의 귀족들에게 종교적 스승이고 수행의 조언자이기 때문에, 자신들이 이 관계에서 상위 자리를 갖는 것으로 보았다. 그러나 만주인들은 점차로 자신들이 우월한 위치에 있다고 생각하기 시작했다. 그들에게 티베트 라마들은 자신들의 수행과 교육을 위한 피고용인이었고, 따라서 티베트는 그들에게 하위의 위치에 있었다.

영국과 러시아 둘 다 티베트와 청나라(이하 중국) 간에 존재하는 이 특별한 관계를 알고 있었다. 영국은 위대한 13대 달라이 라마가 태어난 바로 그 해에 이를 이용하기로 결정했다. 이 책략은 체푸 협정(Chefoo Convention)의 형태로 나타났는데, 이것은 영국과 중국이 1876년 9월 13일에 서명했고, 1886년 7월에 상당한 논란 가운데에 수정되었다. 이 영국-중국 조약에는 많은 세부조항이 있었지만, 핵심은 중국이 미얀마에 대한 영국의 침입에 반대하지 않기로 동의하고, 그 대가로 티베트에 대한 중국의 권한을 영국이 인정하는 것을 의미했다.

영국에게, 이 체푸 협정의 이면은 러시아의 팽창주의를 억제하려는 런던의 더 큰 계획의 일부였다. 티베트를 중국의 일부로 인정함으로써, 영국은 효과적으로 러시아인들을 라싸에 들어오지 못하게 하고 영국령 인도의 북쪽 국경에서 멀리 두려는 것이었다.

체푸 협정의 결과는 그때부터 지금까지 티베트 국정에 어둠을 드리우게 되었고, 위대한 13대 달라이 라마의 생애 동안 티베트가 직면했던 가장 큰 도전이었다. 이것을 시행한 결과로 영국은 두 번 티베트를 침입했는데, 그것은 1886-1888년 매컬리(Macauley) 원정과 1903~1904년의 영허즈번드(Younghusband) 원정이었다. 그리고 1909년에는 중국이 티베트를 침입했다. 이들은 어린 13대 달라이 라마에게 트라우마 같은 경험이었다.

1888년에 미국 정부는 이 문제에 관해 영국의 선도(先導)를 따라 티베트의 지위를 중국의 관할권 아래로 격하시키고, 그리하여 티베트의 관에 다 또 하나의 못을 박았다.

나중에, 영국은 체푸 협정의 이면을 고안해 낸 엄청난 과오를 깊이 후회했다. 그들은 이것을 추후의 조약들에서 '종주권'이라는 용어를 도입하여, 티베트가 '중국의 종주권 아래' 있었고, 중국의 실제적 일부가 아니었음을 기술하여 이를 바로잡으려 시도했다. 이 단어는 1913~1914년의 심라 협정(Shimla Convention)에서 도출된 조약들에서 중국/티베트 관계를 규정하는 특징으로 나타난다.

그러나 피해는 이미 끼쳐졌다. 체푸 협정 때부터 오늘날까지, 중국은 공식적으로 티베트를 자신의 제국의 일부로 간주해 왔다. 처음 만주인들이 이 입장을 유지했고, 만주인이 세운 청 왕조가 1911년에 몰락한 후에는, 1911년 쑨원이 선포한 중국 공화국 정부에서도 이 정책을 채택했다.

비록 만주인들도, 중국 공화당원들도 티베트에 대한 자신들의 지배권을 시행할 수 없었지만, 1949년에 공화당원들을 패배시킨 공산주의자들은 쉽게 시행할 수 있는 군사력을 갖고 있었다. 1949년과 1951년 사이 공산당이 제패한 중국은 티베트의 모든 지역을 몰수할 때까지, 점진적으로 영향력을 서쪽으로 밀어붙였다.

위대한 13대 달라이 라마는 체푸 협정에 의해 티베트에 발생했던 외교적 문제들을 뒤집는 데에 생애의 많은 부분을 바쳤고, 1913년에는 티베트에서 모든 중국인 관리들의 활동을 금지하기까지 했다. 그러나 그는 비록 조국의 사실상의 독립을 얻을 수는 있었지만, 법률상의 독립은 성취할 수 없었다.

2. 탄생, 수색, 시험, 즉위, 수학

뿌르촉빠 툽뗀 잠빠(Purchokpa Tubten Jampa)가 쓴 위대한 13대의 공식적인 전기에 따르면, 12대 달라이 라마가 세상을 떠난 후에 환생을 고려하고 있을 때, 그는 라싸의 남동쪽으로 수백 킬로미터 떨어진 랑뒨(Langdun, '코끼리 경관')이라는 작은 마을로 관심을 돌렸다. 이 마을은 돌격하는 코끼리와 같은 모양의 참으로 아름다운 산자락에 놓여 있기 때문에 이 이름으로 알려져 있었다. 짜리(Tsari)의 성스러운 헤루까 성지순례 장소와 샨따의 신성한 산 사이의 더 낮은 닥뽀에 위치해서, 이 지역 전체가 8길상, 7개의 전륜성왕의 상징 등과 같은 자연적으로 형성된 많은 신비스런 표상들에 의해 장식되어 있었다. 뿌르촉빠에 의하면, "12대 달라이 라마가 환생을 준비하고 있을 때, 그는 이 장소를 보고 감탄하여, 이곳이 이상적일 것이라고 생각했다."

다음으로, 적절한 부모를 선택해야 했다. 뿌르촉빠가 쓴 전기에 의하면, "랑뒨에는 뀐가 린첸이라는 이름의 가난한 농부가 살고 있었다. 그는 천성적으로 착하고 진지하고 속일 줄 몰랐으며, 수행승들과 삼보의 귀의처에 대한 믿음을 갖고 있었다. 그가 모든 사람들에게 알려진 것은 그의 현명한 충고와 안정된 마음, 한결같은 신앙심과 위험에 직면했을 때 두려움이 없는 점 때문이었다. 신체적으로도 그는 잘 생기고 튼튼했다. 그의 아내 롭상 돌마도 똑같이 정신이 고귀했다. 그녀는 잘난 체하지 않았고 상냥했으며, 모든 중생들에게 존경과 자비의 본능적인 감각을 갖고 있었다.

일생 내내 그녀는 자신의 모든 남는 시간을 수행에 바쳤고, 언젠가 붓다를 낳겠다는 깊은 서원을 갖고 있었다. 바로 이 지위가 낮은 가난한 농부 가족을 이 위대한 일체지의 스승이 그의 다음 환생을 위해 선택했던 것이다."

뿌르촉빠는 실제 환생의 과정을 다소 극적인 용어로 묘사한다. "그는 떨어지는 별처럼 정토로부터 날아와, 무수한 비범한 징표들 가운데서, 이 세상으로 한 번 더 들어왔다."

그가 임신되던 밤에, 랑뙨 지역은 지진을 맞았는데, 그 이유는, 뿌르촉빠가 얘기하듯이, "세상의 인간들과 신들이 그런 위대한 영혼의 탄생의 기쁨을 지탱할 수 없었다"는 것이었다. 아이가 임신된 방의 벽은 깨어져 벌어지고 지붕은 한 뼘 이동했다. 그러나 방 안의 제단은 영향을 받지 않았다. 그리고 비록 이 지역의 많은 건물들이 무너졌지만, 중생들에게는 어떤 해도 전혀 일어나지 않았다. 그 다음날 무지개들이 하늘을 가득 채웠는데, 이것은 이 가난한 농부 가족의 작은 집에서 나오는 것처럼 보였다.

아이가 임신된 밤에, 예비 어머니의 꿈에 라싸 스타일의 옷을 입은 한 젊은 여인이 그녀에게 와서, 하얀 까다를 바치면서 말했다. "세상의 큰 등불이 막 당신의 아들로 환생하려 하고 있습니다. 그를 잘 보살펴 주세요." 그날 저녁 늦게, 그녀가 꿈에 하얀 고동 껍질을 발견했는데, 그것의 소리와 함께 행운아들을 무지의 잠에서 깨워 평화와 해탈로 인도하는 듣기 좋은 법음(法音)이 울려 퍼졌다.

많은 특이한 물질적 현상들 또한 일어났다. 그 해의 일곱 번째 달에 이 가족이 겨울철에 먹을 버터를 준비하기 시작했다. 어느 날 아침 그들은 여러 용기들을 반 정도 채우고 나서 점심을 먹으러 갔다. 그들이 돌아와 보니 용기들은 기적적으로 스스로 채워지고 넘쳤다. 그리고 한겨울에 그 집 밖에 배나무가 꽃을 피웠다. 꽃들은 수 주 동안 피어 있었고, 눈과 얼어붙는 날씨에도 영향을 받지 않았다.

상당한 화제가 된 또 하나의 사건이 그 해의 열 번째 달의 여섯 번째 날 저녁에 일어났다. 탑 모양 건물의 환영이 이 집 위로 나타나서 저녁 내내 많은 기간 동안 볼 수 있게 남아 있었다. 마지막에 이것은 여러 색의 무지개로 변하고, 그러고 나서 순수하고, 하얗게 빛나는 둥근 모양이 되어 하늘로 녹아 들어갔다.

롭상 돌마의 임신 초기부터 큰 하얀 새가 집 옆의 호두나무에 거처를 잡았다. 매일 아침 이 새는 라싸 방향으로 날아갔다가 저녁에는 항상 돌아와서 이 집을 세 번 시계방향으로 순회하고 나서 둥지에 들어가서 쉬었다. 이 지역의 연장자들과 목동들은 감뽀 산 근처 바로 위에 새로운 별이 나타나는 것도 보았다.

불 쥐 해(1876)의 다섯 번째 달의 새벽에 롭상 돌마는 고통 없이 남자아이를 낳았다. 그날 아침 해의 첫 번째 광선이 동쪽 봉우리 뒤로부터 불쑥 나와 아이가 자신의 첫 번째 숨을 쉬는 바로 그 순간에 그 방으로 홍수처럼 쏟아져 들어왔다. 뭉게뭉게 작은 구름들이 점점이 흩어져 있는 하늘 속에서 눈부신 무지개가 순식간에 이 집 위로 나타났다. 조금 후에 가벼운 비가 내려, 상서롭게 땅을 정화하고, 다이아몬드 같은 방울들로 모든 것을 덮었는데, 이것이 이때의 마력을 더해 주는 것 같았다.

뿌르촉빠가 쓴 전기에 의하면, "출생 순간에조차 아이는 비범해 보였다. 그의 몸의 팔다리는 완전히 발달했고, 이마는 우산처럼 넓고, 둥그렇다. 머리카락은 숱이 많고 광택이 나는 검은색이었는데, 한 가닥 흰 털이 정수리에서 시계방향으로 구불구불 뻗어 나와 있었다. 손가락과 발가락 마디 사이에는 작은 빛의 동그라미가 뚜렷하게 보이고, 그의 발바닥 선에서는 신비스런 바퀴들이 보였다. 그의 두 눈은 넓고 우아했으며, 그 방에 있는 모든 분들과 모든 것들을 완전히 알고 있는 것 같은 깨어 있는 자비의 표정으로 응시했다. 그는 자비의 보살인 관세음의 화현임을 나타내는 모든 징표들을 지녔고, 그를 본 사람들은 기이하고 설명할 수 없는 기쁨을 경험했다.

라싸에서는 12대 달라이 라마의 환생자를 찾기 위해 위원회가 만들어졌다. 뀐델링 사원 출신의 라마가 12대 달라이 라마의 죽음 이후에 섭정으로 임명되어, 그가 이 조사를 관장하게 되었다.

12대 달라이 라마가 세상을 떠날 때 그는 뽀딸라의 남쪽 날개에 위치한 작은 불당인 기쁜 햇빛 방에서 명상 자세로 앉아 있었다. 떠날 때에 그는 정남쪽을 향했으나, 그 다음날 저녁에 그의 머리는 남동쪽으로 돌아 있었다. 그의 몸은 후에 미라로 만드는 과정의 일부로, 건조하기 위해 소금으로 채워진 관 안에 놓여졌다. 한 번 더 그것은 남쪽 방향으로 향했으나, 소금을 갈기 위해 관의 뚜껑을 열었을 때, 다시 머리가 남동쪽으로 돌아가 있는 것이 목격되었다. 소금을 바꿀 때마다 머리의 위치를 바로잡았으나, 매번 그것은 자동적으로 남동쪽으로 되돌아갔다. 장례 의식을 담당한 모든 사람들이 이 현상을 목격했다.

위원회가 노령의 5대 빤첸 라마를 찾아가 12대 달라이 라마의 환생자의 방향을 결정할 점을 쳐달라고 청했다. 그는 라싸의 남동쪽에서 환생자가 태어날 것이라고 확인했다. 그러고 나서 쌈예 사원의 두 신탁영매를 불러 물었더니 이들 둘 다 환생자가 남동쪽에서 나타날 것이라고 말했다.

여름에 네충 사원의 국가 신탁이 12대 달라이 라마의 묘 앞에서 소통 상태에 들어갔다. 새 환생자가 어디에서 태어날지 묻자, 그가 대답했다. "그대들의 염원의 상서로운 결실은 라싸의 남동쪽으로 환생을 할 것이다. 그가 태어날 집 뒤에는 우산 같은 모양의 산이 솟아 있고, 그 앞에는 폭포가 흐른다." 그는 환생이 일어날 장소의 모습을 계속해서 자세하게 묘사했다.

이제 위원회가 최근에 상서로운 조건들 아래 태어난 아이들의 이름을 수집하라는 지시와 함께, 남동쪽으로 조사 팀들을 내보낼 준비를 하고 있었다. 이번에는 스승들, 환생한 라마들과 데뿡 사원의 관리들은 물론, 섭정 따착 린뽀체와 다양한 정부 관리들 앞에서 네충의 신탁을 다시 불러 왔다. 신탁영매는 이들에게 다음과 같이 말했다:

"흐리(Hriḥ)! 오, 티베트에 잘 봉사하고 있는 섭정, 정부의 스님들과 재가자 관리들, 네충 사원의 장로들, 데뿡 사원의 라마들과 관리들, 나는 이 환생자가 어디에 있는지 알고 싶어 하는 그대들의 소원을 이뤄줄 것이다. 삼보는 내가 말하는 것의 진실성을 증언하신다. 단지 보는 것만으로도 이생과 미래의 생들 양쪽에 이익을 가져오시는 우리의 하늘 같은 스승은 남동쪽에서 환생하셨다. 나는 이미 그 지형을 그대들에게 설명했다. 그의 아버지의 이름은 뀐가이고, 그의 어머니의 이름은 돌마이다. 그대들은 즉시 성스러운 스승을 임명하여 신탁 호수로 보내 거기에서 지켜보게 하라. 내가 이 조사에 도움을 줄 것이다."
"우리가 누구를 보내야 할까요?" 위원회가 물었다.
"상밀원 규또 켄쑤르인 롭상 다르계를 임명하라. 그에게 신탁 호수 가의 최코르 걜 사원으로 가라고 하라. 그러는 동안 그대들은 라싸 남동쪽의 모든 마을들의 목록을 작성해서, 그에게 보내야 한다. 최코르 걜 사원에 있는 동안, 규또 켄쑤르는 뺄덴 하모(Palden Lhamo)를 수십만 번 불러와야 한다. 이것이 행해지면 그는 환생자의 정확한 위치에 대한 명백한 표시들을 분명히 받게 될 것이다."

그래서 규또 켄쑤르는 자기 자신이 직접 세심하게 뽑은 소수의 의례 보조원들과 함께 최코르 걜 사원과 신탁 호수로 떠났다. 이들은 거기에 거처를 잡고 네충이 추천한 긴 불러오는 주문과 명상을 시작했다. 그들이 도착했을 때는 한겨울이었으며 호수의 표면은 눈으로 덮여 있었다. 그러나 그들이 의식을 끝마치자 강력한 바람이 일어나 눈을 쓸어버리자, 뿌르촉빠가 말하듯이, "호수의 표면은 백 번 닦은 수정 거울처럼 맑아졌다."

그러자 호수 안에서 이미지들이 나타나기 시작했다. 먼저 이들은 동쪽을 바라보고 있는 깔끔하게 단장된 테라스가 있는 농가를 보았다. 오래된 탑이 북동쪽으로 서 있었다. 남동쪽으로 오래된 농가가 한 곳 있었는데, 높이가 2층이나 3층이었고, 금속 울타리로 둘러싸인 안뜰이 있었다.

이들 장면이 지나간 후, 작은 마을의 그림이 나타났다. 마을은 그 집과 그 탑 사이에 놓여 있는 것처럼 보였다. 이러한 것들과 많은 다른 이미지들이 나타났다가 사라졌다. 또한 그들이 본 것은 그 지역에 있는 산들의 모양은 물론 가까운 마을들, 방목지들과 목초지들, 길다란 농토였다. 뿌르촉빠가 표현하듯이, "이 모든 것들이 마치 거울에 반사되는 것처럼, 혹은 수정 구슬을 통해 보는 것처럼 분명하게 나타났다." 그들이 영상을 통해 본 장면들은 세심하게 기록되어 중앙위원회로 보내졌다.

규또 켄쑤르는 그 다음에 집중적인 기도와 명상에 들어갔다. 열 번째 달의 세 번째 날 새벽 직전에 그는 자신이 어떤 마을의 한가운데에 서 있는 꿈을 꿨다. 그 마을 동쪽 변두리로 걸어가다가 그는 한 가난한 농부의 집으로 왔다. 이 집의 베란다는 남쪽을 향해 있었고, 베란다에는 양 팔에 작은 아이를 안고 앉아 있는 부부가 있었다. "이 아이는 꺕괸 린뽀체입니다." 그들이 그에게 말했다. 그가 그 아이를 자기 무릎에 앉히자 아이는 그의 이마와 두 뺨을 대고 사랑스럽게 말했다. "내가 태어난 지 이제 5개월이 더 되었다. 그러나 지금은 내 부모와 지역 사람들에게 내 진짜 신분을 드러내지 말라." 그때 규또 켄쑤르는 깜짝 놀라서 꿈에서 깨어났다.

안거 끝 무렵에 규또 켄쑤르는 다시 이 아이에 대한 꿈을 꿨다. 이번에 그는 이런 말을 들었다. "환생자가 라싸의 남동쪽으로 닥뽀 랑된 지역에서 태어났다. 거기로 가면 그를 쉽게 찾을 수 있다."

규또 켄쑤르는 이 모든 정보를 라싸의 당국자들에게 보내고 나서 닥뽀 랑된으로 떠났다. 꿈에서 비밀로 하라는 충고를 받았으므로, 그는 자신의 실제 목적을 알리지 않고 단순한 성지순례로 가장하여 그 지역으로 여행했다.

닥뽀 랑된에서 그는 신탁 호수와 자신의 여러 꿈속에서 본 많은 주요 지형지물을 이용해서, 꿈에 그에게 나타났던 그 농부의 집을 쉽게 찾아낼 수 있었다. 그 집에 도착했을 때, 그 부모와 아이는 그의 꿈에서 그랬던 것처럼 베란다에 앉아 있었다. 나중에 규또 켄쑤르는 이렇게 썼다.

> 이 아이는 여러 꿈에서 본 내가 기억하는 것보다 약간 더 말랐으나, 다른 면에서는 똑같았다. 그리고 그를 바라보고 있으면 너무도 기뻤다! 그의 몸은 지극히 미묘하고, 높은 환생자의 모든 상을 갖추고 있었다. 내가 그를 보았을 때, 나는 룸비니 정원에서 어린 부처님을 본 사람들이 어떠했을지 쉽게 상상할 수 있었다. 그리고 내가 그를 들어올려 내 무릎에 앉히자, 그는 내 꿈에서 했던 바로 그대로, 내게 축복을 내리는 것처럼 내 얼굴에 손을 댔다. 그 순간부터 줄곧 나는 이 아이가 우리가 찾고 있는 그 아이라는 것을 조금도 의심하지 않았다.

규또 켄쑤르는 비공식적으로 그 집에 갔다. 그 부모나 마을 사람들에게 자신의 목적을 드러내지도 않았다. 그는 자신의 발견을 당국자들에게 알리기 위해 라싸로 급히 메시지를 보내고, 그 부모에게 자기가 이 지역의 성지들을 방문하는 동안 잠시 손님방에 머무르게 해 달라고 부탁했다. 이 요청은 특이한 것이 아니었다. 티베트는 호텔이 없어, 대부분의 가정은 성지순례자들과 여행자들을 위해 빌려 줄 방 하나를 준비해 놓았다. 이런 식으로 그는 자신에게 지나친 관심을 끌지 않으면서 그 아이의 안녕을 계속 보살필 수 있었다.

라싸로 보낸 그의 편지는 상당한 흥분을 불러일으켰다. 위원회는 상서로운 징표를 갖고 태어난 유망한 아이들의 명단을 작성했다. 추가 시험으로 명단은 세 명으로 좁혀졌다.

곧 두 명의 특별 관리들이 전통적인 시험을 위해 파견되었다. 그들은 12대 달라이 라마의 금강저와 금강령 세트, 염주, 다마루, 약간의 옷을 갖고 왔다. 어느 정도 비슷한 물건들과 섞어서 하나씩 이 물건들을 쟁반에 담아 이 아이에게 들어서 보여주고, 아이에게 원하는 것을 잡으라고 했다. 각 경우마다 그는 이전 달라이 라마에게 속했던 것들만 선택했다. 이와 같은 테스트가 다른 두 후보들에게도 행해졌으나, 랑된 출신의 이 아이만이 가짜가 많은 물건더미 중에서 진짜를 정확하게 골라냈다. 새로운 달라이 라마를 찾는 조사는 끝났다. 그 결과들은 확정적이었다.

불 황소 해(1877)의 아홉 번째 달 보름에 대표단이, 정부와 주요 사원들뿐만 아니라 섭정이 보낸 풍성한 선물을 갖고 라싸로부터 랑된으로 보내졌다. 이 작은 집의 거실에 법좌가 만들어지고, 아이를 그 곳에 앉혔다. 10여 명의 관리들이 바닥에 놓인 카페트 위에, 그의 주위에 앉았다. 그들이 가져온 많은 선물들이 아이와 가족에게 바쳐졌다. 거기에는 많은 불상과 물품들, 신성한 약, 은화 주머니 서 개, 수 개의 황금 금괴, 큰 식량 자루들 등이 포함되어 있었다. 이제 겨우 유아인데도, 이 아이는 이 과정 내내 완벽하게 예법에 맞게 행동했다. 이것은 비공식적 즉위였으나, 이제 진정한 환생자라는 그의 신분이 모두에게 알려졌다.

그 다음달에 아이와 가족들은 라싸로 오라는 요청을 받았다. 독실한 불자의 무리가 그 행렬을 따라 길 위에 늘어서서, 어린 라마를 잠깐이라도 보고 그의 축복을 받기를 바랐다. 그는 고위 승려들과 관리들의 행렬 가운데에서 황금 가마를 타고 이동했다. 그 광경은 장엄했는데, 거기에는 전통적인 몽골 복장을 한 대규모 기수 호위대와 짙은 노란 양단을 입은 스님들, 다양한 민족 복장의 고위관리 등이 포함되어 있었다. 모여 있는 군중들에게 축복을 줄 수 있도록 가끔씩 행렬이 멈췄다.

마침내 이들은 라싸의 남쪽 끼추 강 건너에 있는 권땅에 도착했다. 때는 열한 번째 달 보름 전날이었고, 데와첸 사찰에서 정성들인 환영식이 이 아이를 위해 마련되었다. 여기서 그는 라싸 지역의 모든 고위 라마들과 정부 관리들은 물론 섭정 따착 린뽀체를 처음으로 만났다. 수많은 외국 고위 관리들도 참석을 허락받았다. 여기에는 중국의 고위 관리들과 네팔, 카슈미르, 시킴 등의 대사들이 포함되어 있었다. 참석한 모든 사람들은 전통적인 손으로 베푸는 가피를 받았는데, 이것을 이 아이는 수줍음이나 두려움 없이 행했다. 섭정은 정식으로 그를 환영했고, 주요 사원들의 스님들은 그의 장수를 위한 기도를 올렸다.

2주 후 새해(1878)의 네 번째 날에, 이 아이는 5대 빤첸 라마를 만나서 삭발 의식과 사미계를 받을 준비를 했다. 새 환생자를 찾는 데 중요한 조언을 했던 빤첸 라마는 이 의식을 집전하고 이 어린 라마에게 법명을 주기 위해 시가쩨로부터 먼 길을 왔다.

13대 달라이 라마의 수계식은 일주일 후인 새해의 열한 번째 날에 행해졌다. 이 행사에서, 빤첸 라마가 그에게 준 이름은 제춘 아왕 롭상 툽뗀 갸초 직뗄 왕축 촉레 남걀 뺄상뽀(Jetsun Ngawang Lobzang Tubten Gyatso Jigtrel Wangchuk Chokley Namgyal Palzangpo, '가르침들의 존경할 만한 제왕, 지고한 마음의 그, 불교 교리의 바다, 두려움 없고 강력한 자, 모든 방식에서 승리하는 영광스런 스승')이었다. (티베트인들은 일반적으로 이 중에서 4번째와 5번째, 즉 '툽뗀 갸초'만 사용한다.)

어린 라마와 그의 가족은 약 두 달간 귄땅에 머물렀다. 그러고 나서 그들은 끼추 강을 건너, 라싸 북쪽으로 3마일 떨어진 언덕 위에 위치하여 라싸 평원이 내려다보이는 전망이 훌륭한 사원인 쌈뗀 링으로 처소를 옮겼다. 어린 라마는 여기에서 자신의 부모와 그 다음 해까지 머무르며, 그의 공식적인 즉위와 뽀딸라 입성을 준비하게 되었다.

이것은 뒤따르는 여러 해의 공부의 시작이었다. 섭정은 그의 상위 개인교사로, 뿌르촉빠 잠빠 갸초는 하위 개인교사로 임명되었다. 후자의 스승은 사실상 12대 달라이 라마의 주 구루의 역할을 했으며, 그의 사망 후에 장례식을 주재하는 것은 물론, 그의 몸을 미라로 만드는 일을 관장했다.

노령의 섭정은 상위 개인교사의 자격으로 13대 달라이 라마에게 수차례 관정·수계·전수를 주게 되지만, 실제로는 하위 개인교사인 뿌르촉빠 잠빠 갸초가 날마다 가르쳤다. 섭정이 약 7년 후에 세상을 떠나자, 뿌르촉빠 잠빠 갸초에게 상위 개인교사의 지위가 주어졌다.

흥미로운 점은 뿌르촉빠 잠빠 갸초의 사망 후에 위대한 13대 달라이 라마가 그의 바쁜 일정에도 시간을 내어 그에 대한 주요 전기를 썼다는 것이다. 또한 그 다음에는, 뿌르촉빠 잠빠 갸초의 환생자가 위대한 13대 달라이 라마의 수석 제자이자 전기 작가가 된다.

쌈뗀 링 사원에서의 생활은 어린 13대 달라이 라마에게 과도기였다. 그것은 그가 랑된에서 한 농부의 아들로 살았던 방식보다 확실히 더 규칙적이었으나, 뽀딸라에서 정식 교육을 받으면서 살게 될 삶보다는 훨씬 덜한 것이었다. 쌈뗀 링 사원에서 그는 가족과 매일 여러 시간을 보내는 것이 허용되었고, 그의 일정은 비공식적이었다. 뽀딸라에 들어가자마자, 그의 부모의 방문은 더 적어진다. 그의 하루는 공부와 수행으로, 그리고 중앙아시아 전 지역에서 그의 축복을 받기 위해 찾아오는 계속 이어지는 방문객들의 행렬로 번잡하게 될 것이다.

　위대한 구루 뿌르촉빠 잠빠 갸초도 쌈뗀 링 사원 안에 거처를 정하고, 그에게 매일 가르치기 시작했다. 특히 뿌르촉빠 잠빠 갸초가 맡은 일은 다음 해로 예정된 복잡한 즉위식을 위해 13대 달라이 라마를 준비시키는 것이었다.

　점성가들은 즉위식을 위해 상서로운 날을 선택하라는 요청을 받았다. 땅 토끼 해(1879)의 여섯 번째 달의 13번째 날이 가장 적절한 것으로 여겨져, 준비가 시작되었다. 이 행사를 위해 라싸 도시 전체를 청소하고 광을 내고, 모든 지붕 위에 깃발들이 걸렸다. 즉위식 날 수천 명의 스님과 재가자들이 이 어린 라마가 쌈뗀 링 사원으로부터 뽀딸라로 오는 길 양 옆에 줄을 섰다. 섭정이 이 행렬을 이끌었고, 라싸 정부 관리들, 다양한 사원에서 온 주요 스님들, 티베트 주변에서 온 여러 지도자들, 그리고 라싸에 주재하는 중국 고위 관리들과 다른 외국 고위관리들이 뒤따랐다. 색다른 화려한 행사의 광경이 펼쳐지면서 사원 트럼펫들의 소리와 진한 향기가 대기를 가득 채웠다. 뒤따르는 군중 수가 늘어난 것은 행렬이 지나가면 길 양쪽에 줄을 선 신도들이 행렬에 가담했기 때문이었다.

　첫 번째 멈춘 곳은 티베트의 가장 오래되고 성스러운 사찰인 조캉 사원이었다. 여기서 13대 달라이 라마는 가마에서 내려 그 건물 안에 모셔진 석가모니 부처님의 신성한 상 앞에 절을 올렸다. 그러고 나서 이 행렬은 뽀딸라로 계속 나아가, 지붕 위에 있는 관음전으로 이르는 많은 계단을 올라갔다. 여기에 모셔져 있는 분은 자비의 보살상인데, 이 분은 전해 내려오는 말에 의하면, 1300년 전에 스스로 나타나셨다고 한다. 이것은 송첸 감뽀 왕이 붉은 요새를 건설하는 기간 중이었는데, 이 요새로부터 뽀딸라 자체가 나중에 지어졌다. 사람들은 이 불상이 기적적인 특성들을 지니고 있다고 믿었으며, 이전의 달라이 라마들 중 다수가 이 상 앞에서 명상을 했었다.

  그러고 나서 모두 뽀딸라의 주 강당으로 가서 실제 즉위식이 시작되었다. 중국 고위 관리들과 다른 외국 대표들은 물론 라싸의 관리들과 티베트 주변에서 온 주요 지도자들, 섭정과 다른 고위의 라마들이 13대 달라이 라마에게 까다를 바쳤다. 섭정은 즉위식을 공식적으로 선포했고, 중국 고위 관리들은 황제의 축하 편지를 읽었다. 비록 네 살밖에 되지 않았지만, 어린 13대 달라이 라마는 그 긴 과정이 끝날 때까지 타고난 품위를 유지하며 앉아 있었다. 이는 참석한 모든 사람들에게 깊은 영향을 주었다.

  뿌르촉빠 잠빠 갸초가 뽀딸라에서 이 아이(달라이 라마)와 함께 거처를 잡고 그의 기초 교육의 책임을 맡게 되었다. 다른 많은 스승들처럼, 빤첸 라마와 섭정 따착 린뽀체 또한 그에게 일련의 계와 가르침을 주게 되지만, 빤첸 라마는 그의 가장 가까운 계사로 남게 된다.

  물 말 해(1882)의 첫 번째 달의 여섯 번째 날에 이 어린 학자(달라이 라마)는, 섭정 따착을 계사로, 그리고 뿌르촉빠 잠빠 갸초를 증명법사로 사미계를 받았다. 중국 황제는 많은 선물과 더불어, 황금 잉크로 쓴 축하 편지를 보냈다. "우리는 바다 같은 스승이 어느 때보다도 더 부지런히 배움에 종사하기 시작했다는 소식에 대단히 기쁩니다"라고 그는 썼다. "우리는 우리의 기도문을 바칩니다. 이를 통해, 황모(겔룩빠)의 전통이 세상에서 번성하고 번창하며, 불교가 가능한 한 오래 이 세상에 지속되길 바랍니다. 바다 같은 스승의 사미계 수계식을 축하하면서, 우리는 에메랄드 염주, 옥으로 만든 밥그릇, 다양한 견직 양단 등을 바칩니다…"

3. 수행과 친정의 시작

　열두 살에, 위대한 13대 달라이 라마는 간덴 · 데뽕 · 쎄라의 세 주요 사원이 종합강원을 이루고 있는 7개의 단과강원을 순회했다. 그가 공개된 마당에서 논쟁에 참여할 것이라고 알려졌기 때문에, 그의 방문은 이들 기관의 승려/학자들 사이에 상당히 고조된 분위기를 불러일으켰다.

　이것은 이 어린 달라이 라마에게는 자신의 학업의 진전을 공개적으로 시험해 볼 수 있는 첫 번째 기회이고, 그 사원 단과강원의 승려들에게는 그들의 주요한 환생자가 공개적인 변론에 참여하는 것을 볼 수 있는 기회였다. 또한 운이 좋은 몇몇 승려에게는 그와 개인적으로 논쟁할 기회가 주어질 것이다.

　각 단과강원에서 이 어린 달라이 라마는 일반 청중이 제시하는 논쟁도 받는다고 했기 때문에, 열성적인 승려들은 매우 만족했을 것이다. 그의 개인교사들은 그의 대담한 제안에 다소 걱정했겠지만, 그는 그들의 염려를 잠재웠다. 하급 개인교사인 뿌르촉빠 잠빠 갸초는 이 모든 논쟁을 지켜보고, 후에 말했다.

　"이 어린 환생자가 자기에게 던져진 논쟁을 얼마나 쉽게 능숙하게 다루는지 지켜보면서 그야말로 내 몸의 털이 곤두섰다. 그의 성숙함과 깊은 이해력은 모든 사람들을 경악시켰다. 거기에 있던 사람들은 그가 자비의 보살인 관세음의 진정한 화현이라는 것에 대해 조금도 의심하지 않았다. 우리가 할 수 있는 것이라고는 경외심을 갖고 지켜보는 것뿐이었다."

어린 달라이 라마에게 사미계를 주고 이름을 지어준 연로한 빤첸 라마는 몇 년 전에 세상을 떠났다. 빤첸 라마의 환생자가 발견되어 라싸로 데려왔다. 이제 축복과 이름을 주는 것은 달라이 라마의 차례였다. 아기 빤첸 라마에게 그는 빤첸 롭상 최끼 니마(Panchen Lobzang Chokyi Nyima, '고귀한 마음의 강력한 성자, 불법 지식의 진정한 태양')라는 이름을 지어 주었다.

통틀어, 위대한 13대 달라이 라마는 그의 생애에 거의 100명의 다른 구루들로부터 가르침·관정·구전 전승·여러 가지 계를 받았다. 이들은 대부분 겔룩빠(황모파)에 속했으나, 모든 초기 달라이 라마들처럼 그는 그의 겔룩빠의 교육을 많은 부분 닝마(구파)의 가르침·수행과 결합시키고, 막대한 에너지를 다양한 닝마의 교리들을 공부하고 수행하는 데 바쳤다.

사실, 족첸 사원의 연대기들은 그를 중요한 떼르뙨(Terton, '닝마빠 보물을 드러낸 자')이라고 묘사한다. 그가 드러낸 보물에는 바즈라낄라야라고 알려진 딴뜨라의 만다라 절차에 대한 여러 중요한 경전들이 포함된다. 많은 사람들은 위대한 13대 달라이 라마가 닥덴 링빠라는 비밀스런 딴뜨라 이름도 가졌다고 믿는데, 이 분의 장엄한 행위들은 8세기 중반에 구루 빠드마쌈바와에 의해 예언되었다. 그는 그의 이 이름으로 수많은 비밀스런 책들을 썼다는 주장도 있는데, 물론 이들 논서는 그의 표준 전집에는 들어 있지 않다.

나무 양 해의 첫 번째 달(1895년 2월)의 열한 번째 날에 위대한 13대 달라이 라마는 비구계를 받았는데, 이때 그의 구루 뿌르촉빠 잠빠 갸초가 계사로 주재했다. 이 의식은 라싸의 조캉 사원에서 열렸으며, 여기에 참석한 사람들은 세 사원의 종합강원과 두 딴뜨라 단과강원에서 온 수천 명의 승려들이었다.

땅 개 해(1898)에, 위대한 13대 달라이 라마가 23세일 때, 그는 자신이 공개 토론을 위해 3개 주요 사원의 종합강원에 각각 나가고, 게셰 시험에 응시하겠다고 발표했다. 이것은 티베트 강원의 전통에서 가장 높은 시험이다. 여기에 합격하기 위해 달라이 라마는 티베트의 가장 훌륭한 학자들과 토론해야 하는데, 이때 그의 앞에는 약 2만 명의 승려들이 지켜보며, 그의 단어 하나하나를 모두가 꼼꼼하게 검토한다.

뿌르촉빠 잠빠 갸초가 말하듯이, "비록 아무도 그의 지혜와 수준 높은 이해력을 의심하지는 않았지만, 그는 나라 안의 가장 위대한 모든 승려들 앞에서 공개적인 토론으로 자신을 증명하는 전통, 모든 초기 달라이 라마들이 유지한 이 전통을 계승하기를 원했다."

그는 세 사원의 종합강원에서 각각 2주 이상을 머무르며, 매일 그 시대의 최고 학자들과 토론했다. 뿌르촉빠 잠빠 갸초에 의하면, "그리고 그는 바람과 천둥에 흔들리지 않는 산과 같이 그들을 만났다. 그의 지혜의 사자후는 그에게 도전하려고 온 많은 자칼들의 자존심의 거품을 터뜨렸다." 그리하여 그는 티베트 불교계에 알려진 가장 높은 배움의 정점에 올랐다.

그의 명상 수련에 대해 말하지 않고 위대한 13대 달라이 라마의 수행과 학업에 관해 말하는 것은 불가능하다. 티베트의 전통에서 명상은 세 가지 주요 방식으로 수행된다. 첫째는 하루에 네 번 명상하는 습관을 기르는 것이다. 둘째는 때때로 몇 주 또는 몇 달 동안 지속되는 짧은 안거를 하는 것이다. 셋째는 큰 안거로 3년 내지 4년 지속되는데, 일생 중에 적어도 한 번은 해야 한다. 위대한 13대 달라이 라마는 이들 세 가지 명상 수행 방식을 모두 실천했다. 어린 시절부터 그는 날마다 네 번 앉아서 명상하는 습관을 길렀는데, 뿌르촉빠 잠빠 갸초가 그의 수행 과정을 감독했다. 처음에 앉아서 하는 명상은 경전과 다양한 기도문들을 낭송하는 것이 대부분이었는데, 성숙해 감에 따라 낭송이 줄고 사유하고 수습하는 기회가 더 많아졌다.

두 번째 방식, 즉 이따금씩 짧은 안거를 하는 수행 또한 어린 시절부터 행했다. 매년 그는 두 번이나 세 번 짧은 안거에 들어갔는데, 각각 1주일 혹은 2주일간 지속되었다. 그리고 10대가 되기 전에 3개월 기한의 안거도 한 번 했다. 해가 지남에 따라, 매년 짧은 안거에 바치는 시간이 차츰 증가했다.

물 토끼 해의 4번째 달(1903년 봄)에 그는 첫 번째 큰 안거에 들어갔으나, 불행하게도 영국의 침입으로 중단되었다. 그러나 13대 달라이 라마는 10년 후에 다시 시작해 이 안거를 끝냈다. 불 용 해의 열 번째 달(1916년 늦가을)의 서른 번째 날에 그는 바즈라바이라와 딴뜨라 시스템과 연관된 큰 안거를 위해 칩거에 들어갔다. 뿌르촉빠 잠빠 갸초가 말하듯이,

> 여기서 그는 먼저 매일 네 번 생기차제 수행에 열중하여, 만다라 명상에서 [모든 것이 붓다의 것으로] 분명하게 나타나도록 닦고, 자기가 딴뜨라 본존이라는 긍지(divine pride, 여래의 긍지)를 확고하게 만들어서, 죽음과 중음·재탄생에 대한 범부의 인식의 기반을 정화했다. 이것이 확고해지자, 그는 나아가서 원만차제에 들어갔는데, 이것은 생기차제 수행을 통해 처음에 일어난 경험들을 완성시키는 것이다.

거의 4년의 기간에 걸쳐 그는 큰 안거의 전통을 이행했는데, 여기에는 준비단계들(前行), 본수행(本行), 마무리 수행(後行)의 3요소가 모두 갖춰져 있다. 뿌르촉빠 잠빠 갸초가 쓴 전기에 의하면, "이 방식으로 그는 금강승의 핵심에 대한 완전한 내면의 경험을 얻었으며, 초기 달라이 라마들이 확립한 유산을 계승했다."

13대 달라이 라마 찾기와 즉위를 관장했던 뀐델링 사원의 섭정 따착 린뽀체는 불 개 해(1886)의 네 번째 달에, 13대 달라이 라마가 겨우 일곱 살이었을 때 세상을 떠났다. 그는 12년 동안 티베트를 통치했었다. 라싸 정

부는 달라이 라마가 성년이 될 때까지 봉사할 다른 섭정을 임명해야 했고, 이 지위는 뗀곌링 사원의 데모 뚤꾸 띤레 랍걔에게 주어졌다.

1893년에 위대한 13대 달라이 라마가 18세가 되자, 많은 사람들은 그에게 나라의 적극적인 통치자로 등극하라고 압박했다. 그러나 권력 이양은 2년 동안 미뤄졌는데, 표면상으로 그의 종교적 공부를 끝내기 위해서였다. 티베트의 역사가들은 섭정 띤레 랍걔의 형제들이 자신들의 권력을 보유하기 위해 그 의식을 막으려 했다고 암시한다.

어쨌든 13대 달라이 라마는 그의 정규 교육을 마치고, 나무 양 해, 1895년 봄에 세 사원 종합강원에서 마지막 시험을 치렀다.

국가의 수반으로서 그의 즉위는 넉 달 후 같은 해의 여덟 번째 날에 거행되었다.

모든 일이 다음 몇 년 동안 잘 되어 갔다. 위대한 13대 달라이 라마는 많은 시간을 공부와 명상 안거에 바치며, 국가를 운영하는 것은 그의 각료회의에 맡겼다. 특히, 이 시기에 그는 닝마빠의 스승인 위대한 구루 레랍 링빠와 많은 시간 동안 공부했다. 그를 통해 위대한 13대 달라이 라마는 그의 전임자 5대 달라이 라마로부터 내려오는 닝마빠 법맥들을 성취했다.

4. 티베트와 영국과 러시아

　이전에 설명했듯이, 위대한 13대 달라이 라마의 삶에 그림자를 드리운 것은 그의 시대의 정치적 사건들, 특히 영국과 러시아간의 소위 '위대한 게임'에서 티베트의 매우 중요한 역할 때문이었다. 영국은 그들이 티베트를 중국 아래 놓이게 한 체푸 협정으로 알려진 1876년의 영국 – 중국 조약에서 자신들이 성공했다고 생각했다. 중국은 겉으로는 위대한 게임에서 중립이었다. 하지만 실제로는 정치적으로 러시아의 영향권보다 영국에 더 가까웠다.

　이 움직임은 즉각적인 결과들을 거의 낳지 못했다. 체푸 거래의 일부로서 당시 청조는, 영국과 무역을 하기 위한 목적으로 티베트인들에게 티베트의 남쪽 국경 야뚱에 무역 시장을 여는 것에 동의하도록 라싸에서 그들의 영향력을 사용하려 했다. 티베트인들은 자신들이 체푸 협정에 서명한 것도 아니고, 그 조항들 중에 어떤 것이라도 존중한다면 그것에 대한 묵시적인 동의가 된다는 이유를 들어 거부했다.

　이에 뒤따른 일은 진지한 정치라기보다 코미디에 가까웠다. 1880년대 중반에, 영국은 체푸 협정을 시행하겠다는 신호를 보내기 위해서 일방적으로 야뚱에 무역 시장을 열었다. 하지만 티베트인들이 그곳을 이용할 수 없도록 라싸 정부는 그곳으로 가는 길을 모두 막았다. 이 무역 시장은 사실 지정된 무역 장소를 표시하는 돌로 된 원(圓)일 뿐이었다. 매일 밤 티베트인들은 산에서 몰래 내려와 이들 돌을 치워버려서 그 '교역소'를 해체했다. 바로 다음날 영국인들은 몇 개의 새로운 원을 만들었다. 이것이 한동안 계속되면서, 어느 누구도 심각한 해를 입지는 않았지만 영국인들은 많이 당황했다.

결국 무슨 조치를 취해야 한다는 결정이 내려졌다. 1886년에 영국은 매컬리 탐험대를 이 지역으로 보내 자신들의 '교역소'를 방어하게 했다. 나중에 알고 보니, 공교롭게도 그때 라싸에는 성지순례 중인 약 만여 명의 캄빠 전사들의 군대가 와 있었다. 어린 13대 달라이 라마는, 이제 겨우 열 살에 불과했지만, 영국인들에게 신호를 보내기 위해 이 전사들에게 야뚱 지역으로 가서 요새들을 세우라고 요청했다.

이 사건은 인도에 있는 영국인들을 당황하게 만들었으나, 어떻게 대응할지에 대한 합의는 없었다. 매컬리는 자기가 링뚜로 가서 티베트, 시킴, 부탄에게 조약 협상을 요청하겠다는 뜻을 내비쳤다. 런던은 동의하지 않았다. 이 사건에 대한 관심을 불러일으켜서 최근에 체결한 체푸 조약을 위태롭게 하고 상황을 악화시킬 필요가 없었기 때문이었다. 인도에 있는 영국 총독이 내린 결론은 이 급습을 완전히 무시하고, 티베트인들이 결국 보급품들로 버티기에는 어려운 입장이 되어 자진하여 퇴각하기를 바라는 것이 더 낫다는 것이었다.

10월에, 중국인들은 체푸 조약의 위반에 대해 티베트인들에게 항의했다. 이에 대한 반응으로, 티베트인들은 링뚜에 있는 자신들의 입지를 강화하고 이 지역을 폐쇄하여 영국인들과 중국인들에게 똑같이 대응했다.

이 사건에 대해 언급하면서, 위대한 13대 달라이 라마의 전기는 기술한다. "이 어린 환생자는 그의 중요한 공부에서 시간을 내어 상당히 큰 군대의 설립을 주관했다. 그의 조언자들 중 다수가 이들 일로부터 거리를 두라고 권했으나, 그는 중국과 영국 양쪽에 티베트의 독립이 알려지는 것이 매우 중요하다고 생각했다. 그래서 그는 군대를 모집하는 임무를 맡은 네 명의 관리들을 축복해 주고, 후에 남쪽으로 파견된 많은 전사들에게 축복은 물론이고 호신용 끈을 주었다."

그렇게 해서 무척 어린 나이에 위대한 13대 달라이 라마는 언제든지 행동할 준비가 되었음을 보여 주었다. 그의 전기는 더 나아가 기술한다. "난폭한 활동에 관여하는 것은 라마의 수명을 단축시킬 수 있기 때문에, 3명의 고위 닝마빠 라마들과 열다섯 명의 의례 보조원들이 이 기간 동안 밤낮으로 (달라이 라마를 위한) 장수 의례들을 행하도록 요청 받았으며, 민돌링의 닝마빠 사원도 전부 마찬가지였다."

영국의 의도적인 비활동은 바라는 효과를 가져오는 것 같지 않았다. 1887년 12월에, 한 통의 편지를 링쭈에 있는 티베트인들에게 보내, 그들이 자발적으로 물러나지 않으면 봄에 강제로 쫓겨날 것이라고 통보했다. 비슷한 편지를 2월에 달라이 라마에게 보냈다. 티베트인들은 어느 편지에도 답하지 않았다.

그 동안, 중국인들은 광란에 빠져 있었다. 사태를 지연시키려는 의도로, 그들은 라싸에 있는 자신들의 주 고위 관리를 소환하고 새로운 사람을 임명했다. 그러나 이 사태는 아마 베이징의 리홍장(Li Hung-chang)이 에드윈 고쉔(Edwin Goshen)과 가진 대화 속에 가장 잘 묘사되어 있다고 볼 수 있다. 리홍장이 말했다. "사람들은 티베트에서 중국의 영향력에 대해 말하나, 그것은 명목상일 뿐입니다. 그곳은 라마들이 강력하기 때문입니다." 달리 말해, 영국과 중국은 티베트가 중국의 일부라고 인정하는 데 서로 동의했으나, 티베트인들은 그렇게 할 의도가 전혀 없었고, 중국인들은 그들의 주장을 시행할 능력이 없었다.

'대영제국의 위대한 게임'에서 영국이 티베트를 중국에 세 번 팔았다는 것이 정확한 말이 될 것이다. 첫째, 인도에 있는 영국인들은 청 황제의 환심을 사고 극동으로의 대체 무역통로로 티베트를 이용하려는 희망으로 티베트를 중국의 일부로 부르는 것을 선택했다. 다음으로, 영국이 티베트를 중국에게 다시 판 것은 영국이 버마와 인도의 히말라야 지역들의 식민 정책을 실증하고 티베트가 러시아의 영역에 들어가지 않도록 하기 위한 것이었다. 마지막으로, 티베트를 침입하여 무력하게 만들고 나서, 영국이 티베트를 중국에 넘긴 것은 현 상태를 유지하고 영국 자신이 그르친 정책을 은폐하기 위한 것이었다.

13대 달라이 라마는 대단히 어린 나이에 티베트가 처한 곤경과 미묘한 입장을 인식하고, 영국령 인도(British India)와 러시아·중국 사이에 중간 입장을 협상하려 시도했던 것 같다. 그가 따랐던 길은 아주 위험했으며, 아마 성공을 거두지는 못했다고 주장할 수 있을 것이다. 그러나 그가 압력에도 결코 굽히지 않았다는 것과 자신의 작은 나라가 아시아에서 이들 세 초강대국들의 세력에 도전하도록 고취시켰다는 사실은 티베트인들이 그를 '위대한 13대'로 기억하는 많은 이유들 중 하나이다.

1903년, 초여름에 그는 3년에서 4년 동안 지속되는 큰 안거에 들어갔기 때문에, 13대 달라이 라마는 티베트의 외교 관계들이 기본적으로 안정되었다고 확신했던 것 같다. 그리고 십중팔구 그는 전반적인 외교 분위기를, 적어도 영국의 종합적인 정책에 관해서는 올바르게 해석했을 것이다. 런던은 결코 라싸를 군사적으로 침입하는 것을 원하지 않았다. 왜냐하면 러시아와 중국 양쪽과의 관계에 심각한 결과를 초래할 위험이 있었기 때문이다.

위대한 13대 달라이 라마가 명상에 들어간 지 14개월 후에, 영국인들은 강체를 떠나 라싸 침입의 마지막 단계에 돌입했다. 티베트 정부는 어떤 행동 진로를 따라야 할지 몰라 네충의 신탁을 불러내어 그의 조언을 구했다. 신탁영매는 달라이 라마는 안거를 중단하고 영국과의 협약이 이뤄질 수 있을 때까지 몽골로 떠나라고 권고했다.

전형적인 방식으로, 뿌르촉빠 잠빠 갸초가 작성한 위대한 13대 달라이 라마의 전기는 그때에 달라이 라마가 티베트의 수도를 떠나는 이유에 관한 세간에 알려지지 않은 이야기를 우리에게 제공한다. 뿌르촉빠 잠빠 갸초는 이렇게 썼다.

위대한 13대 달라이 라마는 그의 관심이 필요한 무수한 수행자들이 몽골과 중국에 있다는 것을 깨달았다. 또한, 그는 북동쪽의 성지, 특히 암도에 있는 쫑카빠 대사의 출생지와 중국 서부에 있는 문수보살의 성스러운 다섯 개의 봉우리를 가진 산(오대산)을 방문하고 싶은 오랜 소망을 갖고 있었다. 그가 특히 오대산에서 시간을 보내려고 한 것은, 그곳을 다시 신성하게 하여 미래 세대들에게 수행의 영감을 불어넣고 세계 평화에 이바지하는 신비한 에너지를 방출하는 힘의 장소로 만드는 것이 중요하다고 생각했기 때문이다. 또한 그가 깨달은 것은 불교의 미래에 쓰일 여러 중요한 보물들을 재발견하는 것이 자신의 운명이라는 것이었다. 그래서 영국인들이 라싸의 남쪽 다리에 나타났을 때, 그는 먼 지역으로 가야 할 시간이 왔음을 알고, 뽀딸라를 떠날 것을 결정했다.

이렇게 하여 영허즈번드가 라싸에 도착했을 때, 3대 달라이 라마는 어디에서도 발견되지 않는 사태가 발생했다. 그는 몽골로 떠나면서, 자신의 내각과 간덴 띠빠에게 영국과 조약을 강구하라는 지시를 남겼다. 이 전략은 오래된 것이었다. 침입자들은 하위 관리들을 상대해야 하는 명백히 불리한 입장에 놓이게 되고, 만약 좋지 않은 조약에 동의하게 되면, 달라이 라마가 서명한 것이 아니라는 근거로 나중에 부인할 수 있다는 것이다.

위대한 13대 달라이 라마는 여러 달 동안 꿈붐 사원에 머물면서 순례자들과 이 지역 사람들에게 가르침과 축복을 주었다. 그는 또한 기회를 잡아 인접 지역들로 짧은 여행을 하고, 쫑카빠의 태가 묻혔다고 하는 지점에서 성장한 신비한 나무 앞에서 기도 모임을 이끌었다.

이 체류 중에 그는 꿈붐의 높은 환생 라마들 중의 한 분인 딱체르 뚤꾸와 친분을 쌓았다. 딱체르 뚤꾸 라마는 죽은 후에 딱체르 지역의 작은 가정에서 환생했다. 현 달라이 라마는 거의 10년 뒤에, 위대한 13대 달라이 라마가 사망하고 1년 후에 같은 가정에서 태어났다. 그러므로 우리가 알 수 있는 것은 이 방문 동안에 꿈붐에서 가르침과 관정을 주는 것 외에, 위대한 13대 달라이 라마가 자신의 미래 환생을 위한 준비도 하고 있었다는 것이다.

그가 꿈붐에 있을 때, 라싸로부터 관리들의 대표단이 도착하여 그에게 즉시 귀환을 요청했다. 베이징에서 황제와 황후가 보낸 또 다른 대표단이 도착하여 그에게 중국의 수도인 베이징 방문을 요청했다. 이때 러시아도 그에게 접촉하여, 베이징을 방문하지 말고 라싸로 돌아가라고 조언하고, 그에게 무장한 호위대를 제공하겠다고 했다. 영국 또한 여기서 그에게 접촉하여 베이징으로 가지 말라고 조언했다.

십중팔구 13대 달라이 라마는 여행의 이 시점에서 라싸로 돌아가려고 계획하고 있었을 것이다. 그러나 러시아와 영국 두 나라가 다 그의 중국 방문을 반대하는 것을 보자, 호기심이 일어나서 그는 중국 황제의 초대를 받아들이기로 작정했다.

그러나 그는 먼저 중국의 가장 성스러운 순례 장소 중의 하나인 오대산을 방문할 예정이었다. 여기서 그는 5대 달라이 라마를 위해 수 세기 전에 지어진 한 사원에 거처를 잡았다. 그는 5개월 동안 오대산에 머물며 기도와 명상에 잠겼다. 그리고 헌신적인 순례자들의 인파가 연이어 와서 축복과 가르침을 주었다. 그의 전기에 의하면, 오대산에 있는 동안 그는 많은 영상들을 보았고 다수의 기적을 행했다고 한다.

달라이 라마는 1908년 9월에 베이징에 도착하여, 성대한 환영을 받았다. 그는 청의 순치제(Shun-shi)가 베이징을 방문한 5대 달라이 라마를 위해 지은 노란 궁전에 머물렀다.

위대한 5대 달라이 라마가 1653년에 베이징에 왔을 때 그는 외국의 지도자로 대우를 받았다. 그러나 이제 중국 정부는 13대 달라이 라마가 약화된 지위에 있다는 것을 알고는, 이것을 자신들에게 유리하도록 이용하려 계획했다. 13대 달라이 라마는 중국 황제와 황후를 만날 때 방문하는 신하처럼 절을 해야 한다는 말을 들었다. 그는 또 중국의 통치자들의 좌석보다 더 낮은 좌석이 주어지게 되었는데, 이것 또한 티베트에 대한 중국의 권한의 상징이라는 것이다. 달라이 라마가 두 조건에 다 반대해서, 만남은 연기되었다. 그는 황제와 황후를 대등한 조건이면 보고, 그렇지 않으면 그들 모두를 보지 않으려 했다.

마침내 조정이 이뤄져서, 그는 두 중국 통치자를 따로 만났다. 친견이 순조롭게 진행되어, 10월 한 주 내내 궁궐에서 접대를 받았고, 다양한 종교적 의식들을 집전하고 그 나라의 평화를 위한 기도를 이끌었다.

그때 전혀 예상하지 못했던 사건이 일어났다. 11월 21일에 갑자기 황제가 세상을 떠났다. 그리고 그 다음날 황후도 그 뒤를 따랐다. 온 나라가 충격에 빠졌다. 달라이 라마는 이 둘을 위한 장례 의식을 집전해 달라는 요청을 받았다. 티베트인들은 새로운 황제, 중국의 마지막 통치자가 될 운명인 아이를 선택하는 데 조언도 요청받았을 것이라고 믿는다.

찰스 벨 경이 지적했듯이, 이 상당히 괴로운 시련을 겪으면서도 달라이 라마는 자신의 종교적 수행과 명상을 보통 때와 똑같이 계속했다. 아침이나 저녁에 그의 거처 근처를 지나가는 사람은 누구나 그가 자신의 다마루와 금강령에 맞춰 기도문을 염송하는 소리를 들을 수 있었다. 그리고 인도에서 여행할 때도 종종 그는 자신의 명상을 방해 받기보다는 차라리 식사를 거르려 했다.

새해(1911) 3월에, 달라이 라마와 그의 일행은 모든 불자들이 성스럽게 여기는 인도의 4대 성지를 순례할 기회를 가졌다. 4대 성지는 부처님이 태어난 곳, 깨달음을 얻은 곳, 첫 번째 가르침을 편 곳, 그리고 열반한 곳이다. 이들 각각의 장소에서 위대한 13대 달라이 라마는 명상을 하고 집중적인 기도에 들어갔다. 이곳을 방문하고 다시 성화시킴으로써 4대 성지에 대해 많은 히말라야 불자들의 관심을 다시 불러일으키게 했다. 4대 성지에 새로운 생명을 부여한 것이다. 흥미로운 점은 현 달라이 라마가 그때 13대 달라이 라마에 의해 시작된 이 일을 계속해 오고 있다는 것과 인도 불교 성지순례지의 부활이 크게 이들 두 환생자들 덕분이라는 점이다.

티베트인들은, 만주인들이 티베트 라마들과 과거 2세기에 걸쳐 누려왔던 후원자/성직자 관계가 중국의 평화와 안정에 요구되는 업운(業運)을 만주인들에 제공했다고 믿는다. 그러므로 위대한 13대 달라이 라마가 베이징에 있을 때 황제와 황후가 그들의 후원자 역할을 남용하여 그를 정치적으로 압박하려 함으로써, 그 두 통치자들이 달라이 라마가 여전히 그 도시에 있었는데도 세상을 떠난 것은 결코 우연이 아니었다고 티베트인들은 믿고 있다. 자신들의 지위를 유지해 주는 공덕의 뿌리를 파괴함으로써 그 업의 결과들이 거의 즉각적으로 그들의 죽음으로 나타났다는 것이다.

그러나 청의 과오는 여기서 끝나지 않았다. 왜냐하면 새로운 통치자들이 티베트를 자국의 한 성(省)으로 만들기 위해 곧바로 티베트를 침입했기 때문이다. 청 왕조 전체가 이제 공덕의 기반을 약화시켰다. 이에 대한 업의 결과는 달라이 라마가 인도에 망명하고 있을 때 중국에서 발발한 1911년의 혁명이었다. 11월에, 만주족의 통치는 끝이 났고, 쑨원과 그의 국민당으로 대치되었다.

달라이 라마의 다음 단계는 영국인들을 중재자로 하여, 중국인들을 협상 테이블로 데려오는 시도였다. 이것은 1913~1914년의 심라 협약의 형태를 취했다. 여기서 그는 티베트를 대표해 각료 셰따를 보냈다. 영국은 찰스 벨 경과 헨리 맥마흔을 보냈다. 마지막으로 중국은 이반 첸을 보냈다.

셰따는 벨에게 달라이 라마가 다음의 네 가지 조건들이 충족되기를 원했다고 전했다. (1) 티베트는 국내 문제에 대해서는 자치권을 갖는다. (2) 티베트는 국외 문제에 대해서도 통제권을 가져야 한다. 비록 중요한 사항들은 대영 제국과 관련해서 결정될 수 있겠지만. (3) 어떤 중국의 관리들이나 병사들도 티베트에 주둔하지 않는다. (4) 티베트의 동쪽 영토는 따치엔루까지 이르는 지역들을 포함한다.

인도에 있을 때 달라이 라마는 법률적인 것들에 대한 영국인들의 애착을 알게 되었다. 그래서 티베트인들은, 중국과 다른 아시아 국가들과 서명한 모든 오래된 조약들, 분쟁 지역에서의 많은 세금 기록들, 분쟁 지역에서 라싸가 임명한 관리들의 서류들 등 자신들의 주장을 뒷받침하는 방대한 서류들을 갖고 회담에 나갔다. 모두 합쳐 그들이 가져온 것은 56권의 두꺼운 법률 서류들이었다. 중국인들은 구두 주장 외에 가져온 것이 거의 없었다.

영국인들은 어려운 처지에 놓이게 되었다. 모든 법률적 증거는 티베트인들 쪽에 있었고, 게다가, 중국인들은 티베트의 영토로부터 추방되었다.

그렇게 해서 위대한 13대 달라이 라마의 1913년의 독립 선언 때부터 1933년의 그의 사망 때까지, 어떤 중국인 관리들도 티베트 땅에 사는 것이 허락되지 않았다. 티베트인들과 결혼한 중국인들은 티베트 국적을 채택하거나 티베트를 떠나야 했다.

5. 티베트 사회의 구조 개혁

1913년으로부터 1916년까지의 기간에 위대한 13대 달라이 라마는 티베트의 문화와 수행 시설들을 재활성화시키는 일로 바빴다. 그는 영국과 중국의 침입으로 인해 거의 8년 동안 나라를 떠나 있어서, 해야 할 일이 많았다. 사원들을 부활하고 그들의 교육 시설들을 개선해야 했으며, 의과 대학들과 병원들도 마찬가지였다. 다양한 공연 예술 학교들을 보살펴야 했고, 미술 분야도 활성화시켜야 했다. 그리고 나서 5년 동안 중국 침입자들이 운영했던 정치기구들도 완전히 바꿔야 했고, 앞에서 언급한 대로, 군대도 증강해야 했다. 간단히 말해서, 한 나라가 과거의 폐허를 딛고 재건시켜야 했다.

티베트인들이 13대 달라이 라마를 위대하게 보는 주요 이유들 중 하나는, 그리고 그들이 그를 좋게 기억하는 이유들 중 하나는 부패나 허영을 보이는 사람들을 다루는 그의 방식 때문이다. 영국과 중국의 군사력에 맞선 그의 용기는 그가 독립적인 마음과 통찰력을 지닌 사람임을 증명했다. 그러나 그의 인간성이 가장 밝게 빛나는 것은 사람들을 다룰 때였다. 이 점에 있어 그의 강한 성격을 보여주는 한 예는 티베트의 가장 큰 국가 축제인 라싸의 대기원제의 행정을 개혁한 방식이다.

전통적으로 라싸의 치안 유지는 이 축제 기간 동안 두 승려 관리들에게 맡겨졌다. 이 치안 유지 계약은 입찰방식으로 선정되었고, 이 권리를 따낸 측은 축제 기간 동안 일어나는 모든 위반에 대한 벌금을 징수할 권한이 주어졌다. 그 결과 계약을 따낸 측이 누구이든지 간에, 가장 사소한 위반에 대해서도 그들이 할 수 있는 한 가능하면 많은 사람들에게 벌금을 징수하려 했다. 이것은 시간과의 경주였는데, 그 도시의 치안 유지 특권을 얻기 위해 일정한 금액이 지불되었으며, 그 짧은 기간 동안에 벌금으로 거금을 모을 기회가 있었다.

처음의 발상은 충분히 좋은 것이었다. 이 축제는 많은 스님들이 – 약 5만 명 – 모이므로, 당연히 치안은 스님들이 유지해야 했다. 그러나 여러 세기에 거쳐, 역점이 스님들에게 규칙을 지키도록 하는 것으로부터 라싸 사람들에게 위반을 했다고 날조하여 무차별적인 벌금을 내도록 괴롭히는 것으로 바뀌었다. 그 결과, 이 축제 동안에 거의 모든 재가자들은 도시를 버리고 지방에 있는 친척이나 친구들을 방문하러 갔다가, 돌아와 보면 자신들의 집이 부재 시에 종종 약탈되기도 했었다.

위대한 13대 달라이 라마는 이 축제 치안 담당관들로부터 이 권한을 박탈하여 그들의 지위를 순수하게 의례적인 것으로 만들었다. 이 권리를 얻기 위해 입찰을 하기보다 주요 사원들이 각각 두 스님의 이름을 보내도록 하여, 그 중에서 그가 그 일을 맡을 사람을 선택했다. 티베트인들은 그가 승려 관리인들을 불러들여 이 새로운 계획을 알렸을 때에 대해 이야기 하는 것을 좋아한다.

"그러나 이 전통은 5대 달라이 라마 자신이 세운 것입니다"라고 그들이 주장했다. "그렇다면 오늘날의 5대 달라이 라마는 누구입니까?"라는 것이 그의 대답이었다. 그들은 그의 논리에 반박할 수 없었다. 그들 자신이 그를 5대 달라이 라마의 환생자로 즉위시켰기 때문이었다.

13대 달라이 라마의 개입으로 이 축제는 다시 한 번 더 기쁨과 축하의 행사가 되었고, 재가자들도 다시 참석하기 시작했다. 사실, 위대한 13대 달라이 라마의 주요 업적 중 하나는 이 축제를 부활시킨 것이었다. 생애 후반 내내 그는 항상 이 축제를 주재했고, 그의 참석은 초기 달라이 라마들의 시절 이후 이 축제가 누리지 못했던 신성함을 부여했다.

또 하나의 인기 있는 이야기는 쎄라 사원의 재정담당자들이 사원의 재정을 다루는 데에 의심스런 관행들을 따르고 있다는 것을 알고 쎄라 사원을 다룬 이야기이다. 한 농촌이 쎄라 사원에서 돈을 좀 빌렸으나, 그 빚을 갚아야 할 때가 되었을 때 그렇게 할 수 없었다고 한다. 그 사원의 몇몇 스님들이 강제적으로 징수하러 그 마을로 갔는데, 빚을 받지 못하자 대신 담보물로 다양한 소유물들을 압류했다.

농부들이 달라이 라마에게 직접 호소하자, 그가 이 문제를 조사하게 했다. 나중에 그는 쎄라의 세 부서의 주지들을 소환해서 꼬박 이틀을 대기실에서 기다리게 한 뒤에 그들을 친견했다. 그러고 그는 그들에게 중한 벌금을 물리고, 만약 미래에 다시 그런 사건이 생긴다면 해직될 것이라고 경고했다.

위대한 13대 달라이 라마는 귀족한테도 이에 못지않게 직선적이었다. 착참 다리(Chaktsam Bridge)의 영웅의 삶에서 잘 보여주는데, 그는 그의 개인적 재능이 그 당시의 어떤 귀족보다 뛰어나 달라이 라마의 정부에서 가장 영향력 있는 사람들 중 한 사람이 되었다. 비슷한 예가 뀐뻴라 스님의 경우다. 출생은 소작농이었지만 달라이 라마가 자신의 주요 보좌관으로 키웠고, 티베트에서 가장 강력한 인물 중의 한 사람이 되었다. 이들과 그리고 유사한 다른 사건들이 위대한 13대 달라이 라마를 범부의 챔피언이자 티베트 사회의 신분 상승의 상징으로 만들었다.

또 하나의 중요한 이야기는 석가모니 부처님의 것으로 생각되는 수뜨라들과 딴뜨라들을 담은 108권으로 된 티베트의 경전 모음인 깐규르를 출판하려는 달라이 라마의 노력에서 나왔다. 티베트의 인쇄는 하나하나 손으로 새긴 목판으로 이루어지므로, 이것은 대규모 사업이었다. 사업이 완성되려면 약 10만 개의 목판을 새길 필요가 있었다. 편집하는 일만 해도 여러 일류 학자들의 참여가 요구되었다.

출판하는 동안 어떤 문제가 발생했다. 일부 구절들의 애매모호함 때문에, 특정 경전에 담겨 있는 철학적 교리들에 대해 여러 가지 상충하는 해석들이 있었는데, 전통적으로 티베트 학자들은 이 애매모호함이 불교 철학의 풍성함과 비독단적인 성격에 이바지한다고 칭송해 왔다. 그러나 이 사업 중간에 달라이 라마는 편집장 제 세랍 갸초가 자기 사원의 관점과 더 가까이 부합하도록 만들기 위해 몇몇 더 민감한 구절들을 다시 쓰고 있는 것을 발견했다. 또한 닝마빠가 받아들이는 몇 가지 논쟁의 대상이 되는 경전들이 있었으나 제 세랍 갸초는 개인적으로 이들을 부처님의 말씀으로 여기지 않고 그래서 전부 생략하려 했다. 달라이 라마는 몹시 화가 나서, 편집장이라는 명망 있는 지위에서 그를 해고했다. 그는 제 세랍 갸초의 작업을 모두 다시 점검하게 하고, 나머지 편집은 자기가 직접 했다.

위대한 13대 달라이 라마의 또 하나의 중요한 작업은 조캉, 라모체, 쌈예 사원을 포함하여, 티베트의 오래된 사찰과 사원들의 복원이었다. 이들 중에 많은 곳의 벽화들은 천 년이 넘은 것들이었고, 꼭 수리할 필요가 있었다. 티베트인들 가운데 좀 더 미신적인 사람들은 수리를 하려면 옛 물감을 제거해야 하는데, 이것은 신성한 불상들의 일시적인 파괴를 의미한다는 근거로 복원을 반대했다. 달라이 라마는 대기원제 때 대중 법문에서 여러 차례 이 비판을 언급하고 백성들이 그런 미신적인 견해를 갖고 있다고 꾸짖었다. 어느 해에 그가 말했다.

"부처님이 이성을 가지고 논리적으로 마음을 쓰고 행동하라고 그렇게 강조하셨는데도, 우리나라 사람들 중에 많은 사람들이 미신과 원시적인 생각의 수렁에 여전히 빠져 있는 것 같아 조금 슬프다." 그러나 그는 두려워하지 않았고, 다양한 복구 사업들이 중단 없이 계속되었다.

티베트인들이 또한 얘기하기 좋아하는 것은, 그가 얼마나 엄하게 날씨 라마들을 다루었는지에 대한 것이다. 날씨 라마들이 하는 일은 라싸 주변의 높은 산에 머물면서 비가 필요할 때 비를 내리게 하고, 작물이 여물거나 꽃이 필 때는 우박을 멈추게 하는 것이었다. 그의 날씨 라마들은 티베트에서 제일 으뜸이었고, 그래서 그들은 보통 의식을 할 때마다 성공을 거뒀다. 그러나 그들이 실패하면, 위대한 13대 달라이 라마는 그들에게 해명을 요구했다. 심사숙고 끝에 그 실패가 그들의 노력이 부족해서가 아닌 것으로 판단되면 처벌이 없었다. 그러나 예상치 못했던 우박을 동반한 폭풍 후에 한 번은, 네 명의 날씨 라마들이 폭풍이 형성되기 시작했을 때 산 위의 자신들의 근무처에 있지 않았다는 것을 알게 되었다. 그는 그들을 자기 처소의 뜰로 데려오게 하여 채찍질을 당하게 했다.

교육 분야에서, 위대한 13대 달라이 라마는 티베트 불교계에서 가장 높은 영예인 게셰 학위에 응시하려는 사람들을 위해 시험 절차를 개선하고 표준화한 노력도 인정받고 있다. 소문에 의하면, 사람들이 가장 갈망하는 이 졸업장을 얻는 과정에 부패와 뇌물 수수가 있어서, 일부 사람들이 마지막 시험에 들어가는 것이 허락되었다고 한다. 마지막 시험은 구두시험이고, 일반 승려들을 위한 시험은 많은 다른 후보들과 함께 열린 마당에서 있었기 때문에, 무자격 후보가 실제로 테스트를 받지 않고 빠져나가는 것이 가능했다. 이것은 가장 집중적인 시험은 개별적인 사원에서 치르고, 각 사원은 최고의 졸업생들만 대기원제 때 공개 토론에 보내게 되어 있었기 때문이었다. 달라이 라마는 훨씬 더 엄격한 심사 절차를 실시하여 무자격 후보들이 나타날 수 없도록 했다. 달라이 라마 자신이, 그의 개인교사들과 여러 명의 신중하게 선택된 고위 라마들과 함께, 개인적으로 그 테스트의 마지막 단계들을 감독하고, 공개 토론 시험에 참관했다.

그는 게셰 학위를 얻은 사람들이 자신의 명성에 만족하여 더 이상 노력하지 않는 것을 허락하지 않았다. 그는 모든 최고 라마들을 면밀히 지켜보고, 종종 그들을 개인적으로 불러 그들이 자신들의 지식으로 무엇을 하고 있는지 알아보았다고 한다.

위대한 13대 달라이 라마의 티베트 의료 전통에 대한 공헌도 이에 못지않게 중요했다. 그는 라싸의 두 주요 의과 대학에서 의대생의 교육과 시험을 개선했고, 5대 달라이 라마가 수 세기 전에 설립했던 '국가 의료' 체계를 수정했다.

이런 모든 활동들 가운데에서 위대한 13대 달라이 라마는 조용하지만 매우 바쁜 삶을 살았다. 매일 그는 해가 뜨기 훨씬 전에 일어나서 여러 시간 동안 명상했다. 아침 식사 후에 그는 전국에서 편지를 보내 온 사람들에게 개인적으로 답장을 보냈다. 인도와 중국뿐만 아니라, 다양한 여러 몽골 지역에서 많은 편지들이 왔다. 이들 중의 일부는 개인적인 수행상의 조언을 구했고, 다른 것들은 죽은 누군가를 위해 그의 기도를 요청했으며, 또 다른 것들은 새로 태어난 아이들의 이름과 축복을 구했다. 어떤 것들은 가까운 제자들로부터, 어떤 것들은 먼 곳의 불자들로부터 온 것이었다. 그는 이들 하나하나에 개인적인 관심을 보여 주었다.

점심 식사 후에 그는 보통 한 시간 정도 그림을 그리거나 명상하고 나서 오후 내내 길게 이어지는 개인적·공식적 친견에 들어갔다. 어떤 날에는 그의 각료들 또는 의원들과의 회의가 있었다. 다른 날에는 그를 보려고 온 큰 무리의 사람들에게 개별적인 축복이나 가르침을 줘야 했다. 그가 시작한 수많은 사업들을 책임진 다양한 위원회 사람들 또한 이때 보고하러 왔다. 그는 이른 저녁에 한 시간 정도 정원 가꾸는 것과 해질 때 노르부 링까 공원에서 산책하는 것을 좋아했다고 한다. 그는 그러고 나서 자신의 방으로 물러나, 글을 쓰거나 명상을 하거나, 그의 개인 사원 남걀 다창에서 기도와 의식에 참여했다. 그의 것이라 여겨지는 많은 글들은 일반적으로 하루 중 이 시간에 씌어졌다.

거의 자정까지는 그는 잠을 자지 않았다. 끝마치려면 여러 날 여러 주가 요구되는 관정 의식이나 가르침을 주는 일이 있을 때, 종종 밤새도록 그는 명상 자세로 앉아 있었다고 한다.

그를 더 녹초가 되게 하는 일 중의 하나는 그룹 축복을 주는 것이었음에 틀림없다. 이는 티베트의 어떤 지역이나 몽골, 히말라야 인도에서 온 전체 유목 부족을 맞이하는 것일 수 있었다. 그것은 또한 어떤 사원이나 여자 사원 전체일 수 있었다. 심지어 그 그룹의 사람들이 만 명이거나 2만 명이 되어도, 그는 각 개인을 일일이 축복해 줘야 했다.

군중이 그의 앞을 일렬로 지나가고, 그는 자신의 손을 각 신자들의 머리에다 차례로 대거나, (장식용) 술이 달린 지팡이를 신도의 머리에 닿게 했다. 이것은 그가 그룹에 있는 어떤 사람에게 질문을 하거나, 어떤 이가 그에게 짧은 질문을 하거나 하여 오고가는 대화에 의해 중단되기도 했다. 재가자들의 경우에 종종 아기의 이름이나 신성한 알약, 아니면 어떤 질병을 치유하기 위한 축복을 요청하기도 했다. 스님들의 경우에는 그가 주려고 하는 어떤 관정이나 가르침에 참석하게 해 달라는 요청이거나, 그들이 시작하려는 명상 안거에 대한 그의 축복을 받으려는 요청이 더 많았다.

티베트인들이 또 얘기하기 좋아하는 것은 위대한 13대 달라이 라마의 기적적인 능력과 초자연적 능력에 대해서다. 일반적으로 스님들은 이런 능력들을 공개적으로 드러내는 것이 허락되지 않지만, 때때로 달라이 라마조차도 이 점에서는 잘못을 저지른다. 한때 대기원제를 주재하고 있을 때, 그는 일부 스님들이 의례를 부정확하게 행하고 있는 것을 알게 되었다고 한다. 그는 즉시 일어나 화를 내며 그들이 하고 있던 의례로 주의를 다시 끌어오기 위해서 자신의 한 발로 바닥을 쳤다. 그의 발자국은 조캉 사원의 베란다 위 단단한 돌에 남아 있어 지금도 모두가 볼 수 있다. 그것은 깊이는 1센티미터 이상이었고 그 모양은 그의 발 윤곽과 완전히 일치했다.

모든 성인 달라이 라마의 또 하나의 중요한 기능은 새로 환생한 라마들의 발견과 인증 절차에 참여하는 것이다. 고위 라마가 사망할 때마다. 환생자를 찾기 위해 위원회가 조직된다. 조사를 어디에서 시작할지에 대해 단서들을 얻기 위해 종종 달라이 라마를 찾아온다. 일부 달라이 라마들이 이 일에서 다른 달라이 라마들보다 더 큰 재능을 보였지만, 위대한 13대 달라이 라마는 그 중에서 최고였다고 한다. 성인이 된 때부터 '찾기'가 필요한 환생자들 중 여러 명을 발견하는 데 그가 중요한 역할을 했는데, 자신의 상위 개인교사 뿌르촉빠(이 분은 나중에 그의 수석 제자이자 전기 작가가 되었다), 자신의 보조 개인교사 링 린뽀체,(이 분은 나중에 현 달라이 라마의 상위 개인교사가 되었다). 레땡 린뽀체(이 분은 위대한 13대 달라이 라마의 사망 후에 티베트의 섭정이 되었다) 등이다.

예를 들어, 레땡 사원의 고위 라마의 환생자 찾기가 시작되었을 때, 위원회는 먼저 달라이 라마에게 조언을 구하러 간다. 그는 여러 날 동안 자신의 꿈들을 지켜보고 나서 그들에게 편지를 보냈는데, 거기에 묘사된 것은 그 지역의 땅 모양, 라싸로부터 방향, (그가 전혀 만난 적이 없는) 그 어머니와 아버지의 이름이었다. 그 정보는 그 위원회를 올바른 지역으로 인도하여, 결국은 그 환생자를 발견하게 했다.

말년에, 위대한 13대 달라이 라마는 이 환생자에 대해 특별한 애정을 보였다. 그는 종종 한 번에 몇 주 동안 레땡 사원을 방문하여, 이 사원 위의 향나무 숲 속 작은 집에서 은거하며 홀로 명상했다. 그는 이 어린 라마에게 많은 개인적 관정들과 가르침을 주고, 그의 수행의 성장을 세심하게 지켜보았다.

그리고 사망하기 1년 전에 그는 레땡 린뽀체에게 자신의 개인 점치는 상자를 주면서, 미래에 그가 나라 일을 결정하는 데 도움을 얻기 위해 그것이 필요할 수 있다고 말했다. 후에 그 레뗑 라마는 새로운 달라이 라마 환생자의 발견을 책임진 가장 중요한 인물 중 한 분이 되었다.

사실, 위대한 13대 달라이 라마가 사망한 후에 섭정이라는 위험한 일이 뜻밖에 레뗑 린뽀체에게 주어졌다. 이 결정은 티베트 내각에 의해 그리고 제시된 다양한 많은 후보들의 많은 이름들 중에서 뽑기에 의해 이뤄졌다.

티베트인들은 그때 13대 달라이 라마가 레뗑 린뽀체가 섭정을 맡도록 선택되리라는 걸 알 수 있었던 것은 예지력 이외에는 다른 방법이 없기 때문에, 어린 레뗑 뚤꾸에게 자신의 점 상자를 준 13대 달라이 라마의 행동을 그의 예지력의 증거로 본다.

모든 달라이 라마의 한 가지 중요한 의무는 수행을 시작하길 원하는 사람들에게 계를 주는 것이다. 한 라마에게서 계를 받은 각 개인은 그로부터 법명도 받는다. 그 이름은 대개 두 부분으로 이뤄지는데, 첫째 부분은 계를 주는 라마의 첫째 이름이고 둘째 부분은 각 개인들에게 특정한 것이 된다. 위대한 13대 달라이 라마의 첫째 이름은 툽뗀이었는데, 그는 수천 명의 남녀 승려들에게 계를 주었기 때문에, 툽뗀은 20세기의 초반에 중앙아시아 전역의 사원들에서 가장 흔한 이름들 중의 하나가 되었다.

그 결과, 이들 계를 받은 비구스님들 각자는 나중에 그들 자신들의 공동체에서 새로운 아이들의 이름을 짓는 데 도움을 주었는데, 그들 또한 자신의 첫째 이름을 아이의 첫째 이름으로 주었다. 위대한 13대 달라이 라마의 엄청난 인기 때문에, 그를 만나는 것 다음으로 가장 좋은 것은 그에게 또는 그가 계를 준 누군가에게 이름을 받는 것이었다. 이 방식으로 툽뗀이라는 이름은 퍼져나가 티베트에서 가장 널리 사용되었다. 오늘날까지도 티베트인 4명 혹은 5명 중의 한 명은 첫째 이름으로 툽뗀을 가진 것 같은데, 이 유산은 위대한 13대 달라이 라마로부터 물려받은 것이다.

또한 위대한 13대 달라이 라마를 사람들이 애정을 갖고 기억하는 것은 그의 불 같은 기질 때문이다. 그를 만난 거의 모든 서양인들은 그가 자신의 백성들을 다룰 때에 얼마나 분노했는지에 대해 말했다. 어떤 이들은 이 강력한 감정을 나쁜 성질을 나타내는 것으로 잘못 받아들였지만, 그를 잘 아는 사람들은 그것을 보수적이고 천천히 움직이는 사회에 효과적으로 동기를 부여하는 교묘한 방편으로 보았다.

모든 달라이 라마들이 자비의 보살인 관세음의 화현으로 생각되지만, 이분들 각각은 모든 세 핵심적인 보살, 즉 자비의 화현인 관세음, 지혜의 화현인 문수, 힘과 분노(위맹)의 화현인 금강수(Vajrapani)의 특징을 구현한다. 일반적으로 위대한 13대 달라이 라마는 자비의 보살인 관세음의 화현이었으나, 그의 표현 방식은 분노에 찬 활동의 보살인 금강수의 성품을 대단히 많이 반영했다.

언젠가 외국 친구들에게는 그렇게 상냥하고 부드러우면서 티베트인들에게는 왜 그렇게 분노하는지에 대해 질문 받자, 그는 웃으며 대답했다. "내가 이렇게 분노로 그들을 대해도, 여전히 그들은 내가 말하는 것의 반만을 들을 뿐인데, 내가 그들에게 덜 분노한다면 얼마나 덜 효과적이겠는가?"

전통적으로 라마의 세 가지 가장 핵심적인 행위는 제자를 가르치는 것과 철학적 토론에 참가하는 것, 논서를 쓰는 것이라고 한다. 그의 삶의 마지막 10년 동안, 위대한 13대 달라이 라마는 이들 세 가지 일에 막대한 에너지를 바쳤다.

문화의 영역에서 그의 활동들은 이미 다루었다. 여기서 그의 가장 중요한 활동들 중의 하나는 티베트의 고전적인 기관들의 복원이었다. 조캉과 라모체 사찰에 대한 작업만 해도 백 명의 티베트의 가장 재능 있는 예술가들의 공동의 노력이 필요했다. 이 노력의 전반적인 결과로 미술품들이 완전히 생기를 되찾았다. 그는 또한 세 분의 핵심적인 보살들에게 헌정된 노르부 링까 안의 장엄한 법당을 포함하여 여러 새로운 사원 건설을 주문했다. 그가 세운 출판사는 부뙨(Buton)의 전집과 따라나타(Taranatha)의 중요한 작품들을 포함하여, 많은 위대한 티베트 고전들을 출판했다. 그가 다양한 공연 예술, 종교적인 참(cham) 춤들과 고전적인 하모(lhamo) 오페라들 양쪽에 제공한 후원은 티베트 무용 전통을 완전히 부활시켰다.

전통적인 형태의 교육을 개선한 것은 물론, 그는 여러 어린 티베트 학생들이 인도와 영국에 있는 영국 학교를 갈 수 있도록 주선하여 티베트를 현대화하려고 시도했으며, 티베트 안에 영국이 운영하는 학교를 후원했다. 그는 이런 다양한 일들을 그를 대신하여 실행할 위원회를 단지 임명하는 것이 아니라, 그 자신이 이들에 대해 직접적이고 개인적인 관심을 가졌다. 그 결과, 그는 티베트의 수행과 문화적인 삶에 깊은 영감을 주었다.

6. 죽음

　티베트인들은 대부분 모든 달라이 라마는 깨달은 사람으로 태어나며, 그가 얼마나 살 것인지와 언제 세상을 떠날 것인지를 결정할 완전한 힘을 가졌다고 믿는다. 이와 달리 보이는 어떠한 것도 단지 세속적인 세계에서 그들이 살아가며 평범한 사람들의 마음을 교육시키기 위한 행동일 뿐이다.

　이런 질문을 할 수 있다. 위대한 13대 달라이 라마가 자신의 삶과 죽음을 마음대로 할 힘이 있었다면, 왜 그는 그 특정한 때에 세상을 떠나는 것을 선택했을까?

　필자가 인도에 있는 난민 캠프에 머물고 있는 동안 여러 학식 있는 티베트인들로부터 들은 한 가지 이론은 그가 자신의 백성들에게 그들이 군사적으로 자립하고, 그리하여 그가 예견한, 결국 발생하게 될 공산주의자들의 침입을 대비해 자신들을 준비시킬 수 있는 안내도를 주었다는 것이다. 그러나 그들은 그의 말에 귀를 기울이기에는 너무 무기력하고 파벌적이었으며, 큰 군대를 유지한다는 생각을 받아들일 수 없었다. 그들은 침입에 대비하려 하지 않았고, 만약 뭔가가 행해져야 한다면 그가 스스로 해야 한다는 점이 명백해졌다.

　예언에 의하면, 그의 신자들은 82년 동안 그의 존재로 인해 축복을 받을 만큼의 충분한 공덕을 지녔다고 한다. 만일 신자들이 올바르게 행동한다면 말이다. 그러나 그들이 나라를 위해 강력한 군대를 만들어야 한다는 달라이 라마의 조언을 따르는 것을 주저했을 때, 이것은 달라이 라마를 어려운 입장에 놓이게 했다. 달라이 라마는 조용하게 남은 생을 은퇴하여 살면서 황혼에 이르렀을 때, 붉은 중국이 침입하는 것을 속수무책으로 지켜보거나, 세상을 떠나 빨리 환생하여, 그 침입이 일어났을 때, 젊고, 활력 넘치는 사람으로 자신의 백성을 이끌어 어려운 상황을 헤쳐 나가, 그들을 인도로 망명하도록 인도하고, 거기에서 티베트의 독립과 티베트의 고유한 수행 문화의 보전을 위해 일할 수 있을 것이다. 그는 후자를 선택했다.

물 새 해, 1933년의 11월에, 위대한 13대 달라이 라마는 네팔인 포교 사진사를 불러 자신의 제자들을 위해 자신의 공식적인 사진을 찍어달라고 부탁했다. 이것은 달라이 라마가 전에 한 적이 없는 행동이었기 때문에, 티베트인들은 그가 곧 세상을 떠나려 한다는 신호로 이를 받아들였다. 그러고 나서 12월 중순에 갑자기 그는 심한 감기에 걸렸다. 며칠 사이에 그 감기는 폐렴으로 발전해서 그는 세상을 떠났다.

7. 13대 달라이 라마의 저술

위대한 13대 달라이 라마는 자신의 바쁜 일정 속에서 수십 권의 다양한 길이의 책을 지었다. 많은 이전 달라이 라마들이 그랬듯이, 그도 많은 시, 찬가, 기타 운문 작품들을 썼다. 필자는 그의 수행 조언의 운문 작품으로 이 장을 마무리 한다.

'실천 수행을 강화하는 노래'

꼐마호!
성인(聖人)들의 은혜의 핵심, 귀의의 대상들의
화현들인 근본 스승님들과 법맥의 스승님들의
발 아래 절합니다. 제 가슴 깊은 곳으로부터
여러분들을 부르오니 자비의 고리로
중생들의 깨달음이 성취될 때까지 그들을 돌보소서.

다섯 가지 커다란 퇴보가 특징인 거친 시대에
중생들은 정신적으로 약해 윤회의 감옥 안에
단단히 갇혀 있네. 그들의 마음은 이해력이 제한되어 있고
다섯 가지 마음의 독(五毒)으로 된 올가미에
묶여 있네. 그러므로 부처님들의 자비가 특별한 힘과

함께 현재 나타나셨네.

그러므로 이것은 또한 기회의 시기,
이생과 중음, 모든 미래 탄생들의 목적을 이루는
방편에 기쁘게 전념할 시기네.
해탈과 일체지의 경지에 이르게 하는
최고의 길(道)의 단계들을
그대들의 마음속에 치밀하게 분명하게 만들게.

단 하루를 바쳐 선업을 기르며 전혀 악업을 짓지
않는 것은 한낮의 별처럼 희귀하네.
여덟 가지 세속적인 관심(세속팔풍)과 활동들은
이생에만 이익을 줄 뿐인데도 만연하여,
그들은 우리들에게서 영원한 기쁨 빼앗네.

그럼, 끊임없이 피상적인 것들에 익숙해져
축적된 습기 때문에 우린 편향된 마음 갖게 되어
인과법의 진실에 눈멀어
세 가지 지고한 귀의의 대상(삼보)들을 믿지 않고
마치 마술사의 행위를 부정적으로 의심하듯 하네.
그리하여 그릇된 개념(무지)에 조종받아
우리들의 마음은 나쁜 습관에 익숙해지고 우린 많은
악업 쌓으며, 모든 숭고한 것을 조롱하고 헐뜯네.

이 그릇된 개념의 짐은 무겁고 더욱더 마음을 가리네.

그럼 진실에 모순되는 삶을 살면서 우린 가치 있는 일
하는 걸 미루네. 진실로, 슬픈 것은 그리하여 보석
같은 인간의 잠재력을 잘못 사용하는 분들이
책임 있는 삶에 등을 돌리는 것을 보는 것이네.

많은 사람들이 이런 가르침들을 들어왔지만,
마음이 오만으로 막혀 있어
자기들 자신이 가르침에 따라 행동하지 않아도 된다는
근거로 드는 것은 보살들과 딴뜨라 요기들이지만
이들이 관습에 얽매이지 않고 행동할 수 있는 것은
공성을 깨달은 그들의 지혜와 대비심의 힘 덕이네.

담배를 피우면, 악취가 먼저 일어나고
천상의 존재들을 불안하게 하고, 그러고는
내려와 수십만 개의 나가(Naga) 호수들을 오염시키며.
질병, 결핍, 갈등을 낳고
불길한 조건들의 뿌리는 강해지네.

'가슴에 담아야 할 생각들'

스승님들과 수행 본존들께 예경 드립니다,
이 분들은 자비의 보살님과 불가분이시며
성품이 바다 같은 부처님들의 화현이십니다.
온 마음 집중하여 제가 여러분들 부르오니
여러분들의 자비의 에너지 물결 보내 주소서.

지금 이 순간에는 무관심과 잠, 게으름이
극복할 수 없는 영향력을 행사하는 것 같으나
더 낮은 세계(악도)의 고통을 생각해 보고
이 고통이 어떻게 그대들의 것이 될 수 있는지 생각해 보게.
인식의 대상을 향해 일어나는
무관심(치)과 애착(탐), 혐오(진)의 경향들을
제거하는 힘을 기르게.

우리의 수명은 정해져 있지 않으니
아무도 언제 죽을지 정확하게 예언할 수 없네.
그러니 깨달음의 가르침을 수행하게.
세상의 바쁨과 부산함에서 멀리 떨어진
조용한 명상 장소를 찾게.
항상 혼자 사는 것에 만족하는
코뿔소를 그대의 본보기로 삼아
마음을 산란케 하는 친구들과 함께 하지 말게.

마음을 세 가지 지고한 교육(계·정·혜)의 밧줄로
단단히 묶고, 그대의 머릴 지키듯이
주의해서 이들을 지키게.
수행의 교육들에 능숙해지고
인과법칙의 방식들에 밝아져서
더 낮은 세계(악도)로 인도하는 그 통로들이
영원히 끊기고 닫히게 하게.

만일 우리가 성스러운 스승들의 가르침에
우리의 마음을 맞출 수 있다면
그럼 우린 윤회와 열반 양쪽의 한계들을 초월하고
비할 데 없는 붓다의 경지를 성취할 수 있을 것이네.
이것은 의심할 여지가 없네.
그래서 난 지성을 지닌 그대들에게 촉구하네,
온갖 노력 다해 이 길 성취하라고.

제11장

14대 달라이 라마 뗀진 갸초
  − 망명자에서 세계 평화의 상징으로

◀ 14대 달라이 라마 뗀진 갸초(Tenzin Gyatso)
ⓒ Jasject Plaha/Hindustan Times

1. 최초로 공개되는 5대 레땡 뚤꾸에 대한 진실

위대한 13대 달라이 라마가 세상을 떠난 후에, 새로운 환생자를 찾고 그 선택된 아이의 미성년 기간 중에 봉사할 섭정을 선택하기 위해 회의가 열렸다. 많은 고위 라마들의 이름들이 나왔으나, 합의에는 이르지 못했다.

이 문제로 선택된 한 라마가 5대 레땡 뚤꾸였다. 그의 이름이 암시하듯, 그는 환생한 레땡 사원의 최고 라마였다. 비록 그가 그 때 겨우 23세였지만, 그는 유달리 성숙하고 성격이 강해 보였다. 그가 선택된 주된 이유는, 그의 이전의 환생자들이 이전의 달라이 라마들과 가까웠었고, 그들 중의 하나가 섭정 역할까지 했었기 때문이다. 더욱이, 젊은 5대 레땡 뚤꾸는 위대한 13대 달라이 라마와 깊은 수행의 연관을 갖고 있었다. 사실 위대한 13대 달라이 라마는 그가 죽기 바로 전에 젊은 레땡을 방문했는데, 이것이 중요한 것으로 생각되었다.

비록 레땡 뚤꾸들이 7대 달라이 라마 이래로 유명하고, 사람들의 존경을 받아 왔지만, 5대 레땡 뚤꾸에 대해서는 티베트와 서양 학자들 모두 애매모호하거나 심지어 사악해 보이는 말로 묘사해 왔다. 이분에 대해 가장 널리 퍼져 있는 이야기는 그릇된 진술뿐인데, 이 책에서는 그에 대한 영웅적인 이야기를 처음으로 사실대로 제시한다. 현 달라이 라마는 그에게 모든 것을 빚졌다는 점에서, 그에 대한 더 정확한 이야기가 오래전에 나왔어야 한다.

4대 레땡 뚤꾸가 세상을 떠난 것은 1911년으로, 13대 달라이 라마가 인도에서 망명생활을 하고 있을 때였다. 13대 달라이 라마가 티베트로 돌아오자마자 그는 이 환생자를 확인하는 과정에서 마지막 결정의 책임을 개인적으로 맡았고, 5대 레뗑의 최종 후보자 명단에 있는 아이들에 대한 마지막 점을 쳤다. 그는 그런 다음 선택된 아이에게 첫 번째 승려 계를 주고, 또한 그에게 그의 삶 내내 알려지게 될 툽뗀 잠뻴 예셰 뗀빼 걜첸이라는 이름도 주었다. 전통에 따라 이것의 첫 번째 부분, 즉 '툽뗀'은 13대 달라이 라마 자신의 이름의 일부였다.

이렇게 상서로운 출발을 하여, 5대 레뗑 뚤꾸는 학문적인 교육을 받기 위해 쎄라 제(Sera Jey) 사원에 들어갔다. 그는 학업 능력이 뛰어났으며 하람(Lharam) 게셰로서 신기록으로 졸업했는데, 이것은 중앙 티베트의 사원들에서 수여되는 가장 높은 학위였다.

젊은 5대 레뗑 뚤꾸는 위대한 13대 달라이 라마가 사망한 후에 매우 빨리 섭정의 직무를 제의 받았다. 그러나 그의 수석 관리원은 그에게 이 지위를 받아들이지 말라고 조언했다. 한 세기가 채 지나지 않은 과거에 3대 레뗑도 섭정을 맡았는데, 그가 국가를 위해 일을 잘 했지만, 그의 봉사는 그 자신에게는 개인적 비극으로 끝났기 때문이다. 이 분은 레뗑 예셰 갸초였는데, 11대 달라이 라마의 어린 시절인 1845년에 섭정이 되었고, 그러다가 1862년에 재가자인 왕축 걜뽀 셰따가 일으킨 쿠데타의 희생자가 되었다. 그 결과, 레뗑 예셰 갸초는 안전한 곳으로 달아날 수밖에 없어서, 스스로 중국 망명을 택했다. 비록 왕축 걜뽀 셰따가 결국 티베트에 있는 그의 사원으로 돌아오는 것과 평화롭게 여생을 조용히 보내도록 허락했지만, 이 라마는 귀국 후 바로 세상을 떠났다. 많은 사람들은 이것이 살인일 거라고 생각했다.

두 생애 후에도, 불쾌한 뒷맛이 레뗑 사원 장로들의 집단적 기억 속에 아직 남아 있었다. 그래서 위대한 13대 달라이 라마가 세상을 떠나고 5대 레뗑 뚤꾸에게 섭정을 맡으라는 요청을 받고 나서도 그 반응은 열성적이지 않았다.

 티베트 정부는 점에 의지하기로 결정하고, 띠수르 린뽀체에게 점을 쳐 달라고 요청했다. 유력한 후보들의 이름을 종이쪽지에 적어서 보리 반죽 공에 넣었다. 이들을 큰 사발 안에 놓고, 띠수르 린뽀체가 만뜨라와 기도문을 올리고, 그의 양손으로 사발을 잡아, 그 공들 중에 하나가 밖으로 나올 때까지 원을 그리며 돌리기 시작했다. 밖으로 나온 그 공 속 종이 위의 이름은 레뗑 뚤꾸였다. 그래서 정부는 다시 한 번 더 강력하게 레뗑 뚤꾸가 그 직책을 받아들이도록 압박하였고, 결국 그는 수락했다.

2. 14대 달라이 라마의 탄생, 수색, 발견, 라싸로의 여행

섭정으로 취임한 후 곧바로, 레땡 뚤꾸는 13대 달라이 라마의 환생자를 찾는 임무를 맡을 위원회를 만들었다. 조사할 지역이 전반적으로 이미 밝혀져 있었던 것은 위대한 13대 달라이 라마의 사망 이후에 라싸에서 일어난 여러 가지 자연 현상들을 점쟁이들이 예언적인 것이라고 생각했기 때문이었다. 특히 세 가지 사건이 사람들의 관심을 끌었다.

첫째는 라싸의 북동쪽으로 반복해서 모이는 것 같은 특이한 구름 형상이었다. 이 도시에 있던 모든 사람들이 이를 목격했고, 이 사건은 상당한 추측의 대상이 되었다.

둘째 표시는 13대 달라이 라마의 몸이 앉은 상태로 안치되어 있는 방의 벽에 나타난 이끼의 무늬였다. 그 무늬는 어떤 모양과 존재를 갖고 자기 자신에게로 주의를 끌려는 것 같았고, 몸의 북동쪽에 있었다.

셋째, 미라로 만드는 과정 동안 그의 머리는 반복해서 스스로 북동쪽 방향으로 향하는 것 같았다. 미라 작업자들이 그 몸을 소금으로 된 탈수 상자에 넣을 때마다 그 머리를 바로잡았으나, 그들이 소금을 바꾸기 위해 상자를 열어보면 그 머리가 움직여 북동쪽을 가리키는 것으로 보였다.

이들 세 가지 징표들이 달라이 라마가 북동쪽으로 환생했다는 표시로 받아들여졌다. 그러나 거리가 표시되지 않아서 많은 다른 관찰이 필요했다.

그 다음에 네충과 상의했다. 늘 그렇듯이 그는 신탁을 암호 같은 시로 말했으나, 그의 메시지는 명확했다. 이 조사는 티베트의 먼 북동 지역에서 해야 한다는 것이었다.

섭정은 신탁 호수 방문이 필요하다고 결정했다. 그는 작은 그룹의 의례 보조원들과 함께, 자신이 이를 행하기로 했다. 다 함께 그들은 올카 지역으로 가서, 신성한 호수 근처에 2대 달라이 라마가 지은 사원인 걜에 거처를 잡았다. 매일 섭정과 그의 의례 보조원들은 호수까지 걸어 올라가서 그 위에서 호수의 물을 바라보며 명상했다.

마침내 영상들이 나타났다. 처음에는 티베트어 음절 아 · 까 · 마(A, KA, MA)가 호수의 물속에 형성되는 것처럼 보였다. 그런 다음 청록색과 황금 지붕의 3층 사원의 이미지는 물론, 그곳에서 가까운 언덕까지 이르는 길이 나타났다. 마지막으로 작은 집의 이미지가 나타났다. 그것에는 독특한 배수로가 있었고, 울퉁불퉁하고 비틀린 아주 작은 향나무들이 그 주위에 자라고 있었다.

라싸에 있는 위원회가 이들 징표들을 깊이 생각해 보고, 호수에서의 그 음절 'A'는 티베트의 먼 북동쪽 지역, 암도(Amdo)를 가리키는 것으로 결정했다. 음절 'KA'는 암도에서 가장 크고 신성한 사원인 꿈붐(Kumbum)을 가리키는 것이 틀림없다고 결론지었다. 왜냐하면 그 사원은 3층이었고 지붕이 청록색이기 때문이었다. 음절 'MA'는 암도와 꿈붐 양쪽에 들어 있는 'm' 소리를 가리키는 것으로 생각되었다.

섭정이 본 영상에서 작은 집은 13대 달라이 라마가 환생한 집, 그리고 어린 14대 달라이 라마를 발견할 수 있는 곳을 분명하게 보여줬다. 더욱이, 그 집은 꿈붐 사원에서 걸어갈 수 있는 거리에 있을 것이다. 그 영상이 사람들이 걸어 다니는 좁은 길을 분명하게 보여줬기 때문이다.

한 번 더 네충의 신탁을 불러냈다. 이 새로운 정보의 분석을 위해 그에게 전달한 것이다. 그는 꿈붐이 조사해야 할 지역이라고 확인해 주었다.

그래서 위대한 13대 달라이 라마의 사망 후 얼마 되지 않아 한 팀의 스님들이 유망한 징표를 갖고 태어난 아이들을 찾고 조사하기 위해 암도로 파견되었다. 이 그룹은 쎄라 사원의 고위 라마인 께우창 린뽀체가 이끌었다. 그는 위대한 13대 달라이 라마의 가까운 제자였으며 여러 가지 수행의 성취들로 존경받는 인물이었다.

독자들이 아마 기억하겠듯이, 꿈붐은 3대 달라이 라마가 쫑카빠 대사의 출생지에 지은 사원의 이름이다. 나중에 이 사원은 7대 달라이 라마의 초기 몇 년 동안 그의 거처로 사용되었다. 게다가, 수많은 행사 때에 위대한 5대 달라이 라마와 위대한 13대 달라이 라마 둘 다 꿈붐을 개인적으로 방문하고 가르친 곳이기도 하였다. 그래서 이 지역은 쫑카빠 대사와 초기 달라이 라마들 모두와 관련된 신성한 장소들이 많아서, 대단히 인기 있는 순례지였다. 께우창 린뽀체와 그의 팀은 꿈붐 사원에 머물면서 특이한 징표를 갖고 태어난 아이들의 소문에 귀를 기울이기 시작했다.

드디어 어느 날 그들이 따라가고 있던 길이 그들을 한 언덕 주변으로 이끌었다. 호숫가 영상들로부터 섭정이 묘사한 것과 일치하는 것처럼 보이는 한 마을의 광경이 바로 보였다. 거기에서 그들은 이상한 배수로와 울퉁불퉁하고 뒤틀린 아주 작은 향나무들이 있는 작은 집을 보았다. 이때가 한겨울이어서, 신탁 호수에서 본 처음의 꿈에서와 똑같이, 언덕들이 눈으로 덮여 있었다.

께우창 린뽀체는 자신들의 조사가 마무리에 가까워졌음을 즉시 알았다. 그는 그의 수행원들 중의 하나를 책임 라마인 체하게 하고, 자신은 그 그룹의 하인으로 가장했다. 이런 식으로 그들은 그 집에 가서 그 날 밤을 묵게 해 달라고 부탁했다.

우리가 앞 장(章)에서 보았듯이, 위대한 13대 달라이 라마가 1906년에 라싸에서 베이징으로 여행하는 동안 그는 가르침을 주는 한편 성지순례를 하기 위해 꿈붐 사원에 한 동안 머물렀다. 그때에 그는 꿈붐 지역의 위대한 신비한 성취자 중의 한 분인 딱체르 라마와 친구가 되었다. 이 둘은 쫑카빠 대사의 젊은 시절과 관련 있는 근처 성지순례지들로 자주 함께 나들이 갔다.

이런 짧은 여행 중에 쫑카빠 대사가 아기였을 때 4대 까르마빠 라마를 만나 전통적인 삭발 의식뿐만 아니라 계명을 받았던 작은 까르마 까규 사원에도 갔다. 한낮에 위대한 13대 달라이 라마와 딱체르 라마는 딱체르 마을이 내려다보이는 한 언덕으로 나들이를 갔다. 위대한 13대 달라이 라마는 이곳의 자연적인 아름다움에 대해 언급하고 이 마을을 한번 둘러보게 안내해 달라고 부탁했다. 그는 일일이 각각의 집을 지나가면서, 그 사람들에게 많은 질문을 했다. 마을 사람들은 나라의 수행과 세속의 지도자를 자신들의 초라한 거주지에서 맞이하는 뜻밖의 영광에 몹시 놀랐다.

떠날 시간이 되자, 위대한 13대 달라이 라마가 마을 사람들에게 자신이 그들의 마을과 사랑에 빠졌다고 말하면서, 어느 날 돌아올 것이라고 약속했다. 위대한 13대 달라이 라마가 특별히 강한 관심을 가진 것처럼 보였던 한 집이 있었다. 몇 년 후에, 이 연로한 딱체르 라마가 세상을 떠나자, 위대한 13대 달라이 라마는 그의 환생자 찾기를 관장해 달라는 요청을 받았다. 결국 위대한 13대 달라이 라마가 새로운 딱체르 린뽀체로 선택한 그 아이가 바로 그 집에서 태어난 아이였다. 비록 께우창 린뽀체가 이끄는 조사단이 이 역사에 대한 상세한 사항들은 몰랐지만, 그들이 따르고 있던 실마리는 그들을 똑같은 집으로 이끌었다. 위대한 13대 달라이 라마는 그의 오랜 친구 딱체르 라마의 환생자의 남동생으로 환생했던 것이다.

현 달라이 라마는 그리스도처럼 외양간에서 태어났다. 현 달라이 라마의 출생지인 암도의 관습 때문이었다. 진통 중인 어머니는 마을 여자들과 함께 외양간으로 물러난다. 거기에서 그녀는 신선하고, 깨끗한 건초 잠자리를 펼쳐놓고, 이곳을 분만 장소로 사용한다. 남을 의식하지 않아도 되고, 뒤처리도 간단하다. 건초는 가져가서 태우기만 하면 된다. 달라이 라마가 1935년 여름에 세상으로 나올 때까지 그의 어머니는 이미 이런 식으로 여러 명의 아이를 낳았었다.

께우창 린뽀체와 그의 수행원단이 처음으로 이 아이를 보러 왔을 때, 그는 두 살 반이었으나, 이들은 꿈붐 지역에 거의 3년 동안이나 있었다. 그러므로 그들이 도착했을 때, 그는 아직 자궁 안에 있었다.

암도에서의 관습대로, 이들은 존중 받았고 숙식이 제공되었다. 이 첫 번째 방문 중에 께우창 린뽀체는 조용히 이 아이를 멀리서 관찰해서 그가 그들이 찾는 대상임을 즉시 확신했다. 그러나 그는 자신들의 탐색에 어떠한 관심도 끄는 것을 바라지 않았기 때문에, 그들은 다음날 조용히 떠났다.

3주 후에 그들은 다시 문 앞에 나타나서 호의를 청했다. 이번에는 께우창 린뽀체가 두 개의 지팡이를 짚고 걷고 있었는데, 그 중 하나가 위대한 13대 달라이 라마의 것이었다. 아이가 그 지팡이를 보자 즉시 그것을 잡고 말했다. "이건 내 꺼예요! 이걸로 뭘 하고 있는 거예요?"

그때 께우창 린뽀체는 위대한 13대 달라이 라마가 한때 그에게 선물로 준 만뜨라 염주를 그의 목에 두르고 있었다. 아이가 즉시 이것을 알아보고 자신의 것이라고 주장했다. 그는 그러고는 그것을 그의 작은 두 손에 잡고 이를 이용해 만뜨라를 염송하기 시작했다.

그날 저녁에 께우창 린뽀체는 격식을 갖추지 않고 많은 물건들을 탁자에 올려 놓았다. 이들 중에는 13대 달라이 라마가 사용했던 다마루와 만뜨라 염주가 있었다. 아이는 스스로 그 탁자로 걸어가 이 두 물건을 집어 들고, 다른 물건들에는 전혀 관심을 보이지 않았다.

테스트가 끝난 후에 께우창 린뽀체가 부모에게 그의 그룹이 13대 달라이 라마를 찾는 무리들 중의 하나라고 말했다. 그는 더 나아가 그들에게는 16명의 후보들이 있는데, 그에게는 이 아이가 진정한 환생자라는 것을 알려주었다.

이 어린아이는, 일반적으로 방문객들에게는 무관심했으나, 께우창 린뽀체와 즉시 가까운 관계를 맺는 것 같았다. 이 둘은 라싸 방언으로 대화했는데, 이 아이는 이생에서는 전에 들어본 적이 없는 방언을 갑자기 유창하게 사용했다.

이들이 그 다음날 아침 떠날 때 아이는 눈물을 터뜨리고, 께우창 린뽀체의 승복을 움켜잡으며, 그와 같이 가도록 해 달라고 애원했다. 께우창 린뽀체가 며칠 내로 돌아오겠다고 약속한 뒤에야 이 어린 달라이 라마는 진정했다.

티베트의 꿈붐 지역은 그 당시 마 뿌팡(Ma Pu-fang)이라는 이름의 중국령 투르케스탄 통치자의 지배 아래 있었다. 께우창 린뽀체는 그에게 그의 영토 안에서 새로운 달라이 라마 찾기가 진행되고 있으며, 16명 후보로 압축되었다고 알려 주었다. 역사가들은 오늘날 그 영토를 '중국이 지배한' 것으로 언급한다. 그러나 마 뿌팡은 그의 영토를 독립적이고 자주적인 국가로 간주했다.

전체주의자이기는 했지만, 마 뿌팡은 대체로 친절한 사람이었던 것으로 보이고, 그의 통치 아래 살고 있던 대부분의 티베트인들은 그를 상당히 좋아했다. 그는 또 다소 교활하여, 이 상황에서 개인적 이익을 챙길 가능성을 보았다. 그는 자신의 거처로 그 16명 후보들을 불러 모아, 그들을 시험해 보기로 작정했다. 여기서 그는 아이들을 반원 안에 앉게 하고, 그들의 반응을 관찰하면서 개인적으로 질문을 했다.

잠시 후에 그가 사탕 쟁반을 돌렸다. 대부분의 아이들은 한 움큼씩 잡앉으나, 딱체르에서 온 아이는 조심스럽게 단지 한 개만을 선택하고는 나중을 위해 옆으로 치워 놓았다. 마 뿌팡은 이 아이의 겉모습과 처신에 깊이 감동했다. 그가 아이에게 물었다. "너는 내가 누구인지 아니?" 아이가 그의 두 눈을 똑바로 쳐다보고 부끄럼이나 겁먹지 않고 대답했다. "당신은 마 뿌팡입니다." 이것을 본 후에 마 뿌팡은 딱체르에서 온 아이가 진정한 환생자라고 완전히 확신했다. 그는 다른 후보들과 가족들을 돌려보내고, 딱체르 가족을 자신의 곁에 두었다.

티베트 조사단은 곧 그들이 마 뿌팡에게 자신들의 임무를 알렸다는 사실을 후회하기 시작했다. 그들은 티베트의 동쪽 국경에 큰 군대를 갖춘 강력한 이슬람 군주를 불쾌하게 만들려는 의도가 없었기 때문에, 외교적 이유로 그렇게 했던 것이었다. 그러나 그 다음 몇 주간에 걸쳐 고양이가 쥐를 갖고 노는 일이 뒤따랐다. 마 뿌팡은 티베트 위원회에게 요금을 자신에게 지불해야 자신의 손님들이 라싸로 떠나도록 허락하겠다고 통지했다. 그는 적은 액수를 언급하는 것으로 시작했지만, 몇 달에 걸쳐 점차로 그 양을 늘렸다.

그리하여 달라이 라마라는 지위에 오를 수 있는 제일가는 후보가 몸값 때문에 인질로 잡혀 있었다고 볼 수 있다. 위원회는 이 아이가 라싸에서 시험을 받아야 할 세 명의 최종 후보들 중의 하나일 뿐이고, 십중팔구 진짜가 아닐 거라고 주장함으로써 그의 석방을 유도하려 했다. 그러나 이 교활한 이슬람 군주는 그렇게 쉽게 속지 않았다. 그는 이 드라마를 즐기면서, 그의 '손님'이 진짜 달라이 라마라고 여전히 확신했다. 결국 티베트 정부는 마 뿌팡의 요구에 굴복하고 그에게 요즘 돈으로 환산해서 수백만 달러를 지불했다.

티베트인들은 오늘날 일반적으로 마 뿌팡을 나쁘게 말한다. 그의 행동으로 달라이 라마의 공식적인 인정과 즉위가 늦어졌다고 비난하며 그가 아이를 놔주는 데 요구한 많은 대가에도 분개한다.

그러나 나쁜 상황에도 좋은 점이 있는 법이다. 강제로 잡고 있던 이 기간에, 이 이슬람 군주는 이 아이에 대한 깊은 애정뿐만 아니라, 아이의 아버지와도 가까운 우정을 쌓았다. 아마 보복에 대한 두려움이 8년 후에 라싸에서 펼쳐지게 된 드라마에서 달라이 라마를 암살에서 구한 한 가지 주요 요소였을 것이다. 이 아이는 티베트 사람들의 정신적·세속적 지도자로서 라싸에서 권좌에 올랐을 수 있지만, 그는 그럼에도 불구하고 여전히 마 뿌팡의 땅의 아들로 남아 있었기 때문이다.

3. 즉위

꿈붐에서 중앙 티베트로의 짧은 여행이 이들에겐 거의 석 달이 걸렸는데, 이것은 그들의 특별 보호를 받는 사람이 다름 아닌 어린 달라이 라마라는 말이 퍼졌기 때문이었다. 그래서 사람들이 달라이 라마를 친견하고 축복을 받도록 하기 위해 이들은 반복해서 멈춰야 했고, 이동하면서 야영을 위해 매일 밤 텐트를 쳤다. 그들은 그 당시 가장 안전한 곳으로 여겨지던 코꼬노르, 즉 '푸른 호수'를 지나는 북쪽 통로를 택했다. 여행의 단계마다 집단의 크기가 커진 까닭은 라싸에서 온 대표단이 이들을 만나 남은 여행을 함께 했기 때문이었다.

드디어 이 행렬이 산에서 빠져나와 레뗑 사원을 처음으로 보게 되었는데, 여기서 섭정이 라싸 관리들의 대규모 대표단과 함께 그들을 기다리고 있었다. 섭정은 이 만남을 매우 기뻐했다. 왜냐하면 어린 달라이 라마의 도착은 그의 첫 번째이자 가장 중요한 임무의 완수를 뜻하기 때문이었다. 그는 티베트의 오페라 공연과 잔치와 함께 성대한 축하 행사를 마련했다. 어린 달라이 라마는 마치 그들이 여러 해 동안의 친구인 양 섭정과 즉시 가까운 관계를 맺는 것 같았다.

섭정을 대동하고, 전체 집단이 라싸로 떠났다. 여기서 아이와 아버지는 노르부 링까('여름 거처')에서 거주하게 됐다. 아이는 자신의 거처를 즉시 알아보는 것처럼, 캐비닛과 상자를 샅샅이 뒤지고, 자신의 전임자 위대한 13대 달라이 라마에게 속했던 물건들을 꺼내서 자신의 것이라고 말했다.

그때는 가을이었는데, 노르부 링까의 정원은 과일과 꽃들로 가득했다. 라싸는 어린 달라이 라마에게 행복한 장소로 보이는 것 같았다. 티베트 안과 주위에서 곧 형성될 어두운 구름들이 아직은 모이기 시작하지 않았으며, 그런 조짐도 거의 없었다.

아이는 노르부 링까에서 자신의 가족과 그해 겨울을 보냈다. 봄과 함께 그의 공식적인 즉위식, 나라의 모든 위대한 라마들과 고위 관리들이 참석하는 경축 행사가 열렸다. 공교롭게도 이것은 또한 달라이 라마 즉위가 외국인에게 최초로 공개된 행사였다. 여러 영국 외교관들이 사진을 찍고 기록했을 뿐만 아니라, 인도 정부로부터 위임 받은 한 인도 언론인은 무비 카메라로 이를 촬영하는 것도 허락받았다.

어린 달라이 라마의 정상적이며 가족 중심적인 어린 시절은 이제 끝났다. 가족에게는 거처로 타운 하우스가 주어졌고, 그는 뽀딸라의 지붕에 있는 전통적인 달라이 라마 거처로 옮겨갔다. 그를 위한 교육과 수행이 이제 본격적으로 시작될 것이다.

그 다음 여러 해에 걸쳐 달라이 라마는 봄 중간부터 가을 중간까지는 노르부 링까에서, 겨울은 뽀딸라에 있는 거처에서 시간을 보냈다. 1956년에 인도를 방문한 후에 노르부 링까를 자신의 공식적인 거처로 만들기는 했지만, 그가 자발적으로 1959년에 인도로 망명하기 전까지 이를 그대로 유지했다.

이전 달라이 라마들의 경우와 마찬가지로, 그의 어린 시절에서 이 시점에 역점을 둔 것은 수행 교육과 수련이었고, 그에게는 나라에서 가장 훌륭한 라마 스승들이 제공됐다. 그는 라싸의 주요 사원에서 여러 사람들의 모임 앞에서 공개적인 테스트를 정기적으로 거쳤고, 자신의 학식으로 모두에게 감명을 주었다. 그는 인도로 망명하기 얼마 전인 1959년의 새해 축하의식 동안에 20,000명의 학승들이 참석한 가운데 자신의 게셰 하람 학위를 위한 마지막 테스트를 치렀다. 이 공개 시험은 필름에 담겨져, 뒤따른 대참사에도 살아 남아, 달라이 라마의 삶에 관한 다큐멘터리 필름 연구에 사용되어 왔다.

어린 14대 달라이 라마의 수행 교육이 깊은 결실을 맺었다. 따라서 젊은 나이에 티베트의 수행 지도자의 역할을 맡기 위한 준비가 잘 되었지만, 세속적 지도자로서의 역할에 대한 준비는 문제가 더 많았음이 입증되었다. 그 당시 티베트의 외적·내적 상황들로 보아, 아마 이 점에서는 어떤 것도 충분하지 않았을 것이다.

외적인 면에서, 위대한 13대 달라이 라마는 국제 사회로부터 티베트의 주권 지위에 대한 인정을 얻는 데에는 성공한 적이 없었다. 모든 국가가 영국의 선례를 따르려 했고, 우리가 앞 장(章)에서 보았듯이, 영국의 식민지 이해관계에서는 티베트를 한 독립된 국가로, 그렇게 하여 러시아에 의한 강탈에 취약할 수 있게 만들기보다는 중국의 보호국으로 간주하게 되는 것이 더 편리했다.

13대 달라이 라마는 영국의 입장에 대응하여 티베트 국경 안에 있는 모든 중국 외교관과 관리들을 추방하여, 티베트가 독립 국가라는 강한 신호를 보냈다. 그러나 그는 불안정한 상황에 놓이게 되었다. 따라서 영국과 중국 둘 다 티베트의 귀족사회를 분열시켜 다양한 파들이 서로 반목하고 불화하도록 조종하는 결과를 낳았다. 이것은 티베트를 거의 마비 지경까지 약화시켜서, 공산주의 중국이 1950년대 초에 티베트를 침입했을 때 중국은 조직화된 저항을 거의 만나지 않았다.

티베트는 또한 두 번의 세계 전쟁으로 인해 아시아에서 일어난 혼란스런 변화들에 영향을 받았다. 이들 변화들 중의 하나는 세계 1차 대전의 끝 무렵인 1917년에 제정 러시아의 몰락이었고, 뒤따른 소비에트 공산주의의 등장이었다. 그 결과 티베트 북쪽의 몽골 칸들이 다스리던 다양한 지역의 파멸을 가져왔다. 이 지역 모두가 수 세기 동안 티베트의 동맹들이었다.

북쪽의 공산주의의 팽창이, 2차 세계 대전 동안 중국 공화국의 쇠약과 결합하여, 옛 중국의 몰락과 함께 마오쩌둥이 제창한 공산주의 제국의 등장 또한 가져왔다.

티베트에 영향을 준 두 번째 주요 변화는 세계 2차 대전 중 영국 제국의 몰락이었는데, 이것은 영국령 인도(British India)의 종말을 가져왔다. 국제 사회에서 티베트의 지위를 규정해 왔던 것은 영국이었고, 이 지위를 떠받쳐 온 것은 영국령 인도였다는 점에서, 이 놀라운 사태 전환이 중앙아시아에, 특히 티베트에 대변동을 가져올 수밖에 없었다.

그리하여 현 달라이 라마가 물려받은 나라는 세 개의 강하지만 아직 미숙한 정치적 개체들인 중국·인도·소련 사이에 끼어 있었다.

티베트의 내부 사정이 외부 사정보다 더 나은 것도 아니었다. 이는 부분적으로는 위대한 13대 달라이 라마의 죽음에 뒤따라 일어난 사건들과 관련이 있었다. 자신의 삶의 마지막 20년 동안 위대한 13대 달라이 라마는 3명의 특별한 사람들을 길렀지만, 그가 세상을 떠난 후에 이들 셋은 라싸의 권력 실세들에 의해 밀려났다. 이들 셋은 이 시기의 문헌에서 그가 '좋아하는 세 사람'이라 알려져 있는데, 모두 특별한 재능과 지성을 갖고 있었으며, 매우 깊은 인품을 보여 주었다.

그 중 첫째는 차롱(Tsarong)이었다. 1909년에 위대한 13대 달라이 라마가 인도로 탈출할 때 용감하게 달라이 라마의 생명을 구했던 착참 다리(Chaktsam Bridge)에서의 영웅적 행위와 성공이 차롱을 티베트 저항 운동의 총사령관으로 만들었고, 그는 3년 내에 티베트에 있는 중국인들을 항복시켰다. 달라이 라마가 티베트로 돌아온 후에, 차롱에게 군대의 사령관 지위를 주었다.

불행하게도 몇 년 후에 그는 사형 문제에 관해 위대한 13대 달라이 라마와 의견을 달리했다. 그는 자기 뜻대로 여러 범죄자들을 처형하게 했는데, 이 행위는 모든 형태의 신체적 처벌을 금지하는 달라이 라마의 포고령을 직접적으로 부정하는 것이었다. 위대한 13대 달라이 라마는 이 처형에 관해 듣고, 차롱의 관직을 박탈했다. 위대한 13대 달라이 라마가 죽은 후에 차롱은 지도자들의 핵심부에서 제외되고 자신의 고향으로 강제로 물러나게 됐다. 이리하여 티베트는 티베트를 이끌어 뒤따르는 군사적 충돌의 어려운 몇 년을 뚫고 나갈 수 있는 아마 가장 유능한 분을 제외시켜 버리게 된다.

두 번째 인물은 차롱처럼 소작농의 후손인 뀐뺄라(Kunpella)였다. 청년일 때 뀐뺄라는 달라이 라마의 말단직원이 되었으나 곧 달라이 라마의 신임을 얻어 높은 지위에 올랐다. 위대한 13대 달라이 라마가 세상을 떠날 때에 이르면, 뀐뺄라는 수석 보좌관은 물론 조폐국장, 그리고 친위대와 거의 맞먹는 정예 부대의 우두머리이기도 했다. 위대한 13대 달라이 라마의 사망에 뒤따른 권력 투쟁 후에, 뀐뺄라는 반역죄로 체포되어 유배되었다. 다시 한 번, 매우 유능한 인력이 축출된 것이다.

세 번째 인물은 천재 룽샤르(Lungshar)였다. 그는 의사, 음악가, 철학자, 시인, 정치가가 하나로 합쳐진 진정한 르네상스적 인물이었다. 위대한 13대 달라이 라마는 그를 젊은 시절에 영국으로 유학 보내고, 나중에 티베트의 현대화 사업을 그에게 맡겼다. 또 다시 차롱과 뀐뺄라의 경우처럼, 룽샤르는 위대한 13대 달라이 라마의 사망 후에 뒤따른 권력 다툼에서 제일가는 표적이 되어 반역죄로 체포되었다. 앞의 다른 두 사람과 달리, 그는 귀족 혈통이어서 라싸 귀족들에게 가장 위험한 인물로 인식되었다. 형벌 때문에 그는 장님이 되었는데, 이것은 미래에 그가 어떤 정치적 반대도 일으킬 수 없도록 하기 위해서였다.

이들 세 명을 잃은 티베트는 어떤 확실한 세속적 지도자도 없는 상태가 되었다. 이것이 이 나라를 현 달라이 라마가 아직 어렸던 1950년대에 너무나 쉽게 중국 공산주의자들에게 잃어버린 이유들 중의 하나였다.

현 달라이 라마는 티베트 정부와 따시룬뽀 사원의 관리자들 간에 생긴 주요 균열도 물려받았다. 간단히 말해, 이 균열은 티베트의 두 번째로 높은 환생한 라마인 빤첸 라마를 위험하게 취약한 입장에 남겨두어, 그는 1923년에 자진해서 중국으로 망명했다. 그가 자신의 귀환을 위해 라싸와 협상을 시도했지만, 라싸 귀족들은 그 조건들을 너무 불안전하게 만들어 그가 받아들일 수 없었으며, 빤첸 라마는 위대한 13대 달라이 라마의 사망 4년 뒤인 1937년 12월에 중국에서 사망했다. 그러나 그는 위대한 13대 달라이 라마의 환생자를 찾기 위한 조사에 자문을 해 주었고, 빤첸 라마의 점(占)이 보여주는 그 아이를 레뗑 뚤꾸가 결국 즉위시켰다.

티베트인들은 일반적으로 빤첸 라마와 라싸 정부 간의 균열에 대한 책임을 하급 관리나 관료들에게 전가한다. 그건 그렇다 쳐도, 그 결과로 1930년대 후반에 빤첸의 환생자를 찾는 조사는 중국에서 빤첸 라마와 함께 있었던 따시룬뽀 스님들에 의해 이루어졌다. 그렇게 선택된 아이는 생애 내내 중국인에게 조종당했다. 이것은 공산주의자들이 중국에서 1949년에 권력을 잡은 후에도 계속되었다. 그들은 빤첸 라마가 티베트의 실제 수행의 수장이고, 달라이 라마는 단지 세속적 지도자라는 견해를 보여 주려고 시도했다.

이러한 분열이 티베트를 크게 약화시켜, 1950년대에 공산주의자들이 더 쉽게 점령하게 만들었고, 이 대단히 중요한 시기에 통일된 티베트를 이끌려는 현 달라이 라마의 노력을 방해했다.

4. 사악한 음모

　마지막으로, 언급해야 할 것은 1947년에 달라이 라마를 제거하고 아마도 살해까지도 하려던 시도이다. 대개 레땡과 그의 후계자 딱따 두 섭정들 간의 권력 투쟁으로 묘사되지만, 사실 이것은 훨씬 더 사악한 일이다. 어린 달라이 라마는 이 사건에서 살아남았으나, 이것은 티베트를 크게 약화시켰고 그가 1950년에 즉위한 후에 호전적인 공산주의 중국에 맞서 티베트를 성공적으로 이끌려는 그의 능력에 주요 장애로 작용했다.

　우리가 앞에서 보았듯이, 레땡 뚤꾸는 위대한 13대 달라이 라마의 사망 후 곧 섭정이 되었다. 그는 현 달라이 라마의 찾기와 즉위를 성공적으로 관장했고, 티베트를 이끌고 티베트 역사의 이 미묘한 국면을 잘 헤쳐 나갔다. 그러나 그 과정에서 그는 몇몇 적들을 만났다.

　레땡 뚤꾸는 이 시기의 대부분의 서양 문헌에서 통상적으로 더 나쁜 사람으로 표현된다. 그 이유는 지극히 간단하다. 그 글들은 영국 정부 관리들이 쓴 것인데, 그들은 레땡을 조종할 수 없었다. 그래서 그들은 그를 싫어하고 항상 그에 대해 불쾌한 말로 얘기했다. 이 사정과 유사한 것은 19세기 후반과 20세기 초에 13대 달라이 라마에 대해 영국은 항상 헐뜯는 태도로 언급했다. 위대한 13대 달라이 라마는 그들의 계획에 협조하지 않아서 멸시를 받게 된 것이 분명했다. 이와 똑같은 태도가 이제 이 섭정에게 주어졌다. 이 시기의 영국 외교관들과 관리들은 그를 허영심이 많고, 탐욕스러우며, 부패한 것으로 묘사한다. 그러나 그는 결코 이런 사람이 아니었으며, 사실은 그 반대로 그는 큰 일을 성취한 위대한 사람이었다.

레뗑 뚤꾸의 성품과 관련된 부정적인 그릇된 정보의 두 번째 출처는 왜곡된 견해를 사실인 양 종종 반복하는 특정 티베트인들이었다. 이는 그를 살해한 사람들이 라싸 정부를 장악했고, 그리하여 자신들의 뜻대로 이 이야기를 말할 수 있는 특권을 얻었기 때문이다.

우리가 앞에서 본 것처럼, 레뗑이 섭정으로 임명된 후에 그는 위대한 13대 달라이 라마의 환생자를 찾는 위원회를 조직했다. 여러 후보들이 최종명단에 올랐다. 레뗑 뚤꾸는 딱체르에서 온 아이가 진정한 화신이라고 확신했고, 그의 공식적 인정을 밀고 나갔다. 연로한 빤첸 라마 또한 이 후보를 지지했다.

그러나 라싸 정부의 주요 장관들 중의 하나인, 랑뒨(Langdun)이라는 사람이 다른 후보를 위해 열심히 운동하고 있었다. 그 당시 랑뒨은 섭정과 동등한 지위를 갖고 있었으며, 그 둘이 함께 티베트를 통치했다. 랑뒨이 지지한 후보는 자신의 직계 친척 중 한 사람의 아들이었다. 그는 다양한 방식으로 그 아이를 홍보하고 딱체르 출신 후보 아이를 방해하려 했다. 랑뒨은 다소 지혜롭지 못한 사람이었던 것 같다. 십중팔구 그가 권력의 지위에 오른 것은 라싸의 귀족들이 쉽게 그를 조종할 수 있다고 믿었기 때문이었을 것이다.

그러나 레뗑 뚤꾸는 마침내 랑뒨의 방해에 짜증이 나서 티베트 정부에 최후통첩을 보냈다. 랑뒨을 파면하든지, 아니면 자기가 섭정을 사퇴하겠다고 한 것이다. 이때 레뗑 뚤꾸가 랑뒨에게 맞서지 않았더라면, 달라이 라마의 지위는 아마 랑뒨의 친척에게 주어졌을 것이다. 그리고 딱체르로부터 온 아이, 우리 모두가 오늘날 달라이 라마로 알고 사랑하는 분인데, 그는 암도에 남아 있게 되었을 테고, 결코 달라이 라마가 되지 못했을 것이다.

마찬가지로 레뗑 뚤꾸는 수많은 다른 정부 관리들을 부패와 무능의 이유로 해고했다. 그들의 수는 너무도 많아, 그 결과 라싸 귀족들 중의 일부는 그에게 강력하게 분개하기 시작했다.

13대 달라이 라마와 마찬가지로, 레뗑 뚤꾸는 겔룩빠와 닝마빠 법맥을 자신의 수행 안에서 통합했다. 아마 라싸 사회의 더 보수적인 집단들이 여기에 대해서도 크게 분개했을 것이다.

1940년에 그는 특정 닝마 법맥을 받고 거기에서 명상하기 위해서 중앙 티베트의 위대한 닝마빠 사원들의 하나인 쌈예를 방문했다. 그가 1941년 초에 돌아왔을 때 그는 쌈예에서 자기가 꾼 꿈이 일시적으로 섭정을 그만두고 3년 안거에 들어가야 한다는 것을 보여 주었다고 돌연 선언했다.

몇 년 전에 데뿡 고망 사원 출신의 딱따 뚤꾸라는 이름의 한 연로한 라마가 어린 달라이 라마의 하급 개인교사로 임명되었었다. 전통에 따라, 레뗑은 섭정으로 상급 개인교사의 지위를 유지했다. 레뗑은 자기가 안거에 들어 있을 3년 동안에 섭정을 맡도록 딱따 뚤꾸를 추천했다. 티베트 내각이 급히 소집되었는데, 이 제안은 승인되었다.

이리하여 1941년 2월 초에 레뗑 뚤꾸는 공직 생활에서 조용히 은퇴하고 딱따 뚤꾸에게 섭정직을 넘겼다. 그러고 나서 그는 레뗑 사원으로 돌아가서 계획한 대로 명상에 들어갔다.

불행하게도, 섭정으로서의 그의 부재는 그에게 분개했던 라싸 귀족들에게 힘을 키울 기회를 제공했다. 그들은 조용히 그러나 꾸준히 자신들의 힘의 기반을 딱따 뚤꾸 섭정 기간 내에 키우고, 합세하여 그에게 대항했다.

예상치 않은 사건이 아니었다면 그는 자신의 사원에서 조용히 여생을 보냈을 것이다. 그의 안거가 끝난 해, 1944년에 네충이 새해 축하행사 때 14대 달라이 라마의 생명이 위험에 놓여 있다고 선언함으로써 모두를 경악시켰다. 레땡 뚤꾸도 자연히 사원에 있는 자신의 거처에서 이 소식을 듣고, 이 상황에 대처하기 위해 고위 라마들과 관리들의 회의를 요청했다.

레땡 뚤꾸는 라싸에 도착했을 때 대대적인 환영을 받았다. 이것이 그를 편하하는 사람들을 두렵게 만들었음이 틀림없다. 이들은 이때에 이르러 대리 섭정 딱따 뚤꾸에 대한 통제권을 얻었기 때문이었다. 레땡 뚤꾸는 그 회의 동안 남아 있었으며, 달라이 라마의 안녕을 위한 특정 의식들을 집전하기 위해 머물렀으나, 그러고 나서 자신의 사원으로 돌아갔다.

그러나 이제 그에게 분명한 것은 네충의 신탁이 예언한 달라이 라마의 생명의 위험은 단지 점성학적이거나 수행적인 것이 아니라, 자신들을 위해 권력을 잡기를 원하고, 자신들의 목적을 성취하기 위해서라면 달라이 라마를 해치는 것도 주저하지 않을 티베트 정부 내의 특정한 개인들에게서 나온다는 것이었다.

그래서 그는 현재의 사정에 대해 불만족하는 자신의 입장을 공개적으로 알렸고, 딱따 뚤꾸가 달라이 라마와 국가의 이익을 위해 일해야 하는 자신의 주된 의무를 이행하지 않고 있다는 사실을 은근히 드러냈다. 이것은 공모자들의 관심을 분산시키고, 달라이 라마를 제거하려는 그들의 계획을 미루게 만들었다. 그들은 먼저 이전의 섭정을 제거해야 한다는 것을 이제 깨달았다.

그들이 또한 깨달은 것은 자신들이 이전의 섭정에 대한 공격에 착수하기 전에, 라싸에 정착한 후에 상당한 영향력을 발휘하는 위치에 오른 달라이 라마의 아버지를 무력화시켜야 한다는 것이었다. 이것은 부분적으로는 달라이 라마의 아버지로서 그에게 주어진 지위 때문이었고, 섭정 레땡 뚤꾸가 암도에서 그들이 도착했을 때 그와 그의 가족에게 보여준 극진한 태도 때문이기도 했다. 그러나 주로 그의 정직성과 타고난 총명, 인간적인 강한 성품 때문이기도 했다. 만약 전 섭정에 대한 공격이 일어나면 달라이 라마의 아버지는 즉시 그를 방어하리라는 것을 공모자들은 알고 있었다. 그래서 1947년 초에 그들은 라싸 근처의 시골집에서의 사교 모임에 달라이 라마의 아버지를 초대해서, 그의 음식에다 독을 집어넣었다. 그는 다음 날 병이 나서, 그 후 몇 달에 걸쳐 천천히, 고통스럽게 죽어갔다.

그 후 얼마 지나지 않아 수제 폭탄이 담긴 상자가 레뗑 뚤꾸의 사람들에 의해 섭정 딱따 뚤꾸의 사무실로 보내졌다는 소문이 퍼졌다. 그 상자가 전달되기는 했는지, 혹은 공모자들이 보낸 것인지는 확실하게 알려져 있지 않다.

객관적인 관찰자의 입장에서 보면, 전 섭정이 보냈다는 혐의는 너무도 부당하다. 레뗑 뚤꾸가 딱따 뚤꾸를 해치려고 했다면 그는 더 교묘하고 확실한 수단을 선택했을 것이다. 티베트인들은 결코 무기 전문가들이 아니며, 폭탄 제조는 그들이 전혀 좋아하는 방법이 아니었다. 암살에 관해서라면, 독살이 수 세기 동안 그들의 첫째 선택 방법이었고, 찔러 죽이는 것이 가까운 두 번째, 그리고 목을 졸라 죽이는 것이 아마 세 번째였을 것이다. 레뗑 뚤꾸의 진영에는, 살인하려는 의도가 있었거나 아니면 그들의 성품의 범위 내에 있었다면, 이들 방법을 실행할 수 있는 사람들을 라싸 내부 파벌 속에 충분히 보유하고 있었을 것이다.

그럼에도 불구하고 이 계략은 효과가 있었고, 공모자들은 자신들이 지어낸 구실을 이용해 레뗑 뚤꾸와 그와 가까운 사람들을 체포해서 심문하게 했다. 전 섭정은 고문 때문에 며칠 후에 감옥에서 죽었다. 특히, 그의 죽음의 원인은 고환이 눌려 부서져서 생긴 내부 출혈이었다. 십중팔구 섭정 딱따 뚤꾸 자신은 레뗑 뚤꾸와 달라이 라마의 아버지의 죽음을 가져온 이 음모에 가담하지 않았을 것이다. 그럼에도 불구하고, 적어도 역사는 그의 개인적인 무능에 대해 가혹하게 심판해야 한다.

레뗑 뚤꾸가 체포되기 전에, 공모자들은 티베트 정부를 압박하여 달라이 라마의 어머니로 하여금 동 티베트와 중국에서 달라이 라마의 두 형들을 불러들이게 했는데, 한 명은 꿈붐 사원의 스님이었고 다른 한 명은 중국 학교의 학생이었다. 다행스럽게도 그녀는 뭔가 의심스러운 일들이 진행 중이라고 생각하여, 그것을 지연시켰다. 그녀가 공모자들의 요구를 따랐다면, 의심할 여지없이 이 두 사람 또한 이때 살해되었을 것이다.

이들 행위를 저지른 자들은 아무도 자신들의 범죄에 대해 법의 심판을 받은 적이 없다. 그와 반대로, 그들은 역사에서 자신들은 애국자로 내세우고, 레뗑 뚤꾸를 악당으로 제시할 수 있었다.

레뗑 뚤꾸와 달라이 라마의 아버지를 살해하고, 또한 그들에게 충실했던 많은 사람들을 살해한 후에, 공모자들은 이제 달라이 라마를 제거하려 했다.

그러나 그들은 드러내 놓고 그를 공격하는 것은 두려워했다. 왜냐하면 달라이 라마는 백성들과 라싸 지역의 큰 사원의 스님들에게 몹시 인기가 있어서 내전이 일어날 수도 있었기 때문이다. 그들은 아마 달라이 라마의 아버지의 죽음을 예상치 못한 질병으로 속여 넘기고, 전 섭정의 죽음을 내부 음모의 자연스런 결과로 설명할 수 있었을 것이다. 그러나 달라이 라마를 해치게 되면 훨씬 더 면밀한 조사를 받게 되고, 특히 너무도 많은 사람들이 도처에 나타날 것이다.

더욱이 달라이 라마를 해치는 것은 심각한 국제적 결과를 가져올 수 있었을 것이다. 우리가 앞에서 보았듯이, 달라이 라마는 티베트 밖의, 이슬람 군주 마 뿌팡이 통치하는 중국령 투르키스탄의 나라에서 태어났다. 이 아이의 의심스런 죽음은 마 뿌팡의 징벌적인 차원의 침입 핑계로 쉽게 이용될 수도 있었다.

공모자들은 그래서 그들에게 가장 안전한 행동 진로는 그의 신분의 진실성에 의혹을 던져 달라이 라마의 제거를 시도하는 것이라 결정했다.

공모자들은 간단한 계획을 만들어 냈다. 그들은 레뗑 뚤꾸가 잘못된 후보를 즉위시켰다는 소문을 퍼뜨렸다. 이제 디뚜 뚤꾸로 알려진 그 아이가, 그들의 주장에 의하면, 사실은 진짜 달라이 라마이고, 반면에 달라이 라마 법좌에 앉아 있는 아이는 디뚜 뚤꾸의 환생자라는 것이다! 이 둘이 선별 과정에서 혼동되어, 잘못된 선택이 이루어졌으니, 이 잘못을 바로 잡기 위해 필요한 것은 이 둘의 이름과 거처를 바꾸는 것뿐이라는 것이었다.

그럼에도 불구하고 공모자들은 연로한 섭정 딱따 뚤꾸에게 이 주장이 이 문제에 대해 새로운 점을 쳐야 할 정도로 심각하다고 설득하는 데 성공했다.

그 결과 중앙 티베트의 모든 고위 라마들과 관리들이 참석한 대규모 집회가 조캉에서 소집되었다. 달라이 라마와 디뚜 뚤꾸의 이름이 모두 보릿가루로 만든 공 속에 삽입되었다. 이들은 한 사발에 담겨지고, 기도문이 암송된 뒤에 사발을 들어 올려 돌렸다. 밖으로 튀어나온 공 속의 이름은 딱체르에서 온 아이의 이름이었다.

점이 두 번째 쳐졌는데, 다시 딱체르 출신 아이의 이름이 나왔다. 세 번째 점이 쳐졌으나, 또 다시 같은 결과가 나왔다.

돌이켜 보면, 그날의 그 사발 돌리기가 아니었다면, 디뚜 뚤꾸가 달라이 라마가 되고, 지금 달라이 라마는 디뚜 뚤꾸가 되었을 것이다.

1947년의 사건들에 대한 위의 해석은 티베트인들은 물론, 심지어 서양 티베트 학자들에게도 흔한 것이 아니다. 왜냐하면 이 사건 이후에 공모자들이 권력을 장악하고 티베트 정부의 모든 도구들을 통제했으며, 섭정 딱따 뚤꾸를 자신들의 꼭두각시로 만들었기 때문이다. 그들은 일어난 일들을 정당화하기 위해 레뗑 뚤꾸에 대한 인격 암살 운동을 시작했다.

대부분의 티베트인들은 그 당시에 만들어진, 레뗑 뚤꾸를 악마로 만든 이야기를 믿었고, 서양 티베트 학자들은 그들로부터 이를 알게 되었다. 그러나 전임 섭정과 달라이 라마의 아버지를 둘 다 살해했던 바로 그 사람들이 만들어냈다는 점에서, 우리가 이것을 노골적인 선전이었다고 치부해버려도 아무 문제가 없다.

공모자들이 크게 강조한 주장은 레뗑 뚤꾸가 섭정직을 사임한 것은 그가 독신의 계를 어겼으며, 그가 타락한 상태에서 달라이 라마에게 사미계를 주는 것이 적절하지 않다고 생각했기 때문이라는 것이었다. 이 주장은 터무니없다. 달라이 라마를 예외로 하고, 실제로 금욕해야 되는 티베트 환생 라마들은 거의 없다. 이를 공공연하게 드러내지 않는 한 아무도 개의치 않는 것처럼 보인다. 티베트인들은 이점에서 "묻지 않고, 말하지 말라"는 원칙을 따른다. 레뗑 뚤꾸는 큰 불편 없이 이 문제를 쉽게 피해갈 수 있었을 것이다. 더욱이, 그가 사임한 것은 달라이 라마가 사미계를 받게 될 날짜보다 1년 이상 전이었다.

십중팔구 레뗑 뚤꾸가 독신 계를 어겼다는 이야기를 퍼뜨린 것은 그를 살해한 데 대한 대중의 인식을 완화시키기 위한 것이었다. 일반적인 티베트인들은 개인의 암살을 권력 투쟁에 참여한 재가자 정치꾼이 받아들이는 위험요소 중의 하나로 생각했으나, 반면에 청정한 스님을 살해하는 것은 훨씬 더 혐오했다. 레뗑 뚤꾸가 계를 깨뜨렸고, 따라서 청정한 스님이 아니었다는 이야기를 퍼뜨려서, 공모자들은 근본적으로 그를 합법적인 공격 대상으로 만들려는 것이었다.

이 견해는 1950년대에 공산주의자들이 티베트를 점령하고 1959년에 티베트 난민들의 대량 탈출 후에 다소 바뀌었다. 지금은 정치적 지향성이 권력 투쟁 이면의 실제 이유였다는 얘기였다. 레뗑 뚤꾸는, 우리가 들은 말에 의하면, 중국과 화해하고 대화하는 정책을 선호했는데, 반면에 딱따 뚤꾸는 강하게 반중국·친영국적이었다.

이것 역시, 속이 빤히 들여다보이는 선전임이 명백하다. 티베트가 중국을 무시하고 영국에 의존하여 해결책을 강구함으로써 독립적인 지위를 확립할 수 있다는 생각을 레땡 뚤꾸가 배척한 것은 사실이다. 그는 라싸 정부가 약 30년에 걸쳐 이를 시도해 왔으나, 어떤 결과도 얻지 못했음을 알 수 있었다. 영국은 티베트인들의 이익을 국제 사회에 대변하는 데에 그 활동을 시작할 때보다 더 가까워지지 않았다. 사실, 2차 세계 대전이 영국과 중국을 일본에 대항하는 동맹으로 만들었기 때문에, 그들은 아마 한층 더 멀어졌을 것이다. 레땡 뚤꾸는, 아마 올바르게, 티베트의 미래를 위한 유일한 희망은 거대한 동쪽 이웃(중국)과의 직접적인 관계를 맺는 데에 있다고 믿었고, 그는 티베트 정부를 이 방향으로 전환시키려고 시도했다.

아무튼, 이런 면에서 그의 태도가 그를 살해한 자들의 마음에 작용한 주요한 요소는 아니었다. 간단히 말해, 그들이 두려워한 것은 그가 다시 섭정이 되어 그들 모두를 해고하거나 심지어 더욱더 나쁘게는 그들의 무능 때문에 해고되는 것이었다. 그들은 연로하고 세상사에 관심 없는 딱따 뚤꾸가 권좌에 있는 것을 훨씬 더 선호했다. 왜냐하면 그는 모든 세속적인 일들에 눈이 멀고 귀가 먼 것처럼 보였기 때문이다.

역사를 서술하는 것은 대개 승리자들이 하는데, 이들이 변함없이 만들어 내는 이야기는 세상이 믿어주길 바라는 것이고, 자신들의 목적에 맞게 사실들에서 편리하게 더하고 뺀 것이다. 1947년의 사건들의 경우에, 직접적으로 간접적으로 레땡 뚤꾸를 상대로 한 음모에 가담했던 사람들이 권력 투쟁에서 성공했고, 그 결과 라싸 정부에서 고위직을 얻었으며 그 후 수년간 직책을 유지했다. 자신들의 악한 행동을 덮기 위해 역사를 다시 쓰는 특권은 그들의 것이었다. 그러나 그들의 비방에도 불구하고, 레땡 뚤꾸는 악당이 아니었다. 그는 그의 생명이 더 높은 원칙을 위해 희생되었다는 의미에서 가장 고전적인 영웅이었다. 어떤 의미에서 끔찍한 죽음을 맞았기 때문에 레뗑의 삶은 비극이었다. 그러나 자신의 죽음을 통해 현 달라이 라마의 목숨을 구했고, 그에게 맡겨졌던 숭고한 임무를 완수했기 때문에 최고의 성공적인 삶이기도 했다.

필자가 알고 있는 한, 그리고 그 자신의 글들로 판단해 보건대, 현 달라이 라마는 현대 티베트 역사의 이 끔찍한 시기에 실제로 무슨 일이 일어났는지 알고 있지 않았다. 그는 당시 겨우 열두 살이었다. 그의 품위에 적절하지 않을 것이라고 생각했기 때문에, 필자는 그와 가졌던 인터뷰들 중 어떤 것에서도 이 문제에 대해 그에게 질문한 적이 없다. 그의 천진함을 보호하기 위해서, 그의 주위 사람들은 그에게 가능하면 적게 얘기해 줬을 것이다. 분명히 그는 어떤 식으로든 티베트 사태에 영향을 미칠 위치에 있지 않았다.

그럼에도 불구하고 필자는 여기서 이것을 언급하는 것이 필요하다고 생각한다. 그가 그 살인들이 일어난 지 불과 3년 후인 1950년에 티베트 최고의 수행과 세속의 지도자로 즉위했을 때, 이런 것들이 달라이 라마가 물려받은 정치 상황의 무대를 형성했기 때문에, 1947년의 사건들에 대한 이해가 현 달라이 라마의 삶을 이해하는 데 필요하기 때문이다.

그때에는 이 음모를 꾸민 사람들이 티베트 정부를 주도했고, 레뗑 뚤꾸에게 충실했던 모든 군대는 이미 오래전에 제거되었거나 지방으로 재배치되었다. 달라이 라마에게는 주로 무능력하고 부패한 관리들이 부하들로 있을 뿐이었다. 티베트가 그렇게 쉽게 중국 공산주의자들에게 무너진 것은 전혀 놀라운 일이 아니었다.

5. 인도로 탈출

라싸의 옹졸한 귀족들 대부분이 이런 내적인 음모에 빠져 있는 동안, 공산주의자들은 중국에서 자신들의 권력을 강화하는 데 바빴다. 마오쩌둥의 군대는 1949년에 마지막 승리를 얻었다. 이 새롭게 형성된 공산주의 제국의 통치자로서 그의 첫째 행동들 중 하나는 중국의 국경을 강화한다는 결의와, 이 전략의 일부로 '티베트를 해방한다'는 자신의 의도를 선언하는 것이었다.

중국인들은 권력을 잡자 거의 즉시 움직이기 시작했다. 1949년 말에 그들은 동쪽 티베트 국경을 따라 저지대를 침입했다. 그러고 나서 1950년 봄과 여름 동안에 그들은 티베트 국경에 강력한 군대를 증강하기 시작했다.

1947년에 권력을 잡고 이제 라싸를 통치하고 있던 집단은 겁에 질려 어쩔 줄 몰랐다. 서둘러 각료 회의가 소집되고, 어린 달라이 라마만이 이 곤경을 성공적으로 끝낼 수 있다고 결정되었다. 네충의 신탁을 불러냈는데, 그 신탁도 이 결정을 확인해 주었다. 그리하여 현 달라이 라마가 겨우 열다섯 살이던 1950년 11월 17일에, 그는 티베트 최고 지도자의 자리에 올랐다. 거의 100,000명의 병사들로 이루어진 대대적인 중국 군대가 동쪽 국경에 모여 공격 태세를 갖추고 있었다. 달라이 라마에게는, 자신의 정직성과 좋은 의도 이외에는 전쟁 도구로 사용할 수 있는 것이 아무것도 없었다. 사정은 절망적이었다. 달라이 라마는 어린아이에 불과했고, 그를 둘러싸고 있는 것은 비전과 재능 있는 사람은 모두 쫓아낸 주로 무능한 관리들이었다.

대표단이 서방으로 파견되어 정치적 지원을 간청했다. 아마 영국 또는 미국이, 희망컨대, 그들을 위해 일어나서 침입하지 말라고 중국을 설득할 수 있을 것이다. 아마 유엔이 도울 수 있을 것이다. 그러나 이들 대표단은 어떤 성공도 거두지 못했다. 유일하게 의지할 방법은 중국과 직접 조약을 협상하는 것이었다.

그래서 1951년 초에 암도의 통치자 아보(Ngabo)가 이끄는 대표단이 임명되어, 이 방안을 탐색하기 위해 베이징으로 파견되었다. 그 대표단에게는 예비 조건들을 논의할 권한만 주어졌지만, 중국인들은 부분적으로 협박하고 부분적으로 그 대표단원들에게 뇌물을 주어 베이징이 지시하는 조건들에 서명하게 했다. 이 대표단의 대표는 결국 중국 공산주의자 편으로 넘어갔고, 후에 공산주의자들의 행정부 내에 높은 자리를 얻었다.

17개 조건들이 그 안에 제시되었기 때문에, '17항 합의'라고 알려진 이 조약은 티베트인들을 난처한 위치에 놓이게 했다. 이를 거부하는 것은 중국의 침략을 의미하는 것인데, 이는 티베트인들이 전혀 준비가 되어 있지 않은 것이었다. 그들은 13대 달라이 라마가 사망한 이래 16년을 내부 정쟁에 사로잡혀 있었고, 외적 위협은 염두에 두지 않았다. 이제 그 대가를 치를 때가 왔다. 그들은 위대한 13대 달라이 라마가 그의 '마지막 유언'에서 했던 말들을 기억하고, 근심으로 가득 찼다.

비록 1951년의 조약이 이론적으로는 티베트의 자치를 보장하고 티베트의 내부 행정은 물론이고 문화도 간섭하지 않을 것이라고 약속했지만, 이것은 중국 공산주의자들로 하여금 '제국주의자들'로부터 티베트의 지위를 보호하기 위해 티베트 내부로 군대를 보내고 방어 시설을 세울 수 있도록 허락해 주었다. 중국인들은 티베트인들에게 이들 군대를 사용하지 않는다는 자율관리제도를 도입했다. 물론 공산주의자들에게 이 17항 합의는 목적을 위한 수단일 뿐이었고, 그들은 그것을 존중할 의도가 전혀 없었다. 그들의 계획은 자신들이 확고하게 자리를 잡고 나서 서서히 올가미를 조이는 것이었다. 바로 이런 일이 벌어진 것이다. 중국 군대가 곧 이 나라로 쏟아져 들어오기 시작했다. 라싸 정부는 이 조약에 동의했기 때문에, 이에 저항하는 어떤 티베트인들도 그들 자신의 행정부에 맞서는 것이 되는 것이었다.

1954년에 달라이 라마는 중국 방문을 초대받았는데, 여기서 공산주의의 경이로운 점들이 그에게 자세하게 설명된다는 것이었다. 그는 마오쩌둥 주석을 여러 번 만나기도 했다. 달라이 라마가 마오쩌둥에게 티베트에 있는 중국 군인들이 종교 시설들을 공격하고 파괴하기 시작했다고 불평하자, 마오쩌둥은 단지 이렇게 답변했다. "글쎄, 당신도 알다시피, 종교는 독입니다." 이 어린 불교 승려는 그때 자신의 나라가 빠진 곤경을 깨달았다.

티베트에서의 상황은 거의 매일 더 나빠졌고, 1956년에 이르러 동쪽의 캄과 암도의 티베트인들이 폭동을 일으키기 시작했다. 달라이 라마는 이제 중국 공산주의자들을 위한 대변인 역할을 해야 하고 공개적으로 자유의 전사들을 비난해야 하는 불편한 입장에 놓여 있었다.

같은 해에 달라이 라마는 인도의 네루 수상으로부터 초대를 받았는데, 그것은 부처님의 열반 2,500주년을 기념하기 위해 인도로 와달라는 요청이었다. 중국은 반대했으나, 네루가 마오쩌둥과 확립해 온 우정 때문에 그가 가는 것을 완전히 반대할 수는 없었다. 그래서 달라이 라마는 인도로 갔다. 인도에서 그는 네루와 티베트 상황을 논의하고 사태가 얼마나 불쾌하고 위태로운지 설명했다. 그는 난민으로 인도에 남는 가능성도 논의했다. 중국과 강력한 우호 정책을 추구하고 있던 네루는 달라이 라마가 당분간은 티베트로 돌아가야 한다고 주장하며, 만약 티베트에 전쟁이 발발하면 티베트인들이 인도에 난민으로 오는 것을 환영하겠다고 그에게 약속했다.

모든 것이 1959년 3월 10일에 정점에 이르렀다. 라싸를 책임지고 있는 중국인 장군이 정상적인 호위 병력 없이 자신의 군대 캠프로 자신을 방문하라는 강력한 초대를 달라이 라마에게 보냈다. 티베트인들은 이 초대를 달라이 라마를 납치하여 중국으로 데려가려는 계획의 일부로 이해했다. 많은 티베트 라마들이 이 같은 방식으로 사라졌고, 다시 보거나 소식을 들을 수 없었기 때문이다.

이 소식은 들불처럼 퍼져 나갔고, 곧 수만 명의 티베트인들이 달라이 라마를 보호하고, 그가 가는 것을 막기 위해 노르부 링까 주변으로 모였다. 그러자 중국인 장군은 그들에게 해산하라는 명령을 내렸으나, 이것은 군중들의 크기를 더 키우는 원인이 되었다.

네충의 신탁을 통해 상의한 결과, 유일한 선택은 달라이 라마가 인도로 몰래 들어가서, 거기 인도 땅에서 티베트의 목적을 추구하는 것이다. "가시오." 그가 말했다. "오늘밤에 가시오."

그리하여 1959년 3월 17일에, 14대 달라이 라마는 티베트 전사로 위장하여 캄빠 기마대를 앞세우고, 노르부 링까에서 조용히 빠져 나와 군중 속으로 섞여 들어갔다. 인도 망명길에 오른 것이었다. 탈출은 성공적이었고, 달라이 라마는 약 2주 후에 국경을 넘어 인도 땅으로 들어갔다. 국무총리 네루는 그의 약속을 지키고, 인도 정부는 환대해 주었다.

그 뒤 수개월에 걸쳐 100만 명 이상의 티베트인들이 – 대략 전체 인구의 20퍼센트 – 달라이 라마의 망명을 뒤따르려고 시도했다. 추정에 의하면, 이들 중의 90퍼센트가 중도에 사망했거나, 도중에 붙잡혀 투옥되었다. 그러나 10만 명 이상이 그 여행을 마치는 데 성공했다.

인도에서 달라이 라마는 지도자로서 꽃을 피웠다. 그는 자신의 미성년 기간 동안 라싸에서 티베트 정부를 장악하고, 그의 즉위 후 초창기에 그를 둘러싸고 있던 무능한 사람들에 의해 더 이상 방해 받지 않았다. 그는 이제 독자적으로 행동하고, 그가 의지할 수 있는 확실한 인적 집단을 만들 수 있게 되었다. 여기서 그는 티베트인들의 수행과 세속의 지도자로서의 이중적인 역할을 훌륭히 수행했으며, 그가 착수한 모든 일에 성공했다. 여기서 또한 그는 위대한 철학자, 인본주의자, 세계의 수행 지도자, 그리고 노벨 평화상 수상자로 떠올랐다.

6. 인도에서 14대 달라이 라마의 활동

젊은 달라이 라마에게, 인도에서의 삶은 티베트에서의 것과는 매우 달랐다. 첫째로, 그에게는 인도로 도망쳐 들어오고 있는 수만 명의 난민들을 정착시키고 돌보아야 하는 힘든 일이 있었다. 둘째로, 이제 고국에서 전면적인 공격을 받고 있는, 티베트의 고대 문화를 보존하는 일을 관장하는 책임도 그의 것이었다. 셋째로, 그는 자신의 나라와 국민들의 권리를 위해 국제적인 로비를 담당해야 했다.

인도에 도착한 후 곧바로 달라이 라마는 이들 세 가지 일을 완수하기 위해 망명 중앙 티베트 정부를 세우고, 그에게 제공된 아루나찰 프라데시 주 무수리에 있는 임시 막사에서 일했다. 몇 년 후에 인도 정부는 그와 그의 정부를 히마찰 프라데시 주 다람살라로 이주시켰다. 그 후 달라이 라마는 계속해서 거기에 머물러왔다.

처음에는 난민들을 다시 정착시키는 것이 급선무였다. 그들은 집에서 달아날 때 몸에 지니고 올 수 있는 것 이상 아무것도 없었기 때문이다. 더욱이 그들은 높고 건조한 고산 티베트에서 인도의 아열대 기후로 들어왔기 때문에 몇 주 내에 광범위한 질병에 시달렸는데, 이것들은 그때까지 그들에게 알려지지 않은 것들이어서 여기에 대한 저항력이 거의 없었다. 물은 이질을, 모기는 말라리아를, 그리고 저단백질 식사는 영양실조를 주었다. 더욱이 낮은 고도는 그들을 폐결핵에 취약하게 만들었는데, 이 질병은 티베트에서는 거의 존재하지 않았던 것이어서 그들 중 거의 4분의 1이 이

병에 걸렸다.

아마 가장 긴급한 문제는 아이들이었을 것이다. 많은 아이들이 티베트에서 탈출하는 동안 부모를 잃어, 많은 고아들과 반고아들이 생겼다. 달라이 라마는 국제 구호 단체들에게 도움을 청해, 일련의 '아이들의 마을들'이 설립됐다. 이들은 상주기숙학교로 운영됐는데, 한 가정에 20명 내지 30명의 아이들이 있고, 각 가정은 대리 어머니와 아버지의 보살핌 아래 있었다. 이들 학교에서의 교육은 전통적인 티베트식 공부와 현대 서양식 공부의 결합이었다.

그런 다음 달라이 라마는 주요 집단의 난민들이 인도의 다양한 지역에서 정착할 수 있도록 인도 정부와 협상을 했다. 대부분 남인도의 사용되지 않는 땅을 제공받았으며, 곧 티베트 농경 정착촌들이 전국에 생겨나기 시작했다. 이들은 마이소르와 카르나타카의 정글과 같이 외진 지역들에 위치했다. 이들 지역의 고립성은 난민들이 전통적인 생활방식을 추구하도록 해 줄 뿐만 아니라, 그들을 문화적인 단일 민족으로 보호해 주었다. 각 공동체는 설립될 때 자체의 내부 행정조직을 갖추고, 망명 중앙 티베트 정부와 직접 연결되었다.

티베트 어린이들의 사정은 대부분의 인도 아이들과 상당히 달랐다. 그래서 달라이 라마는 인도, 네팔, 부탄 내의 모든 티베트 공동체들 속에 다른 학교 체제를 만들라고 계속해서 요구했다. 이들 학교들은 전통적인 티베트의 교육에서 가장 좋은 것과 현대 서양의 교육에서 가장 좋은 것을 결합해야 한다고 강조했다. 그는 티베트인과 서양 교육자들과 회의를 소집하여, 함께 노력해서 망명 중인 티베트인들에게 적합할 교과과정을 만들어냈다. 이들 학교들은 그때부터 오늘날까지 계속 운영되어 오면서 전통적·현대적 지식에서 탄탄한 기반으로 다져진 젊은 티베트인들을 배출하고 있다.

일단 티베트 사회의 기반이 확립되자, 달라이 라마는 자신의 관심을 티베트 고대 문화의 보존으로 돌렸다. 여기서 그는 망명 온 모든 수행과 지적인 지도자들에게 도움을 청해서, 무엇을 해야 할지에 대한 청사진을 함께 고안했다. 곧 모든 큰 티베트 남녀 사원의 작은 복제품이 생겨나서, 전통적인 교육 프로그램이 다시 한 번 더 확고히 자리 잡았다.

티베트의 의학은 달라이 라마에게 최우선적이어서, 그는 티베트의 천문–의료 센터(Tibetan Astro-Medical Centre)의 설립을 직접 관장했다. 그때 이래 이 기관은 수십 명의 젊은 의사들을 교육시켜 왔고, 인도와 네팔 전역에 의원을 설립했다. 이 기관 출신의 의사들은 이제 그들의 고대 지식을 세계의 대중들과 나누기 위해 서양으로 정기적인 순회를 다닌다. 실제로 2001년에 NBC의 데이트라인과 CNN의 래리 킹 라이브 둘 다 Dr. 예셰 된덴(Yeshey Donden)이 미국 암 환자들을 치료하는 것을 다룬 특별 프로그램을 방송했다.

달라이 라마는 또한 전통적인 공연예술의 중요성을 깨닫고, 티베트 국립 오페라의 재건을 주문했다. 이제 티베트 공연예술기관으로 알려진 이 기관은 티베트의 음악과 무용 유산을 물려받은 수백 명의 젊은 예술가들을 배출했다. 이들의 예술단이 서양에서 여러 번 순회공연을 해 와서, 많은 서양인들이 이 작업의 성과를 직접 경험했다.

티베트의 문헌은 중국 공산주의자들의 점령으로 위험에 빠져, 티베트의 10,000개의 도서관들 중에 몇몇 곳을 제외하고 모두 파괴되었다. 티베트 고대로부터의 낱장으로 된 경전들을 마오쩌둥 주석의 군대는 화장실 휴지로 사용하였다. 그러나 대부분의 탈출하는 난민들은 자신들이 좋아하는 책 한두 권을 갖고 왔다. 게다가, 많은 티베트 책들이 히말라야 인도의 불교 도서관에 존재했다. 달라이 라마는 뉴 델리에 티베트 하우스(Tibet House)와 다람살라에 티베트의 저작물과 아카이브 도서관(Library of Tibetan

Works and Archives)을 설립하고 뭐든지 그들이 구할 수 있는 전통적 문헌을 수집하고, 보존하며, 목록을 만드는 일을 하게 했다. 거기에 덧붙여, 이들 기관들은 그림과 불상과 같은 전통적인 예술품을 찾고 보존하는 일도 맡았다.

이 두 기관 중 후자인 다람살라의 티베트 저작물과 아카이브 도서관은 탱화 그림, 금속 조소, 나무 조소, 서예 등과 같은 전통적인 미술 분야에서 젊은 티베트인들을 교육하는 프로그램을 확립했다. 게다가, 달라이 라마는 이 기관에 지시하여 티베트에 관심이 있는 서양 학생들에게 티베트 불교 연구학교를 열게 했다. 그는 이 프로그램을 위해 선생들을 직접 선발했고, 교과과정의 개발을 감독했다. 필자는 이 유명한 기관에서 교육받은 수백 명의 서양인들 중의 한 사람이고, 그리하여 이 점에서 특별히 달라이 라마에게 빚을 졌다.

다람살라에서 12년간 거주할 때 마지막 3, 4년 동안, 필자는 영광스럽게도 티베트 도서관에서 연구와 번역 부서를 위해 일했다. 거기서 종종 필자의 일은 다양한 회의나 다른 목적을 위해 달라이 라마가 선택한 작품을 번역하고 편집하는 일이었다. 필자는 또한 그 당시 달라이 라마의 보좌관이었던 도붐 뚤꾸와 여러 사업을 위해 함께 일했다. 이 기간 동안 필자는 오후 시간 내내 도붐의 사무실에서 보냈다. 이곳은 달라이 라마의 접견실의 발코니와 붙어 있어서 달라이 라마가 유지하던 놀라운 일정을 여러 차례 직접 목격할 수 있었다. 꾸준히 연이어 티베트인들이 들어왔는데, 어떤 이들은 개인적으로, 또 어떤 사람들은 크거나 작은 집단으로 왔다. 모든 사람들이 자신들의 삶과 일의 중요한 면에 달라이 라마의 개입을 원하는 것 같았다. 고위 라마들, 시민 지도자들, 일반인들이 다 같이 그에게 와서 자신들의 다양한 활동에 대해 보고하고, 그의 조언과 축복을 구했다.

이 기간 내내 달라이 라마는 하루에 여러 시간을 명상에 바치고, 여러 번 집중적인 안거를 했다. 그는 명상 자리에 앉기 위해 매일 3시에 일어나는 것으로 전자를, 자신에 대한 요구들이 뜸해져서 그렇게 할 수 있을 때마다 몇 주나 몇 달 동안의 안거에 들어가서 후자를 실천했다. 1967년에 그 꾸준한 노력이 원하는 결과를 가져왔다. 어떤 안거 중에 그의 명상이 그가 바랐던 내면의 경험들을 가져왔던 것이다.

그 해에 달라이 라마는 상징적인 수행의 지도자로부터 살아 있는 불교 스승으로 바뀌었다. 종교적·정신적인 지도자로서 1970년대 초기에 이르러 난민들과 티베트 문화의 상황은 확고한 기반 위에 앉혀져서, 달라이 라마는 티베트 문제에 대한 인식을 끌어올리기 위해 해외여행을 시작할 수 있었다. 먼저 그가 유럽으로 짧은 여행을 여러 번 한 것은 티베트와 영국과의 관계가 오래된 것이었기 때문이었다. 그런 다음 1979년에 그는 처음으로 미국을 방문했다. 가는 곳마다 그는 수행과 시민 지도자들뿐만 아니라 과학자들, 교육자들, 철학자들과 치료사들의 엄청나게 열광적인 환영을 받았다. 국제 사회에서 그의 명망은 급속히 커져가는 것 같았다.

그때 이후로 달라이 라마는 티베트인들의 수행과 세속적 지도자라는 두 가지 역할을 수행하는 것과, 티베트를 대변하기 위해 세계를 여행하는 것 사이에 자신의 시간을 나누어왔다. 수행의 지도자로서, 그는 하나의 민족으로서의 티베트인들의 수행 문제들을 관장하고, 또한 인도에 있는 티베트인들과 전 세계에 걸쳐 관심 있는 사람들 모두에게 널리 가르친다. 그는 사랑, 자비, 지혜가 필요하다는 메시지를 전파하고, 그에게 오는 많은 가르침에 대한 요구들을 충족시키기 위해 널리 여행한다. (월드 티베트 뉴스와 같은) 인터넷 뉴스 서비스를 구독하고 그의 스케줄을 지켜보는 분들은 그가 어느 날 독일에 있다가, 다음날은 러시아에, 며칠 뒤에는 일본에, 그 다음 주에는 미국에 있다는 것을 읽게 될 것이다. 남아프리카로부터 스칸디나비아 툰드라 지역까지 그가 지난 20년 동안 방문하지 않은 곳이 지구상에 거의 없다. 가는 곳마다 그가 말하는 것을 들으려고 객석을 꽉 채우는 군중들이 나타난다. 환경, 심리학, 수행 문제, 예술, 과학, 세계평화와 같은 다양한 문제들에 관한 회의와 두뇌 집단(Think Tank)에서 그는 기조 연설자로 인기가 높다.

서양 언론들은 일반적으로 그의 겸손하고 유머러스한 면을 얘기한다. 반면에 그의 불교 지식의 놀라운 깊이는 아마 덜 알려져 있는 것 같다.

필자가 다람살라에 12년 거주하는 동안, 달라이 라마는 많은 공개적인 법문과 반(半)공개적인 법문을 매년 했다. 이런 법회들은 일반적으로 정오에서 해가 질 때까지 열리게 되고, 한 주일로부터 한 달 혹은 그 이상 계속됐다. 이들 법문에서 달라이 라마는 인도나 티베트의 고전을 읽고, 각 구절에 묻혀 있는 다양한 수준의 의미를 자세히 설명했다.

더 심오한 가르침들은 그의 처소 내의 작은 개인 법당에서 열렸는데, 바로 이들 가르침 중에 비범한 수준의 그의 학식이 빛났다. 여기에는 일반적으로 그 가르침을 요청한 사원의 승려들은 물론, 높은 환생 라마들과 게셰 학위를 지닌 스님들로 참석이 제한되었다. 게다가, 달라이 라마와 특히 가까운 두 작은 지역 사원인 네충과 남걀 다창 출신의 스님들도 초대받았다. 마지막으로, 티베트어를 말할 수 있는 소수의 서양인들도 참석이 허용되었다.

이들 반공개적인 법문에서는 그의 공개적인 가르침에서보다 훨씬 더 이해하기 어려운 주제가 다루어졌고, 사용된 교재는 정말 어려운 것이었다. 참석한 2백 내지 3백 명의 스님들 중에, 첫 번째 줄은 연로한 주지들과 높은 환생자들로, 그 다음 줄은 조금 덜 명망이 있는 승려들 등으로 이루어졌다. 간단히 말해, 앞의 두 줄 또는 세 줄은 모든 중앙아시아에서 가장 위대한 학승들이었다.

달라이 라마는 특별히 어려운 구절에 이를 때마다 잠시 법문을 멈추고 앞줄에 있는 분들에게 그것을 해석해 보라고 했다. 그는 이런 경우에 악역을 맡아, 그들의 해석에서 결함을 찾기 위해 그들에게 이 문제에 대해 논쟁하라고 했다. 종종 이런 논쟁들은 30분 혹은 그 이상 지속되기도 했는데, 그는 매우 어려운 교재의 가장 어려운 구절에 대해 가장 위대한 살아 있는 불교 학자들에게 논쟁하라고 도전했다.

그는 그런 다음 상황을 바꿔, 그 자신이 해석을 제공하고 공개적으로 청중들에게 그 안에서 오류를 찾아보라고 했다. 비록 수백 대 일로 숫자적으론 열세였지만, 어떤 문제에서 그가 애를 먹는 것을 보는 것은 매우 드물었다. 또한 흥미로운 것은 누군가가 이런 시간에 그를 누르고 한 점을 얻으면, 그는 결코 주저하는 적 없이 이를 인정하는 것을 보는 것이었는데, 이것은 그의 유머와 겸손을 보여주는 증거이기도 하다.

달라이 라마는, 이 글을 쓰는 때에 60대 중반이다. 그가 망명한 지 40년 이상 지났는데, 그는 이 기간 동안 엄청난 일들을 성취했다. 티베트 문화는 더 이상 심각한 위험에 놓여 있지 않다. 왜냐하면 티베트 문화의 핵심적 전통의 대부분이 다시 확립되었기 때문이다. 그의 여행과 활동들은 티베트 상황에 대한 국제적 인식을 작은 깜박이는 빛으로부터 계속해서 활활 타오르고 언제나 커지는 불로 성장하게 해 왔다. 그는 유럽 의회는 물론, 미국 상원과 하원 양쪽에, 티베트 문제에 관해 이야기했고, 모든 중요한 세계 지도자들을 거의 다 만났다. 그의 노력으로 티베트는 인권 문제의 전면에 자리 잡았고, 중국의 가장 크고 긴박한 당혹거리가 되었다.

처음부터 달라이 라마는 티베트와 중국 사이의 갈등을 해결하기 위해 비폭력적인 수단만을 활용한다는 정책을 유지해 오고, 다른 국가들에게도 그들 자신의 정치적 문제들을 이와 같은 방식으로 해결하는 것을 권고해 왔다. 세계 평화 운동에 대한 그의 엄청난 공헌에 대한 보답으로 1989년에 그는 노벨 평화상을 받았다. 마찬가지로 그는 인간사에 대한 그의 공헌으로 10여 개의 다른 권위 있는 상도 받았다.

티베트 상황에 관해 달라이 라마는 한때 한 인터뷰에서 필자에게 말했다. "지금이 티베트의 긴 역사에서 가장 어두운 시기이고, 한 국가로서의 존재 자체가 위협받고 있습니다. 저는 무척 영광스럽게도 달라이 라마가 되어 이 나라를 이끌고 이 중대한 국면을 헤쳐 나가는 일을 맡았습니다."

티베트 상황을 해결하기까지는 아직도 가야 할 길이 멀다. 그러나 달라이 라마의 노력과 능력 덕분에, 사정은 40년 전에 그가 망명해 왔을 때보다 오늘날 훨씬 더 좋아 보인다. 그가 한때 말했듯이,

"평화적인 방법으로 이 과제를 완수하는 것은 몇 십 년, 아니 어쩌면 몇 세대가 걸릴 수 있습니다. 우리는 확고해야 하지만 인내심을 가져야 합니다. 만약 우리가 성공할 수 있다면, 우리는 세계 문화에 진정으로 공헌할 수 있습니다. 만약 작은 티베트가 비폭력적인 방편만을 통해 공산주의 중국의 무서운 세력을 극복할 수 있다면, 사람들은 비폭력의 힘을 볼 수 있을 것입니다. 이는 남들에게도 모델로 작용할 수 있으며, 그들에게 비폭력적인 수단을 택하도록 격려할 수 있습니다. 그렇지 않고, 만약 우리가 단지 폭력에 의해 승리한다면, 우리가 얻는 것이라고는 땅덩어리뿐일 것입니다. 우리가 염원하는 티베트는 잃게 될 것입니다."

국제연합에서의 연설

달라이 라마의 메시지는 그의 대리인에 의해 낭독되었다. 이것은 참석자들과 주최측에 의해 이 회담에서 나온 가장 위대한 성명서 중의 하나로 간주되었다.

친애하는 형제와 자매들께,

저는, 더 평화로운 세상을 만드는 데 종교의 힘을 참여케 하는 방법들을 논의하는 새천년 세계평화회담에 참석하기 위해 유엔에 모일 전 세계의 1,000명이 넘는 종교와 정신적 지도자들과 마음으로 함께 합니다. 저는 모든 다른 종교 전통들을 세계 평화의 진정한 기반인 내면의 평화를 개발하는 길로 봅니다. 이들 고대의 전통들은 우리의 공통된 과거로부터 선물로 우리들에게 내려옵니다. 우리가 계속해서 이들을 선물로 소중히 여기고 평화를 위한 우리들의 공통된 소망이라는 유산으로 미래 세대들에게 넘겨 줄 것인가요, 아니면 이것이 다가오는 세대들의 미래를 빼앗아가게 할 또 다른 무기로 전환할 것인가요?

우리가 하게 될 선택은 명백합니다. 자세한 논의가 필요한 것은 우리가 어떻게 세계의 다른 종교들이 평화의 강력한 동맹이 될 수 있도록 보장할 수 있느냐는 것입니다.

이를 위해서, 다른 신앙들은 서로의 믿음과 가치의 상호 존중과 이해를 개발할 필요가 있습니다.

만약 다른 신앙들 간에 평화와 커져가는 조화가 있다면 세계의 종교들은 세계 평화에 공헌할 수 있습니다. 종교 간의 경쟁과 갈등이 21세기에 세계 평화를 약화시킨다면 이는 슬프고 비극적일 것입니다.

이 점에서, 저는 우리들의 다른 신앙들 간에 더 나은 이해를 향한 노력을 항상 격려하고 지지해 왔습니다. 이러한 더 나은 이해가 서로 다른 신앙들이 세계 평화에 긍정적인 공헌을 할 능력을 강화할 것이라는 것이 저의 확고한 믿음입니다.

이 점에서, 서로 다른 신앙들의 종교적·정신적 지도자들은 자신들을 따르는 분들에게 다른 신앙들의 신념과 전통들을 존중하는 것의 중요성을 설명하는 지속적인 노력을 함으로써 중추적 역할을 할 수 있습니다.

우리는 다원주의의 정신을 껴안을 필요가 있습니다.

20세기가 전쟁과 이루 다 말할 수 없는 고통의 세기였던 반면에, 21세기는 평화와 대화의 세기가 되어야 합니다. 정보 기술의 계속된 진보가 우리들의 세계를 진실로 한 마을로 만듦에 따라, 저는 전쟁과 갈등은 국가와 지역 간의 차이점을 해결하는 낡고 더 이상 쓸모가 없는 방법이라고 여겨질 때가 도래할 것이라고 믿습니다. 세계의 국가와 사람들은 대화와 타협이 상호 이익과 우리들의 미래, 그리고 우리들의 매우 매혹적이지만 깨지기 쉬운 행성의 미래를 위해서 차이점들을 해결할 가장 좋은 방법임을 곧 깨닫게 될 것입니다.

그러나 혹독한 가난, 사회적 불의, 불평등, 억압, 환경 훼손이 존재하는 한 평화는 있을 수 없습니다. 약하고 작은 사람들이 크고 강한 자들에 의해 계속해서 억압을 받는 한 평화는 있을 수 없습니다.

세상의 정신적·종교적 지도자들은 이러한 실제적이고 긴박한 문제들을 다루고 그들을 제거하는 데 공헌할 길을 찾을 필요가 있습니다. 이런 것들이 평화의 적이며 우리 시대의 진정한 횡포입니다.

끝으로 저는 11세기 인도의 불교 스승, 샨띠데바(Shantideva)가 지은 기도문을, 이것이 제게 계속해서 주고 있는 것과 같은 영감과 결의를 여러분들에게도 주기를 바라면서, 여러분들과 공유하고 싶습니다. 샨띠데바가 말했습니다.

> 허공(세상)이 지속하는 한,
> 그리고 중생들이 남아 있는 한,
> 그때까지 저 또한 남아
> 세상의 고통을 쫓아버릴 수 있게 하소서.

옮긴이의 말

저에게 올해는 제 인생에서 가장 중요한 전환점이었습니다.
2월 초에는 제 목숨보다 더 소중한 금강승 가르침으로
저를 안내해 주신 저의 첫 번째 스승님을 잃었습니다.
허나 스승님은 그냥 떠나가시지 않았습니다.
5월에는 저를 『열네 분의 달라이 라마들』이라는
귀한 책으로 인도해 주셨습니다. 이 책은 제가
지금까지 읽은 책 중에서 가장 많은 기쁨의 눈물과 감동을
가져다 준 참으로 귀한 선물이었습니다.
게다가, 10월에는 제가 두 번째 구루로 섬기기로 결정한
이 책의 저자이며 금강승 라마이신 글렌 멀린을
만나게 해 주셨습니다. 이분은 제게는 부처님이나 다름없는
귀한 분입니다. 저에게 더 이상 고통은 없습니다.
이젠 모든 것이 스승님들의 가르침과 축복으로 느껴지기
때문입니다.
이 세상 모든 은혜로운 어머니 중생들, 특히 온갖 질병이나
어려움으로 고통 받는 분들이 이 소중한 가르침을 만난
인연으로 하루 빨리 모든 고통에서 벗어나 가장 높은 깨달음과
행복을 얻기를 기원하며…

아찰라 김영로 합장

헌사

바다 같은 위대한 스승이시여!

많은 사람들의 이익과 행복을 위해 유일하게 이 세상에 태어나신 부처님처럼, 달라이 라마 존자님은 바다의 물이 전 세계로 흐르듯, 세계 곳곳에 평화와 깨달음의 메시지를 전하고 계십니다. 커다란 자애와 연민인 '관세음의 화신'으로, 모든 사람들의 '위대한 지혜의 스승'으로 지금 바로 우리들 앞에 현존해 계십니다.

진정한 스승들은 그들이 어디에 계시든, 그분들은 '살아 있는 부처님 가르침'의 현현(顯現)으로, 경이롭고 훌륭한 가르침이라고 하지 않을 수 없습니다. 왜냐하면 그분들은 부처님의 지혜가 구체적으로 드러나고 표현된 삶을 살고 있기 때문입니다.

처음 달라이 라마 존자님을 친견한 것은 해인총림 율원장 소임을 맡고 있던 2005년 10월 3일이었습니다. 존자님은 '살아 계신 다르마' 그 자체였고, 자애와 연민과 기쁨과 행복을 전하며, 깨달음의 지혜를 가르치는 한 분의 수행자였습니다.

3년 전에 정정월 거사님으로부터, 글렌 법사께서 저술하신 이 책(열네 분의 달라이 라마의 삶과 가르침)에 대하여, 번역과 출판을 맡아달라는 요청을 받았을 때 저는 너무도 기뻤습니다.

이 귀한 책의 한국어판 발행에 참가하신 모든 분들, 특히 번역을 해주신 조원희 거사님과 김영로 거사님, 교정 윤문에 조언해 주신 허정훈 거사님과 김혜숙 불자님, 람림의 홍법을 위해 후원해 주시는 노성왕·손미애·이수진 불자님과, 그리고 이 책의 출판을 흔쾌히 맡아주신 민족사 윤창화 대표님에게 감사를 드립니다.

이 책을 만나는 모든 분들이 역대 달라이 라마의 가르침을 통하여 부처님 가르침의 정수를 체험하시길. 그리고 달라이 라마 존자님께서 안온하셔서, 항상 저희들을 보살펴 주시길 청원하오며 두 손 모읍니다.

2014년 10월 3일

람림의 마을 보리원에서
뗀진 욋쑹(Tenzin Hodsung) 고천 석혜능 정례(頂禮)

신비한 환생의 유산
위대한 지도자

초판 1쇄 인쇄	2014년 11월 25일
초판 1쇄 발행	2014년 12월 1일
지은이	라마 글렌 멀린
감수자	석혜능
옮긴이	김영로 · 조원희
펴낸이	윤재승
주간	사기순
기획편집	사기순, 최윤영
영업관리	이승순, 공진희
디자인	나라연
펴낸곳	민족사
출판등록	1980년 5월 9일 제1-149호
주소	서울 종로구 삼봉로 81 두산위브파빌리온 1131호
전화	02-732-2403, 2404
팩스	02-739-7565
홈페이지	www.minjoksa.org
페이스북	www.facebook.com/minjoksa
이메일	minjoksabook@naver.com

ISBN   978-89-98742-33-1   03220

- 이 책 내용의 전부 또는 일부를 재사용하려면 반드시 저자와 출판사의 서면 동의를 받아야 합니다.
- 책값은 뒤표지에 있습니다. 잘못된 책은 바꿔 드립니다.